동아시아한국학 번역총서 3

근대문학 10강

구리야가와 하쿠손(厨川白村) 지음

임병권·윤미란 옮김

인하대학교 한국학연구소 기획

이 저서는 2007년도 정부(교육과학기술부)
의 재원으로 한국연구재단의 지원을 받아 수행된 연구임(NRF-2007-361-AM0013).

3 동아시아 한국학 번역 총서

근대문학 10강

10 Lectures on Literature in Modern Europe

글로벌콘텐츠

간행사

인하대학교 한국학연구소는 2007년부터 '동아시아 상생과 소통의 한국학'을 의제로 삼아 인문한국(HK) 사업을 수행하고 있다. 상생과 소통을 꾀하는 동아시아한국학이란, 우선 동아시아 각 지역과 국가의 연구자들이 자국의 고유한 환경 속에서 축적해 온 '한국학(들)'을 각기 독자적인 한국학으로 재인식하게 하고, 다음으로 그렇게 재인식된 복수의 한국학(들)이 서로 생산적으로 소통할 수 있는 방법을 구성해내는 한국학이다. 우리는 바로 이를 '동아시아한국학'이라는 고유명사로 명명하고 있다. 따라서 동아시아한국학은 하나의 중심으로 수렴된 한국학을 지양하고, 상이한 시선들이 교직해 화성和聲을 창출하는 복수의 한국학을 지향한다.

이런 목표의식 하에 한국학연구소는 한국학이 지닌 서구주의와 민족주의적 편향성을 극복하기 위한 방법으로 근대전환기 각국에서 이뤄진 한국학(들)의 계보학적 재구성을 시도하고 있다. 주지하듯이 한국에서 자국학으로 발전해온 한국학은 물론이고, 구미에서 지역학으로 구조화된 한국학, 중국·러시아 등지에서 민족학의 일환으로 형성된 조선학과 고려학, 일본에서 동양학의 하위 범주로 형성된 한국학 등 이미 한국학은 단성적單聲的인 방식이 아니라 다성적多聲的인 방식으로 존재하고 있다. 우리는 그 계보를 탐색하고 이들을 서로 교통시키고자 한다. 다시 말해 본 연구소는 동아시아적 사유와 담론의 허브로서 동아시아한국학의 방법론을 정립하기 위해 학문적 모색을 거듭

하고 있다.

더욱이 다시금 동아시아 각국의 특수한 사정들을 헤아리면서도 국경을 넘어서는 보편적 가치를 모색할 필요성이 절실해지는 이즈음, 상생과 소통을 위한 사유와 그 실천의 모색에 있어 그간의 학문적 성과를 가름하고 공유하는 것은 여러 모로 의미가 있으리라 여겨진다. 이에 우리는 복수의 한국학에 대한 계보학적 탐색, 상생과 소통을 위한 동아시아한국학의 방법론 정립, 연구 성과의 대중적 공유라는 세 가지 지향점을 중심으로 지속적으로 축적되고 있는 연구 성과를 세 방향으로 갈무리하고자 한다.

본 연구소에서는 상생과 소통을 위한 동아시아한국학 연구에 있어 연구자들에게 자료와 토대를 정리해 연구의 기초를 제공하고, 또한 현재 동아시아한국학 연구의 범위와 향방을 보여줄 뿐만 아니라 그 연구 성과들을 시민들과 공유하는 것까지 고려하는 방향으로 총서를 발행하고 있다. 모쪼록 이 총서가 동아시아에서 갈등의 피로를 해소하고 새로운 상생의 방법을 모색하는 데 일조할 수 있기를 기대한다.

인하대학교 한국학연구소

역자 해제

1.

구리야가와 하쿠손廚川白村은 1880년 11월 19일에 태어나서 1923년 9월 2일에 사망했다. 비교적 젊은 나이에 생을 마감한 그는 영문학자이자, 평론가였다. 그는 도쿄제대 영문과에서 고이즈미 야쿠미小泉八雲, 나쓰메 소세키, 우에다 빙上田敏 등에게서 가르침을 받았다. 그는 도쿄제국대학 영문과를 졸업하고, 제5고등학교와 3고등학교에서 교직 생활을 하다가, 교토 제국대학교에서 1913년 강사생활을 했다. 미국 유학 후, 1917년, 교토 제국대학교 영문과 조교수가 된다. 그러나 교수가 된 이후 구리야가와는 1919년 무렵 왼쪽발이 세균에 감염되었고, 결국 발을 절단해야만 했다. 또한 1923년 9월 1일 관동대지진이 발생할 무렵에는 피서지 가마쿠라의 별장에 있다가 재난을 피할 기회를 놓치고, 그만 아내와 함께 해일에 휩쓸렸다. 그는 구조되었지만 흙탕물이 기관지로 들어오는 큰 재해를 입었고, 재해를 입은 다음날 44세의 나이로 사망했다.

2.

구리야가와는 유럽의 근대문학을 체계적으로 일본에 소개하면서, 점차 문예계에 폭넓은 영향을 미치기 시작했다. 그와 동시에 그는 문명 평론가로도 이름을 떨쳤다. 그는 글쓰기에서 에세이 형식을 채택했는데, 이것은 그 당시가 해설서나 입문서가 많이 필요한 시기라는 인식이 팽배한 시기였던 것과 관련이 있다. 『근대문학 10강』도 역시 강의와 해설을 하는 식으로 이루어졌다. 구리야가와가 선택한 강의와 해설이라는 에세이 형식은 신문 미디어 독자층으로 형성된 '대중'에게 매우 적합한 문체였던 것이다. 글의 형식에 대한 이런 예민한 의식은 당시 사회적 흐름에 대한 구리야가와의 냉철한 인식을 보여준다. 다른 이유도 있겠지만 이런 이유로 구리야가와의 글이 대중들에게 인기가 많았던 것으로 추정된다. 그 결과 일반 대중뿐만 아니라 많은 문청들에게도 심대한 영향을 미쳤다. 물론 문청에는 당시의 일본 문청뿐만 아니라 조선의 문청들도 포함된다.

그의 저서를 보면 『근대문학 10강』(1912), 『문예사조론』(1914), 『상아탑을 나와서』(1920), 『근대의 연애관』(1922), 『고민의 상징』(1924), 『구리야가와 하쿠손 전집』전 6권(1929) 등이 있다. 이 밖에 영시를 번역한 책도 여러 권 있다. 이 중에서도 특히 『근대문학 10강』은 여러 차례 간행되었다. 이번 번역에서 사용한 책은 1912년도에 처음 간행된 책이다.

『근대문학 10강』은 일본에서도 베스트셀러가 된 책이지만, 조선의 문청들도 열독을 한 책으로 알려져 있다. 조선의 문청들이 서구의 근대문학에 관한 정보를 접한 경로는 다양하겠지만, 그 중 한 경로는 구리야가와의 『근대문학 10강』이라고 볼 수 있다. 이 책은 한국의 근대문학 개념 형성에 일정한 정도의 영향을 미친 것이다. 구리야가와의 영향력은 조선에만 미친 것이 아니라 중국에도 많은 영향을 끼쳤다. 『상아탑을 나와서』의 경우는 중국의 루쉰이 번역을 할 정도로 많은 영향을 미쳤다. 예술가는 순수 예술 또는 미학주의에 빠져 있는 상아탑을 나서야 한다는 것이 이 책의 핵심 내용이다. 그리하여 예술가는 진실한 삶에 대한 투쟁과 관심이 필요하다는 점을 역설하고 있다. 이런 점은 당시 좌파들에게 깊은 감명을 주었고, 루쉰에게도 역시 깊은 감동을 주었다.

아사히신문에 연재한 『근대의 연애관』은 당시 연애지상주의자들을 흥분시키고, 베스트셀러가 되었다. 이 책은 당시 동아시아 지식층청년들에게 막대한 영향을 미쳤다. 이 책은 후에 중국어로 번역되어, 제2차 세계대전 후 중국청년들에게도 지대한 영향을 미쳤다. 구리야가와에 대한 이해는 한국의 근대문학 연구뿐만 아니라 중국의 근대문학 연구에서도 필요한 작업이다. 서구문학을 전달하는 전신자로서의 구리야가와의 저작들은 동아시아에서 근대문학의 형성 과정 연구에 빼놓을 수 없는 책들이라고 하겠다. 중국의 경우도 구리야가와를 통해 '세기말' 사조를 수용했다. 구리야가와는 당시 일본 내 중국인 유학생들에게 스승으로 널리 추앙될 정도였었다. 중국에서 자유연애를 부르짖는 주장이 나오는 과정을 보면, 서양을 통해서라기보다는 일본을 통해서 그 주장이 이루어졌다는 것을 알 수 있다. 그 중심에는 구리야가와가 있었다. 그것은 구리야가와의 『근대의 연애관』이 엘렌 케이의 글과 함께 번역과 소개가 이루어졌기 때문에 가능한 현상이었다. 중국 근대문학 형성에서도 구리야가와의 영향은 상당한 수준으로 진행되었다.

3.

구리야가와는 자신의 전공인 영문학 이외에도 구미근대문학을 소개하고, 문학적 관점에서 문명 비평적 해설을 하여 문명文名을 높였다. 이런 점을 보여주는 대표적 책이 바로 『근대문학 10강』이다. 『근대문학 10강』은 19세기 후반에서 20세기 초에 걸쳐 56년간에 이르는 유럽 문예사조의 조감을 시도한 책이다. 이 책의 명쾌하고 적절한 해설식 강의가 크게 인기를 끌면서 문학에 관심을 갖는 젊은이들 사이에서 『근대문학 10강』은 애독되었다. 이 책이 크게 인기를 얻자 유사한 제목의 책이 속출할 정도였다. 이 책은 구미의 근대문학에 대해 10회에 걸쳐 체계적으로 소개하고 강의를 하는 형식으로 된 책이다. 제1강에서는 근대를 개관하는 내용이 주를 이룬다. 시대정신을 이루었던 실증론과 진화론에 대한 소개와 과학만능의 시대를 개관한다. 제2강에서는 근대생활과 세기말의 정서를 중심으로 소개하고 이 시대의 윤리와 앞에서 언급한 시대정신과의 상호관련성을 소개한다. 그리하여 병적상태의 의미를 상세히 밝힌다. 제3강부터는 근대의 다양한 사조를 소개한다. 제3강과 4강의 경우, 근대 사조의 기초를 이루는 철학과 종교 등에 관해 소개하고, 근대 사조의 키워드를 이루는 단어들, 즉 개인주의, 회의, 물질적 기계적 인생관, 비애 등과 같은 개념들의 관련성을 살펴본다. 그리고 근대사조와 문예가 어떤 관련을 갖고 있는 지 남유럽과 북유럽, 그리고 영국의 예를 통해서 설명한다. 제5강부터 본격적으로 근대의 사조를 개별적으로 점검한다. 5강과 6강에서는 낭만주의와 자연주의를 소개하고, 7강에서는 자연파의 작품들을 구체적으로 살펴본다. 8강에서는 최근 사조의 변천과정을 소개하면서 그 변천과정의 배경이 되는 철학과 과학에 대해서 소개한다. 9강에서는 새로운 사조로서 비非물질주의 문예인 신낭만주의를 소개하고, 10강에서는 9강에 이어 심리의 문제와 상징주의, 탐미파의 근대 시인들을 소개한다.

이 책은 조선의 문청들에게 많은 영향을 미쳤고, 그 결과 조선의 근대문학 형성에도 영향을 미쳤다. 여러 사람에게 영향을 미쳤지만, 가장 대표적 인물 중의 하나가 한국 근대문학 형성기에 주도적 역할을 했던 이광수이다. 이광수의 문학 평론 「중용과 철저」는 그 당시 수많은 시비 논쟁과 반론을 몰고 온 문제적인 글이다. 예를 들어, 이광수는 중용사상의 상常과 변變의 이항적 대립을 논거로 해서 문학을 상과 변으로 구분해서 설명한다. 이 글은 조선 문학에서 과연 상의 문학과 변의 문학 중에서 어느 것이 더 바람직한가의 문제를 탐구한 글이다. 당연히 이광수는 상의 문학을 더 바람직한 문학으로 여긴다. 이런 논의는 『근대문학 10강』 제4강 4장에서 찾을 수 있다. 〈문예상의 남구북구 및 영국〉에서 중용이 사라진 격렬한 성격의 사상을 '변태'라는 명칭으로 부른다. 구리야가와는 상태와 변태의 대립적인 개념으로 논의를 문학적 차원뿐만 아니라 문명사적인 차원으로까지 끌고 간다. 이광수의 '상常의 문학론'은 기본적으로 영국 비평가 아널드의 'permanence' 문학론과 구리야가와의 『근대문학 10강』을 읽은 후에 그 논의를 전개한 글로 보인다. 이광수는 시대의 일시적 특색인 '변變'보다는 생의 항구성과 보편성을 강조하는 '상'을 중시하는 문학관이 필요하다는 주장을 펼친다. 이런 논의의 유통 과정은 아널드에서 영문학자인 구리야가와를 거쳐 이광수에게로 온 것으로 보인다. 정리하면, 이광수의 중용의 문학 개념은 바로 'permanence' 문학론과 '상태' 문학론의 반영이다. 이광수가 이 글로 인하여 식민지 통치 현실을 외면했다고 비판받았지만, 이광수의 입장은 그런 시대정신(변의 개념)이 물론 일정 정도 타당성이 있지만, 모든 다른 진리를 배제하는 억압의 논리가 될 수 있다는 점을 부각하고자 했던 것이다. 아널드에게 '무질서/문화'가 서로 대립했던 것처럼, 이광수에게 있어서는 '철저/중용'이 대립한다. 물론 이광수는 중용의 문학을 강조한다. 이는 구리야가와의 '중용조화', '중용주의', '중용균제'(『근대문학 10강』 제4강) 등의 논의를 참고한 것으로 보인다. 이광수의 구리야가와 참고는, 비록 이광수가 밝히지 않고 있지만, 이광수가 비유적으로 제시한 '밥맛론'을 보면 명백하다. 구리야가와의 『근대문학 10강』 제4강 4장에 이런 '밥맛론' 비유가 분명히 나온다.

또한 이광수의 세기말 데카당스 문학 비판론인 '퇴화' 효과 논의(「문사와 수양」, 1921)도 마찬가지이다. 이광수는 당대의 젊은 문사들이 도덕적 악성병에 걸려있다고 비판한다. 이광수는 그 원인이 세기말의 퇴폐적, 병리적 행동 경향과 현대의 타락한 정조에 빠져 있기 때문이라고 생각한다. 이는 진보와 진화의 관점에서 보면 분명 도덕적, 신체적 퇴화의 징표이다. 이광수는 또한 19세기 서구에서 기원한 퇴폐적 경향, 데카당스에 반대 의견을 분명히 하면서 당대 한국문학의 데카당스 풍조를 강하게 비판한다. 구체적으로 보면, 이광수는 『폐허』 등의 동인지들의 퇴폐주의 경향을 비판한다. 이는 오스트리아-헝가리 태생의 의사 막스 노르다우가 세기말 예술의 퇴화 징후에 대해서 도덕적으로 공격한 것과 동일한 맥락의 논의이다. 노르다우의 핵심이론은 『근대문학 10강』의 제2강 3장 〈피로와 신경의 병적 상태〉에 잘 정리되어 있다. 이광수의 문학관에는 지금까지 알려진 대로 톨스토이뿐만 아니라 노르다우의 사상도 함께 한다는 점이 명백하다. 사실 노르다우가 한국 근대문학론과 비평에서 처음 등장한 글은 김억의 연재논문 「근대문예」(1921~1922)이다. 김억 자신도 구리야가와의 글을 많이 참고했음을 밝힌다. 전신자로서의 구리야가와의 역할이 분명해 보인다. 실제로 일본에서도 노르다우의 저서는 『근대문학 10강』이 출간되고 나서 2년 후에 번역 출간된다. '세기말'이란 용어를 일본에 유행시키고 보급한 것은 바로 구리야가와의 『근대문학 10강』이다. 제2강 〈근대의 생활〉이 모두 세기말과 관련된 논의이다. 이밖에도 구리야가와의 논의가 이광수의 문학 논의에 흔적을 남긴 것은 많이 있다. 이광수의 또 다른 문학관 '인생을 위한 예술'을 옹호하는 것(「문사와 수양」, 「우리 문예의 방향」) 역시 구리야가와의 논의와 관련이 있다.

4.

구리야가와의 『근대문학 10강』은 구리야가와 개인적으로 볼 때 사상의 수원지 같은 역할을 한다. 그는 『상아탑을 나와서』를 전환점으로 삼아 자신의 방법론, 창작 태도 등을 분명히 한다. 그는 이 책에서 더 이상 아카데미 세계에 머물지 않고 사회 속으로 진일보하겠다는 입장을 표명한다. 그는 실천을 위해 여성과 민중을 키워드로 채택하여 사회적이고 정치적인 발언을 적극적으로 감행한다. 그러나 이런 점은 이미 『근대문학 10강』의 낭만파 문학의 설명에서 잘 드러난다. 그는 낭만파 문학의 일면에는 예술지상주의라는 면이 있었는데, 지금은 물질문명이 우세하고 생존경쟁이 치열한 세상이 되었다고 진단한다. 그러면서 예술만 태평하게 세상과 동떨어진 이야기를 할 수는 없게 되었다고 주장한다. 그는 근대가 실생활과 예술이 비로소 접근하게 된 시기라고 자신의 입장을 정리한다.

이런 점이 구체화 된 것이 그 자신의 또 다른 베스트셀러 『근대의 연애관』이다. 『근대의 연애관』에서 그는 영육합일적인 연애관을 주장한다. 일부일처의 결혼제도 긍정, 연애의 사회적, 문화적 의의 주장 등, 연애에 대한 그의 주장은 '사랑의 진화'라는 논리에 근거한 근대 연애관의 산물이다. 그의 근대 연애관은 '생활혁신의 사상'으로 실생활에서 유리되지 않는 연애관을 주장한다. 구리야가와는 이 책에서 저 유명한 '노라' 논의를 전개한다. 그런데 『근대의 연애관』의 '노라' 논의는 그의 사상의 수원지 역할을 하는 『근대문학 10강』에서 이미 논의 된 것이다.

역자들이 성심껏 번역에 임했지만, 그래도 부족한 점이 많이 있을 것이다. 한국문학과 일본문학의 관계 양상에, 나아가 근대 동아시아 문학의 형성 과정에 관심이 있으신 분들에게 조그만 도움이라도 되었으면 한다. 끝으로 한국학연구소(HK) 동아시아한국학 번역 총서의 하나로 출간될 수 있도록 원고를 검토하고 연구비를 지원해준 인하대학교 한국학연구소(HK)에 감사드린다. 책의 출간에 도움을 주신 김동식 선생님께도 고마움을 전하고 싶다.

Il y a une forme générale de la sensibilité qui s'impose à tous les hommes d'une même période.

–Remy de Gourmont, *Le Probl. du Style*, p. 29.

동일 시대의 모든 사람들에게 부과된 감수성에는 일반적 형식이 존재한다.

–레미 드 구르몽

저자 서문

책에는 두 종류가 있는데, 타인을 위해서 쓰거나, 혹은 사정을 소개하려고 생각하고 쓴 책과 자신을 위해서 말하지 않으면 마음이 너무 괴로워서 마음속의 것을 바깥으로 드러내려고 하다가 그 결과 만들어지는 책이 있는데, 이 책과 같은 경우는 말할 필요도 없이 전자에 속한 책으로, 어디까지나 분필의 향기가 사라지지 않는 그런 강의를 할 작정으로 처음부터 붓을 잡았습니다. 단지 될 수 있는 대로 충실하게, 거짓됨 없이 소개하는 것이 본래의 의도이기 때문에, 강화講話로서의 논의나 서술의 순서는 혼란스럽지 않게 하려하고, 이런 점에 상응하도록 마음을 쓸 작정입니다. 지금까지 서양문학 작품을 그다지 많이 보지 않은 사람에게도 이해하기 쉽도록 쓰려고 했고 이미 우리나라의 문단에서 언급되고 있는 평범한 사실조차, 필요하다면 반복적으로 설명한 부분도 아마 많이 있을 것입니다. 헛된 일인 줄 알면서도 지나치게 기발하게 설명을 해서 사람을 놀라게 하고, 위태로운 논리를 더듬으며 찾아가고, 기묘한 허풍을 떠벌이기에는, 나는 지나치게 소심하고, 지나칠 정도로 패기도 없이 태어났기 때문에, 이 책에서도 대부분은 유럽, 특히 영국이나 프랑스에서, 이 방면에 뛰어난 학자나 비평가 사이에서 이미 정설이 되어버린 내용을 그저 소개했을 뿐입니다. 다만 수없이 많은 작품과 학설에 대해서, 일정한 태도로 이를 취사선택하고, 어느 정도 조직적으로 정리하려고 시도하고, 또 가능한 한 우리나라의 현대 사조나 문예와 관련해서 설명하려고 한 입장이, 우선 저자로서 나의 수고라고 한다면 수고라고 할 수 있을 것입니다. 그래서 하나의 과학으로서, 문예의 관점에서 정리한 지식을 획득하고 싶어 하는, 그런 목적이 없는 분에게는, 이러한 책은 어쩌면 흡족하지 않은 불만스러운 느낌을 주는 책일지도 모르겠습니다.

술어는 주로 영어를 이용하였습니다. 그러나 필요한 경우 개중에는 프랑스어나 독일어를 이용한 경우도 있고 해서, 반드시 일정하다고 할 수 없습니다. 또한 모든 용어는 될 수 있는 대로 우리나라의 문단에서 관용적으로 사용되고 있는 것을 이용하였고, 억지로 다른 용어를 사용하는 것을 피했습니다.

인명이나 서명의 종류는, 책속에서 처음 등장한 때만 로마자에 가타카나를 붙여 두었습니다만, 동일한 이름이 후에 재삼 다시 등장한 때는 단지 가타카나만으로 이름을 썼습니다.

인용문은 대저 영·독·불의 원문과 그 번역문을 함께 올리려고 하였습니다만, 원문을 생략하고 번역문만을 올린 경우도 있습니다. 이것은 너무 번잡한 것을 피하려는 의도와, 하나 더 말하자면 원고를 정서할 즈음, 원문이 공교롭게도 저자의 손이 닿을 수 없는 곳에 있기 때문이었습니다.

1912년 1월, 교토에서 저자

차 례

차 례

일러두기

1. 지명과 인명은 외국어표기법에 따라 표기하였다.
2 .저자의 주석은 본문에, 역자의 주석은 본문 하단에 각주로 처리하였다.
3. 저자는 원문을 인용하고 "대의(大義)"라는 말을 달아 해석하였는데, 이 해석이 때로는 정확하게 번역한 것도 있고 때로는 대략적인 의미를 정리한 것도 있기 때문에 저자의 의도를 살려 [대의]를 병기하였다.
4. 원제목과 영어제목이 번갈아 가면서 사용되어 작품명이 일치하지 않는 것이 있으나 저자가 적은 대로 옮겨두었다.
5. 시대상, 의미상 특성으로 인해 원서의 색인에는 매우 많은 단어가 수록되어 있다. 그러나 이 책에서는 오늘날 독자의 편의를 고려하여 역자가 임의로 색인을 만들어 수록하였다.

제1강 서론

1. 서언

최근 약 50년간의 문학 - 근대문예사조는 각국 공통의 문예사조가 됨 - 그 원인을 살펴보자면, 첫 번째로, 교통기관, 두 번째로, 각국의 공통이 된 사상문제 - 이 강의의 목적은 설명하고 소개할 뿐 - 병적 경향과 송이의 향 - 근대사조비평의 곤란함 - 준거로 삼아야할 참고서

본론으로 들어가기 전에 여기서 주의를 요하는 두, 세 가지 사항에 대해서 서술하고 싶다. 이 강화講話의 목적은 근대유럽에서의 문예사조의 대세를 설명하고, 근대 문학 일반에 관한 조감도를 시도해 보는 것이다. 여기서 근대라고 하는 범위는 우선 최근 5~60년간, 즉 19세기 후반부터 금세기의 초에 걸치는 사이를 말하는 것으로 거의 우리나라[1]의 메이지시기에 상당하는 시대를 지시한다고 보면 된다.

---

1) (역주) 여기서 '우리나라'란 일본을 지칭한다. '일본'으로 고쳐서 번역하면 좀 더 읽기가 편하겠지만, 저자 구리야가와의 일본우월주의사상이 잠재되어 있는 표현이기 때문에 그대로 번역하는 것이 좋다고 생각하였다.

과거 문학은 각기 여러 나라에 따라서 현저한 특색이 있었다. 즉, 국민문학national literature이라는 용어에서 보는 것처럼 각 나라의 문학은 명확한 구별이 있었다. 그것이 근대가 되어서는 적어도 세계의 문명국이라고 말할 수 있는 정도의 국가들 모두에서는 공통의 경향이 있는 문학이 출현했다. 즉, 적어도, 대단히 유사한 문학이 거의 모든 나라에서 보이는 상황에 이르렀다. 팽배한 근대 사조는 단지 시간적으로는 잠시의 휴식도 없이 변천해오고 있을 뿐만 아니라, 또 공간적으로도 엄청난 속도로 전체 문명국민 속으로 침투한다. 현재 우리 일본도, 이미 세계 문명국의 대열에 끼고 있는 이상, 멀리 서방제국에서 발생했던 신사조의 파도는 인정사정없이 이 동쪽 끝의 섬, 일본 제국으로 몰려와서, 지난 날 멀리 서방의 문단을 시끄럽게 했던 소리를 오늘날 우리나라의 문예계에서도 전하고 있다.

이러한 식으로, 세계 각국의 문학, 적어도 유럽 전체의 문학이 공통의 경향을 갖는 데에 이르렀다는 것은 분명히 근대적 특징의 하나이다. 물론 과거의 문예부흥기 등에도 얼마간 그런 것과 유사했던 현상은 있었지만, 그것은 단지 각국이 동일하게 고대 그리스의 문예를 표준으로 취했다고 말하는 정도까지로 말할 수 있는 것이고, 근대에 이르러 우리가 지금 보는 것 같은 근본적인 일치는 없었다. 그런데, 근대문학에서 이러한 공통 일치의 경향이 일어난 까닭을 생각해 보면, 첫째, 그것이 교통기관의 발달에 기초한 것이라는 점은 거의 설명을 할 필요가 없다. 교통이 두절되는 야만 미개국이라면 어떨지 모르지만, 적어도 그러하지 않는 이상은, 문예 한 분야에서뿐만 아니라, 인문의 모든 방면에서 오늘날은 공통 일치의 경향이 보이는 시대이다. 그러나 이것에는, 다시 특별히 생각한다면, 깊은, 인간의 내부생활에 기인한 원인이 있다. 즉, 근대에는 과거처럼, 일국의 독립 문제, 연방조직 또는 노예해방 등과 같은 문제, 혹은 특수한 일 국민에게만 중대한 관계를 맺는, 거의 국민적 생명을 좌우하는, 그런 정치상의 문제는 극히 적다. 오늘날 각국의 사람들 마음을 열렬하게 움직이고 있는 문제라고 한다면 그것은 모두 공통적인 사상 상의 문제이고 인생의 근본 문제이다. 근대문명이 발생한 종교상, 도덕상의 의문이란 것은 하나 같이 전체 국민의 머리를 괴롭히는 점이다. 그리고 문명의 그러한 근본적 성질이 공통을 추구하는 것인 이상, 이 문제에 대한 각 국민의 태도에도 자연히 크게 두드러지는 구별이 존재하지 않고, 결국은 이런 점이 문예에 나타나서, 어느 쪽의 나라에도 서로 비슷한 문예상의 경향이 보이는 데에 도달한 것이다.

각국의 문학이라는 것이 원래 모두 다 동일하다고 말하려는 것이 아니다. 동일한 사조도 그것을 받아들이는 국민의 소질에 따라, 자연스럽게 다소의 차이가 발생된다. 동일한 염료를 사용해도, 면과 비단에서는 만듦새가 다른 것처럼, 본바탕이 다른 만큼, 염색해낸 색조는 결코 동일하지는 않을 것이다. 하지만 그것은 결코 붉은 색과 감색이라고 말하는 것 같은 근본적인 구별은 아니고, 단지 광택이랄까 농담濃淡이랄까 하는 그런 정도에서 서로 다를 뿐이다. 국민 고유의 민족성이 발생하는 차이도 단지 이런 종류의 것에 지나지 않는다. 동일한 유럽 중에서도 영국처럼 침착한 국민도 있다면, 러시아처럼 급진적이고 엉뚱한 국민도 있다. 북유럽과 남유럽 역시 자체의 소질素質이 다르다. 그러나 그것이 근대문학 상에서 결코 붉은 색과 감색과 같은 정도의, 완전히 다른 별개의 색을 만들어 낼 정도의 차이는 아니란 점도 또한 의문의 여지가 없는 사실이다.

이러한 이유 때문에, 나는 지금 유럽 각국의 근대문학을 일괄해서 대충 그 경향을 논하려는 이 강의의 계획이 조금도 무리가 아니라고 믿는다.

일본도 이미 세계 현대 문명의 큰 소용돌이 속에 몸을 던진 후에는 유럽의 신사조를 단지 남의 일로 보는, 마치 무사태평한 것처럼 말하지 않게 되었다. 따라서 이것이 건전한 것일까 불건전한 것일까, 또한 우리나라에서 전해져 내려오는 사상과 어떠한 교섭이 있을까 생각하는 것은 서로 별개의 문제로, 여하튼, 이 신사조를 하나의 정리된 지식으로서 정당하게 이해하는 일이 필요한 것은 단지 문학연구자를 위한 것만은 아니라고 생각한다. 내가 강화의 제목을 내 자신이 자신 있어 하지 않는, 이렇게 새로운 방면에서 취했던 것은 한 명의 배우는 사람으로서, 소개를 위한 서술이 눈앞의 급한 임무라고 생각했기 때문이다.

그래서 이 강화에 대해서 나는 설교하는 것도 아니고, 독자들을 고취하는 것도 아니다. 여러분 스스로가 정당한 비판을 내릴 수 있기 위해서, 나는 가능한 한 자기류의 견해를 피하고, 사실을 공평하게 여러분 앞에 개진하고자 한다. 유럽 문예의 신사조는 어떠한 것인가를 충실하게 소개하고 설명하고자 한다. 하나의 지식으로, 또 학문으로, 연구적인 면에서 이것을 여러분에게 전하려고 하는 것이 나의 주의主義이다. 따라서 선전적인 태도는 이 강의에서 내가 가장 피하려고 하는 바이다.

일례로 여기에서 자연주의를 말해 보자. 일본에는 이 일파의 문학을 주목하고, 완전히 육욕주의를 고취하고 사람의 마음을 해치는 것이라고, 절대적으로 배척해야한다고 외치는 사람들이 지금도 또한 많다. 이것과 동시에 또 한쪽에서는 자연주의가 아니라면, 문학도 아니라고까지 칭찬하고 앞장서서 주장했던 사람이 한동안 많았다. 그런데 이 양극단의 설에는 그 어느 쪽도 일리가 있지만 동시에, 그 어느 쪽도 또한 극히 위험한 오해에 기반하고 있는 점을 주의하지 않으면 안 된다. 이것은 후에 상술하려는 것이지만, 자연주의는 원래 근대문명의 근저인 자연과학의 발달이 산출한 종류의 문학이다. 이는 흡사 전등이 근대과학의 발달로부터 생겼던 것과 서로 같은 경우이다. 자연주의가 아니라면, 진실한 문학이 아니다. 단테 혹은 셰익스피어는 모두 무용의 군말일 뿐이라고 갈파하는 사람들은 전등이 아니라면, 우리의 용무를 행하는 데 만족스럽지 않고, 석유램프도 가스도 양초도 모두 소용이 없다고 주장하는 것과 서로 같은 경우로, 이런 것은 정말 무의미한 주장이다. 거듭해서 또 자연주의를 단순한 육욕주의라고 오해해서 사갈시하는 논자의 설명은, 전등은 시신경에 강한 자극을 주기 때문에 유해하고, 따라서 결단코 이를 이용할 수 없다고 설명하는 것과 같은 것이다. 근대의 과학적 문명이 산출한 모든 것은 다 이와 같이 일면에서는 우리의 생활 내용을 풍부하게 하고 성대하게 하고 있는 동시에 다른 일면에서는 모두 다소의 해로운 독을 흘리고 있다. 만약 그 해로운 독의 일면을 보고 바로 무서움에 떠는, 그런 비겁함을 감히 보인다면, 그것은 이런 독을 생겨나게 한 근본적인 과학적 문명의 온갖 현상을 저주하는 것 이외는 아무 것도 아닌 일이 될 것이다. 전기이든 증기이든, 또 이것을 응용한 기계이든, 그것들의 공업상의 진보로 인해 오늘날 우리들의 일상생활에 부족한 것이 있을 수 없다고 할 정도이지만, 한쪽 방면에서는 이것으로부터 생긴 빈부의 현격함이랄지 혹은 신체의 건강하지 못함이랄지 하는, 그런 다양한 폐해를 수반하고 있는 것도 부정할 수 없는 사실이 아닐까.

나는 전등이 좋다고도 나쁘다고도 말하지 않는다. 물리학 선생이 전등 이론의 성질을 설명하는 것처럼, 근대문학이 어떠한 것일지를 설명하고자 할 뿐이다.

또 유럽의 근대문학이 불건전하고 병적인 경향으로부터 산출되고 있는 것도, 일면, 오해의 여지가 없는 분명한 사실이다. 마치 이 무렵의 교토 사람들이 귀하게 여기는 송이가 산그늘의 썩은 낙엽의 가운데에서, 아주 습한 흙에서 솟아나오는 것과 마찬가지로, 그 발생의 근원에서 보자면 송이는 확실히 불건전한 산물일 것이다. 게다가 송이가 습하고 썩은 나뭇잎 가운데에서 자랐다고 해서, 사람을 취하게 하는 것 같은 그 짙은 향과 훌륭한 맛을 억지로 포기해 버릴 수는 없는 것이다. 근대문학 작품에 우수한 가치가 있고, 또 근대문학 작품이 오늘날 사람들 마음속에 도저히 잊을 수 없는 감명을 주었다면 이를 무척 중시하고 싶다. 어떤 사람들은 쌀밥을 줄일지라도 송이를 먹고 싶다고 말한다. 이것은 물론 좋은 것은 아닐 것이다. 하지만 썩은 낙엽 속에서 생겨난 저 아름다운 버섯의 풍미가 불가사의할 정도로 이렇게까지 사람의 미각에 너무나 적합한 것이 되다 보니 어쩔 도리가 없는 것이다.

일찍이 아직 이 아름다운 풍미를 맛본 적도 없는 사람이 옆에서 아무리 먹지 못하게 하고 멈추게 하려고 해도 소용이 없고, 아니 오히려 더욱더 먹고 싶어지기 때문에, 그것보다는 차라리 진실한 요리법이랄까, 말하자면 먹는 방법을 가르쳐주는 편이 사람을 돕는 길이라고 생각한다. 내 강의가 만약 이 근대문학의 맛을 즐기는 방법, 즉 먹는 방법을 아는 것에 더하여 여러분에게 참고의 역할을 할 수 있다면 망외의 행복일 것이다.

또한 송이의 속에는 유독한 것도 있다. 근대문학의 안에도, 혹은, 중독되는 것 같은 작품이 없다고 단정적으로 말할 수는 없다. 그러나 나는 그 중독을 두려워해서 송이의 식용 금지를 주장하기보다는, 먼저 송이 그 자체의 성질을 연구하고 어떠한 것이 무슨 이유로 유독한지를 일반 사람들에게 알려주고 싶었다. 이 강의에서 내가 근대문학의 성격을 설명하는 까닭은 다시 말해서 이 점에 있다.

단지 곤란한 점은 이러한 문예사조를 엄밀하게 비판하기 위해서 필요한 적당한 거리를, 시대는 아직도 우리에게 허용하지 않는다는 점이다. 소위 산에 들어가서는 산을 보지 못하고 사물의 경우 모두 어느 정도 간격을 두지 않으면 공평한 비평을 하는 것은 기대하기 어렵기 때문이다. 시대 일반의 사조라는 것은 백년, 이백년의 세월을 지난 후에 비로소 그 진상이 명백하게 되는 경우가 많다. 특히 근대와 같이, 인간생활이 정신적으로, 물질적으로 정도가 심하게 분규를 일으키고 종잡을 수 없게 되는 시대에서는 특히 이런 느낌이 든다. 한 쪽에서 보면 극히 명확한 사실에도 여전히 속에 속이 있고, 안에 또 그 안이 있고, 또 경우에 따라서는 심한 모순이 잠복해 있는 경우도 적지 않다. 뿐만 아니라, 유럽 근대 문예 사조는 때로는 급전직하를 하기도 한다. 즉 잠시의 휴식도 없이 변천해 오고 있는 중인 것이다. 그 결과 이것이야말로 최근의 경향이라고 생각해서 논하기도 하고 조사하기도 하고 있는 동안에, 뜻밖에 그것은 이미 과거에 사라졌고, 대세는 이미 엉뚱한 방향으로 향해서 옮겨 갔는지도 모른다.

이러한 곤란 이외에도, 나와 같은 사람에게 여전히 곤란한 점은 참고서가 부족하다는 점이다. 무엇보다 일국의 문학이라든가 작가라든가 부분적으로 논한 도서는 서양에 대단히 많지만, 유럽 근대 사조를 총괄해서 이것을 조직적으로, 계통적으로 다룬, 그러한 안성맞춤인 책이 전혀 없기 때문이다. 이 작업이 만약 과거의 문예부흥기라든가 18세기라든가 혹은 19세기 초기의 낭만파 시대라든가 그러한 시대를 논의하는 것이라면 모두 각 시대를 논의할 때 참고가 되기에 적절한, 잘 정리된 명저가 있다. 비록 자기주장이 없이 앞의 사람의 설명을 그대로 답습하려는 것은 아니지만, 전체의 목표를 세우는 정도의 편의는 제공받을 수 있기 때문에 그런 참고서가 필요한 것이다. 지금의 경우 그런 참고 자료가 전혀 없기 때문에 나의 이 부족한 강의에 무질서하고 비조직적인 부분이 생기지 않을까 걱정이 된다. 하여튼 우선 본론으로 들어가자.

2. 시대의 개관

시대정신 - 콩트의 실증론 - 다윈의 진화론 - 그 영향 - 과학만능의 시대 - 자연과학과 정신과학 - 물질문명 - 격렬한 생존경쟁 - 물질욕의 증대 - 생활난으로부터 오는 고민 - 빈부의 현저한 격차 - 개인과 사회 - 아나톨 프랑스의 이야기 - 몰취미의 생활 상태 - 베르하렌의 시 「어부들」

문학은 늘 시대를 반영한다. 따라서 어떤 시대에도, 그 문화의 중심이 되고 근저가 되는 사상이 있다. 이 사상은 그 시대의 온갖 활동의 중심이 되고, 시대의 추세를 움직이는 근본적 정신이다. 세상에서 말하는 시대정신이란 말은 즉 이를 지시한 것으로, 문학의 배후에도 반드시 이 시대정신이 가로 놓여 있다는 점은 이제 와서 새삼스럽게 말할 필요도 없다.

근대에서 우선 이 시대정신을 이룬 것은 바로 자연과학이다. 그리고 이 과학적 정신의 선구가 되었던 것은 우선 프랑스의 철학자 오귀스트 콩트에 의해서 주장된 실증론positivism이었다.

콩트가 주장하는 것에 따르면 모든 지식은 3개의 계급에 걸쳐 있다. 우선 첫 번째, 신학시대, 이 시대에는 무엇이라도 모든 현상을 신의 힘, 영靈의 힘으로 설명하려고 한다. 세상의 모든 일 일체는 영묘하고 불가사의한 초자연적인 힘에 기초를 두고 있다고 한다. 그것이 이윽고 발전해서 제2의 형이상학시대에 들어갈 때, 추상적 관념 즉 인간의 머릿속에서 고안된 무형의 사상으로 온갖 사물을 대하게 된다. 이것이 또 그 위에 제3의 실증시대에 들어갔다. 그리고 이로부터 인간은 공리공론을 떠나서 직접 자신의 경험과 관찰을 기초로 해, 온갖 현상과 그 결과를 연구하지 않으면 만족하지 않게 되었다. 이것이 진실한 과학이다. 즉 앞의 제1, 제2시대처럼, 일체의 사물의 근원을 연구한다든지, 혹은 존재의 근본문제를 분명히 해결하고 천명한다든지 하는 것이 아니고, 다만 사물의 관계, 현상의 법칙을 알려고 하는 것이다. 지금 콩트의 이러한 주장을 특별히 역사의 관점에서 생각해 보면, 우선 첫 번째가 고대로부터 중세까지의 종교 전성시대. 그로부터 다음은 문예부흥기로부터 18세기 정도까지의 학문의 시대, 즉 지력이든지 사색이든지 하는 것을 가장 중요하게 여겼던 시대로 이동했다. 그리고 제3의 실증시대야말로 즉 근대에 상당하는 것이므로, 이것은 요컨대 물질적 연구의 시대이다. 신이라든지 영靈이라든지 하는 막연한 것을 전혀 상대하지 않고, 또 추상적인 철학적 사색도 역시 절대적으로 배척해버리는 것이다. 이 물질적이고 실험적인 연구야말로 즉 근대정신의 특징이라고 말할 수 있다.

콩트의 『실증철학Cours de Philosophie Positive』이 나온 후 상당히 시간이 지난 후에, 저 다윈의 『종의 기원Origin of the Species』이 공개되었고, 이에 유럽 전체 사상계에 대혁명이 일어났다. 철학, 종교, 도덕, 예술, 과학 등의 모든 방면에 걸쳐서, 이 다윈의 설명하는 바에 영향을 받지 않은 것은 거의 없었다. 인류는 하등한 동물로부터 점진적으로 발달 진화해 온 존재이고, 간단에서 복잡으로 전진하는 법칙이 모든 생물을 지배하고 있다고 하는 주장은 물론, 다윈의 주장 이전부터 이미 주장되고는 있었다. 또 진화론과 유사한 관념을, 호주 중앙의 원주민들 중에서도 이전부터 믿고 있던 자들이 있을 정도였다. 그런데 이 진화의 법칙을, 자연도태와 적자생존, 즉 우승열패라는 학설에 의해 명석하게 해석할 수 있었던 것은, 전적으로 다윈의 공이었다.

이 진화론이나 실증철학은 홀연 등장하여 격렬한 동요를 유럽의 민심에 가져왔다. 특히 영국의 허버트 스펜서Herbert Spencer 같은 경우는 이들 학설을 근저로 해서 특히 자신만의 철학을 구성하였고, 국가의 흥망, 종교의 성쇠, 모든 사회 문제, 과학과 신학과의 관계, 노동과 자본 등 이런 모든 문제를 모두 생물진화론의 법칙을 기본으로 해서 증명하려고 했다. 그러나 이것은 단지 스펜서뿐만 아니라, 근대의 학자 논객의 이야기하는 바는 그 문제가 무엇인가에 관계없이 모두 이 진화론을 기초로 해서 생물학적으로 관찰한 것이 많다. 최근에 유럽 쪽에서 논쟁으로 시끄러운 인종 개량론Eugenics 등도 그 일례이다. 문예 쪽에서 보면 텐Taine의 비평론은 시문 발전의 역사를 완전히 인류 진화 현상의 하나로 간주하여 해석하는 것이다. 브륀티에르Brunetière도 또 이를 모방하여 문학의 종족 진화L'Evolution des Genres 학설을 공개적으로 주장했다. 이것들은 모두 후에 별도로 설명하는 기회가 있을 것이라고 생각하기 때문에 여기서는 생략하여 둔다.

이와 같이 하여 과학적 정신은 마침내 사상계의 중심이 되었고, 과학만능주의시대라고도 말해 마땅한 사상을 출현시켰다. 연대로 말한다면, 1840년부터 70년경까지 약 30년간은 그 최고조에 도달했던 시기이다.

이 영향이 직접 최고로 현저하게 나타난 것은 말할 필요도 없이 우선 첫 번째, 자연과학의 발달이었다. 천문학, 물리학, 화학, 생리학, 생물학, 지질학 등 각 방면에서 근세의 대발견이라고 말할 수 있는 것은 대체로 모두 이 시기에 출현했다.

두 번째로는 종래 철학의 영역 내에 있었던 정신과학이 완전히 구태를 개선하고, 실질적 연구의 길에 오른 것이다. 이전까지는 철학적 사색에 따라서 존재하던 것들이 이제는 물리학이나 화학과 동일하게 모든 경험을 근본으로 삼아 연구하는 데에 이르렀다. 그 중에서도 특히, 심리학은 이전의 헤겔이나 셸링의 시기와는 그 취지를 전혀 달리 해서, 생리학, 물리학 혹은 수학을 기반으로 한 연구방법으로 옮겨갔다. 우선 헤르바르트Herbart의 경험심리학이 시작되었고, 얼마 안 있어 페히너Fechner나 분트Wundt 등이 나오고, 마침내 완전히 하나의 독립적인 훌륭한 실험과학이 되어버렸다. 윤리학 등도 그 평판에서 면모를 일신했다. 특히 문예 연구와 직접 관계가 있는 미학 등도 옛날의 독특한 방식처럼 다만 미美란 것은 무엇인가와 같은 철학적 논의에서 출발한 것은 아니라, 심리학적, 물리학적, 혹은 사회학적, 생리학적으로 연구하기에 이르렀다.(제3강 중에서 철학 부분 참조).

이상 서술한 것은 과학적 정신이 인간 지력의 면에서 나타난 현상이다. 또한 과학적 정신이 정의情意 방면에서 어떠하게 나타난 것인가를 말하면, 그것은 즉 과거에 일찍이 없었던 물질적 진보가 되었다.

모든 인문의 발달은 이를 3개로 대별해서 관찰하는 것이 가능하다. 첫 번째는 종교라든가 도덕이라든가, 또 과학문예 등과 같은 정신적 방면에서, 두 번째는 사회적 방면, 즉 정치 법률과 같은 측면의 발달에서, 세 번째는 물질적 방면, 즉 직접적으로 우리들의 일상생활, 특히 의식주와 같은 생활 상태에 관한 방면에서 관찰하는 것이 가능하다. 그리고 과거의 역사를 보면, 각 시대에 따라서, 제1방면의 학문 예술 혹은 종교의 방면에서 특히 뛰어났던 때도 있다면, 또 제2, 제3의 방면에서 뛰어났던 시대도 있었다. 즉 과거의 인문 진보의 역사에서 각 시대에는 모두 각각의 자랑으로 삼을 수 있는 득의의 방면이 있는 것이다. 근대는 이 제3방면의 물질적 진보 위에서, 일찍이 전대에 유례가 없는 발달을 이루었다. 극단적으로 말하면, 제1, 제2방면의 정신적, 사회적 방면에서는, 도리어 과거에 뒤떨어진다고 할까, 아니면 적게라도 자랑할 만한 것이 없다고 할 정도까지, 특별히 이 제3의 방면에서만 현저할 정도로 눈부신 진보를 이루었던 것이다. 고대 그리스 시대부터 18세기말까지 2~3천 년간의 물질적 진보는 아무리 후하게 평가해도 최근 백년간의 진보에 미치지 못한다. 그리고 이에 대한 원인은, 다른 종속적인 이유가 많이 있을지 모르지만, 우선 자연과학의 발달에 수반하여 일어난 모든 종류의 발명을, 그 주요한 직접 원인으로 보아야만 한다.

고대인은 경이의 눈을 크게 뜨고, 오직 자연력의 강대함에 찬탄을 했고, 그 중 혹자는 거의 두려움과 공포를 느끼면서 자연 앞에 무릎을 꿇었다. 인간도 큰 존재이지만 자연은 역시 더욱 크다고 일찍이 시인 바이런Byron은 노래했지만, 오늘날 증기력이나 전기가 새로운 방면에서 활발하게 운용되고, 그 확대된 능력이 거의 광대무변한 것을 직접 보고는, 인간이 자연을 정복하고 마음대로 이용하는 힘이 절대적이라는 것을 알게 되었고, 이제 우리는 감탄의 마음을 금할 수 없게 되었다.

우선 첫 번째, 기계의 발명. 이 방면에서는 방적, 채광, 그 밖의 여러 종류의 제조기계를 비롯해서, 전신전화의 여러 종류는 말할 것도 없고, 놀랄만한 속력의 기차, 기선, 최근의 비행기에 이르기까지, 모든 교통기관들은 아마도 모두 다 전술한 과학만능시대 이후의 발명일 것이다. 오늘날의 물질적 생활의 3대 재료인 석탄과 면과 철은, 이것을 제조하는 힘이 한쪽에서 발달함과 동시에, 이를 운용 구사하는 능력도 또한 동시에 동일한 수준으로 발전해 간다. 대체로 이것들의 놀랄만한 진보는 최근 5~60년간에 거의 모든 세계의 외관을 변하게 만들었다.

인간의 외부생활에서의 이 절대적인 급격한 변화, 이것이 어떻게 그 내부생활 즉 정신적 방면에 영향을 주지 않을 수 있었겠는가? 근대의 정치, 종교, 도덕, 문예 등을 논하는 것, 모두 대체로 이 물질적 변화를 고찰 대상의 중심으로 삼지 않으면 안 된다는 것은 이제 와서 말할 필요도 없을 것이다.

교통기관이나 제조기계, 그 밖의 발명은 홀연 근대에서 상공업의 놀랄만한 발달을 초래했다. 전신전화, 쾌속력의 기차와 기선은 모두 공간을 훌륭하게 정복했다. 바다 건너, 산 건너 아주 멀리 떨어져 있는 타국도, 오늘날은 겨우 십 수 일밖에 걸리지 않는 여행지에 지나지 않게 되고, 과거의 백리는 이제 십리에 지나지 않는다고 말할 정도로 세계는 교통기관의 발달에 의해서 현저하게 축소되었다. 근대의 문명국민은 모두 사해四海에 걸쳐서, 활발하게 식민무역에 종사하고 있다. 또 다른 한쪽에서는 식산공예가 발달하고 이것은 세계의 부를 증대시키고, 이는 특히 경제상의 진보를 불러왔다. 즉 자본이 증가하는 동시에, 또 소비고消費高도 격증하는 그런 양상이었다. 이를 개인 차원에서 말한다면, 생활이 극심할 정도로 바쁘게 되고, 그 바쁜 정도가 격심해지자 마음이 편안했던 과거의 사람들보다 2~3배씩이나 일하지 않으면 안 되었다. 동시에 그 결과 자연스럽게 생활정도, 즉 의식주의 상태는 크게 사치스러울 정도가 되었다. 유럽의 내에서도 본래 강건 소박하다는 이야기를 듣고 있는 북독일의 주변조차도 10년 만에 다시 일본에서 방문한 사람 눈에는 이전의 시기보다 생활수준이 크게 높아진 데에 놀라게 된다. 모든 물질적 쾌락의 재료가 풍족하게 된 것과 동시에, 사람들이 물질욕은 더욱더 심하게 자극받고 있다. 따라서 빈곤을 걱정하는 것이 요즘 사람보다 심한 적은 없었고, 부를 바라는 황금만능을 구가하는 풍조가 지나치게 도를 넘은 것 또한 어쩔 수 없는 결과이다. 그리하여 예로부터 그 예가 없었던 격렬한 생존경쟁은 피하기 어려운 현상이 되어 버렸다.

또 다른 측면에서 생각하면, 인지人智가 개발되고, 그에 수반해서 사람들이 물질적 쾌락이라는 풍부한 재료를 이용해서 향락을 즐기는 힘도 크게 증가했거나, 그 힘을 필요로 하는 수준도 대단히 크게 증대했던 것이다. 또 프랑스처럼, 예외는 있는 것이지만, 현대 유럽 강국에서의 인구 증가율은 대단한 것으로, 이점 때문에 사람들의 물질욕구를 만족시키는 어려움은 현저하게 커졌다. 어떤 사람들은 마침내 빈민 거세론을 주장할 정도까지, 현대의 생활난은 두드러진 것이 되었다. 헉슬리Huxley가 쓴 글에 이런 내용이 있다. 성서에는 천지창조의 처음, 신은 "늘리든지 증가시키든지"라고 사람에게 명령을 했다. 인간은 신의 다른 가르침은 조금도 받들지 않지만, 생식生殖의 문제만큼은 마음으로부터 충실하게 신의 말을 따른다. 그래서 인간은 생존경쟁을 위해서는 신의 명을 배반하고 여러 종류의 죄악을 범하지만, 다른 한편으로는 이 증식으로 인해 더욱더 생존경쟁을 뜨겁게 한다.

인간이 진보하고 기계를 활발히 이용한 결과, 생활 상태는 더욱더 자연에서 멀어지고 인공적이 된다. 걸어서 갈 수 있는 곳도 자동차로 가고, 추우면 난로, 더우면 선풍기라는 것을, 과거 사람들은 요구하지도 않던 많은 것들을 요즘 사람은 필요로 한다. 10리, 20리의 길을 1시간 만에 달리는 기차조차 오히려 늦다고 하여 만족하지 않는다. 생활의 비용은 이리하여 점점 더 증가하는 것과 동시에, 과거의 일본인처럼 무사武士도 굶으면서 여유 있는 척 하고 있을 수는 없게 되었다. 이와 같은 괴로움을 인내해도, 억지로 변통을 해도, 이 물질적 욕구를 만족시키고 싶어 하는 생각은 모든 사람의 가슴에 치열하게 남는다. 따라서 인간은 이 방면의 만족을 얻기 위해서 그 능력을 한껏 활용하고, 또한 서로 다투고 뒤처지지 않으려고 무척이나 애를 쓴다. 물질적 생활에 대한 각인의 노력의 정도는 이를 고대, 중세와 같은 만사태평한 시대에 비하면, 거의 열배, 백배에 달한다. 그래서 결과가 결국은 원인이 되고, 물질적 진보가 두드러지는 만큼 생활의 어려움은 커진다. 생활이 곤란해지면 사람은 누구나 모두 이를 극복하기 위해 노력을 많이 기울이기 때문에, 물질상의 진보는 더욱더 두드러지는 문제가 된다.

모든 점에서 속력이란 것을 중요하게 여기는 것이 요즘과 같이 극심한 시대는 일찍이 없었다. 어떤 명문가名文家가 말했던 것처럼, "현대의 중요한 죄악 중 하나는 서두르는 것이다. 허둥지둥, 우왕좌왕하다가 뒤에 처진 사람은 악마에게 낚일 수 있다.(One of the chief sins of our time is hurry: it is helter-skelter and devil take the hindmost(Dr. John Brown, Horae

Subsecivae))" 대체로 타인으로부터 추월당하는 것은 근대인에게는 가장 참을 수 없는 일이다. 나아가고 또 나아가도 결코 만족하지 않는다. 한걸음이라도 빨리 타인보다 앞으로 나아가려고 정말로 초조해한다. 상대에게 뒤지면 어떻게 할까, 그런 불안하고 조급한 생각이 잠시도 마음을 떠나지 않는 모양이다. 개인과 개인은 친밀한 모양이지만 실은 서로 반목질시하여 내심으로는 투쟁이 끊이지 않는다. 조합이든지 단체라는 것도, 필경 결합하는 편이 경쟁에 유리하기 때문에 만든 하나의 방편에 지나지 않는 것이다.

이상 말한 것처럼, 의식주의 문제는 과거에 일찍이 예가 없을 정도로 근대 문명국 사람들에게 중대한 의의가 있다. 독일의 어떤 사람이 근대의 사회문제는 요약하면 위胃의 문제라고 했는데, 이는 한번쯤 음미해 볼만한 말일 것이다. 최근의 모든 죄악과 병폐가 모두 이 문제를 중심으로 해서 말하고 있다고 해도 결코 과언은 아닐 것이다. 근대 문예에 자주 나타나는 번민과 고민과 같은 현상의 원인은, 이 책의 뒷부분에서 따로 설명하게 될 사상의 문제로부터 생긴 원인과도 관련이 있겠지만, 이 생활의 압박이라는 것이 또한 유력한 소인을 이루고 있다는 점에도 주의해야만 한다. 그렇지 않아도, 인간에게는 살고 싶다, 살고 싶다, 하는 그런 근성이 있고, 욕망이 있다. 쇼펜하우어Schopenhauer가 말한 소위 비이성적, 무의식적, 맹목적인 생활의지Wille zum Leben, 혹은 과거의 로마의 세네카Seneca가 말한 생존의 열망aviditas vitae이 이런 욕망에 착 달라붙어 있다. 그 생존, 생활이라는 것이 근대에서 어려움을 상당히 뚜렷하게 증가시켰기 때문에, 당연히 여기서 사람의 마음은 깊은 고민에 빠지지 않을 수 없는 것이다.

근대 유럽에서는 과거와 같은 귀족, 승려라는 사람들이 없고 계급제도도 쓸모없게 되고 자유평등의 세상이 되어 버렸다. 완전히 개인 대 개인이 실력경쟁을 하는 세상이다. 여하한 재산가도 이 경쟁에서 뒤로 밀리면 하루아침에 갑자기 유리낙백流離落魄의 비운과 만날 수밖에 없다. 가고, 오고, 앉아있고, 누워있더라도, 단 한 순간도 이 생활문제는 사람들의 머리를 떠나지 않는다. 특히 근대에서는 소위 벼락부자parvenu가 많다. 알퐁스 도데Alphonse Daudet의 소설 『벼락부자Le Nabob』에서 묘사된 것처럼, 오늘날은 몸을 비천한 상태에서 일으켜 세워 일약 수천만금의 재산을 얻어 교제사회에서 날리는 벼락부자들이 많은 세상이다. 이 모든 것이 황금만능의 힘이며, 명예도 지위도 권력도 모두 이에 따라서 얻을 수 있다면, 부자가 되려는 자는 더욱 더 큰 부자가 되려고 애를 태우게 될 것이다. 스스로 만족함을 아는 경우는 결코 없다. 그리하여 빈부의 현격한 격차는 더욱 더 심해지고, 부자는 더욱 더 부자가 되고, 가난한 자는 더욱 더 곤궁해 진다. 여기서 근대사회에서의 온갖 병폐가 만들어지는 것이다. 졸라Zola류流의 자연파문학에서 자주 묘사된 하층사회의 비참한 상태, 즉 생존경쟁의 열패자劣敗者와 낙오자의 부랑생활 등도 오늘날 문명의 진보를 이룬 나라일수록 그 정도가 더욱더 심하다. 실제 현대의 유럽 각국에서의 빈곤pauperism의 참담한 상태는 일본인이 도저히 상상도 할 수 없을 정도로 끔찍한데, 런던 주변의 슬럼에 직접 가서 참상을 보지 않으면 이해할 수 없을지도 모른다. 또 범죄자, 자살자가 해마다 증가하는 것 등도 통계가 명확하게 보여주는 사실이다.

근대는 개인의 자유가 중요하게 여겨지는 시대임에도 불구하고, 이 격렬한 생존경쟁 때문에, 개인은 생각하는 것만큼 그 자유를 누릴 여지가 많지 않다. 이러한 모순충돌이 있기 때문에, 개인은 새삼스럽게 사회에 비해서 개인으로서의 자신이 약하다는 것을 자각하고, 고민을 많이 하게 된다.

이런 이야기가 있다.

어떤 근실하고 정직한 청과물상의 늙은이가 대단히 번화한 거리의 어떤 가게 앞에서 짐수레를 세우고 있었다. 이제 판매한 파의 대가를 받으려고 기다리고 있었다. 그곳으로 때마침 경찰관이 다가와서, 빨리 이곳을 떠나라고 말한다. 노인은 작은 소리로 "돈을 받으면 그리하지요"라고 말했지만, 경찰관은 노인의 그 말에 상관하지 않고 귀찮다는 듯이 엄명을 반복한다. 그리고 마침내 이 노인을 법에 항거했다는 죄명으로 포박한 끝에, 관리 모욕이라는 이유로 법관의 앞으로 억지로 끌고 갔다. 물론 노인에게는 결코 기억에도 없는 일이다. 법관은 가련한 이 노인의 말보다도 오히려 경찰관의 단언에 믿음을 두었다. 청과물 판매상은 이렇게 마침내 구류 2주간, 벌금 50프랑을 선고받았다. 그런데 그 이후, 노인이 감옥에서 나와 보니, 단골 거래처는 대부분 모두 다른 상인에게 빼앗겨 버렸고, 게다가 또 사람들은 노인을 전과자라고 말하고 상대해 주지 않는다. 더욱더 빈궁에 빠진 끝에, 그는 마침내 하나의 방법을 생각해냈다. 즉 전에 부당하게도 이른바 벌을 받았던 그 거리의 말로, 지금 다시 경찰관에게 싸움을 걸어, 만약 또 구류당한다면 그것으로 오히려 비와 이슬을 견딜 장소도 얻을 수 있다고 생각한다. 그런데 경찰관은 비바람이 부는 가운데 가로등 기둥에 기대어 있으면서, 이번에는 노인에게 아무리 모욕을 받아도 침착하게 전혀 상대하지 않았다. 가련한 노인도 이리하여 마침내 온갖 계책이 다하는 지경에 이르렀다.

이 한편의 이야기는 아나톨 프랑스Anatole France의 단편으로 만든 단막극 〈크랭크빌Crainquebille〉의 대강의 줄거리이다. 일면에서 개인의 자유를 존중하려고 하는 근대 사회가 그 격렬한 생존경쟁에 의해서, 생활난 때문에 돈이 없는 개인을 여하히 냉혹하게 압박하고 있는 중인가를, 이 작가는 독특한 빈정거리는 필법으로 묘사해 낸 것이라고 볼 수 있다.

또한 덧붙여 말하면, 이 생존경쟁에 관련해서 서문에서 한마디 해두고 싶은 것은 물질문명이 사람들의 생활을 속되게 만들어버렸다는 것이다. 즉 기계나 공장은 확실히 근대문명에 특유한 것으로, 이 큰 세력은 다른 원인과 더불어 사람들의 외부생활을 평범하게 만들고, 산문적이 되게 했다. 모든 것을 시적 정취가 없는 고담枯淡한 것으로 만들어 버렸다. 과거에는 감상 본위였던 것이 지금에는 실용 본위가 되고, 시적 정취는 없어지고 속악해졌다. 희소하고 귀한 것을 즐거워하는 것이 지금에서 숫자만 많으면 좋다고 하는 식이 되었다. 귀족적이 아니라 평민적이 되었다. 예를 들어, 하나의 도구도 과거에는 섬세한 수공手工으로 정성을 기울이고 만들었던 것에 비해서, 이제는 사람의 조작이 크게 필요 없는 큰 공장에서 일시에 대량으로 제조한다. 설령 실리와 실익은 있다고 해도 그 제품에는 생명도 없고 취미도 없다. 옛날의 고블랭Gobelin 직물과 오늘날의 직물회사의 제품의 서로 다른 점은 거의 모든 전체 물건에서도 보인다. 과거의 물건을 그림이라고 한다면 오늘날의 물건은 바로 사진이다. 어떤 일도 모두 이런 모습으로, 물질적 진보는 근대의 외부생활을 심하게 무미 고담枯淡하게 만들고, 사람들로 하여금 생활을 즐겁게 보내게 하기보다는 오히려 생존경쟁의 고통을 한층 격렬하게 느끼게 할 뿐이다. 그렇지 않아도 여유가 없이 절약하는 근대인의 생활은 이리하여 더욱더 여유가 없는 삭막한 생활로 변하고 있다. 풍류의 세 가지 맛味으로 세월을 보낸 사람도 오늘날에는 모두 석탄 그을음으로 목욕을 하고 새카맣게 되어 일하지 않으면 안 되게 되었다. 사람들은 현대를 '급함haste과 추함ugliness'의 시대라고 말한다.

벨기에의 현존 시인 베르하렌Verhaeren의 작품에, 「어부들Les Pêcheurs」이라는 제목의 유명한 시가 있는데, 지금 마지막으로 이 시를 소개하고 서론을 마치고자 한다. 인정이 메마른 세상에서 애달아서 오로지 정말 한마음으로 보석인 검은 구슬의 이익만을 다투고, 따듯한 애정의 아름다움도 체험하지 못하고, 여유 있는 생활의 즐거움조차 알지 못하고, 자신의 일신의 이익만을 생각하는 것 이외에는, 타인의 처지를 뒤돌아보는 여유도 없는 현대인을, 안개에 닫혀버린 어두운 물 위로 그물을 던지고, 이득을 얻으려는 어부에 비유한 것이 이 시의 주된 의미이다. 오로지 한 가지 생각으로 자신이 이익을 구하려는 데에 급한 무리들은, 곁에 사람이 있는데도 전혀 마음을 쓰지 않고, 서로 말을 주고받는 일도 없고, 하물며 천상에서 빛나는 아름다운 별빛과 같은 것은 꿈에서조차도 알지 못한다고 하는 것이 이 시편 끝부분의 뛰어난 구절의 내용이다.

Dites, si dans leur nuit, ils s'appelaient
Et si leurs voix se consolaient!

Mais ils restent mornes et gourds,
Le dos voûté et le front lourd,
Avec, à côté d'eux, leur petite lumière,
Immobile, sur la rivière.
Comme des blocs d'ombre, ils sont là,

Sans que leurs yeux, par au delà
Des bruines ápres et spongeuses,
Ne se doutent qu'il est, au firmament,
Attirantes comme un aimant,
Des étoiles prodigieuses.

Les pêcheurs noirs du noir tourment
Sont les perdus, imménsement,
Parmi les loins, parmi les glas
Et les là-bas qu'on ne voit pas;
Et l'humide minuit d'automne
Pleut dans leur âme monotone.

Les Villages illusoires

[대의] 어둠 속에서 그들이 서로 부를 때, 그 목소리는 위로가 되었음에 틀림없다. 그렇기는 해도 그들은 마비되고 초췌하다. 등은 활처럼 휘고, 머리는 무겁고, 곁에는 움직이지 않는, 등(燈)의 작은 빛이 강 위에 있다. 이 사람들은 마치 검은 그림자들이 모여 있는 것과 흡사하다. 그 눈은, 습도가 너무

많아서 견디기 힘든 고통이었던 안개의 저편에 도달할 방도도 없고, 그러니까 자석처럼 마음을 당기는 별의 불가사의한 빛을, 천상에 있어도, 그들을 알 도리가 없다. 암흑 같은 괴로움에 둘러싸인 어부들, 그들은 장례 종소리에, 또 눈도 미치지 못하는 먼 곳에서 길을 잃어버린 사람들 아니었나. 이슬을 머금은 가을밤은 그들의 단조로운 마음속에서 탄식이 흐르게 했다.

근대인의 생활에 실제로 이러한 비참한 일면이 있는 것을 그 어느 누구라도 부정할 수는 없는 것이다.

제2강 근대의 생활

1. 세기말

시대의 정조 - 소위 세기말 - 과거와 지금 - 시대의 변조와 문학 - 기초를 둔 바는 자연과학

This strange disease of modern life,
With its sick hurry, its divided aims,
It's heads o'ertaxed, its palsied hearts, ……
-Matthew Arnold, The Scholar Gypsy.

근대생활의 이 기이한 병, 병적인 그 초조함, 목적이 확실히 정해지지 않고, 머리는 과로하고 마음은 마비된다.

문예의 배후에는 반드시 '시대'가 있다. 이 시대의 특징-즉 전에 서술한 과학적 정신을 중심으로 한 근대생활의 특징은 과연 어떠한 것일까. 나는 문예론에 들어가기에 앞서 다른 여러 방면에서 먼저 근대의

개관을 시도하려고 생각한다. 한 시대의 여러 가지 특징은 바로 그 시대에 고유한 하나의 정조情調랄까 성격이랄까 하는 것을 형성한다. 그래서 적어도 동일한 권내에 살고, 동일한 공기를 호흡하고 있는 이상은 여하한 영웅호걸일지라도, 또 여하한 사업일지라도, 다소는 이 정조를 띠고 이 성격에 물들지 않을 수 없는 것이다. 물론 거짓 가면을 꾸미는 경우도 있을 것이고, 혹은 억지로 스스로 시대의 조류의 위험을 멀리하고 편안하게 있으려는 비겁한 경우도 있을 것이다. 그런 점은 원래 사람들의 처지와 성정과의 차이에 따라서 많고 적음과 깊고 옅음의 차이점이 있겠지만, 다른 시대와 명료하게 구별될 정도의 정조는 모든 곳에서 인지될 수 있을 것이다. 특히 근대만큼 이 정조가 명백하게 두드러지게 나타나고 있는 시대는 먼 과거로부터 역사적으로 따져도 아마 전례가 없다고 말할 수 있을 정도이다. 예를 들어, 과거의 종교개혁이라든가 미국의 발견이라든가 하는 대사건이 있던 시대에는 정말로 그 시대의 민심은 이로 인해 엄청난 동요를 겪었다. 그런데, 하지만, 이것들은 모두 근대 과학상의 신발견이나 물질문명과 같이 직접적으로 인간의 일상생활, 즉 의식주라는 것에까지 변화를 주지는 않았다. 인간의 생활 상태를 격변시키고, 두뇌의 평균을 떨어지게 할 정도까지는 이르지 못했던 것이다. 여느 시대에도 다수의 민중은 이외로 만사태평한 존재로, 단지, 사상계의 문제 등에서는 좀처럼 동요하지 않았지만, 하루아침에 그것이 의식주의 문제로 되어서 각 개인에게 육박해 오면, 세상은 이 지점에서 비로소 매우 현저한 변조變調를 드러낸다. 근대가 특히 두드러지게 다른 시대와 구별될 정도의 정조를 띠게 되었던 것은 완전히 의식주의 방면에 격변이 있기 때문이라고 생각한다. 특히 교육도 받고 지식도 있어서 가장 깊게, 가장 간절히 근대생활의 참된 의미를 음미할 수 있는 사람들의 사회에서, 혹은 지금 현재 시대 활동의 실제 중심이 되고 있는 중류 이하의 사회에서, 이 정조는 가장 두드러진 것이다.

많은 사람들은 이 정조에 이름 붙여 '세기말Fin de Siècle'이라고 하는데,

그 의미는 전前세기의 말에 이 정조가 가장 두드러졌던 것을 가리키는 것이다. 그러나 세기의 구별과 같은 것은 옛날부터 인간이 편의상 만들었던 것으로, 사조변천의 경로란 그런 구별의 그 어떤 점과도 전혀 관계가 없다. 19세기가 20세기로 되어서도 의연하게, 이 정조는 지금 현재에도 공통 보편의 정조이다. 단지 19세기의 벽두에, 프랑스혁명-칼라일Carlyle이 소위 '부패하게 한 권위에 대해 법을 지키지 않는 자들의 공공연하게 치열했던 반항, 또 승리, 근세 파천황의 현상'이라고 한 저 프랑스혁명에서 비롯되었던, 한 세기 간의 활동이 더욱더 분규 착종되고, 문명은 난숙의 극에 달했던 끝에, 마침내 세기말에 이르러서 일종의 특별한 현상을 드러냈던 것이라면, 이 '세기말'이란 단어에도 또 깊은 의미가 있다고 생각할 수 있다. 흡사 한 세기가 그리하여 마지막을 알린다고 하는 섣달 그믐날, 계절의 끝이 다가오고 그 결산에서 수지가 맞지 않는다고 큰 소동을 부리는 모습을, 혼돈한 시대의 민심의 특징이라고 본다면, 지금 이곳 '세기말'의 명칭에도 일종의 취향이 있는 것은 아닐까.

이 '세기말'이란 말은 사람에 따라서, 또 경우에 따라서, 여러 종류의 잡다한 의미로 사용되고 있다. 뿐만 아니라, 근대 그 자체는 이미 그 내용면에서 매우 복잡하고, 또 대단히 모순덩어리이다. 그래서 나는 전부터 이 용어에 명확한 정의를 부여하고 설명을 시도하려는 것이 아니라, 단지 그 두드러진 특징만을 뽑아내서, 이하 (1)도덕적 방면, (2)신경의 병적 상태, (3)자극 등 우선 이런 순서로, 이 '세기말'이란 말의 내용을 조사하여 보고 싶다.

그러나 또한 이 본격적인 주제에 들어가기에 앞서 여기에서 한, 두 가지 덧붙여 말해 두고 싶은 것이 있다.

'퇴폐의 근대적 경향Decadent Modernism'이란 표현의 의미 속에는 회의와 고민에 빠진다고 할까, 혹은 마음이 항상 깊은 비애에 쇠사슬로 묶여 있다고나 할까, 하는 의미가 들어 있다. 마찬가지로 오로지 욕망을 탐하고 환락을 추구하는 그런 경향이 우선 첫 번째로 열거될 수 있다(이것은 후에 제3강에서 자세하게 설명할 것이다). 그러자 어떤 사람들은 이런 점들이 특별히 근대에 시작되었던 일도 아니고, 과거부터 그 예가 대단히 많고, 이를 근대에 제한해서 말하는 것은, 필경 문학도들의 편견에 지나지 않는다고 주장한다. 과연 셰익스피어는 3백년 전의 과거에 이미 햄릿과 같은 인물을 그려냈다. 회의라는 고민에 빠지고, 수심에 쇠사슬로 묶인 햄릿의 마음상태야말로, 확실히 근대적인 일면을 갖추었다고 할 수 있을 것이다. 혹은 또 프랑스의 고古시인 프랑수와 비용François Villon과 같이, 지금부터 무려 5백년 정도 떨어진 과거의 인물인 비용의 태도와 생활은 분명하게 '근대적'이었다. 관습에 반항하고, 권위에 굴하지 않고, 예리하게 개성을 발휘하고 꺼리는 것 없이, 또 인생에 대한 열렬한 애모의 정에 있어서, 혹은 감각의 세계에 욕망을 탐하고, 결국은 또 깊은 절망과 비애의 심연에 함몰 되는 등, 햄릿은 완전히 '근대적' 인간이었다고 말할 수 있다. 또 처녀 왕조의 영문학에 셰익스피어의 선구자로서 시재詩才를 종횡으로 발휘했던 소위 '대학시인'의 일파, 특히 그린Greene이나 말로우Marlowe 등의 자유분방한 생활도, 견해에 따라서는 역시 근대적으로 볼 수 있다. 실제 이러한 예를 고금의 문예사에서 구한다면 아마도 너무 많아서 셀 겨를도 없을 정도이다. 단지 여기서 주의해야 할 점은 과거에 있어서의 이런 것들의 예들은 시인적인 성정의 사람이라든지, 또는 예사스럽지 않은 주위 환경에 따라 이렇게 된 것이므로, 그것은 모두 드문, 특수한 경우에 지나지 않았다는 점이다. 근대에서는 이와 같은 경향이 유럽의 일반 사람들 믿음 속에서, 보편 공통의 현상이 되었고, 그 어떤 사람의 가슴 속에도 다소간이라도 그 그림자가 남는다고 할 정도로까지, 시대 전체의 색조를 이룬다. 이 보편적이고 일반적이라고 하는 것에야말로 중대한 차이가 존재하므로, 이것을 간과해서는 '근대적'이라는 말의 의미를 파악하는 것은 쉽지 않다.

요약하면, 유럽의 근대에는 과거 시대와 비교해서, 근대만의 뚜렷하게 명료한 구별을 만들 수 있을 만큼의 특징이 있고, 어디까지나 과거와는 다른 현저한 정조가 보인다. 그래서 만약 과거 시대를 순조롭다고 한다면, 근대는 변조變調이다. 과거가 옳고 건전하다고 하는 눈으로 본다면, 근대는 확실히 그릇되고 또 병적으로도 될 것이다. 시대로서 근대 그 자체는 의심할 여지없이 '이상한' 시대가 된다. 근대의 정치, 종교, 예술 등 하나 같이 이 '이상하다는' 정조를 띠고 있지 않은 것은 없지만, 그중에서도 문학에서 가장 눈에 띄게 선명하게 나타난다는 것이다. 세상에는 아무튼 이럭저럭 태평스러운 일반인들이 많이 있기 때문에, 사상의 모순, 사회의 결함이 눈앞에 다가오고 있음에도 불구하고 혹자는 이를 느끼는 것에 둔하고, 혹자는 그것을 알면서도 돌아서서 다른 것을 말하는 비겁한 행동을 감행한다. 이 사이에 위치한 외로운 문학의 천재는 횃불 같은 안광으로 예리한 관찰을 시도하고, 조심하고 거리끼는 것 없이 이를 해부하고 비판한다. 문제의 바로 정면에 맞서서 속의 속까지, 바닥의 바닥까지 연구하지 않으면 안 된다. 입센Ibsen이든지 쇼Shaw든지 하는 이런 사람들은 모두 다 고약한 냄새가 나는 것에 뚜껑을 덮고, 생각할 수도 없는 것을 생각하고, 보고도 못 본 체하는데 반해, 그런 것을 결코 할 수 없는 사람들도 있다. 유럽 근대의 문호는 모두 다 일본의 도학선생을 죽이는 정도까지, 대단히 열렬하게, 또 절실하게, 이 '시대'를 그 작품에 묘사했다. 기탄없이 붓을 휘둘렀던, 고古시인 비용이 소위 적나라한 진실nuda veritas을 표현했고, 이를 보라는 듯이 우리들 눈앞에 던지기 시작했던 것이다.

또 세상에는 사회에 해를 끼치는 것이 근대문학이라고 큰소리로 급하게 외치는 사람도 많지만, 이것이야말로 문학에 대해서 근래 오해하고 있는 상황을 말한다. 모든 동서고금에 물을 것도 없이, 문학은 시대의 주된 흐름이 스스로 조성한 시대의 모습을 반영하고 있는 밝은 거울이다. 만약 책망해야만 하는 것이 있다고 한다면, 그것은 근대문명의 밑바탕이 되고 있는 자연과학은 아닐까. 자신의 예상과 다른 말이라고 해서 이런 주장을 비웃는 사람들 때문에, 나는 여기에서 빌헬름 쉐러Wilhelm Scherer의 말을 내세우고자 한다.

Dieselbe Macht welche Eisenbahnes und Telegrphen zum Leben erweckte, dieselbe Macht regiert auch unser geistiges Leben: Sie räumt mit den Dogmen auf sie gestaltet die Wissenschaft um, sie drückt der Poesie ihren Stempel auf. Die Naturwissenschaft zieht als Triumphator auf dem Siegeswagen einher, an den wir alle gefesselt sind.

철도나 전신 등을 만들어낸 그 동일한 힘이 또한 우리들의 정신적 생활도 지배하고 있다. 이 힘은 독단적 도그마를 배척하고, 과학의 모습을 바꾸고, 시가(詩歌)에도 지울 수 없는 증거를 남겼다. 자연과학은 승리자로서, 개선의 차에 올라타고 가지만, 우리들은 모두 이 차에 어쩔 수 없이 매여 있는 것이다.

2. 도덕적 방면

윤리학설의 종류 - 자연적 생활과 사회적 생활 - 두 가지 방식의 생활의 모순 - 생존경쟁과 관습도덕 - 극단적인 두 가지의 도덕설 - 니체가 말하는 강자, 주인의 도덕과 약자, 노예의 도덕 - 초인(超人)설 - 고(故) 톨스토이 백작의 평화의 가르침 - 근대인의 도덕적 의식 - 이기주의 및 그 제한법 - 군자 도덕가와 영웅 및 죄인 - 평범한 사람과 위선자

우선 근대인의 도덕적인 면을 보면, 이 부분에서도 물질적, 과학적 정신의 영향이 현저한 것은 이제 와서 말할 필요도 없다. 윤리학설은 밀Mill의 공리설 이래 모두 현실적 경향을 띠고 있으며, 그 설명 방식이 모두 실험적이고 또 진화론의 기초에 세워져 있다. 그러나 이런 윤리학설은 원래 학설로서 존재했기에, 일반인들의 실제적 행위에는 직접적인 영향이 아주 적다. 또 특히 학설과 실행을 합친 윤리운동Ethical culture movement이 미국의 유니테리언 교도 등으로부터 시작했고, 유럽 쪽

에서도 번성했지만, 이 운동이 아무래도 오늘날 지금까지 근대 일반의 민심에 감화를 대단히 많이 주었다고는 생각되지 않는다. 따라서 문예의 문제는 교섭이 없는 것으로 보이기 때문에 지금은 생략해둔다. 내가 설명하고 싶은 것은, 일반적으로, 사상계에서의 유력한 이론 및 보통 사람들의 도덕적 의식에 대한 것이다.

모든 인간은 두 가지 모순적인 생활을 영위한다고 생각할 수 있다. 즉, 하나는 자연적 생활로, 이 생활은 각 개인이 자기의 생존을 안전하게 하고, 행복하게 하고, 천성의 본능을 만족하게 하려고 하는 그런 생활로, 그 결과는 우승열패가 되고, 약육강식이 된다. 이를 극단적으로 추진한 것이 바로 이기주의로, 이는 오로지 개인적이고, 본능적인 생활이다. 이 방면에서만 보면 세상은 과거에 홉스Hobbes가 말했던 것처럼, 만인이 만인에 대해서 벌이는 싸움Bellum omnium contra omnes이 될 수밖에 없다. 그러나 이것만으로는 도저히 사회라는 것의 안정성stability이 보장되지 않는다. 그런 까닭으로 제2의 사회적 생활, 즉 가능한 한 자신의 욕망을 제한하고, 개인의 이익을 버리고 공중公衆을 위해서 전력을 기울이고, 이에 따라 평화를 보전하려고 하는 그런 생활이 있어야 한다. 즉 이 방법은 자연적 생활에서 발생하는 약육강식의 현상을 가능한 한 멀리 하려는 것이고, 문명사는 한마디로 인간이 태고적 야만의 순純자연적 생활의 시대를 떠나서 사회적 생활로 옮겨오는 그 과정을 보여주는 것에 지나지 않는다. 그래서 법률이나 도덕은 모두 다 우리의 자연적 생활을 제한하고, 두 가지 모습의 생활을 훌륭히 조화시켜 가기 위해 존재하는 것이다.

헉슬리의 말을 빌려서 말하면, 인간은 한편에서는 자연인natural man으로서, 또 다른 한편에서는 윤리인ethical man으로서 생활하고 있다. 인간은 반대되는, 조화하기 어려운 두 가지 모습의 생활을 영위하고 있는 셈이다. 그래서 자칫하면 쟁투랄까 간음이랄까, 죄악이라는 이름을 붙이는 모든 것이 이 양자의 부조화에서 생겨난다. 그런데 앞서 진술한 생존경쟁이 지극히 치열한 최근의 문명국에서는 사람이 이 부조화를 느끼는 것이 과거보다도 일단 더욱 심해졌다. 따라서 과거에 만사태평하고 마음이 편한 시대에서 능히 사람들의 자연적 생활을 속박하고, 두 개의 모순적인 생활을 조화시키는 데에 충분했던 도덕도, 근대에서는 이미 대단히 불만족스럽게 되어 버렸다. 환언하면, 도덕이 사람들의 본능적 생활을 억압하는 힘이 약하게 되었고, 세력가는 예전부터 인습이 되어 전해오는 도덕, 즉 관습적 도덕conventional morality이란 것에 대하여 의혹을 품게 되었다. 극단적으로 말하면 근대에서는 본능적 혹은 자연적 생활과 사회적 생활과의 조화가 한층 어렵게 된 결과, 사람은 드디어 인습, 도덕의 울타리 밖으로 뛰어나가지 않으면, 자신의 생존 그 자체조차 자칫하면 위태롭게 만드는 것은 아닐까 하는 느낌을 갖게 되었다. 특히 한편으로는 물질적 욕망이 더욱더 강해지고, 다른 편으로는 이 욕망을 만족시켜주는데 곤란함이 증가하고 있기 때문에, 도덕의 조화력, 속박력은 더욱더 약하게 되었다. 스티븐슨Stevenson이 옛 시인인 프랑수와 비용의 일을 쓴 이야기에 이러한 이야기가 있다. 이 시인이 밤길을 가다가 날이 저물자 어느 부자의 집에서 하룻밤 묵고 한 주발의 식사를 얻었다. 그 부잣집 주인은, 시인이 타인의 물건을 훔쳤다고 이야기를 하자 이를 듣고 크게 야단치고 나서 회개하라고 말했다. 이 때 시인 비용이 답하여 말하기를, 회개하려고 해도 자신의 사정은 이를 허락하지 않고, 만약 나도 또한 당신처럼 충분히 먹고 따듯한 옷을 입은 무리라면, 기쁜 마음으로 도를 설파했을 것이라고 말했다. 이것은 별 의미가 없는 이야기 같지만, 도덕에 대한 근대인의 사고방식 역시 이와 같은 종류의 사고방식이다. 물론 이 도덕적 관념의 동요에는 뒤에 서술해야 하는 근대사상계 일반의 회의적 태도, 또는 권위 타파의 경향이 그 근원을 이루고 있는 것이지만, 오늘날 말하는 생존경쟁의 격렬함이 또한 그 직접적인 유력한 원인이라는 점도 의심의 여지가 없다고 생각한다.

이런 시대에 처해서, 재래의 관습적 도덕에서 완전히 멀어진 두 개의 극단적인 도덕설이 출현해서 사상계를 크게 동요하게 만들었던 것은 자연스런 일일 것이다. 즉 하나는 인간의 자연적 생활, 본능적 생활을 극단적으로 중시하고, 개인이란 존재에 절대적 가치를 부여하는 주장이다. 다른 하나는 이것과 정반대로, 완전히, 개인을 가볍게 보아 버리고, 그 사회적 생활만을 극단적으로 중시하는 주장이다. 즉 이 주장은 인간은 종족을 위하여 생존하는 것이므로 개인은 자신의 동포에 전력을 기울이고, 동포를 위해서 생활해야 한다고 하는 주의主義를 말한다. 전자는 독일의 프리드리히 니체Nietzsche의 주장이고, 후자는 러시아의 톨스토이Tolstoy의 주장이다. 따라서 두 사람의 주장은 공히 갈피를 못 잡고 헤매고 있는 근대의 민심에 반향을 불러일으키고, 사람의 이목을 깜짝 놀라게 했던 주장이다.

니체의 설은 강렬한 자아를 중심으로 하는 개인주의이다. 적어도 건전한 인간에게는 뜻대로 활동하고 싶어 하는 그런 자유의 본능Instinkt der Freiheit이 있고, 사람의 근본적 충동은 힘에의 욕망Wille zur Macht이다. 이런 것들이 우선 니체 주장의 기본을 이루고 있다. 따라서 니체는 그 주장을 통해 재래의 기독교 도덕-고대부터 유럽인의 마음을 지배해온 기독교적 박애주의의 도덕에 대해서 매우 맹렬하게 반항했다. 그 도덕은 모두 노예의 도덕, 약자를 위한 도덕일 뿐이기 때문에, 새 도덕은 특별히 주인의 도덕, 강자를 위한 도덕이 되지 않으면 안 된다고 하는 파천황의 주장을 토했다. 태고에 인류의 생활은 용감한 자나 강자에게는 대단히 유쾌한 생활이었는데, 그것은 힘을 욕망하는 대로 원하는 바가 이루어졌기 때문이었다. 그런데 그 자리에 기독교라는 종교가 출현해서, 약자를 위한 도덕을 말하고 강자의 힘을 속박하고 제한했다. 문명의 진보에 공헌하는 바가 없는 약자의 어깨를 떠받들었던 것이므로, 따라서, 세계의 문명은 진보하지 않게 되었고, 마침내 오늘날처럼 타락으로 떨어졌다. 환언하면, 다수의 약한 겁쟁이가 자신에게 유리한 생활 상태를 만들기 위해 사민평등, 무차별과 같은 주장을 하고, 인류 전체의 관점에서 보면 그로 인해 발달이 저해되었다. 이로 인해 가장 고등한 강자와 용자勇者의 본능이 제압당하고, 욕망이 억압당하고, 그 자유로운 발달이 방해받았다. 만일 미래에 정말로 행복한 인류의 생활을 만들려고 한다면 우리는 자연적, 본능적 생활을 영위하고, 다수자의 권리, 행복 등과 같은 주장을 배척하고, 소수의 강자를 위해서 도모하는 군주(주인)의 도덕Herrenmoral이 있지 않으면 안 된다. 나폴레옹 같은 인물은 실로 이 귀족적인 강자의 이상을 체현한 근세에서의 유일한 인물이고 최고의 인물이다. 니체는 나폴레옹을 군주적 인간Herrenmensch이라고 주장했다. 요컨대, 오늘날 세상에서 말하는 도덕은 인생을 절멸하는 것으로, 참된 도덕은 반드시 모든 사람의 신체에 그 뿌리를 깊게 내리고 있는 본능에 기초를 두지 않으면 안 된다. 이렇게 해서 생긴지고 지대한 인물이 바로, 즉 초인Übermensch이다. 초인은 바로, 강하게 용감하고, 아름다운 진실함을 소유한 사람으로, 식견이 뛰어나고 또 고통을 두려워하지 않고, 자아와 의지를 극도로 발달시키려는 욕망을 소유한 자로 말할 수 있다. 이런 식으로 그는 마침내 선악 무차별이라는 논의에 도달했다. 이상에서 언급한 내용을 그 자신의 말로 말한다면, 다음의 일절에 그 내용이 명확하게 나타나 있다. 나는 니체의 독일어 원문을 손에 넣지 못했기 때문에 일본어 번역의 불완전함을 보완하기 위해서 영어 번역을 올려놓는다.

> What is good? All that elevates the feeling of power, the will to power, and power itself in man.
> What is bad? All that proceeds from weakness.
> What is happiness? The feeling that power increases — that resistance is being overcome.
> Not contentedness, but more power; not peace generally, but war; not virtue, but capacity(virtue in the Renaissance style: virtù)
> The weak and defective are to go to the wall(the first principle of our charity). And we are to help them thereto.
> What is more injurious than any crime? Practical sympathy for all the defective

and weak — Christianity. — *Der Antichrist* § 2.

선이란 무엇인가? 힘을 느끼고, 힘을 욕망하는 마음을 고양하는 모든 것. 인간에게 있는 힘 그 자체를 고양하는 모든 것.
악이란 무엇인가? 약함에서 생기는 일체의 것.
행복이란 무엇인가? 힘이 증가하는 것을 느끼고, 저항이 극복되는 것을 느끼는 것.
만족을 원하는 것이 아니라, 더욱 더 큰 힘을. 일반적으로 평화가 아닌, 전쟁을. 덕이 아니라 능력을[1)]
약한 자, 결점이 많은 자는 실패하기 마련이다. (이것이 우리가 말하는 자선(慈善)의 제일 원칙이다). 우리는 그들이 반성을 하도록 촉구하고 그들에게 힘을 더해 후세까지 이어지도록 해야 한다.
죄악보다 더 해로운 것은 무엇일까? 약한 자와 결점이 많은 자에 대한 실제적인 동정-즉 기독교의 설(說)이다.

어떤 사람은 니체를 이러한 이유로 해서 자아광自我狂으로 열거했다. 그리고 사상적인 부분에서 그에 필적하는 자가 문예계에서의 입센이라고 볼 수 있다. 입센의 희곡 작품에 나타나는 인물을 보면 의지가 강하고 자유를 추구하는 전아적全我的인 인간이라는 것을 알 수 있다.(이기적이고 박애적인 도덕을 배척하고 자기의 만족만을 중심으로 여기는 의견을 주장하는 자에는 니체 외에도 근대에서 눈에 띄는 막스 슈티르너Max Stirner도 있지만, 여기에서는 생략한다.)

그런데 니체와 정반대로, 순전히 기독교주의의 도덕설을 주장했던 인물은 톨스토이 백작이다. 원래 톨스토이는 일찍이 무신론자로 교회에서 파문당하였는데, 그것은 이성을 인정하지 않는 일체의 교의를 배척하고, 종교의 신비적 측면을 인정하지 않는 것 때문이었다. 톨스토

1) (역주) 문예 부흥기에는 덕이라는 글자가 힘의 의미로 사용되었다.

이는 결국 진리란 것에 신의 이름을 적용한 것뿐으로, 이는 완전히 자유의 종교이다. 기독교의 실천도덕이란 관점만을 취해서 본다면, 가능한 점이다. 그 도덕설은 완전히 저 누가복음[2] 제6장에 있는 그리스도의 산상수훈에 근거를 둔다.

톨스토이의 설은 극단적인 평화의 교훈Commandments of peace이다. 모든 악을 적대시하지 마시오. '너의 뺨의 오른쪽을 때리거든 또 왼쪽 뺨을 내미시오. 너의 겉옷을 빼앗거든, 속옷도 거부하지 말고 주어라. 모두 너에게 구하면 이를 주고, 너의 물건을 빼앗으면, 그것을 다시 찾지 마라'라는 교훈을 지켜라. 모두 똑같이 만인을 사랑하시오, 그것을 위해서는 온갖 물건을—자신의 생명도 희생으로 삼을 것. 틀림없이 일부일처제를 지키고, 방탕하지 않고 또 이혼하지 않고, 모두 극기와 자비를 생활의 법칙으로 삼을 것. 의식주 전부를 검소하고 소박한 농부처럼 하고, 또 국민적 차별을 철폐하고, 절대로 타국민을 적대시하지 말라고 말한다. 프랑스의 외교관으로 러시아 문학에 정통한 것으로 명성이 높은 고故 유젠-멜시오르 보규 자작le Vicomte Eugène-Melchior Vogüe(수년전에 사망했다)이 톨스토이 주장의 핵심을 요약해서 이렇게 말했다. '악에 반항하지 마라, 재판하지 마라, 살인하지 마라. 따라서 법정도 없고, 군대도 없고, 뇌옥도 없고, 공사公私 모두 원수도 없다. 전쟁도 없고, 심판도 없다. 세계의 법칙은 생존경쟁이다. 그러나 기독교의 법칙은 그렇지 않고, 자기의 생존은 타인을 위해 희생하기 위해 존재한'다고. 요약하면 톨스토이의 주장은 청교도주의Puritanism이다. 또 세계적 박애를 중시하는 금욕주의, 무저항주의에 지나지 않는다.

니체와 톨스토이는 모두 똑같이 오늘날의 문명을 저주한 점에 있어서는 동일하지만, 그 도덕설의 입장은 완전히 정반대의 양극단이다. 한쪽은 유아주의를 택하고 다른 한쪽은 무차별 평등주의이고, 한쪽은 귀족적인 데 반해서 다른 한쪽은 평민적이다. 니체는 자기를 위해 살

2) (역주) 원저에는 누가복음으로 되어있는데, 산상수훈은 마태복음에 나온다. 저자 구리야가와의 착각인 듯하다.

고 타인을 유린하자고 말하고, 톨스토이는 타인을 위해 살고 타인을 사랑하자고 가르친다. 이 두 주장은 근대와 같은 시대의 흐름 속에서 자연스럽게 도출되었던 그런 여러 주장들의 양극단을 대표하는 것으로 볼 수 있다. 두 사람이 함께 사상계에서 반향을 일으켰던 점도 무리는 아니다. 그러나 이런 의식은 원래 보통 일반 사람이 말할 수 있는 그런 의식은 아니다. 그렇다면 일반 근대인의 도덕적 의식은 어떠한 상태에 있을까? 이것이 다음에 다루게 될 사실 문제이다.

생존경쟁의 격렬함 때문에, 사람들이 자신의 행복에 흥미를 가지는 일이, 과거의 사람들에 비하면, 대단히 많아진다. 따라서 이기주의가 여러 종류의 모습으로 나타나서 다가온다. 국가 제국주의 등에서도, 어떤 의미에서는 필경 이 경향이 나타날 수밖에 없는 것이다. 이를 개인에 대해서 말한다면, 황금숭배를 중심으로 하는 성공을 목표로 삼고 초조해하는 모습은 어떻게 보아도 자아광egomania이다. 벼락부자가 때를 만나 득의양양한 것도 그에 따른 결과이다. 단지 태고 야만시대나 전국戰國시대처럼 이 이기주의가 노골적으로 나타나지 않고, 여러 가지의 허위의 가면을 교묘하게 쓰고 나타나는 점이 다를 뿐이다. 니체의 언어로 말하면, 오늘날의 문명인도 역시 먹이를 찾아다니고, 승리를 구하는 야수이다. 그래서 지금도 저 밑바닥에 있는 야수성이 때때로 머리를 들고 밖으로 목을 내어 놓는 것이다. 그런데 각 개인이 모두 무의식적으로 이기주의를 실행하고, 이기주의가 극도로 발달하면, 사회가 성립하지 않게 되기 때문에, 따라서 당연한 결과지만, 이기주의에 속박을 가하고 제재를 가한다. 그것도 각 개인 스스로 제재하는 것은 아니고, 정부든지 혹은 여론이든지 그에 맞게 제한을 가하기 때문에, 어쩔 수 없이 속박되고 있는 개인의 모습이 나타난다. 실제로 이 속박과 제한의 수단은 근대적 유럽에서 가장 완비되고 발달되었다. 즉 법률 및 이를 운용하는 기관의 완전함, 경찰과 군비의 정돈, 공적 도덕의 장려 등 모두 전대에 비해 장족의 진보를 한 것은 누구도 어쩔 수 없는 필연적인 자연의 결과이다. 그럼에도 불구하고 이 속박에 조금의 틈이라도 있다면, 홀연 본성의 야수적 이기심이 뛰어 나와서, 그 결과 잔인하고 도道가 아닌 일을 감히 하는 사람이 많게 될 것이다.

우선 일반인을 보면, 첫 번째로는 군자 도덕가, 즉 자기의 욕망과 사회의 요구가 원만하고 완전히 조화되는 사람. 이런 인물은 물론 어느 세상에도 적게 존재하는 인물이지만, 특히, 그런 인물은 근대에서는 희귀하다. 두 번째로는 영웅과 범죄자. 이 양자는 실은 서로의 거리가 일보 정도의 차이만 있을 정도로 서로 같은 종류의 인물들이다. 끝까지 철저히 자기의 의지를 관철하고, 그런 행위가 만약 사회적 생활과 충돌해서 양쪽이 서로를 허용하지 않는 경우에도, 과감히 오히려 전자를 중시하는 사람들이다. 이들은 달리 말해 무단적武斷的이고 주아적主我的인 영웅이다. 그러나 근대처럼 속박의 방법이 완비되어서는 이것도 좀처럼 성공하지 못하고, 니체가 주문하는 것처럼 쉽사리 이루어지지 않는다. 그래서 실패한 것이 범죄자라는 것이다. 그런데 앞에서 언급한 이 두 종류의 사람들은 비교적 소수이다. 그럼 근대의 다수인은 어떠한 사람일까? 서로 차이가 있는 두 가지 유형의 무리가 자연스럽게 나타난다. 우선 첫 번째는 평범한 사람들의 무리. 이 사람들은 지력도 둔하고 정의의 측면도 약하다. 따라서 자기의 욕망이라고 해도 외부세계와의 충돌을 굳이 하면서까지 그것을 관철하고 싶어 하는 정도는 아니다. 이들은 우선, 자주 더하고 빼는 것으로 양보하고 타협해 놓고 본다. 이러한 사람의 생활은 단지 무의식적으로 사회의 관습을 맹종하고, 질질 끌려갈 뿐으로, 다른 시각에서 보면, 대단히 참담한 일이다. 자연파의 소설 등에는, 자주 이 지극히 평범한 사람들의 무리가 묘사된다. 두 번째는 위선의 무리. 이들은 전자보다도 자아가 강하다. 따라서 자아를 주장하고 단행하는 정도의 용기도 있지만, 당연히 지력도 있다. 그렇다고 해서 대놓고 꺼리는 것도 없이 이기주의를 발휘하는 것은 법률이나 여론의 제재를 받기 때문에, 필연적으로 교묘한 가면을 쓰고, 결코 자기를 적나라하게 겉으로 나타내려고 하지 않는다. 양으로는 사회의 요구에 맞게 하지만, 음으로는 승냥이와 이리의 욕망을 거리낌 없이 마음대로 드러내는 무리들, 오늘날 재주 있는 젊은이라든가 수완 있는 사람이라든가 하는, 진중珍重해지고 싶어 하는 사람들 다수는 우선 이 부류에 속한다고 보아도 된다. 실제로 이들은 위선의 무리로, 이들처럼 함부로 날뛰는 자들이 오늘날과 같이 심한 것은 결코 만사태평한 과거에는 보이지 않았던 현상으로, 그것도 모두 현대문명이 그렇게 만드는 것이라고 할 수 있다. 그들은 생존경쟁을 위해, 이해타산이란 관점에서, 도덕을 지키는 것을 이익으로 삼는 경우에는 도덕 준수를 열심히 표방한다. 유럽에서 상업도덕이 중시되는 것도 그 일례일 것이다. 이 무리들에 한해서 본다면, 일단 자신에게 이익이 되지 않는다면, 도의 등은 헌신짝을 버리듯이 돌아보지 않는다. 근대 자연파의 희곡이나 소설 등에는 자주 이러한 무리들의 가면을 잡아당겨서 찢어버리고, 통쾌하게 그 진상을 묘사하기 시작한 작품들이 아주 많이 있다(입센의 극 〈사회의 기둥〉과 같은 작품은 그 대표적 작품이다).

3. 피로 및 신경의 병적 상태

심신의 과로에 기인한 병적 상태 - 베르하렌의 작품『촉수 있는 도시』- 도시의 팽창 - 도시생활 - 신경에 가하는 자극 - 근대문학은 도시인의 문학 - 정신병 환자 - 노르다우[3]의 주장하는 바 - 변질자(變質者, 정신 질병)와 히스테리 환자 - 정신적 불구자

한편으로는 물질욕이 더욱더 성하게 되고, 게다가 이를 만족시키려는 방법의 어려움이 증가하기 때문에, 사람들은 필연적으로 과도한 노역을 할 수밖에 없다. 지나치게 바쁜 근대 생활은 그 누구도 피하기 어려운 일이다. 그러나 인간의 체력에는 한계가 있어서 이 과로는 결

3) (역주) 막스 노르다우를 말하는 것으로 막스는 헝가리의 유대인 소설가이자 평론가이자 의사이다.

국은 심신의 병적 상태로 되어 나타날 수밖에 없다. 물론 이런 바쁨의 정도도 서서히 점차로 증가하는 것이라면, 자연스럽게 인간의 정력도 이에 응해서 증가해 가고 있어서 지장은 없는 셈이지만, 근대처럼 급격한 변화에 대해서는 필연적으로 육체의 영양이 도저히 뇌나 신경의 소비를 보상하는 것이 가능하지 않다. 따라서 이 부분에서 인간은 피로blasé라고 하는 일종의 병적 상태에 빠진다. 정신병psychopathy, 정신쇠약neurasthenia은 '세기말'의 인간에게 공유되는 질병이 되었다. 어떤 학자의 의견에 의하면 피로의 상태 그 자체가 이미 일시적인 정신병이다. 보통의 건전한 사람도 피로해지면 일시적으로 히스테리 환자가 되고, 정신병자는, 다시 말해서, 이 피로라고 하는 병적 현상이 영속적이고 만성적으로 된 것이라고 보아도 무방하다.

이 문제에 관련해서 제일 주의해야할 것은 근대에서의 도시 생활 그 자체이다. 앞서 인용한 저 벨기에의 시인 베르하렌은 일찍이 『촉수 있는 도시Les Villes Tentaculaires』라는 작품을 발표해서, 근대에서의 도시의 팽창이 점차로 전원의 깨끗한 모습을 더럽히고, 철도라든가 제조장이라든가 하는, 마치 동물의 촉수tentacles와 같은 물체를, 계속해서 아무 거리낌 없이 자기 생각대로 연장해서 늘이고, 매우 아름다운 산야를 잠식해 들어가서는 황폐하게 만들어 가는 것을 한탄했다.

La plaine est morne et lasse et ne se défend plus,
La plaine est morne et lasse et la ville la mange.

전원은 쓸쓸하고 지칠 대로 지치고, 더 이상 자신을 지키지 못한다.
전원은 쓸쓸하고 지칠 대로 지치고, 도시는 전원을 먹어치운다.

자연과학의 진보에 따라 여러 종류의 기계가 발명된 결과, 상공업은 두드러지게 흥하고, 농업 쪽은 점차 세력을 상실하게 되는 지경에 이르렀다. 즉, 제조기계나 교통기관의 발달 때문에, 사람들은 대체로 시골을 떠나서 도시에 모인다고 볼 수 있다. 특히 시골에서도 배울 수 있고 활동할 수 있는 자가 자유로운 발전과 향락을 바라고 도시로 나가면서부터, 도시는 더욱더 번창하게 되었다. 뿐만 아니라, 근대는 각국 모두 중앙집권을 중시하기 때문에 수도는 더욱더 번화하게 되고, 다른 소도시도 점차 중요한 위치에 서게 되었다. 실제 도시의 인구집중은 최근 유럽 각국에서 통계가 명확하게 보여주는 현상이다. 런던의 인구가 최근 들어서 급격하게 증가한 결과, 스코틀랜드 전체보다도 많게 된 것이 바로 그 일례이다.

말할 필요도 없이, 도시는 생존경쟁의 가장 격렬한 장소이다. 소위 흙먼지가 가득 쌓여있는 항구에서 분주하게 돌아다니며 '성공'을 구하는 사람은 지나친 자극 때문에 피로는 한층 심해지고, 지속적인 흥분상태feverish가 된다. 지금까지는 전원의 깨끗하고 조용한 생활을 하고 있던 사람도, 인구가 조밀한 지역에서 매연에 오염된 공기를 마시고, 가래와 괭이를 버리고 상공업 무리에 들어가지만 그로 인해 자연스럽게 체질은 쇠약해진다. 일반적으로 도시의 사망률은 전체 인구의 평균보다도 1/4정도 더 높다고 볼 수 있다. 정신병자의 종류는 증가하고, 사람들이 모두 조숙하기도 하고 조로하기도 하는 것도, 모두 도시생활에서 오는 피로의 결과이다. 특히 물질적 진보가 두드러지기 때문에, 생활 상태는 더욱더 자연을 멀리하고, 그에 따라 인공적이 되고, 걷는 것 대신에 전차, 약간 추워도 난로 등이라는 생활방식으로 인해서, 신체는 자연히 외부에 대한 저항력이 감소되어 섬약한delicate 상태가 되고, 작은 일에도 건강을 해치게 되고, 신경만이 더욱더 예민해진다.

아침부터 저녁까지 시신경이나 청신경이 받는 자극도 이를 시골이나 먼 과거와 비교하면 그 강렬함에서 보자면 실로 수십 배가 될 것이다. 간판광고의 강력한 색, 백열전등의 빛, 전차의 소리, 기계의 운전소리, 이 모든 것이 외부에서 끊이지 않고 육박해 와서 강렬한 자극을 귀나 눈에 제공한다. 실제 '도시병'의 원인은 단지 치열한 생존경쟁만이 아니다. 신경에 미치는 외부세계의 격렬한 자극이 도시병의 유력한 원인을 제공하는 것이라는 점은 의심할 수 없는 사실이다. 이를 요약하면 도시는 근대문명의 은혜를 가장 크게 입은 장소인 동시에, 폐해를 가장 크게 당한 장소이기도 하다.

그래서 근대 유럽문학은 도시의 문학이다. 그것도 결코 18세기경과 같은 고상하고 단아하고 아름다운 품위가 있는 문학이라는 의미로 말하는 것이 아니다. 자극이 강하고 격렬한 도시생활을 중심으로 하는 문학을 말한다. 도시생활의 온갖 병적 현상이 가장 빈번하게 나타나는 문학이다. 물론 근대에서도 전원문학이라고 칭해야만 하는 문학이 없는 것은 아니다. 그렇지만 그런 문학 작품도 과거의 번즈Burns나 워즈워드Wordsworth 등의 작품과는 완전히 성질을 달리 하는 작품들이다. 예를 들면 도시생활에 몰려서 피곤을 느껴버린 사람의 마음에는 어린 시절에 친숙했던 전원의 풍광이나 혹은 그 소박한 생활을 그리워하는 일종의 향수nostalgia가 있다. 또 온갖 자극에 완전히 질려버린 사람에게는 평온무사한 전원생활 그 자체가 오히려 일종의 청신한 자극이 되는 것이다. 근대의 전원문학은 모두 대부분 이런 식의 마음으로부터 생긴 것이다. 따라서 그것은 결코 순수한 전원문학은 아니라, 역시 도시생활을 중심으로 한 문학, 도시인이 보는 전원문학이 된 것을 면하지 못하는 것일 뿐이다. 최근 독일에서 향토예술로 불리는 종류의 소설 등도, 도시생활을 벗어나서 작가의 향토를 그 지방 특유의 언어로 묘사한 문학으로 역시 이런 종류의 문예에 지나지 않는다.

이리하여 소위 '도시병'이라고 하는 정신병적 상태가 세기말에 두드러지게 나타났다. 특히 문예에 종사하는 사람에게는 그런 경향이 두드러졌고, 어떤 일부 학자는 근대 작가를, 바로 그렇기 때문에, 분명하게 고등高等 변질자變質者 dégénérés supérieurs라고 단언했다. 즉, 신경의 작용이 완전히 병리적pathological이 되어버리고, 그런 사람은 정상인과 광인의 중간에 위치한 사람처럼 간주된다. 실제 또한 니체나 모파상처럼 정신병원 신세를 지게 된 사람도 있기 때문에, 이것도 반드시 없는 사실을 꾸민 것이라고 말할 수 없을 것이다.

이와 같은 주장을 하는 일파를 대표하는 사람이 막스 노르다우Max Nordau이다. 막스는 부다페스트에서 태어난 유대인으로, 원래 의사이다. 파리에 거주하면서 많은 저서를 왕성하게 발표하고, 여러 방면에서 근대문명을 공격하고 비난해서 사람들의 주목을 끌었다. 여러 권의 저술 중에서 '변질Entartung'(영어로는 degeneration)이라는 이름의 책은 내용 전체가 병리학적 입장에서 근대문예를 관찰하고, 통쾌하게 이를 비판한 책이다. 원래 보통의 도학자들이 흔히 범하는 공허한 공격이 아니라, 한편으로는 과학적인 확실한 논거에 의해 조사하고 있고, 또 한편으로는 문예작품을 정밀하게 조사해서 논하고 있으므로, 일고의 가치는 있다. 지금 참고하기 위해, 이 책의 논의의 중심이 되는 '세기말'의 진단diagnosis을 소개하고자 한다. 근대인의 정신병적 상태를 진단하려고, 막스는 유럽 각국의 법의학자나 정신병학자 등의 의견을 참조하고 통계를 제시했다. 그리고 막스는 예를 많이 끌어대거나 증거를 많이 들어 설명하려고 열심히 노력했다. 특히 일전에 죽은 이태리의 롬브로소Lombroso 교수 -천재는 광기에 가득 차 있다는 논의로 일찍이 문학 쪽에서도 이름이 높았다- 등의 주장은 가장 유력한 근거가 되고 있다.

막스 노르다우의 의견에 근거해서 보면, 이 '세기말'의 피로에서 생기는 변질자에는, 우선 그 육체에서 이미 보통 사람과 다른 특징이 보인다. 다시 말해 안면이나 두개골이 좌우로 평균적으로 발육이 되어 있지 않다고 할까, 귀의 모양이 불완전하다고 할까, 혹은 눈이 사시이거나 치열이 불규칙하다고 할까, 모든 종류의 잡다한 부분에서 신체상으로 불구자이다. 그와 동시에 그들은 또한 정신 상태에서도 불구자이다. 상식을 결하고, 선악 무차별로, 대부분 도덕관념이 없는 도덕적 광기moral insanity의 상태이다. 그리고 터무니없을 정도로 자아에 대한 생각이 강한 것과 일시의 충동에 따라 움직이기 쉬운 것이 이 몰상식과 부도덕의 심리적 원인이 된다. 다음으로 두드러진 점은 그 정서가 움직여지기 쉬운 것, 즉 주정주의emotionalism로, 대수롭지 않은 일에 웃기도 하고 울기도 한다. 평범한 시문이나 회화 혹은 특히 음악에 대해서 크게 감동하는 것이 바로 동일한 종류의 정서반응이다. 그리고 당사자는 오히려 이 느낌이 예민한 것을 과시하고, 이것이 범속한 수준의 이해 능력은 아니라고 홀로 득의양양해 하는 것이다. 세 번째 특징은 심의心意의 박약과 원기元氣의 사라짐. 이런 정서 상태는 그 사람의 주위 상황에 따라서 혹은 염세비관이 되기도 하고, 혹은 우주와 인생 모두에 대한 공포가 되기도 한다. 평생 늘 고달픔과 권태와 같은 ennui(권태)의 기분에 번민을 느끼게 되고, 타인의 얼굴만 보이면 동일한 푸념만을 나열한다. 온갖 일을 겪으면서 자기를 한심스럽다고 생각한다. 네 번째 특징은 두드러지게 활동함에도 불구하고 멍한 상태가 되고, 뇌력腦力의 결핍과 의지의 박약 상태가 되기 때문에, 오로지 안일무위를 탐하는 것. 그럼에도 자신만이 초연하고 본인에게는 정적주의quietism의 철학이 있다고 말하는 것 같은 그런 기분이 든다. 다섯 번째 특징은 두서도 없이 몽상에 빠지는 것. 일시에 오랫동안 정신을 집중해서, 이를 판단하고 연구해서 종합적인 사상으로 만들 만큼의 뇌력이 없다. 따라서 막연한, 애매하고 두서없는 단편적인 망상에만 빠진다. 여섯 번째는 회의적 경향, 즉 여러 종류의 문제에 의혹을 갖고 그 밑바탕을 탐색하는, 그리고 해결이 가능하지 않기 때문에 번민하는 것. 무릇 자신의 주위 현상에 만족하지 않기 때문에, 멋대로 혁명 등과도 같은 개선책을 운운하면서 소동을 떨지만, 그 결과가 뜻대로 진행된 적은 없다. 최후에는 신비광神秘狂, 즉 mystical delirium의 상태로 신비적인 종교 신앙 등에 집착한다. 이상은 노르다우가 근대 변질자의 병적 특징으로 논했던 내용의 핵심이다.

노르다우는 또 거듭해서 근대인의 히스테리아의 병적 상태를 말하는데, 첫 번째, 근대인은 모든 일에서 인상을 받을 정도로 예민하고, 암시에 반응도 잘한다. 모방은 물론 인간의 천성이지만, 병적인 그들에게 있어서는 특히 모방이 심하다. 타인의 보잘 것 없는 착상을 보고도 즉시 그것을 모방한다. 문예작가 등이 제시하는 새로운 경향을 환영할 때에도, 정말 놀랄 정도로 열심히 작중인물 그 자체를 모방하면서, 그 태도로부터 의복까지 모방하려고 한다. 유행을 선도하는 어떤 여배우가 황색의 옷을 입고 사람들로부터 갈채를 받으면, 파리의 사교계는 하룻밤 사이에 황색의 복장으로 변하는 식으로, 모든 면에서 근대에 일시적 유행이 크게 성한 것은 이것 때문이다. 두 번째, 이들은 어떤 일에 대해서도 자기중심적으로 생각하기 때문에 '나我'라고 하는 것이 시계視界 전체를 가린다. 심할 경우 이상한 모양의 복장이나 행위를 하고, 일부러 타인의 주의注意를 자기의 일신에 모아서 세상 평판의 소재가 되어 으쓱거리는 자들마저 많다. 세 번째, 당파 조성의 왕성함으로, 터무니없이 무슨, 무슨 주의(이즘)를 표방하는 것은 다수의 사람들이 그 기치 아래 모이고, 큰북이나 나팔로 소동을 떨고, 일반 사람들도 역시 이에 부화뇌동하는 것을 말한다. 문예는 늘 순수한 개인적 활동임에도 불구하고, 근대에서는 마치 은행이든지 회사에서 새롭게 작품을 만드는 것처럼 당을 이루고 단결하는 것은, 이것 또한 일종의 병적 현상이라고 노르다우는 설명했다(노르다우가 인생의 퇴화를 논했던 글이 영국의 잡지 *Hibbert Journal* Vol. X. No. 4.에 실려 있다. 그 요지가 『정유윤리丁酉倫理』 대정 원년 11월호에 번역되어 실려 있으니 참조할 것).

그러나 이런 진단diagnosis을 염두에 두고, 이런 점들에 내재된 정신적 불구 때문에 이들을 즉각 무능하고 기개가 없는 인간이라고 생각하게 된다면, 그것이야말로 큰 오해이다. 모든 천재, 특히 문예상의 천재로 불리는 사람들은, 그 사람의 정신적 능력이 한쪽으로 치우쳐서 발달하고, 한쪽으로만 연장되기 때문에, 다른 능력이 시들고 쇠해지게 되고, 따라서 병적이 되는 것이라고 해석할 수 있다. 천재가 일종의 정신병 환자라는 설을 이제 와서 반복하는 것도 진부한 일이지만, 이것 또한 일면의 관찰일 뿐이라는 점은 주의하지 않으면 안 된다. 특히 근대에서는 물질적 진보의 결과로서, 분업이 더욱더 세세하게 구별되고, 각인의 전문 범위가 좁게 됨에 따라서, 혹자는 시신경만을 과도하게 사용하고, 혹자는 청신경에만 예민한 자극을 받고, 완력만 활용하는 사람, 뇌력만 사용하는 사람 등의 식으로 분업이 되는 것이 성행이다.

그리고 많이 사용하는 부분이 많이 발달하는 것은 일반 진화의 원칙이기 때문에, 당연한 결과이지만, 타방면의 능력을 위축시켜 이를 희생하고, 능력이 한 방면에만 한정되어 치우치게 발달하게 된다. 음악가의 귀, 화가의 색채감 같은 것이 적절한 예이다. 과거의 거인 타이탄Titan은 사람이 한 가지 색을 보는 곳에서 무려 5천 가지 색을 보았다고 하는 이야기가 전해진다. 이것이 바로 근대에서 정신적 불구자가 많은 원인으로, 롬브로소 교수와 같은 사람은 이들 변질자야말로 인류 일반의 문명을 진보시켜 온 활력이라고까지 단언했다.

노르다우의 이런 주장에 관해서는 옳고 그름에 관한 논쟁이 지나칠 정도로 시끄럽다. 실제로, 버나드 쇼Bernard Shaw의 『예술의 건전성The sanity of Art』이나 무명씨의 『재생Regeneration』 등과 같은 책도 모두 이 주장을 담고 있다. 그 주장은, 그러니까 노루다우의 주장은 완전히 병리학의 견지에서만 설명된, 그런 순연한 물질적 관찰이고, 사상계에서의 대세의 추이와 같은 소중한 면을 너무나 등한시 했다. 아무튼 의사라든가 과학자라든가 하는 사람은 언제나 이렇게 한쪽에 치우친 벽설僻說을 토하는 자로, 연애는 단순히 성욕에 지나지 않을 뿐이라고 말하는 것과 마찬가지로, 물질은 그렇게 간단히 성급하게 해석할 수 있는 것도 아니고, 또 특히 복잡착종複雜錯綜의 현상에 관해서는, 극한에 이른 근대사조에 이르러서는, 물론 또 별도로 다른 종류의 방면에 이르러서도, 신중한 고찰을 할 필요가 있다고 생각한다.

4. 자극

자극물과 흥분제의 수요 격증 - 자극을 구하는 마음 - 옥중의 수인과 근대인의 생활 - 강렬한 육감적 자극 - 포렐 교수의 주장 - 관능뿐인 생활 - 마비 - 신기하고 부자연스런 자극 - 병적이라고 하는 것은 속설일 뿐

이상 진술해왔던 병적 현상에 관해서, 잊을 수 없는 문제는, 자극이란 문제이다.

격렬한 생존경쟁 무대에서 악전고투하는 근대인은, 과격한 노역으로 인해 피로나 권태를 늘 느끼기 때문에, 무엇인가라도 해서 심신을 인공적으로 흥분시키려고 한다. 또 지나치게 예민해진 신경을 진정시키고, 이를 쉬게 하기 위해서도, 종종 부자연스러운 수단을 필요로 한다. 다시 말해 이러저러한 자극물, 수면제, 흥분제 등의 필요는 이런 상황으로부터 생기는 것으로, 결국 이런 것들을 사용하고, 잠깐일지라도 생활의 고통이나 외부 세계의 압박으로부터 도망가려고, 혹은 그것을 속이거나 얼버무리려고 하는 것이다. 유럽의 문명국에서 최근 술이나 담배의 소비량이 해마다 격증하는 것은 통계표가 분명하게 보여준다. 노르다우의 책에서 들고 있는 일례를 말한다면, 프랑스의 담배 소비량은 1841년에는 1인당 8kg의 비율이었던 것이 1891년에는 1인당 19kg의 비율이 되었다. 즉, 겨우 반세기 사이에 2배 이상의 담배 소비 증가가 있었던 것이다. 덧붙여 말하면, 보통의 술이나 담배 외에도, 아편이나 해시시hashish 등과 같은 마약의 수요가 증가하면, 또한 마찬가지로 술중에서도 압생트absinthe 같은, 특히 강렬한 종류의 술을 요구하게 된다. 압생트는 프랑스 군대에서는 음용을 엄금할 정도로, 마시는 사람의 머리에 일종의 특별한 환각hallucination을 불러일으키는 것으로 이름이 높다. 영국의 마리 코렐리Marie Corelli 여사의 소설 『압생트 쑥苦蓬 Wormwood』을 보면 파리에 거주하는 사람이 이를 마시고 무서워하는 모습을 아주 자세하게 묘사한 부분이 있다. 유명한 시인 베를렌Verlaine이 젊은 시절부터 이 술을 좋아했다는 것도 사람들에게 널리 알려진 유명한 이야기이다.

영국에서 18세기의 어떤 문호가 다음과 같이 기록했다. 우리가 살고 있는 세계에는, 청색이 가장 주요한 부분을 이룬다. 정말로, 다른 색이 인간에게 주는 자극은, 지나치게 강하기도 혹은 지나치게 약하기도 해서, 아무래도 좋은 것은 아니다. 그래서 신께서 특별히 청靑이란 색을 선택하고, 알맞게 적당한 자극을 인간에게 주도록 궁리했던 모양이다.

이 과거의 논의의 가부는 특별한 문제로서, 인간의 생활이 적당한 자극을 요구하는 존재인 것만은 의문의 여지가 없다는 점을 보여준다. 그런데 어떤 경우에 우리들은 대단히 부자연스럽고 인위적인 자극을 구하고, 드디어 마침내 일종의 고통조차도 기뻐하게 된다. 예를 들면, 비극에 대한 쾌감 등에 관한 미학 상의 설명은 아리스토텔레스 이후 계속 구구하게 있었지만, 역시 이 자극이라는 차원에서도 해석이 가능하다. 특별히 금전과 시간을 사용해서 연극을 보고 눈물을 흘리는 것은 인간의 색다른 취향도 아니고, 그 무엇도 아니다. 이는 전적으로, 자극을 구하는 나머지 정말로 고통을 기쁘게 받아들이는 일례에 지나지 않는다. 특히 인간의 생활이 단조로워지고, 주위 환경이 평범해지자, 그에 따라 이 자극을 구하려는 생각은 더욱더 강렬해지는 것이 보통이다. 혹은 과로 때문에 권태와 피로의 극에 도달한 경우에도 조금이라도 이 자극에 다가서지 않는다면, 도저히 자기존재를 의식하는 것이 가능하지 않게 된다. 마치 졸려서 참을 수 없을 때에 자신의 손이나 발로 꼬집으면, 그 아픈 자극으로 인해, 처음에는 자기의 존재를 인식하는 것처럼, 이 자극에 따라 의식의 내용을 알고, 자기 자신이 죽은 물건이 아니라는 점을 깨닫는 것이다.

이 옥중 수인의 생활만큼, 두려울 정도로, 세상에 단조롭고 무미한 것은 없을 것이다. 온갖 속박을 일신에 받고 사방의 압박에 아마도 몸의 움직임도 없이, 아침부터 저녁까지 같은 장소에서 같은 일을 반복하면서 그들은 살고 있다. 그럼에도 환자와는 다르게 육체의 활력은 여전히 넘치기 때문에, 인간은 이러한 때에 한심스러울 정도로 그 야수성을 노출한다. 즉, 자기존재의 의식을 얻으려고 자극을 탐하는 마음은 매우 치열하지만, 그 자극을 전적으로 육감적이고 관능적인 방면에서만 구한다. 이런 때 육욕에 굶주려 있는 그 모습은, 실로 놀라는 것이 당연할 정도이다. 이는 실제로 직접 본 사람이 실제로 우리들에게 말하는 것이다. 그런데 이 일을 근대인의 생활과 관련해서 생각해 보면, 근대인들 역시 어떤 의미에 있어서는 틀림없이 감옥에 갇혀 있는 사람들이고, 적어도 그들이 스스로 그처럼 느끼는 것은 당연히 이유가 있는 것이다. 근대의 생활은, 과거의 낭만적인 시대와 다르게, 대단히 평범하고, 따라서 그 평범한 생활을 지내는 것조차도 과거에 비해 배의 노력이 필요하고, 고통을 인내하지 않으면 안 된다. 후에 설명하겠지만, 그들의 인생관은 이미 압박을 받아서 정체상태에 빠졌을 뿐만 아니라, 외부의 일상생활 그 자체도 이미 평범하고 단조롭기 때문에, 또한 권태와 피로를 불러온다. 이는 외부 세계의 압박으로 인해 몸을 움직이지 못하는 상태를 말한다. 따라서 이들은 이 일종의 감옥생활을 감내하지 못하고, 육감의 방면에서만 강한 자극을 사냥을 하듯이 구하는 것이다. 이것을 위해서 부자연스러운 인공적 수단에 의지하거나, 혹은 도덕과 법률의 테두리 밖으로 넘어 가는 일까지도 감히 하는 것이다. 이런 자극이 없다면, 그들은, 실제로, 스스로 살고자 하는 마음이 생기지 않기 때문이다. 특히 앞에서 언급한 것처럼, 근대에는 그 평범한 생활 자체가 이미 심하게 관능적인 자극으로 넘치고, 사람들을 병적인 신경질적 존재로 여기기 때문에, 그 구하는 자극이 자연히 한층 강렬해지는 것은 어쩔 수가 없다. 그래서 될 수 있는 한 새로운 것을, 진기한 것을 추구하기에 이른 것도, 생각건대 어쩌면 자연스런 결과일 것이다. 모든 육욕-특히 성욕의 문제가 현대생활에서만큼 중요한 의의를 갖게 된 것은 과거에는 그 예가 많이 없었던 일로, 아마 이 육감의 자극에 굶주린 정신병적 상태가 그 원인의 주요한 점이라고 나는 생각한다. 이런 현상이 프랑스 자연파의 문학에서는 말할 것도 없고, 안드레에프Andreyev[4] 또는 단눈치오D'Annunzio의 소설에서 두드러진 것은 널리 알려진 사실이다. 특히 육욕이 여하히 병적인 근대의 인간을 고뇌에 차게 만드는가는 톨스토이 백작의 작품, 「크로이처 소나타Kreutzer Sonata」 등에 두드러지게 나타난다고 생각한다.

정신의 모든 병적 상태와 자극을 구하려는 마음은, 결과가 결국은

4) (역주) 체호프를 말한다.

또 원인이 되어 양자 사이에 상즉불리, 즉 서로 매여 있어 떨어질 수가 없는 상태의 관계가 있다는 것은 말할 필요도 없지만, 특히 그런 점이 관능적 방면에서는 현저하게 나타나는 것이다. 신경이 병적이기 때문에 치열하게 자극을 구하고, 자극이 많기 때문에, 더욱더 병적이 될 수밖에 없다. 원래 관능이 자극을 많이 받게 되면, 많이 예민해 지는 것이 원칙이기 때문에, 만족할 줄을 모르기에 새롭고 강한 자극만을 구하는 사람은 마침내 자연스럽게 관능적 생활만을 바라는 인간처럼 되어버리고 만다.

오늘날 유럽에서 이러한 방면의 연구로서 특히 유명한 스위스의 아우구스트 포렐August Forel 교수의 주장에 따르면, 현대문명국의 도시인은 너무나 지독한 관능의 자극 때문에, 그 생식기능조차도 손상당한다. 다시 말해 춤이라든가 발레 등의 유행은 물론, 곡마랄까 곡예랄까, 사람을 강하게 끌어당기는 이런 유희에서 모든 젊은 여성이 살색의 타이츠 하나만을 걸친 반라의 몸으로 남자와 함께 뛰어 오르기도 하며, 유방의 모습부터 다리의 모습까지, 나체나 다름없는 모습을 보여준다. 아직 충분히 성숙하지 않은 때부터 이런 것만을 보기 때문에, 사람의 생식기능이 완전히 발달하지 않는 동안에 관능에 다가오는 강렬한 자극으로 인해 무엇보다도 애정만이 부자연스럽게 발달한다. 그 결과는 병적으로 되고 마침내 진짜 결혼에 다가서지만, 건강한 자손을 얻는 것이 가능하지 않은 상태가 된다고 포렐 교수는 펄펄 뛰며 분개한다. 이 논의는 오늘날 특별한 문제가 되었다. 하여튼 요즘의 도시인 중에는 사상이랄까 이지의 힘이랄까 하는 것이 부족하고 완전히 오로지 관능에 따라 살고 있는 듯한 인물들이 대단히 많은 것으로 보인다. 근대문학에서 보이는 그러한 인물 중에서 두드러진 자는 단눈치오의 『죽음의 승리Il Trionfo della Morte』의 주인공 조르지오Giorgio, 『죄 없는 사람L'Innocente』의 주인공 툴리오Tullio, 또는 오스카 와일드의 소설 『도리안 그레이의 초상The picture of Dorian Grey』의 주인공 등인데, 이들은 그 예에 꼭 알맞은 인물들이라고 생각한다.

또 이 관능적인 생활이 극도로 발달해서, 그것이 마침내 어떤 한도를 초월할 정도까지 된다면, 색정광이라든가 주정광酒精狂이라든가 하는 여러 가지의 이름이 붙는 사람들도 생기게 된다. 그것이 또 다시 유전이라고 하는 것 때문에 자손에게 전해지고, 그 결과 병적 상태는 더욱더 심해진다. 즉 졸라의 작품이나 입센의 희곡 작품 〈유령〉(영역으론 *Ghosts*) 등에 나타나는 그런 현상이 발생하는 것이다. 혹은 또 후에 설명해야 할 필요가 있는 프랑스의 상징파 시인 등도 관능의 발달이 극도에 도달한 자들에 지나지 않는다. 예를 들자면, 저 아르투르 랭보Arthur Rimbaud가 모음에는 색이 있다고 말한 저 유명한 「모음Voyelles」이란 제목의 시 제1행에서,

A noir, E blanc, I rouge, U vert, O bleu, voyelles.

모음들이여, A는 검은 색, E는 하얀 색, I는 빨간 색, U는 초록 색, O는 푸른 색

이라고 노래했던 이 느낌은, 그 느낌이 과연 불건전한 것인지 그렇지 않은지 하는 문제는 잠시 접어두고, 도움이 되는 일일까 아닐까란 점도 잠시 접어두고, 하여튼 이 시인만큼 예민한 신경을 갖고 있지 않은 보통 사람은 도저히 느낄 수 없는 극도의 느낌이라고 할 수 있다.

자극에는 또 결국은 마비라고 하는 것이 수반된다. 다시 말해 자극을 지나치게 계속 추구하면. 느낌이 자연스럽게 저절로 순해지고, 마침내는 자극을 자극이나 그 무엇으로도 생각하지 않게 되고, 그것이 일상의 쌀밥처럼 필요한 물건이 된다. 다시 말해서, 이것이 없게 되면 참을 수 없게 되고, 살아도 살 수 없게 되는 것이다. 예를 들어, 모르핀을 다량으로 사용하는 것이 오래 지속되면, 결과적으로 모르핀을 이용하지 않으면 그 사람은 3일간이나 계속 잠을 잘 수도 있다. 또 화가 시인 로세티Rossetti가 가장 사랑했던 아내와 죽음으로 이별하고, 그 비

통함 때문에 생긴 불면증의 괴로움을 피하기 위해 클로랄chloral을 마시다가, 후에는 점점 더 그 양이 늘고, 마침내는 이 약물 없이는 수면이 전혀 가능하지 않게 되었다는 점이 어떤 전기에나 다 쓰여 있다. 세상에는 흔히 술을 먹지 않으면 일이 가능하지 않다고 하는 사람이 있지만, 그런 것도 마비의 결과이고, 결국은 술의 자극이 언제나 필요하게 되어 버렸다는 이야기일 것이다. 그 외에도 담배를 하루 한 시간이라도 멈출 수 없다는 등의 이야기는 추호도 진귀하지 않은 이야기로, 나 역시도 일찍이 그렇게 되었다. 모두 이런 이유로 자극은, 마비된 근대인에게는 이미 생존에 반드시 필요한 존재가 되어버렸다.

분명하게 마비의 경지에 들어가려면, 우선 자극의 양을 더하고 강도를 더욱더 높이는 것이 필요할 뿐만 아니라, 마침내는 그 질에도 변화를 주고, 여러 종류의 다른 신기한 자극을 요구하기에 이르기 때문에, 더 심한 상태에 이르면 시시각각 얻기 힘든 순간의 자극까지도 획득하려고 하는 모습을 보여준다. 예를 들자면, 근대에서의 모든 유행이 고양이 눈처럼 변해 가는 것, 이 역시 새로운 자극을 구하려는 마음에 지나지 않는 것이다. 이에 관해서는 독일의 한스타인Hanstein이 상당히 흥미로운 예를 들고 있다. 즉,

> Wie der Hypochonder einen gewissen Genuss darin findet, sich jeden Tag neue Krankheiten einzubilden, so schwelgen diese Art Künsler darin, ihre Nerven in jeden Augenblick alles aufmerksam zu machen, was dazu geeignet sein könnte, sie zu erschrecken und sie noch nervöser werden zu lassen. –Das Jüngste Deutschland, S. 243.

울우병(鬱憂病) 환자가 매일 무엇인가 새로운 병을 망상하게 되고, 그것으로 일종의 만족을 얻는 것처럼, 예술가는 이와 똑같이 시시각각 어떻든지 자신의 입맛에 잘 맞는 대상을 보게 되면 조용히 있던 자신의 신경을 불러 깨워서 놀라게 하고, 신경이 더욱더 과민해지면, 예술가는 이 모든 과정을 기뻐한다.

이 울우병자의 예도 약간은 가혹하지만, 실제 근대인은 보통 한 가지 모습의 자극에는 만족하지 못하고 억지로 무리하게 인공적인 일을 추구할 정도로까지 자극에 목이 말라 있는 것이 사실이다. 근대인은 여러 종류의 잡다하고 희귀한 자극을 탐하기 때문에, 그 결과는 가장 밑바닥의 자극으로도 자신의 욕구를 만족시키지 못하게 되고, 후에는 결국 자극의 종류도 다 떨어져 버리고 말게 된다. 그 결과 근대인은 더욱 더 부자연스러운 병적인 방면에서 자극을 구하고, 우미한 것보다도 요염한 것을, 담백한 것보다는 지나치게 자극적인 것을, 싫지만 결국은, 아름다운 것보다는 오히려 일견 심지어 추한 것에 취미를 갖게 되어버린다. 근대인의 미감은 실로 과거와 천리의 차를 만들어내기에 이르렀다. 문학예술의 방면에서도 작가가 좋아해서 쓰는 작품을 내어놓으면, 세상 사람도 역시 즐거워하고 이를 환영하는 모습이다(물론 이것은 일반적으로 근대 예술이 과거의 법도를 버리고 인습을 벗어나서, 되도록 새로운 의미를 창조하려고 하는 것 때문이라는 점은 물론 말할 필요도 없지만). 예를 들어, 조소彫塑의 방면에서는 고대 그리스의 조소 같은 전아典雅, 침정沈靜의 작품, 미학에서 말하는 균제均齊, 대등 같은 점을 중시하는 작품보다는, 현대 프랑스의 인상파의 대가인 조각가 오귀스트 로댕Auguste Rodin의 작품 같은, 다시 말해 형태의 매우 불규칙한 정돈이라기보다는 차라리 어지러워진, 일견 대부분 추한 모습이지만 그래도 볼만한 그런 조소가 귀한 대접을 받는다. 회화도 마찬가지로 현대의 취미는 결코 과거의 라파엘Raphael시대와 같은 아름다운 작품을 향하지 않는다. 그것보다는 이 요염하고 험하고 기이한 아놀드 뵈클린Arnold Böcklin의 굉장한 작품이나, 혹은 인상파의 화가가 강한 광선과 강한 색을 화면에 드러낸 자극이 강한 인상파 화가의 작품이 환영받고 있다(특히 후자의 경우와 같은 것은, 일반적인 근대인의 색채 감각이 특히 예민해진 것을 증명하고 있다). 또 극에서 일례를 들면, 고대 그리스의 연극 등에서는 무대에서 피를 흘리는 것은 일체 피하는데 반해, 오스카 와일드의 명작 〈살로메Salomé〉 등에서는 은반에 예언자 요한의 피가 흘러나오는 방금 자른 목을 올려놓고, 이에 키스하는 장면이 있다. 관객은 이런 장면을 보고 큰 갈채를 보낸다고 하는 식이다. 모든 것이 그런 기발하고 신기하고 부자연스러운 방면에서 자극을 획득하려는 것이라, 자극을 위해서는 도덕이나 법률의 울타리 밖으로 뛰어 나가고 심지어 죄악조차도 감행한다. 와일드나 베를렌이 여색 등에는 완전히 질려서, 그만 부자연스러운 남색에 빠지고 이로 인해 마침내 수인囚人의 신세가 된 이야기 등도 그 예증이다.

그런데 여기에서 주의할 점은 이상에서 기술했던 그런 현상을 꼭 무리하게 병적인 것으로 여겨서, 이를 폄하해 버리고 마는 것이 불가능한 일이라는 점이다. 생각건대, 신경의 예민함을 이유로 바로 병적이 된다고 진단하는 것은 단순히 사물의 일면을 관찰한 것일 수 있기 때문에, 어떤 경우에 그것은 대단히 피상적이고 천박한 속설이 될 수 있다. 무엇보다도 이 다망하고 번거롭고 바쁜 시대에, 신경쇠약 등으로 세상이 전하려는 것이 당연히 있지 않을까. 그러한 병자가 어떻게 근대생활의 큰 물결에 자신의 몸을 던지고, 물을 헤칠 손을 자르고 수영하러 가는 일이 가능하다고 할 것인가. 온갖 감각의 예민함은 문명인의 특색이다. 몽매하고 야만적인 촌부와 야인과 문화적 지식이 있는 인간을 비교한다면, 후자의 두드러진 특징은 모든 느낌의 예민함이라고 하는 점에 있는 것이다. 러스킨Ruskin의 말로 말한다면, 예민함delicacy을 결하고 있는 것이 바로, 비속함vulgarity이다. 즉, 근대문명에 의해 보육되어 온 인간은, 그 특색인 예민한 감수성 때문에, 과거의 인간의 조잡한 감각으로는 도저히 얻을 수가 없는 맛을 느낄 수 있다. 그 만큼 정신적으로도, 육체적으로도 생활의 내용이 풍부하고 광활하게 되고, 변화가 풍부하게 되었는데, 이를 비유하자면, 과거의 생활은 시골 사람의 단조로운, 초라한, 내용이 빈약한, 인색한 생활인 반면에, 근대의 생활은 도시인의 눈부신, 화려한 그리고 영육 양면의 생활에서 번창한 교만과 사치스러움을 경쟁하는 것이라고 보아도 좋은 것이다.

제3강 근대의 사조 1

1. 세기의 고질병

근대인의 내면생활 - 회의와 불안 - 19세기의 전반과 후반 - 프랑스혁명과 그 이후의 풍조 - 당시 시문의 염세적 경향 - 쇼펜하우어의 염세 철학 - 과학 발흥의 영향

앞에서 서술한 내용은, 대체로 근대인의 외부생활에 관한 것이다. 이번에는 더욱더 발전시켜 그러한 다망하고 번거롭고 바쁜 생활 및 서론에서 서술한 과학적 정신이 어떠한 영향과 변화를 사람의 마음에 일으켰는지, 그리고 근대 유럽인의 내면생활은 어떠한 모습이었는지, 그런 점을 설명하고자 한다. 물론 이것은 범위가 대단히 큰 문제이기 때문에 여기에서는 다만 개요를 서술하고, 근대문예와 가장 밀접한 교섭이 있고 관계있는 부분에 대해서, 그 특징을 드는 것만으로 그치고자 한다. 즉, 의식적으로 혹은 무의식적으로, 직접 간접으로, 근대문예를 움직이고 있는 사조의 세계관 혹은 인생관, 또는 일반적인 시대의 정조 등과 같은 것을 설명하고 싶은 것이다. 특히 철학, 종교 혹은 사회

문제 등이 온갖 문예 작품의 골자가 되고, 핵심이 되는 것이 근대예술의 특색이기 때문에, 따라서 이런 문제들의 연구는 이 강의에서 가장 중요한 부분을 점하게 된다.

그런데 앞에서 서술한 것처럼, 근대 유럽인의 외부생활은 여유가 전혀 없는 절박한 악전고투의 생활이다. 그렇지만 아무리 생존경쟁이 심하다고 해도, 또 경제상, 사회상, 정치상으로 불안이 대단히 많이 있고, 압박이 있을지라도, 만약 그 내면생활에서만이라도 안주의 공간이 있게 된다면, 그것으로 사람의 마음은 태평무사할 수 있게 된다. 즉 한 시대의 민심을 통일한다고 하는 이상이랄까, 중세적 종교, 신념이랄까, 혹은 숭고한 도덕적 생각이랄까 등등의 것이 있다면, 설령 외부의 압박이 아무리 격심하다고 해도, 사람은 또 그곳에서 평정한 별천지를 반드시 찾아낼 수 있을 것이다. 과거의 고승이나 성인처럼 혼자서 신앙이나 도덕의 성곽에 틀어박혀서 인생이 덧없다고 인생을 소홀히 하는 것도 가능할 것이다. 그러나 근대에서는 그러한 것이 전혀 없다. 자연과학을 근저로 한 근대문명은 온갖 이상을 배척하고 도덕의 표준을 위태롭게 하고, 종교와 신앙조차도 움직이기에 이르렀다. 이래서일까 불안과 동요가 더욱더 한 시대의 주요한 정조가 되었다. 염세와 비관의 소리를 듣는 것과 동시에, 회의와 고민은 피할 수 없는 현상이 되어버렸다.

대저 이 회의와 염세의 풍조는, 19세기 초부터 해서 이미 서구 각국의 민심에 널리 퍼져 있던 경향이었기에, 사람들은 이를 이름 붙여 '세기의 고질痼疾 Le Mal du Siècle'이라고 칭했다. 물론 최근 백여 년 간에서의 이 질병의 경과에는 당연히 변화의 과정이 있었다. 앞서 기술한 19세기 중엽의 과학 만능시대를 경계로 해서 그 이전과 그 이후 사이에는, 비록 마찬가지로 회의하며 동요했지만, 그 의도 면에서는 조금 달리하는 것이 있었다. 즉 19세기 전반의 이런 변화는 직접적으로는 프랑스혁명의 영향인 사상계의 동란에 기인했다고 볼 수 있고, 19세기 후반의 변화는 전반의 변화를 더욱더 계승 발전한 것이지만, 특히 자연과학의 정신에 따라 변동되어 생긴 풍조라고 볼 수 있다. 물론 이런 인간의 내면생활에 관한 것은, 다른 구체적인 역사상의 사건과는 다르고, 또 그렇게 명확하게 뚜렷한 구별을 전후로 나누는 것은 어쩌면 불가능한 일일지도 모르지만, 하여튼 프랑스혁명 이후의 풍조가 19세기 중엽에 발흥한 과학적 정신에 따라 더욱더 한층 가속화되고, 또 그 깊이가 증가된 것의 결과라고 봐도 크게 틀리지 않다.

19세기 전반의 일은 내가 이 강의에서 말하는 '근대'의 범위 외에 속하는 문제이지만, 필요상 여기에서 다만 한마디만 해두고자 한다. 즉 프랑스 대혁명은, 과거의 유럽을 지배하고 있던 사회제도를 근본적으로 전복하고, 종교나 도덕의 방면에서도 온갖 권위와 표준을 파괴하고, 비평적 정신과 자유정신을 유럽 전역에 널리 퍼지게 만들었다. 그 때문에 시대의 민심은 일의 귀추가 되어 가는 바에 대해 정말로 지나치게 번민하고, 그 결과 번민은 회의가 되고 염세가 되어 나타난다. 반면에 이와 동시에 또 특히 주목해야 할 정치상의 원인이 있다. 그것은 다름이 아니라, 이 대혁명 초부터 나폴레옹이 몰락한 1815년에 이르기까지 약 25년간에 걸쳐서 발생한 피로 얼룩진 전란은 일반 유럽인들을 지나칠 정도로 피로하게 만들고, 또 대단히 심하게 그 정력을 소모시켰다는 점이다. 따라서 지금까지 활발하게 움직이던 상태가, 갑자기 일변하여 명상과 심사深思의 태도로 변하고, 검으로 소동부리며 돌아다니는 대신에, 조용히 과거와 미래를 생각하게 된 것이다. 돌아보면, 정치상의 자유를 외치고, 사회제도의 개선을 구하고, 오랜 기간 동안 소란을 피우는 것도, 후에 조용히 생각해보면 뜻밖에도 보잘 것 없는 일이 된다. 안달이 날 정도로 초조하게 추구한 이상은 여전히 조금도 실현되지 않았다. 수고했지만 보람이 없기 때문에 피곤함을 느끼게 되었고, 또 소득이 없이 끝나 버렸다는 기분이 들게 되었다. 아아, 보잘 것 없다는 이 느낌으로 인해 이윽고 사람의 마음은 좌절하게 되고, 이 지점에서 일반적인 정신 붕괴mental collapse가 발생한다. 지금까지 긴장하고 있던 마음이 돌연 약해졌기 때문에, 마음은 막히고 우울한 상태가 되고 비관적이 되고 절망적이 되었다. 그 결과 고통스러운 탄식의 소리가 전 유럽에 울려 퍼졌다. 최근에 신진 역사 비평가 에밀 라이히Emil Reich가 런던 대학에서 한 강연 「근대 유럽의 기초Foundations of Modern Europe」란 글 가운데에서 이 점을 흥미롭게 설명했다.

그런데 그 염세와 비관의 경향으로 인한 반향이 일찍부터 영국, 프랑스, 독일 등 제국가의 시문에 분명하게 나타났다. 시단의 나폴레옹이라고 불리는 바이런 경이 먼저 영국에서 일어났고, 고기에 굶주린 것 같은 용감한 수리의 그 외침은 염세의 소리를 유럽 대륙에 정열적으로 전했다. 바이런의 작품 극시劇詩 「만프레드Manfred」(1817년 작)는 당대 사람들의 마음을 움직이기에 이미 충분했던 작품이다. 곧바로 프랑스의 라마르틴Lamartine이나 독일의 하이네Heine 등이 그 영향을 받고 등장했다. 그 외, 이와는 관계가 다르지만, 괴테의 『젊은 베르테르의 슬픔Die Leiden des Jungen Werthers』(1774년 작), 뮈세Musset의 『현대인의 고백Confessions d'un Enfant du Siècle』(1836년 작), 샤토브리앙Chateaubriand의 『르네René』(1802년 작) 등은 모두 이 대혁명 전후에 나타나서, 시대 민심의 통절한 울림을 전한 훌륭한 작품들이다. 그 외 프랑스에는, 이 비애절망의 사상을 표현한 서간체 소설 『오베르망Obermann』(1804년 작)으로 이름이 높은 세낭쿠르Sénancourt나 서정시인 드 비니De Vigny가 있고, 이태리에서는 레오파르디Leopardi, 독일에서는 소위 '세계 고뇌'의 시인 레나우Lenau가 있는데 이 시인에게는 독일의 바이런이란 이름이 붙을 정도이다. 이런 식으로, 당시의 염세문학을 열거하면, 지금 나의 기억에 떠오르는 것만으로도 그 수가 너무나 많다. 또 철학 쪽에서도 쇼펜하우어의 염세사상 등은 이 시대의 풍조를 아주 잘 대표한다. 쇼펜하우어가 주장한 바에 따르면, 세계는 의지의 발현이고, 따라서 그 의지는 전적으로 맹목적이고 무의식적인 것으로, 이성이라든가 지력 등의 지배를 일체 받지 않는다. 물이 견고한 바위도 뚫고 나가려고 하는 것도, 금속이 아래로 떨어지려고 하는 것도 모두 이 의지의 발현이다. 폐가 호흡을 하고, 위장이 소화를 통해 기갈을 면하는 것도, 혹은 일반의 동식물이 온갖 수단을 다하여 성장, 발육을 하고, 그 생명을 보존하고 가령 부상을 당해도 자연스럽게 치유되는 것처럼 특히 그 귀한 목숨을 걸기까지 하면서, 종족의 번식에 광분하는 것처럼, 그 외의 다른 것, 중력도 자력도 일체 모두 이 의지의 발현에 지나지 않는다. 이런 행위들은 단지 무턱대고, 어떤 목적도 없이 자기를 주장하고 개성을 발휘하려고 하는 노력이다. 이런 노력이 가장 발달하고 진보한 인류의 관점에서 보자면, 인간은 한 번의 승리를 얻어도 또 다음번의 승리를 바라고, 한 번의 성공을 해도 또 다시 다른 성공을 원하는데, 그런 노력은 본시 맹목적, 무의식적이기 때문에, 인간에게 궁극의 만족이라는 것은 있을 수가 없다. 따라서 번민은 더욱더 번민을 무겁게 하고, 괴로운 근심苦患은 더욱더 근심에 괴로움을 더하고, 평화는 영원히 얻을 수 없다. 노력은 우리의 결핍의 느낌, 즉 괴로움의 상태로부터 발생하는 것으로, 예를 들면, 한 번은 이 괴로움을 피해가도, 생존이 계속되는 한 노력이란 차는 회전을 멈추지 않고, 삼계三界[1], 이것은 필경 화택火宅[2]이 되어 버린다. 현세에서 행복을 구하고 안녕을 원하는 것, 그것은 전혀 덧없는 공상의 그림자를 추구하는 것에 지나지 않는다고 쇼펜하우어는 보았다. 오직 이곳에 모든 도덕의 원천인 동정이 있다. 사람들은 상대가 자신에게 동정의 눈물을 흘려주면, 잠시 근심을 줄이는 것은 가능하지만, 사실 그것도 아주 조금 줄이는 것뿐이고, 결코 근본적으로 절감하지는 못한다. 뿌리 깊게 박힌 의지라는 것이 있는 한, 또 개성 그것이 존재하는 한, 고통은 저절로 이에 부수되어 따라오는 정당한 응보이다. 따라서 만약 영원한 안정, 완전한 도덕이라는 영역에 도달하려고 한다면, 당연히 이 맹목적인 의지를 끊지 않으면 안 된다. 즉 금욕주의에 의해 완전히 금욕주의자ascetic가 되고, 생활의지를 절멸하고 부정하는 해탈의 경지에 들어가지 않으면 안 된다. 이 의지와 욕망의 부정에 의해,

1) (역주) 중생이 생사 유전하는 미망의 세계를 3단계로 나눈 것으로 욕계, 색계, 무색계가 있다.
2) (역주) 번뇌가 많은 사바세계로 이 세상을 말한다.

이곳에 처음으로 인간 세계의 고경苦境을 벗어나서, 절대무絶對無의 영역에 도달하는 것, 이것이 소위 불교에서 말하는 열반이다. 그리고 이 영역에 도달할 수 있는 존재는 단지 위대한 천재 석가모니와 같은 존재뿐이라고 쇼펜하우어는 단정했다. 그의 이런 사상은 말할 필요도 없이 인도 철학의 영향을 받은 것이지만, 또한 그것이 유럽의 근대 사조와 깊은 관계가 없지 않다는 점에 주의하지 않으면 안 된다.

이상에서 서술한 것은 19세기 전반의 유럽 풍조로, 이것은 철학 문예에서 말하는 낭만적 시대의 풍조이다. 그런 것이 19세기 중엽 무렵의 과학만능의 시기, 즉 정치적 관점에서 말하면, 프랑스의 2월 혁명(1848년), 루이-필립Louis-Philippe이 왕위를 떠날 무렵을 경계로 해서 또 한 번 흐름이 크게 완전히 변했다. 당시의 자연과학의 발흥에 쫓겨서, 동일한 비애의 정조도 그 취향이 크게 변화되고, 회의와 고민의 경향 역시 또 한 번 일단의 통절함과 심각함의 정도가 더해졌다. 즉 세기의 전반에서는, 사상계 전반이 역시 이상적idealistic이었기 때문에, 그 인생관 역시 대단히 독단적이고 공상적이었다. 이것이 결국은 과학적 정신으로 인해 영향을 받게 되었고, 전 유럽의 사조가 모두 물질적인 경향을 띠기에 이르렀고, 이전의 공막空漠한 비애관은 이제야말로 진실로 분명한 근거를 가지게 되었다. 즉 내가 이 강의에서 말하는 바의 '근대'는 다만 이전의 낭만적 시대의 암담한 조류의 뒤를 이은 것일 뿐만 아니라, 또한 과학의 영향을 받고, 인간은 인생의 사실에 대해 각성하고, 현실생활 그 자체에 대한 회의 때문에 괴로워하게 된 시대이다.

2. 철학과 종교

헤겔 이전의 철학 - 철학에서의 낭만주의 - 과학과 동일한 신경향 - 순연(純然)한 기계적, 물질적 인생관 - 종교 신앙과 과학과의 충돌 - 스트라우스, 포이어바흐 등의 주장 - 당시 종교계의 동요 - 현실적 경향과 종교심 - 신앙의 동요와

시문 - 톨스토이의 『안나 카레니나』

19세기 초의 철학-상세하게 말한다면, 근세철학의 시조인 18세기의 칸트 이후 헤겔에 이르기까지의 철학은, 순수한 형이상학이었다. 즉 세계만유世界萬有의 모든 것이 정신적, 심령적이라는 입장에서 말했던 것으로, 경험이나 관찰을 경시하고, 다만 사변speculation만을 중시하는 철학이었다. 이 철학은 정확히 그 당시의 문예와 동일하게 낭만적인 성질의 것이었다. 이런 철학사상은 헤겔에 이르러 그 최고의 정점에 도달했고, 당시 사람의 마음을 널리 지배하고, 헤겔의 사망(1831년) 전후 약 10년간은 종교에서도 정치에서도 법률에서도, 온갖 문제는 모두 이 헤겔의 철학에 의해 통일되고 해결되었을 정도로 큰 세력을 이루었다.

지금 말한 낭만적인 경향-특히 그것이 완전히 변해서, 새로운 과학적 정신, 즉 유물론적, 자연주의적 경향으로 옮겨 간 경로는 근대의 인문사상 가장 의미가 깊은, 흥미 있는 문제일 뿐만 아니라, 또 근대문예의 변천문제 이외의 영역에서도 매우 중요한 점이기 때문에, 그것은 후에 특별히 상술할 것이다(제5강 참조). 다만 여기에서 주의해야만 하는 점은 자유분방의 정신을 존중하고, 객관보다는 주관을, 경험보다는 사색을 중시하는 이 로맨티시즘이 19세기 초의 유럽을 지배했다는 점이다. 특히 당시는 사람들의 정신 활동이 활발하고 열렬한 분위기가 전 유럽에 흘러넘친 시기였기 때문에, 동일한 범주의 정신이 여러 방면에서 매우 두드러지게 나타났다. 즉 로맨티시즘은 단순히 문예에서뿐만 아니라 정치상에서도 나타나서 프랑스혁명의 바탕이 되고, 19세기 초의 철학에서 나타난 것은 앞에서 말한 유심론적 세계관의 바탕이 되었다. 물론 당시의 철학자들을 보면, 각각의 그 주장하는 바는 다르지만, 우주인생의 근본원리를 찾고 그것을 정신적인 그 무엇인가로 돌려서 말할 때, 그 어떤 것도 모두 이 낭만적인 색채를 띠고 있지 않은 것은 없었다. 피히테는 이를 도덕으로 돌려보냈고, 셸링은 이를 예술미로 돌려보냈고, 헤겔은 이를 이성으로 돌려보냈지만, 천지만유의 목적을 정신적 활동에 있다고 보는 점에 있어서 모든 정해진 길은 하나가 된다. 이것들은 모두 선험적a priori 사고를 기초로 해서, 경험, 관찰, 과학 등을 경시하고, 다만 마음의 힘으로 온갖 일체만유를 해석하려고 하는 철학이다.

이런 철학이 그 최전성기에 도달했을 때, 자연과학이 발흥하고, 그 결과 종래의 세계관이 일변하고, 헤겔의 철학은 사분오열되었다. 이 철학은 마침내 붕괴되기에 이르렀다. 이 시기는 앞서 서론에서 서술한 과학만능의 시대, 실증론의 시대로 옮겨갔던 시기로, 달리 말해 근대의 유물적 자연주의적 경향은 이 유심론적 낭만적 경향의 뒤를 승계하고, 그것을 대신했던 것에 지나지 않는다.

과학만능 시대의 세계관은, 사변철학의 그것과는 완전히 정반대이다. 즉 사변철학은 정신적인데 반해, 과학만능 시대는 완전히 기계론적, 물질적이다. 자연과학은 일체의 자연현상을 물질과 운동으로 귀결한다. 심사명상深思冥想과 같은 것은 너무나 공막空漠하기 때문에 언급할 필요조차 없다고 여길 정도로 가볍게 여기고, 다만 오감으로 경험하고 관찰하는 것만을 정확하다고 여긴다. 우주 및 인생은 모두 물질의 맹목적 움직임盲動에 지나지 않는다고 보기 때문에, 인간이 인간 자신을 보는 것에도, 이를 물리적으로 화학적으로 혹은 생리적으로 관찰하고, 심령이나 영혼 같은 것은 일체 이를 인정하지 않는 것이다. 로베르트 마이어Robert Meyer가 이런 세력불멸설을 내놓은 후부터는 그 영향이 특히 두드러졌다. 세계를 구성하는 바의 물질은 불생불멸이고, 인력으로서는 설령 그 작은 일부분이라고 해도 이를 증감할 수가 없고, 아주 조금이라고 해도 인간의 자유의지로는 어떻게 할 수 없다고 체념한다. 이 세계 모든 것의 변화는 단지 물질의 이합집산에 지나지 않고, 따라서 인간은 완전히 이 자연계의 기계적 법칙에 엄중히 필연적으로 굴복당하게 된다. 인간의 자유의지와 같은 것은 완전히 과거의 그릇된 견해에 지나지 않는다고 배척해 버렸다. 따라서 이와 같은 유물적 세계관이야말로 후에 언급할 자연주의의 염세와 회의의 태도의 기반을 이루기 때문에, 이 점에는 특히 주의를 요한다.

그런데 이상은 철학에 대하여 말한 것이지만, 이런 물질적 세계관의 발생으로 인해 진실로 먼저 타격을 받은 것은 종교와 신앙이다. 원래 헤겔의 철학은 지식과 신앙과의 관계에 대해서 애매모호하게 말하는 구석이 있다. 그 때문에, 자주 당대의 민심을 통일하고, 사상계를 지배할 수 있었던 이 낭만적 철학의 학파도, 마침내 이 신앙문제로부터 시작해서 분열이 시작되었다. 그리고 그 공격의 급선봉이 된 것은 우선 스트라우스Strauss의 『기독전傳 Leben Jesu』 및 『기독교 신앙의 연구Die christliche Gaubenslehre』가 있고, 다음으로는 포이어바흐Feuerbach의 『기독교 본질론Das Wesen des Christenthum』 등이 있다. 이런 책이 나온 다음부터는 종교문제가 사상계를 극심하게 소란스럽게 하고, 도처에서 대논쟁이 벌어졌다. 그 중에서도 특히 유명한 논쟁에는 과학자들이 괴팅겐 대학교에 모여서 논의를 한 유물론 논쟁Materialismusstreit과 같은 논쟁이 있다[3]. 요컨대, 모든 논쟁은 결국 새로운 과학적 정신과 구舊신앙과의 충돌에 지나지 않는다.

스트라우스나 포이어바흐는 대단히 대담한 태도로 기독교의 성서 및 그 교의에 대해서 새로운 과학적, 역사적 비평을 시도했다. 그 비평에 따르면 복음서에 기재된 내용은 모두 허황되고, 고대민족의 공상이 만들어낸 신화에 지나지 않고, 결코 역사적 사실이 아니다. 필경 이 내용은 신자들의 열렬한 종교심이 자연스럽게 또 무의식적으로 노래로 부른 시가이다. 따라서 실제상으론 도저히 있을 수도 없는 기적 이야기를 담고 있는 설화도 그것을 만들어낸 신자들은 스스로 이 설화를 사실이라고 생각한다. 무한과 유한을, 신과 인간을 결합한 기독基督이란 것은

---

3) (역주) 1850년대에 독일에서 생리학자 바그너(Rudolf Wagner)와 동물학자 포크트와의 사이에서 있었던 논쟁을 말한다. 바그너는 괴팅겐의 자연과학자 집회(1854) 석상에서 '인간 창조와 영혼 실체'라는 제목으로 강연을 하면서, 인류가 한 쌍의 남녀로부터 파생하였다고 하는 성서의 가르침을 자연과학의 입장에서 지지함과 동시에 정신을 두뇌의 기능으로 보는 유물론적 견해를 배척하였다. 이에 공격을 퍼부은 것이 포크트의 『맹신과 과학』(1854)이며, 그 속에서 그는 "두뇌에 대한 사상(思想)의 관계는 긴장에 대한 담즙의 관계, 또한 신장에 대한 오줌의 관계와 거의 동일하다."고 하는 유명한 말을 하고 있다.

단순히 '신앙상의 기독'일 뿐, 역사상의 기독으로서 인정받아야만 하는 것은 아니다. 또 신이라는 것도, 그것은 단지 상상의 존재일 뿐이고, 인간은 원래 자신이 욕망하는 모든 것을 실현할 수 있는 힘을 갖고 있지 못하고 있기 때문에, 잠정적으로 자신의 욕구를 의인擬人에 기탁하고 그 의인에 신이란 이름을 붙인 것에 지나지 않는다. 따라서 신을 전능하고 사랑스럽다고 말하는 것은 완전히 전도된 생각으로, 진실을 말하자면 신은 인간이 머리 안에서 전능한 존재, 사랑스러운 존재를 상상하고 만들어버린 존재이다. 따라서 인간을 떠나서 특별히 위대한 신이라는 것은 없다. 인간이 즉 신인 것이다. 따라서 만약 이 점에 주의한다면, 인간은 신을 믿지 않고 자기 자신을 믿는 것이 되어버린다.

이러한 의론議論은 기독교라는 것에 대해서 완전히 새로운 합리적, 과학적, 비평적 태도로 임한 결과이다. 이는 확실히 과거부터 전해온 신앙의 기초를 작동시키기에 충분한 파천황의 설說이었다. 기독교 신앙으로 고정된 유럽의 중원에 이런 대담한 의론을 제기한 결과, 그 영향으로 인한 사람들 마음의 동요는 지금 우리 일본인에게는 정말로 상상하기 어려울 정도의 대단히 놀라운 대사건임에 틀림이 없다. 물론 보통 말하는 무신론의 종류라면 그것은 고대부터도 있었고, 또 프랑스 혁명 후에도 대단히 번성하고, 영국의 시인 셸리의 무신론 같은 열렬한 것도 있었기 때문에 진귀한 것은 아니다. 단지 앞에서 서술한 스트라우스나 포이어바흐의 합리적 비평은 근대문명의 핵심인 과학에 기초를 두고 전개된 만큼, 그 영향은 특히 뜨거울 정도였다.

과학의 입장에서, 영혼불멸이라든가, 신이라든가, 기독이라든가 하는 것을 모두 아무래도 받아들일 수 없다고 하는 사고방식은 전 유럽의 종교계에 대단히 심각한 혼란을 초래했다. 그것은 모든 종교상의 도그마, 예를 들면 기독의 신격, 삼위일체 등을 배척하는 회의적 태도나 혹은 극단적인 무신론까지도 초래했다. 독일의 자유주의 개신교Liberal Protestant, 영국의 광廣교회Broad Church 등도 과거부터 전해내려 오는 정교를 떠나서 자유설을 주장하고, 혹은 독일의 자유종교 공동체

Freireligiöse-gemeinde처럼 대단히 현세적인 종교사상으로부터는 신이랄까 내세랄까 하는 것을 생각하지 않는 그런 일파一派가 탄생했다. 혹은 또 이와 같은 문제에 대해서, 신이나 내세는 물론 믿는 것도 아니지만, 그렇다고 해서 부정을 하는 것도 아닌, 완전히 불가지불가해라는 지점에서 멈추어버린 불가지론agnosticism(이 이름은 사도행전 제17장 23절 '알 수 없는 신'이란 이야기로부터 문득 떠올라서 헉슬리가 창안한 말이다) 등도 나올 수 있었다. 또 프랑스의 회의론자 르낭Renan이 고등비평의 견지에서 유려한 문필의 재주로 기독교의 사도 바울의 전傳을 서술하고, 당대의 사람들 마음을 놀라게 한 것 역시 이런 현상의 하나이다. 여성작가로서는 놀라울 정도로 이지理知가 우세한 조지 엘리엇George Eliot이 슈트라우스의 『기독전』을 영역하고, 스스로 초자연적 신앙을 버리고, 자기는 신God, 의무Duty, 불멸Immortality 등의 세 가지를 믿는 상황에 처해 있다고 공공연하게 떠들고 다니는 것도 모두 이런 예를 보여주는 것이다.

원래 종교와 신념은 실험의 세계와 분리된 이후의 것이므로, 결코 지식의 측면에서 발생하는 것은 아니다. 지력보다는 오히려 감정의 방면에서 풍부한 정신생활을 영위하는 자에게 가장 열렬한 신앙이 보이는 법이다. 따라서 이러한 과학만능, 경험만능의 시대에는 신앙이 위태롭게 되는 것이 자연스럽고 당연한 일로 보일 수 있다. 하지만, 또 달리 생각해보면, 이런 현상에 대한 다른 유력한 원인이 있다. 그것은 즉, 현실의 생활을 대하는 근대인들의 욕망이 지나치게 번성하기 때문에 이미 내세랄까 신이랄까 하는 초월적인transcendental 것에 중점을 두지 않게 되는데, 이 점에 대해 루돌프 오이켄Rudolf Eucken[4] 교수 등도 동일하게 설명하고 있다. 즉 근대인의 생각으로는, 자연과학의 진보, 물질적 문명의 힘, 정치상과 사회상의 개량 등 이런 모든 것들로 인해, 우리가 현실계에서 충분한 만족과 행복을 얻는 것이 가능하다는 것이다. 종교를 설명할 때 등장하는 그런 공막空漠한 천국 따위를 꿈꾸는 것보다도,

4) (역주) 독일의 철학자. '생의 철학'의 대표자로 꼽혀 많은 저작으로 이상주의적인 생의 철학을 옹호·발전시켰다.

우리에게 대단히 가깝고 확실한 존재인 이 눈앞의 생활이야말로 우리가 얻으려고 노력해야만 하고, 그 결과 다른 것을 원할 틈은 없는 것이라고, 사람들이 생각한 것이다. 결국 현실감이 너무 증대하기 때문에 종교적 생활에 대한 사람들의 지나친 요구가 없게 되고, 그 결과는 결국 종교를 일종의 환각이나 신인동형 동성론anthropomorphism에 지나지 않는다고 보는 것이다. 종교에 대해서 완전히 냉담한 태도, 소위 무관심주의indifferentism와 같은 태도는 이로부터 생겨난 것이다. 오늘날 이 일을, 대단히 천박하지만은, 이해하기 쉬운 비유로 말하면, 인간이 노년이 되면 한편으로는 지력의 작용이 둔해지고 다른 한편으로는 또 체력이 쇠해지고 모든 물질적 육체적 욕망이 적어지면, 저절로 내세를 의지하고 신불神佛을 신앙으로 삼는 식으로 기울지만, 이와 반대로 나이도 젊고, 지력도 한창이고, 또 모든 육욕, 물질욕이 치열하고, 현세에 대한 희망이나 집착이 강한 동안은 현실생활에 쫓기고, 또 염주를 손끝으로 넘기는 여유가 없으면 그런 마음이 들지 않는다.

자연과학, 특히 진화론의 영향을 받아 일어난 신앙의 동요는 영국의 경우, 테니슨Tennyson의 17년간의 명상을 담은 『인 메모리엄In Memoriam』[5] 시편에서 가장 빈번하게 나타난다. 실제 당시는 "중간에서 흐지부지한 신앙보다도, 정직한 회의 속에야말로 더 깊은 신앙이 존재한다(There lives more faith in honest doubt, Believe me, than in half the creeds(In Memoriam XCVI))."라고 말해질 정도의 시대로, 그러한 회의와 번뇌의 어두움으로부터 나와서 마침내 신앙의 광명을 받들기까지의 자신의 내면생활의 역사를 시인은 저 아름다운 132편의 시가로 쓴 것이다. 또 매슈 아널드Matthew Arnold나 아서 휴 클러프Arthur Hugh Clough의 시가 등은 이 과학만능 시대에 있어 구舊신앙이 새로운 사조 때문에 덧없이 무너진 그곳에서 가능할 법한 일종의 염세관을 노래했다. 또 이것들보다도 꽤 시간이

5) (역주) 1833년에 집필을 시작, 1850년에 완성하여 출판했다. 케임브리지 대학교 시절의 친구 A. H. 핼럼이 1833년 23세의 젊은 나이로 빈에서 객사하자 이를 추모하기 위하여 쓴 추억의 장시.

지난 후에 나온 작품 중에서 험프리 워드Humphry Ward 여사의 소설 『로버트 엘스미어Robert Elsemere』는 문예상으로는 그렇게 감복할 정도의 작품은 아니지만, 기독교의 도그마를 파괴하고 초자연적 분자分子를 배척하려고 하는 근대 종교계의 번민이 잘 들어난 작품이다. 이 작품이 최근 독서계에서 그 예를 찾아보기 힘들 정도의 갈채를 크게 받은 까닭도 전적으로 이 점에 있다. 유래와 전설을 귀하게 여기고 인습을 중시하는 영국에서조차도 이 정도인데, 유럽대륙 쪽을 보면, 그 정도가 한층 더 심했다. 즉, 당시 종교계의 광란이 노골적으로, 또 선명하게 다수의 문학작품에 반영되었다. 그 중에서도 톨스토이 백작의 소설 『안나 카레니나Anna Karenina』와 같은 작품이 이 신앙 상의 번민을 가장 빈번하게 묘사하기 시작한 작품일 것이다. 주인공 레빈Levine은 작가 본인으로, 그 점을 염두에 두고 말한다면, 이 소설은 근대 사상계의 거인인 고故 톨스토이 백작 본인의 자서전으로도 보아도 무방하다. 자연과학으로 인해 회의와 번민의 심연에 던져진 한 청년이 결국 마침내 자신의 신념을 확립하기까지의 그 경로가, 이 대단히 흥미 있는 장편소설 속에서, 아주 자세히 묘사되고 있다.

주인공 레빈은 어린 시절부터 기독교 신앙 속에서 성장한 청년이다. 그런 청년이 이 새로운 자연과학의 정신과 접촉하고, 결국은 회의와 번민의 인간이 된다. 이런 점은 당시 유럽 제국의 신교육을 받은 청년에게는 공통적인 현상이었고, 그도 또한 같은 대학의 학우와 하나가 되어 세포라든가 유기체라든가 물질 불멸이라든가 하는 새로운 주장을 입 밖에 냈다. 이는 종교가 지금 혹은 이미 존재하지 않는다고까지 생각하는 것과 동일한 의미의 행위였다. 나는 무엇인가, 무엇 때문에 나는 존재하였을까 등의 의문은 매일 매일 건성으로 지내는 그런 청년의 가슴에는 결코 일어나지도 않지만, 원래가 진실한 성격의 레빈의 경우 이 근본적인 인생문제는 어떻게 해도 뇌리를 떠나지 않는다. 그는 일상에서 늘 불안한 생각에 사로잡혀서 마침내 심지어 자살할 수밖에 없는 그런 마음의 상태가 되어 버린다. 그 자신은 매일매일 농사

감독을 하고 그러면서 늙어가고, 논을 차례차례 자손에게 양도한다. 이런 일이 그 자신의 의무이다. 마치 배가 고프기 때문에 밥을 먹는 것과 마찬가지로 이는 대단히 평범한 의무이다. 가축을 키우고 수목을 심고, 자손을 위해서 기름진 논을 남기려고 아침부터 저녁까지 일을 하지만, 그럼에도 인생의 근본문제는 여전히 의문 덩어리가 되어 그의 뇌리를 떠나지 않는다(『안나 카레니나』 제8편 10장 이하 참조).

그러나 입장을 바꾸어 생각할 수 있다면, 신앙은 결코 세상에서 없어지게 된 것이 아니라, 다만 새로운 지식을 접촉한 청년이 이를 잃은 것뿐이다. 실제로 보면 자신의 주위에 있는 농민도, 자신의 처도, 모두 신앙에서 편안함을 느끼고, 그래서 충분한 위로를 얻을 수 있는 것으로 보인다. 또 과학을 함께 하는 같은 대학의 학우가 번민 따위를 전혀 하지 않는 것은, 정말로 인생의 의문에 대한 해결을 얻을 수 있어서이기 때문이 아니라, 세포론이나 진화론에 완전히 몰두해버려서, 다시 이런 근본문제와 접촉하지 않기 때문이다. 레빈은 마침내 이 점에 생각이 미친다.

그는 특별히 자살도 하지 않고, 너무나 싫은 매일 매일이지만, 부지런히 농업에 종사하고, 자신에게 주어진 의무를 훌륭하게 수행한다. 카테리나Katerina와 결혼도 하고, 아이가 생겼을 때는 남들처럼 기뻐도 한다. 그럼에도 불구하고 가슴 속에는 불안이 있다. 고민은 조금도 레빈의 마음을 떠나지 않는다. 그러던 어느 날 이런 일이 있었다. 여느 때처럼, 밭에서 농민을 상대하다가 자신이 말할 차례가 되자, 레빈은 사람의 마음은 왜 그렇게 다른 것이냐고 물어보았다. 그 물음에 대한 그 남자의 대답이 흥미로웠다. "사람은 제 각기 다르잖아요, 그렇지요, 미티우크Mitiukh처럼 다만 배를 불리기 위해서만 살고 있는 노예도 있고 말이죠, 또 저 포카누이치Fokanuitch -그는 정직한 남자입니다만- 저 남자처럼 심령을 위해서 살고, 신이라고 하는 존재를 시종 생각하고 있는 사람도 있어요."

레빈이 이 말의 의미를 열심히 찾아서 확실히 할 때, 농민이 다시

답했다.

“뭐죠? 그것은, 그런 의미는 아닌데. 신에 따라서라기보다는 진리에 따라서 살아간다는 의미입니다.”

레빈은 “응, 응”이라고 말하면서 농부의 말을 설렁설렁 듣고 있었는데, 농부의 이 한 마디가 그의 가슴에서 아주 크게 울렸다. 지팡이를 짚고 집으로 돌아가는 길 내내 계속해서 이 말을 생각하니, 이런저런 생각으로 어지러웠던 가슴에 한줄기 광명이 깊이 들어오는 것을 인지하고 있다는 느낌이 들었다.

뜻밖에도 농민의 한마디에 깨달음의 기회를 얻은 레빈은 마침내 지식이나 도리道理에 자신이 완전하지 못했다는 점을 깨달았다. 뿐만 아니라, 한 발 뒤로 물러나서 생각하면, 지금까지 자신이 전혀 신경을 쓰지는 않았지만, 신을 믿고 진리를 의심하지 않았던 조부의 신앙을, 그도 역시 엄마 젖을 먹던 아기 때부터 그대로 받아들이고, 게다가 오늘날까지 자신도 모르는 사이에 그와 같은 식으로 양육되었던 것이다. 번민은 하지만 특히 자살도 하지 않고, 또 매일매일 업무를 권태롭게 여기지 않고 수행하여 왔다는 것도 참으로 가슴 깊숙이 어딘가에 이런 가르침이 잠재해 있었기 때문이다. 공연히 괴로워하는 것이나 공연히 번민하는 것은 설령 무의식에서라고 할지라도, 모처럼 무의식의 세계에서 자신의 생을 형성하는 것을 파괴하는 것이다, 라는 이런 생각이 그에게 들었다. 그는 마침내 자신이 해야만 하는 일은 단지 선을 행하는 데에 있다는 것을 깨닫고, 이 소설의 결말에 대해서 마침내 다음처럼 절규하는데 도달한다.

“내 자신 역시 이것 때문에라도 마부 이반을 향해서 화를 낸 적도 있었을 것이고, 또 쓸 데 없이 논쟁을 하고, 가당치도 않은 잘못된 생각을 엉겁결에 말한 적도 있었을 것이다. 불쾌하게 느끼는 것이 있다고 아내를 책망하고 곧바로 후회한 적도 있었을 것이다. 내 자신의 마음과 타인의 마음–즉 아내의 마음과의 사이에조차도 어떤 장벽이 있는 것도 느낄 수 있었을 것이다. 지금까지처럼 이유도 모른 체 나는 기도도 할 것이다. 그렇지만, 이런 것에 상관없이, 내 자신의 내적 생명은 마침내 자유를 얻었다. 이제는 주위의 사정에는 지배당하지 않는다. 우리의 전全 생활, 우리의 모든 행위는 지금까지처럼 무의미하지는 않고, 그것들 모두에 깊은 의의가 존재하게 하는 것이 가능할 것이다."

톨스토이는 이것과 완전히 동일한 것을, 특히 자신의 고백록 안에서도 서술했다. 실제 당시의 유럽 각국의 신교육을 받은 청년으로 이 신앙 상의 동요動搖를 다소간일지라도 느끼지 않았던 경우는 거의 없었을 것이다.

3. 회의와 개인주의

표준 없고 권위 없는 사상계 - 회의시대 - 비평적 태도와 반항적 태도 - 끊임없는 동요와 번민

사회적 생활과 개인적 생활 - 자아 중심의 개인주의 - 그 유래로는, 1. 개인주의, 2. 근세의 자유사상, 즉 자아의 해방 - 민주주의(democracy)와 우상파괴(iconoclasm), 3. 인지의 개발에 따르는 자아의 각성 - 그 밖의 원인으로, 개인주의의 사상가 니체, 마르크스, 슈티르너 및 키르케고르 등 - 개인주의와 북유럽의 문예 - 입센의 극시 <부란도> - 입센주의(Ibsenism) - 개인주의와 부인문제 - 베룬린의 작품 - 러시아의 투르게네프 - 방랑생활의 찬미자 고리키 - 아일랜드 문학

어떤 철학이나 종교이든, 모두 자연스럽게 시대의 요구에 응해서 출현한 것인 만큼, 결코 만고불역萬古不易의 것이 아니라는 점은, 지금 다시 말할 필요도 없다. 멀리 고대 그리스의 탈레스로부터 여러 시대에 걸쳐 철학자가 세상에 나와서 말한 가르침은, 마치 해안에 밀려왔다가 밀려 나가면서 해안을 씻어 내리는 웅장한 파도가 부서지고 또 몰려오는 것과 마찬가지로, 계속 변천해왔다. 새로운 사상이 일어나서 과거

의 사상을 부숴버리는 것이 보통의 모습이지만, 다만 이곳에서 주의해야만 하는 점은, 어떤 하나의 신앙, 혹은 하나의 철학이 보통 그 시대의 요구에 맞추어서 민심을 통일할 만큼의 힘-바꿔 말한다면, 권위라는 것을 소유하고 있는 경우와 또 그런 것이 전혀 없는 경우의 구별이 있다는 점이다. 이 힘도 없고 권력도 없는 경우가 회의와 번민의 시대이고, 이상도 없고 표준도 없는 혼란의 시대이다. 근대는 실로 고금의 사상사에서 이런 점이 가장 심했던 시기이다. 헤겔 일파의 낭만적 철학은 1830년대에는 당시의 민중을 잘 지도하고 일이 돌아가는 것을 알게 하고, 인심을 통일하는 만큼의 힘이 있었다. 이 낭만적 철학이 공교롭게도 자연과학의 발흥이나 유물론의 세력에 의해서 파괴된 것과 동시에, 종교도 도덕도 모두 그 표준을 상실했다. 근대사조의 암류暗流는 정확히 이 지점에서 징조가 보였던 것이다. 소위 구舊신앙이 없어졌지만, 신新신앙이 아직 명확하게 일어나지 않은 그런 혼돈의 모습이 되었다. 이것은 꼭 근대만의 현상이 아니라, 과거의 모든 역사를 통해 큰 세력이 있는 철학이 그 결함을 드러내고 사라진 후에는 흔히 이 회의의 시대가 온다. 플라톤, 아리스토텔레스 후에 피론Pyrrhon[6] 등의 회의설이 출현한 것도 그 두드러진 하나의 예일 것이다. 헤겔 이후는 철학이 비단 사분오열되었을 뿐만 아니라, 종교와 도덕에도 일체의 표준이랄까 이상이랄까 하는 것이 사라지게 되었고, 모든 민중을 안내하는 등燈은 꺼져버리고 말았다. 일사천리의 세력으로서 과학은 시세時勢를 격변시키고, 모든 과거의 사상, 과거의 신앙이 지금에서는 도움이 되지 않게 만들고 그와 동시에 사람들의 마음에 새로운 요구가 생기도록 했다. 그럼에도 한편으로는 이 새로운 요구를 만족시켜주는 정도의 그 어떤 것이 준비된 것이 아니기 때문에, 사람들의 마음은 순종하는 마음을 잃어버린다. 안주의 땅은 사라지고, 끊임없이 동요하고, 결국은

6) (역주) 고대 그리스의 철학자(?B.C.360~?B.C.270)로 회의파(懷疑派)의 대표자이다. 피론은 사물의 본래 성질은 인간이 인식할 수 없는 것이라고 주장하고, 판단을 멈추어서 마음의 평안을 얻어야 한다고 역설했다.

모든 것을 의심하고 모든 것을 믿지 않는 그런 경향까지 생기게 되는 것이다. 의혹은 이윽고 고민을 만들고, 고민은 마침내 염세와 비관이 되는 결과를 가져온다. 영국의 시인 테니슨이 아직 젊었을 무렵에 쓴 시에 다음과 같은 구절이 있는데, 그것은 이 과도기의 많은 사람들의 마음을 아주 잘 대변한다.

"Yet said I, in my morn of youth,
The unsunn'd freshness of my strength,
When I went forth in quest of truth
'It is man's privilege to doubt.'…….
*　　　*　　　*
Oh weary life! oh weary death!
Oh spirit and heart made desolate!
Oh damned vacillating state"!
–Supposed Confessions.

[대의] 청춘의 아침, 아직도 햇빛을 받지 않은 내 힘이 청신한 때, 진리를 구하려고 앞으로 나아갔던 때에 나는 말했다. '의심하는 것은 그럼에도 사람의 권리가 아닐까.'라고…….

오, 지루한 삶이여, 지루한 죽음이여. 그것은 영혼도 마음도 황량하게 만들었구나, 실로 꺼림직 했던 동요의 상태여.

원래 과학 그 자체가 실제로 회의의 정신으로 출발했던 점은 이제와서 데카르트 등을 인용하지 않아도 명료하다. 즉 그 어떤 일에 대해서도 있는 그대로는 결코 믿지도 않고, 받아들이지도 않고, 반드시 우선 그 진위를 의심하고 끝까지 철저하고 해부적으로 스스로 실험하고 스스로 해부하는 것이 아니라면 동의하지 않는다. 따라서 늘 맹목적이 되지는 못하고 비평적이 된다. 그리고 이러한 철저한 주지주의inexorable intellectualism가 결국 파괴적인 반항적 태도가 되어 나타나는 것도, 생각건대, 피할 수 없는 자연스러운 결과이다. 동요하는 현상 역시 이런 상황에서 온 것이다. 과거의 설이나 가르침을 단지 그대로 받아들이고 그것으로 만족하고 안심하고 있을 수 있다면 태평무사하겠지만, 그것이 가능하지 않기 때문에 당연히 발버둥도 치게 되고, 그 결과 괴로움도 있게 된다. 근대의 물리학이나 화학 등의 자연과학에서 어제는 새로운 발견으로, 새로운 학설로 환영받던 내용이 오늘은 이미 진부해지고 낡은 것이 되었다고 배척받는 것과 마찬가지로, 사상계에서도 이런 동요가 끊임없이 발견된다. 사상계는 한날한시도 동일한 곳에 안주하고 고정적으로 있지 않는다. 따라서 신구新舊사상의 충돌은 이러한 급격한 과도기에 가장 두드러진 현상이 되어 나타난다. 실험을 인식의 유일한 근원으로 하는 유물적 경향은 재래의 낭만적 시대의 구舊신앙이나 구舊사상과는 도저히 서로 용납하지 않기 때문에 시세의 진운進運은 자연히 근대인들을 몰아가서, 근대인들로 하여금 여하히 이 신생활과 구생활의 조화를 꾀할까 하는 문제로 향하게 한다. 이 충돌과 부조화의 문제를 어느 정도 해결하기 위해서 사람들은 끊임없이 열심히 무엇인가를 찾는다. 무엇인가 새로운 사상이랄까 의론이랄까 등을 끌어내는 존재가 있다면, 마치 굶주린 호랑이가 먹이에 다가서는 것처럼, 사람들은 이에 달려들지만, 그 무엇에도 만족하지는 못한다. 르낭[7]이 말한 소위 '진리를 발견하고 얻은 때조차도 더한층 새롭게 우리를 몰아서 진리를 구하려는 불안의 마음' "that unrest of mind which, even when truth is found, sends us forth on a fresh search for it"은 일각도 멈추지 않는다. 그리고 아무리해도 해결책을 얻을 수 없고, 그로 인해 결국 고민이 되고 절망이 되고 비애가 되어, 근대인의 정신적 생활에 불건전한 암흑의 한 방면을 조형하기에 이르렀다. 비유해서 말한다면, 대충 안심하

7) (역주) 프랑스의 철학자·종교사가(1823~1892). 로크 등의 영향을 받아 회의주의에 접근, 기독교의 역사와 과학 연구를 행하였다.

고 머무를 경우 어쩌면 구조될지도 모른다면 괜찮겠지만, 그것이 가능하지 않기 때문에 번민한다. 물속에 빠진 사람이 허우적거리면 거릴수록 더 깊이 빠지는 것처럼, 번민하면 할수록 더욱더 깊은 회의의 심연에 빠져 들어갈 뿐이다.

그럼에도 이 사상계의 혼란은 특히 개인의 자각이나 자아의 주장에 기초를 둔 근대 유럽의 개인주의의 시각에서도 관찰하지 않으면 안 된다.

앞서 근대의 도덕적 측면을 말하면서 모든 인간의 생활에는 두 개의 측면이 있는데, 개인적 생활과 사회적 생활이라는 일견 모순된 것 같은 이중의 생활을 영위하는 것이 그 두 개의 측면이라고 말했다. 이 점을 오늘날 각 개인의 내면생활이나 정신생활의 범위로 옮겨서 생각하면, 그곳에도 같은 모습의 현상이 또 보인다. 즉 한편으로는 사회적 생활 혹은 몰아沒我적 생활은 권위나 표준에 복종하는 식의 생활, 상세히 말하면, 과거의 성현으로부터 전해진 가르침이랄까, 믿음이랄까 등을 지키고, 기성의 법칙이나 인습에 대해서 추호도 의심을 하지 않고, 완전히 이를 신뢰하고, 자신의 생활을 이에 따라서 판단하고 통일한다. 달리 말한다면, 자아를 버리고 포기하는 생활이다. 그 다음에 또 개인적 생활 즉 주아적主我的 생활은 사회적 상황과는 정반대로 전래의 도덕이나 습관을 믿지 않고 이에 굴종하지 않고 완전히 자아라고 하는 것에 따라서 생활을 통일하려고 한다. 자신 이외의 것에 권위를 두지 않고, 자아 그 자체를 권위로 삼고 표준으로 삼아서 스스로에 대한 하나의 생각을 근거로 삼는 것이다. 예를 들면, 고대인이 신이랄까 영靈이랄까 하는 것을 말하는 것은 그 말 속에 이미 독재적이고 전제적인 의미가 있고 사람들의 신앙을 이 커다란 이상 혹은 권위의 힘으로 통일하고 이것을 표준으로 삼아 민심이 순종하는 것을 알게 만드는 것이고, 개인의 제각기 제멋대로인 주장을 허락하지 않는 것이다. 그러던 것이 문명이 점차 진보하는 것과 동시에 사상의 자유를 얻을 수 있었고, 따라서 사람들이 각각 자아를 주장하기에 이르렀다.

그런 까닭으로 이 두 가지 모습의 생활은 시대에 따라서 자연히 그 세력 정도에 따라 성쇠가 있기 마련이다. 예를 들면, 서양 중세의 기독교나, 헤겔의 철학, 혹은 또 일본의 옛 무사도나 유교와 같은 한 시대의 민심을 통솔하고 권위로서 군림할 정도의 사상이 존재한 시대에는 개인적 생활의 측면은 거의 고개를 들 여지가 없고, 따라서 사람들의 정신생활은 대단히 평범하고 안정적이 된다. 이에 반해서 근대처럼 과학적 정신 때문에 권위 혹은 표준이 그 힘을 완전히 상실한 시대에는 자연히 이 개인적 생활 쪽이 힘을 얻고 각자가 제 각기 그 좋아하는 것을 주장하고 제멋대로인 방향으로만 가려고 한다. 우리는 결국 타인이 정해놓은 법칙이나 도덕에 복종하지 않으면 안 되는 것일까라는 생각을 하게 된다. 또 우리는 도덕이나 법칙이 결국 참으로 완전하고 만족스러운 것일까, 우리 인생을 현재보다도 더욱 행복하게, 더욱 훌륭하게 만드는 것일까 아닐까 등도 의심하게 된다. 이런 열망이 점점 커져 오면 그것이 근대의 회의가 되고, 다시 또 극도로 치우치면 허무주의nihilism라고 하는 그런 사상이 되기도 하는 것이다. 표준이 없기 때문에 개인 본위가 되고, 개인 본위이기 때문에 표준을 파괴하는 모습이 되고, 결과는 또 원인이 된다. 즉 근대 유럽의 사조의 밑바닥에는 이 자아 중심의 '전소부정le néant'을 기반으로 하는 개인주의가 가로 놓여 있고, 그 개인주의가 여러 모습으로 나타나는 점이 그 두드러진 특징이다.

물론 인간이라고 하는 것은, 아나톨 프랑스[8]도 말했던 것처럼, 보통 자신을 세계의 중심에 놓고 모든 사물을 대하는 자이다. 그러나 이 자기중심의 주아적 경향이 근대에 특히 심화된 것은 당연히 또 다른 특별한 이유가 있는 것이다.

이 강의의 처음에도 언급했던 것처럼, 근대의 문명에서 대단히 격렬

---

8) (역주) 1844~1924, 프랑스의 소설가 겸 평론가. 지적 회의주의를 주장, 자신을 포함한 인간 전체를 경멸하였다. 신랄한 풍자, 아름다운 문체를 사용했다. 1921년 노벨문학상을 수상하였다.

한 생존경쟁은 피할 수 없는 현상이 되어버렸다. 멍청하게 굴면 주위의 압박 때문에 자신의 존재조차도 위태롭게 될 것 같은, 그렇게 살아가기 힘든 세상이 되어버리고 말았다. 그 결과로서 사람들은 법칙이나 도덕의 속박에서 탈출하고, 여러 수단을 이용하여 이기주의를 행하려고 한다. 과거에 로마의 키케로Cicero가 말했던 것처럼, 살아 숨 쉬는 모든 생물 그 어느 존재나 모두 자신을 사랑하지 않는 존재는 없지만 Omne animal so ipse diligit, 이 자기를 사랑하는 생각에 너무 급해진 나머지 그만, 타인을 고려할 틈도 거의 없이 한쪽으로는 박애 이타의 생각이 희미해지는 것과 동시에 다른 쪽으로는 개인 본위의 사상이 더욱더 치열해지는데, 이는 당연한 이치의 결과이다.

이상이 우선 제1의 원인이지만, 다음으로는 근세의 자유적 정신, 즉 루소Rousseau에게서 시작되고, 낭만적 시대의 근본정신으로 18세기 이래 발달해 오고 있는 정신인, 개인의 자유를 중시하는 주의, 이것이 또한 개인주의의 유력한 원인이다. 프랑스혁명 이후 정치상, 사회상의 압박과 속박이 이완되고, 그 옛날부터 존재하던 계급제도가 타파되고 민주주의의 세상이 되었다. 그와 동시에 사상계에서도 각 개인의 자유가 중시되고 권위authority나 관습convention이나 형식formality이나 전통tradition 등 모든 그러한 것들을 배척하고, 개인 즉 각자의 생각을 중요하게 여기게 되었다. 사람들은 자신의 주위에 대해서 타협과 양보의 태도를 취하지 않고, 지금까지 존재해 온 제도나 편견을 그대로 받아들이려고 하지 않는다. 이와 같이 사람들은 자기 자신 그 자체에 존엄하고 중대한 의의가 있다는 점을 깨닫는 것과 동시에 자아라는 것의 가치를 명료하게 인식하기에 이르렀다. 그런 식으로 자아를 주장한다면, 자연히 또한 외계, 즉 자신의 외부에 존재하는 것들과의 충돌은 면하지 못하게 된다. 결국 근대인은 항상 자신의 개성을 발휘하고 자신 이외의 것에 대해서 반항하려고 한다. 그와 같은 식으로 니체 일파의 과대망상적 개인주의가 출현하고, 사회적 생활에 대한 반항자, 소위 이스마엘의 자손Ishmaelite[9])이 출현한 것이다. 이 풍조는 사실 자유주의가 일어났던 최초의 시기부터 이미 두드러졌고, 19세기 초기의 낭만주의가 그 이전에 있던 의고주의, 즉 법칙과 격식을 중시하는 진영의 주의主義에 반대해서 일어났던 시기부터 존재했다. 프랑스 비평가 브륀티에르[10]는 낭만주의를 자아의 해방Emancipation of Ego이라고 말했지만, 이전부터 존재해 온 이 경향은 결국 근대에서 한층 열렬하게 강화된 셈이다. 몇 천 년부터 지금에 이르기까지 인류에게 부여된 도덕이나 교훈은 모두 다 복종만을 말하고 있는 나머지 그만, 개인의 가치를 경시하였다. 그러던 것이 유럽의 이 근세 사상 때문에 일시에 반동을 일으키고, 이번에는 또 극단적인 개인본위설의 모습으로 나타났다. 결국 과거의 봉건 시대와 같은 속박이 없어지고 사람이 자유를 얻었기 때문에 과거부터 오랫동안 압박받았던 자아라고 하는 것이 갑자기 대두하고, 남은 남이 되고 나는 내가 된다고 말하면서 권위와 법칙에 복종하지 않고, 자각심이 강화되었다. 이 반항과 회의적 태도는 확실히 민주주의 일면이다. 이것은 또 한쪽의 시각으로만 본다면 정말로 근대의 병폐가 될 것이겠지만, 동시에 새로운 문명의 광채가 번쩍 빛나게 된 까닭도 역시 이런 태도에 있는 것이다. 과거부터 회의의 풍조가 심한 시대는 항상 이 개인적 자유가 중시되는 시대로, 인심人心의 활동이 눈부시고, 새로운 사상이 왕성하게 나타나는 시대이다.

여기에 한마디 더하고 싶은 것은, 근대정신의 일면이 된 우상파괴 iconoclasm의 경향이다. 일체를 평등하다고 보고, 그 어느 것에도 억매이지 않고, 굴복하지 않는다고 하는 근대인의 안중으로는 천재라든가 영웅이라든가 하는 등의 존재를 전혀 인정하지 못한다. 일찍이 외경숭배의 중심이었던 신 그 자체부터 이미 파괴되어 가는 존재이기 때문에 그 외의 것은 당연히 아무 것도 아니다. 예를 들어, 옛날부터 대시인으로 더 이상 다른 시인들과 비교되는 일없이 숭배를 받던 셰익스피어조

9) (역주) 추방당한 사람, 사회의 적.
10) (역주) 프랑스의 평론가이자 문학사가(1849~1906). 다윈의 진화론을 도입하여, 장르는 생물의 종(種)처럼 진화한다는 이론을 전개하였다.

차도 근대에 이르러서는 톨스토이나 버나드 쇼 등으로부터 호되게 공격받고 조금의 가치도 없는 것처럼 평가받는다(물론 일부의 셰익스피어 학자 사이에서는 이전부터 이미 그와 유사한 공격설이 있었다). 나폴레옹도, 순 임금도 무식하지만 착한 그런 일반 사람들과 그 어떤 점에서는 다를 바가 없다는 것이다. 토마스 칼라일의 영웅숭배론도 오늘날은 이미 과거의 꿈이다. 근대는 오히려 영웅 배척의 시대이고, 천재를 원하지 않는 시대이다. 근대는 각 개인이 모두 자아의 자유를 주장하고, 세상의 앙망존경을 일신에 모으는 것 같은 영웅호걸의 존재를 인정하지 않는 평범한 시대가 되었다. 현대의 유럽사가 전체적으로 이미 귀족적이 아니고 민주적이고, 황제 영웅 귀족의 역사가 아니라, 일체 평등하게 되어 자유로워진 평민의 역사라고 생각한다면, 이런 현상도 이상하게 여길 것이 없다고 생각한다.

개인주의의 제3의 원인은 교육의 보급에 따른 인지人智의 개발이다. 과거에는 지식학문이 단지 상류사회, 특히 귀족이나 승려 사이에만 한정된 전유물이었다는 견해가 있다. 다수 일반의 평민은 무학문맹의 무리에 지나지 않았다는 것이다. 그것이 근세에서는 교육의 진보 때문에 지식도 역시 다른 것과 마찬가지로 동일하게 사민士民평등의 전유물이 되었다. 그 결과로서 재래에는 모두 권위와 법칙에 복종하고, 관습적 정설conventional orthodoxy을 존중하고 믿었던 반면에, 오늘날에 와서는 개인들이 제각기 그것에 상당한 논리를 열거하고 자아의 견해를 내세우려고 한다. 그리하여 자신의 개인적 특성을 활발하게 발휘하려고 하는 데에까지 이르렀다. 유래되어온 권위 그 자체 내에는 다소의 차이야 물론 존재하지만, 맹종의 분자가 함유되어 있는 것은 자연의 이치였다. 이처럼 인지가 발달해도 유치하고 몽매한 민족은 대부분 권위에 절대 복종을 하고 추호도 그것을 고통으로 여기지 않는다. 문명이 발전함에 따라 그러한 복종이 곤란하게 되기도 하고, 자칫하면 개인적 주장을 고집 부리려고 하는 경향도 생긴다. 비근한 예를 말한다면, 초등학교 학생은 양친이나 교사의 말에 잘 복종하지만, 그 학생이 진학을 해서 중학생, 대학생이라도 되면 양친이나 교사의 무리한 말을 고분고분 들어주는 것은 좀처럼 동의할 수 없는 일이 된다. 과거부터 중국에서도 '사람에게 무엇인가를 아는 것이 우환의 시초'라는 말이 있고, 구약의 「전도서」에도, '대저 지혜가 많으면, 격분하는 마음도 많고, 지식이 늘면 우환도 많아진다.'라는 말이 있는 것도 모두 이 도리에 지나지 않는다. 인문의 발달은 결국 개인의 자각을 재촉한다. 그 결과 회의적이고 비평적인 정신을 치열하게 만드는 것은 자연스런 일이고, 자기 이외의 사람에 대한 경외심은 자연히 결핍하게 되고, 무슨 일에서도 개인이 제 자신의 머리로 생각한 후가 아니라면, 결코 맹종은 하지 않을 것이다. 세계는 신의 뜻에 따라 생겼고, 인간은 다만 침묵하면서 살아간다면 좋은 것이고, 선善은 선이고 따라서 이를 행하여야만 한다고 말하는 것은 자각한 자에게는 도저히 인정할 수 없는 일이다. 염주를 돌리면서 오로지 한 마음으로 아미타불을 노래하는 선남선녀가 볼 때, 문맹의 무리가 많은 것과 마찬가지로 유럽 중세의 기독교가 자주 한 시대의 민심을 통일하고 지배할 수 있었던 것도, 당시는 역사상으로 소위 암흑시대이고, 인지의 진보가 유치하기 때문에, 사람이 모두 교회의 권위에 두려운 마음으로 복종하고 신앙을 믿을 수 있었기 때문이다. 톨스토이가 과학을 배척하고 이지理智를 배척하고 절대적 복종과 맹목적 신앙에 안주하는 농민을 오히려 마땅히 부러워해야만 한다고 생각하고, 혹은 고리키가 문맹의 방랑자가 되면 훨씬 행복하게 되는 것이라고 하고, 그저 일하라, 자각하지 않은 상태로 일하라고 가르치는 까닭이 완전히 여기에 있다. 문명이 급속한 진보를 한 근대처럼 개인이 각성하고 자아의 존위尊威를 인정하는 시기, 마침내 그런 시기에 회의적, 반항적 태도는 피할 수 없는 현상으로 나타날 수 있게 된다.

이런 현상의 가장 좋은 예증은 러시아의 안톤 체호프의 작품일 것이다. 같은 러시아 작품이지만, 톨스토이 소설은 농민의 생활을 묘사하고, 고리키의 작품은 도시의 빈민생활을 사실적으로 그리고, 그것들에 의해서 인생문제를 취급했지만, 체호프의 희곡소설에 나타난 인물은 주로 교육을 받았거나 지력이 있는 사회인들, 즉 소위 '지식인intellectuals'으로 칭해지는 그런 인물들이 많다. 그들은 유럽의 최신 교육을 받고, 최신의 지식을 풍부하게 갖고 있는 그런 종류의 사람들이다. 그런 점으로 인해 이들은 항상 회의적, 혁명적 사상을 품고 러시아 그 자체를 움직일 정도로 힘이 있었다. 그들은 지적 발달의 관점에서 말하면, 일종의 귀족이지만, 다른 귀족들과는 달리 다른 또 한편으로는 자각이 강하고, 권위나 인습에 복종하지 않는 특색을 발휘한다.

이상 열거한 원인 이외에도 또한 정치상의 단체운동이 적게 이루어진 것도 개인주의의 유래로서 열거할 수 있다. 이것은 유럽의 역사를 본다면 금방 알 수 있는 이야기이지만, 최근은 19세기 전반에 비해 정치문제의 혼란이 상당히 약해지고 한고비를 넘긴 상황이다. 정치적 혁명운동 등에 다수의 사람들이 공동으로 단결하고 열중하는 것이 적어졌다. 그것은 바로 이런 것인데, 말하자면 종교나 도덕의 근본적인 토대가 위태롭게 되고 난 이후에 사람들은 자연스럽게 모두 대체로 정치 방면에서 정신적 노력을 낭비하게 된다. 말할 필요도 없이 종교 도덕의 문제는 정치문제가 대체로 단체적이란 점과는 완전히 정반대로, 흔히 개인적이 되기 쉬운 성질의 문제이다. 즉 개인은 각자가 자신의 머리로 독립적으로 생각한다. 타인은 타인의 생각으로 자신은 자신의 생각이나 신앙으로 살아간다고 하는 식으로, 자아를 기초로 삼는 경향이 두드러지게 유행했다.

이런 개인주의 사상을 가장 잘 대표하는 것은 니체의 주장이다. 이미 앞서 도덕 항목에서도 기술한 것처럼, 니체의 사상은 재래의 기독교적 도덕을 주목하고, 기독교적 도덕은 단지 사람에게 복종을 강요하는 노예의 도덕이고, 타인 때문에 자신을 희생으로 삼는 약자의 도덕이라고 갈파했다. 원래 니체의 문장은 독일어의 실력이 어설픈 나 같은 사람에게는 대단한 수고를 요하는 난해한 것이지만, 니체 문장의 일종의 독특한 문체에는 또 신기하게도 사람의 마음을 움직이는 신비적 마력이 있고, 그 아포리즘에는 서정시풍의 아름다운 광채가 있다.

그 중에서도 특히 대작 『차라투스트라Zarathustra』와 같은 경우에서는 이런 특징이 가장 현저하다. 그렇지 않아도 주아主我적 경향이 왕성한 유럽 근대인의 심중에 이 책이 스며들고, 유럽인의 심중에 통렬한 반향을 불러일으킨 것은 결코 우연이 아니다.

또 마찬가지로 개인주의의 사상가로서 여기에서 그냥 지나갈 수 없는 사람은 막스 슈티르너Max Stirner[11)]-본명은 카스파 슈미트Kaspar Schmidt-이다. 그가 주장한 대담한 철학적 급진주의philosophical radicalism는 사실 니체의 선구로도 간주되어야 한다. 그는 나의 진리가 유일한 진리My truth is the truth라고 절규하고, 죄는 고정관념에서 발생하고, 교회, 국가, 가족, 도덕 등은 모두 고정관념(Crimes spring from fixed ideas. The Church, the State, the Family, Morals, are fixed ideas)이라고 설파했다. 또 입센에게 가장 많이 영향을 주었다고 언급되는 덴마크의 키르케고르 등도 역시 이 슈티르너에게 사숙했다. 누구에게도 얽매이지 않는, 지극히 자연적인 그리고 열렬한 욕망에 가득 찬 적나라한 모습의 자아, 그러한 것을 중심으로 해서 이 주장은 성립된다. 신이나 선악과 같은 그러한 공막空漠한 것은 안중에 전혀 없고, 다만 나라고 하는 것의 절대위력을 인정한다. 이 위력을 유감없이 발휘할 수 있어야만, 처음으로 인생의 참된 의의가 생긴다. 자아에서 멀어질 때 또한 진리가 있거나 없게 되고, 권위가 있거나 없게 된다는 것이 이 주장의 요점이다. 결국 모든 것을 믿지 못하고, 그리고 자기에게 모든 것을 허용한다고(to believe in nothing, and allow himself everything) 하는 것이 그 개인주의의 귀착점이다.

그런데 또 순수문학의 방면을 보면, 이 개인주의는 유럽 대륙의 거의 모든 곳에서 나타나고, 유명한 작품의 중심 사상이 되었다. 특히 북유럽의 문예에서 가장 현저하다. 우선 그 필두에 거론되어야 마땅한 사람은, 예를 들면, 입센인데, 입센의 극시 〈부란도Brand〉야말로 실제로 가장 대표적인 작품이다. 이 작품의 주인공인 목사 부란도는 오늘날의

11) (역주) 1806~1856, 독일의 철학자, 개인주의적 무정부주의자. 헤겔과 슐라이어마허의 영향을 받았다. 자아주의(自我主義)를 철저히 추구했다.

기독교를 말할만한 가치가 전혀 없다고, 강렬한 의지의 힘이 없다면 도저히 종교적 진리에는 도달할 수 없다고 확신한다. 그는 눈앞의 모든 안락을 탐하는 것, 일시적인 방편, 타협, 절충 혹은 조화, 양보 등과 같이 불철저하게 중간에서 흐지부지 그만두거나 끊어 버리는 것을 절대적으로 배척하고, "전부 아니면 전무all or nothing"라는 것을 이상으로 삼는다. 부란도는 자기 자신 그 자체의 위력에 믿음을 두고 온갖 장애를 물리치고, 끝까지 용감하게 매진한다. 그가 세상의 대중들과 함께 전래된 가르침이나 신앙을 믿는 일은 일어나지 않는다. 그는 철저하게 인습에 반항하고, 자신의 힘으로 자신의 길을 개척하려고 한다. 이 전아全我적 맹진猛進 때문에 그는 아내도 자식도 희생한다. 그는 전혀 돌아보지 않았다. 또한 이것이 결국 입센 그 자신의 근본사상이다. 이것은 단지 〈부란도〉 한 작품의 사상일 뿐만 아니라 그 이후 입센의 작품 전체를 관통하는 사상이기도 하다. 이 준열한 개인주의가 입센 문학의 핵심이 되었다. 그 어떤 인간이라도, 온갖 방면에서 자아를 실현하려는 것이 본래의 의무이고, 이것 이외의 특별한 의무는 없다. 사회라는 것, 가정이라는 것도 필경은 모든 개인이 내심內心의 위력을 견제하고 속박하는 것의 질곡에 지나지 않고, 자기 자신의 개성을 폐하고 의지를 어지럽게 하는 허위의 생활은, 요약하면, 이 세상의 평균인Durchschnittsmensch이 어려움을 피하고 안이한 길을 취하는 비겁한 태도이고, 속임수의 위선에 지나지 않는다고 그는 깨닫는다.

"지금은 이미 신앙의 시대는 아니고, 도리나 의무를 말한 시대도 먼 과거에 속한다. 의무라는 것은 필경 강자가 자신의 이익을 잃지 않으려고 약자 위에서 부가하는 교활한 속박이다. 그래서 인간이 이런 속박을 벗어던지고 해방된다면 바로 그곳에 처음으로 진보라고 하는 것이 있게 된다." 이와 같은 의미를 조지 버나드 쇼가 -영국극단의 샛별로서 또 대단히 급진적인 비평가로서 오늘날 훌륭한 평판을 유럽에 떨치고 있는 쇼가 그의 명저『입센의 진수Quintessence of Ibsenism』에서 언급하고 있다.

그런데 이런 극단적인 개인주의적 사상에 대해서, 홀연 모순과 충돌을 느끼는 것은 단지 종교, 신앙, 도덕 문제 등의 종류에서뿐만이 아니라 우선 무엇보다도 남녀 양성의 관계-환언하면 결혼문제, 부인문제 등에서이다. 여권을 신장하고 부인의 지위를 높이려는 소위 페미니즘의 근세적 대운동이 일어났다. 그리고 이런 종류의 문제는 입센의 작품에서 대단히 중요한 위치를 점하고 있을 뿐만 아니라, 또 실제로 근대유럽에서 사상가들을 가장 많이 괴롭힌 난문제이다. 인습적인 속박을 벗어나려고 하는 근대 여성에게 개인적 자각에 기반을 둔 이 부인해방론만큼, 생각건대 이 정도로는 해결이 곤란하지만, 급한 당면 문제는, 사실 초미의 문제일 정도이다, 다시는 없을 것이다. 이렇게 말하는 이유는 다른 종류의 문제의 경우에는 설령 분명히 개인주의와의 충돌과 모순이 있어도, 우선 여느 때처럼 일시적인 방편인 타협이나 조화로 겨우겨우 그날그날 어물어물 덮어버리고 갈 수도 있겠지만, 이 문제만은 전혀 그렇게 되지 않는다. 이 문제는 자유와 복종과 자기 포기self-surrender와 자기실현self-realization과의 사이에 가로 놓여 있는 신구사상의 부조화가 가장 노골적으로, 가장 절박하게 눈앞에 나타난 두드러진 경우이다. 입센의 작품을 보면, 누구나 곧 알아차릴 일이지만, 『바다의 부인』(영역은 *Lady from the Sea*)이든, 〈헤다 가블러Hedda Gabler〉[12])이든, 〈인형의 집〉이든, 그 외 다수의 사회극이든 이 문제는 입센의 여러 작품 속에 빈번하게 나타난다. 그리고 그 여주인공이 또 언제나 자신의 뜻을 강하게 고집을 부리면서 끝까지 관철하려고 하는 그런 여자인 것도 완전히 그런 점 때문이다. 부인은 우선 여자다움womanliness을 포기해버리고, 지금까지처럼 종족보존의 필요한 존재로서, 단지 엄마라는 존재로서 사는 것 대신에 자기 자신을 위해서 살려고 하고, 남편이나 아이들에 대한 의무를 거절해버리고, 개인인 자기 이외의 것에 대한 일체의 책무를 벗어나려고 하고, 지금까지처럼 모든 것을 감수하면서

---

12) (역주) 입센의 4막 희곡.

다른 사람을 위한 희생자가 되는 것은 참을 수 없다고 말한다. 사랑이나 동정을 유일의 생명으로 여기고, 남자를 위해 오직 '사랑해야만 하는 자'로서 사는 것에 대해서, 정情의 힘이 대단히 약해지고, 이지의 힘은 대단히 예민하다, 라는 개인적 자각의 영역에 도달한 여성의 태도를 이 희곡 작품은 별난 것으로 그리고 있다. 독일의 오토 하르낙Otto Harnack이라는 사람은 입센에 대하여 다음과 같이 말을 했다.

> Gegen dieses gewaltige Gebäude wendet er alle Kraft seiner genialen Individualität. Und vor allem die Fundamente greift er an; das Familienleben hat er am schärfsten beobachtet und am angreifbarsten gefunden. Das Verhältniss zwischen Mann und Weib, zwischen Eltern und Kindern in der Ausgestaltung unseres socialen Lebens ist ihm nicht von sittlichen Werth, sondern nur ein Hemmniss für die Entwickelung wahrer Lebenskraft und Lebensfreunde. Und nicht minder die Beziehungen des Einzelnen zur Gesellschaft in jedem Sinne des Wortes; auch diese durch das Sittengesetz order die Gewohnheit geregelten Beziehungen ersticken nur Muth und Stärke des Einzelnen. Die Entwickelung der einzelnen Persönlichkeit aber ist es allein, die Ibsen interessirt. In dieser Hinsicht ist er von dem gegenwärtigen socialistischen Zeitalter durch eine unüberbrückbare Kluft geschieden; die Gemeinschaft ist für ihn gar kein selbständiger Begriff, sondern nur, das thatsächliche Ergebniss der Charakterlosigkeit und Schwachheit der Individuen. (Essais und Studien zur Literaturgeschichte, S. 348)

…… 유명한 이 조직에 반항하려고, 그는 그 천재적 개성의 전력을 기울이고, 맨 먼저 그 근저를 돌파했다. 우선 가족생활 자체에 대해서 가장 예리한 관찰을 했는데, 이것이야말로 공격해야만 하는 것이라고 그는 생각했다. 그의 안중에는, 우리의 사회적 생활에서의 부부 친자의 관계는 추호도 도덕적 가치를 갖고 있지 않다. 이 관계야말로 오히려 진실한 인생의 힘, 인생의

즐거움을 방해하는 것이다. 각각의 의미에 대해서 사회라는 것과 개인과의 관계도 또 마찬가지이다. 법칙 역시 인습에 따라서 규정되는 이 관계는 개인의 위력을 억압하고 막는다. 즉 입센이 흥미를 느꼈던 것은 단지 개개인의 인격의 발전, 단지 그것뿐이다. 이 점에 대해서 그와 사회주의적 현대와의 사이에는, 어쨌든 그곳에는 다리를 놓는 것이 가능하지 않다, 도랑과 골짜기가 있다. 사회는 그에 따르면 결코 독립의 개념은 없이, 단지 개인의 박약과 무조절로부터 나온 사실상의 결과에 지나지 않는다.

입센의 작품 중에서 이런 주아主我적 사상을 가장 잘 대표하는 여성을 말한다면, 우선 누구나 아는 대로 〈인형의 집〉의 여주인공인 노라이다. 이 희곡의 3막의 끝 무렵에 나오는 그녀와 남편과의 대화는 특히 유명한 것이고, 또 인물의 진면목이 분명하게 드러나기 때문에, 지금 영역된 것을 다시 번역하여 이 일절을 인용하고자 한다.

헬멜 집도 남편도 아이도 버리고 가겠다고. 당신은 세상이 어떻게 말할지 생각해보지 않았어.

노라 나는 그런 것은 마음에 두지도 않아요, 오직 내 스스로 그렇게 하지 않으면 안 된다고 생각할 뿐이에요.

헬멜 그건 심한 말인데, 그런 일을 하다니, 당신은 신성한 의무를 버리려고 하는 것인가?

노라 당신, 신성한 의무라고 하는데, 무엇을 말하는 것이지요?

헬멜 그것을 모르겠다니, 당신 남편과 아이들에 대한 의무 말이요.

노라 나에게는 더 특별한 신성한 의무가 있어요.

헬멜 그런 것은 당연히 없을 텐데. 당신이 의무라고 말하는 것이 무엇이지?

노라 자신이 자신에 대해 갖는 의무에요.

헬멜 무엇보다도 우선 당신은 아내이고 엄마라고.

노라 그런 것은 나도 이미 믿지 않아요. 무엇보다도 우선 나는 한 개인이고, 그 점은 당신도 마찬가지예요, -적어도 그렇게 된다면 나는 해볼 생각입니다. 대개의 사람들은 모두 당신과 같은 의견인 것은 나도 알고 있어요, 책에도 그렇게 쓰여 있고요. 허지만 이제부터는 나는 이제, 사람들이 쓴 책에 쓰여 있는 것에 도저히 만족할 수 없어요. 내 스스로 일을 생각하고, 스스로 그것을 분명히 하려고 시도해 볼 거예요.

원래 이 부인 해방의 문제는, 개인의 자유, 자아의 권위를 주장하려고 하는 근대사상의 단지 한 면에 지나지 않지만, 근대문학에서 이 문제를 직접 다룬 작품만을 살펴보아도, 상당히 많이 있을 것으로 짐작이 된다. 우선 19세기 중엽에 출현한 영국의 여성 작가 샬럿 브론테의 일생의 걸작이라고 알려진 『제인 에어Jane Eyre』 등을 필두로 해서, 그 다음에 나온 작품을 생각해 보면, 유럽 전체에 걸쳐서 작품들이 너무 많아서 일일이 셀 수가 없을 정도이다. 인습의 속박을 벗어나서 주아적 생활을 영위하려는 근대식 여성은 도처의 유명한 희곡이나 소설에서 영향력을 행사한다. 일찍부터 우리나라의 독서계에 소개된 작품으로 말한다면, 입센의 여러 작품들을 제외하고는, 독일의 주더만Sudermann의 희곡 작품 〈고향Heimat〉과 같은 작품이 이런 부인문제에 대한 신구사상의 충돌을 가장 노골적으로 묘사한 대표적 작품이다. 또 프랑스 현대작가 중에 여성을 묘사한 것이 가장 뛰어나다고 일컬어지는 마르셀 프레보Marcel Prévost[13]의 작품도 항상 이 문제를 다룬 것으로 이름이 높다. 특히 『강한 여자Les Vierges Fortes』, 두 권으로 된 이 소설은 단지 그의 걸작일 뿐만 아니라, 또한 현대 부인에 대한 작가의 견해를 대담하게 표현한 것으로, 특히 주의를 기울여야만 하는 작품이라고 생각한다.

말이 조금 딴 곳으로 샜지만, 각설하고, 북유럽문학 중에서 입센과 동일한 수준으로 치열하게 회의적이고 개인주의적 사상을 표현한 작

13) (역주) 프랑스의 소설가. 주요 작품에는 자전적인 『어느 귀인貴人의 회상록』(8권, 1728~1731)이 있다. 그 중 제7권이 그를 불후(不朽)의 작가로 만든 『마농 레스코』이다.

품으로는 노르웨이의 문호 비에른스티에르네 비에른손Björnstjerne Björnson의 작품이 있다. 물론 이 작가는 입센이 심하게 절망적이고 파괴적인 것에 비하면, 어딘가 따듯한 희망의 빛이 있고, 마찬가지로 현대를 저주하는 중에도 사랑이나 인정의 두터움이랄까 하는 것이 보여서 마음이 끌리는 정취가 있다. 예를 들면, 많은 평자들이 인정하고 사람들이 그의 최대걸작으로 생각하는 『신의 길에서』(영역은 *In God's Way*)라는 소설은 한 사람의 여성을 중심인물로 해서 인습적인 종교와 도덕을 비난하는 작가의 특색을 극히 대담하게 발휘한 작품이다. 인생의 의의는 신앙이나 법칙에 따라서 생기지 않는다. 중시해야만 하는 것은 오직 개인의 자유로운 생활이다. 인간의 진실한 마음의 자연스러운 요구로부터 나온 행위 그 자체에서야말로 귀한 가치가 존재한다고 하는 것이 이 작품의 중심사상이다.

또 눈을 돌려 러시아를 보면, 이반 투르게네프의 작품이 있다. 이 작가의 경우 이미 일본에서 많은 번역이 이루어졌고, 평론도 나와 있기 때문에, 이제 다시 말할 필요도 없을 것 같지만, 그래도 주의해야만 하는 것은 오늘날의 유럽어로 말하는 허무주의자nihilist란 단어는, 전적으로 이 작가가 창시한 것으로, 『아버지와 아들』(영역 *Fathers and Sons*)이라는 소설에서 처음으로 사용되었다. 이 작품에 등장하는 바자로프는 단지 근대 러시아의 대표적 인물일 뿐만 아니라, 또한 일반 사상계의 혼란 시대와 신구 충돌 시대를 가장 훌륭하게 대표하는 인물이기도 하다. 그는 온갖 사회의 법규와 종교의 법규에 반항하고 개인의 각성에 따라서 과거의 미몽을 완전히 파괴하려고 하는 과격한 몽상가이다. 이 책 전체가 이런 허무주의의 해설이라고 볼 수 있다. 작중에 나오는 말로 하면, "모든 권위에 굴하지 않고, 또 설령 아무리 믿을만한 주장이라도, 우선 이를 스스로 검토한 다음이 아니라면, 결코 받아들이려고 하지 않는 사람, 그것이 바로 허무주의자이다." 자신의 각성에 따라서 회의에 회의를 거듭한 끝에, 모든 것을 부정하고 모든 것을 인정하지 않는 일종의 분열증clastomania이 되었는데, 결국 이 지점에 도달한 것은 피할 수 없는 결과이다. 다만 특히 주의해야만 할 점은 그가 모든 것을 부정하면서도 한편으로는 또 적극적으로 과학을 긍정하거나 찬탄하는 사람이 되었다는 점이다. 이런 점에서 말한다면, 그는 완전히 적극적인 과학적 유물론자scientific materialist이고, 그의 소극주의는 한마디로 이점을 출발점으로 삼는 것이다.

러시아 문학 쪽에서 예를 하나 더 취한다면, 막심 고리키 -이 이름은 필명으로, '큰 슬픔'이란 의미이다. 본명은 예의 어려운 러시아 이름의 뭐라던가, 이츠치[14]라고 하는 것이다- 고리키의 작품이 있다. 그의 작품은 한쪽에서 보면 개인주의적이고 주아적인 경향의 가장 극단적인, 진정한 방랑생활의 찬미라고 말할 수 있을 것이다. 고리키 그 사람은 그리 문화적인 교양을 지닌 인물이 아니다. 젊은 시절부터 볼가 강가의 노동자 무리와 함께 하고, 그러한 자신의 이력으로부터 작품의 재료를 얻고, 연필을 잡은 사람인만큼, 대단히 조잡한 결점이 있다. 후세의 평판이 과연 그의 작품을 일류의 문학으로 인정할 것인지 부인할 것인지, 나 같은 사람은 알 수가 없지만, 그것은 하여튼 모든 구속과 굴레를 벗어나려고 하는 순수한 본능적 생활을, 그리고 도적이랄까 걸식이랄까 그런 것이 아니라면 죽음이 있을 뿐이라는 그런 무숙자를 묘사한다. 이렇게까지 꺼리는 것 없이 대담한 작품은, 생각건대, 그리 많지 않을 것이다. 그의 작품은 집시의 유랑생활을 다룬 영문학의 다른 작품들과는 전혀 비교가 되지 않는, 완전히 별종의 작품이다. 그는 쇼펜하우어의 염세론, 과학자가 말하는 생존경쟁설, 니체의 개인주의, 이런 것들을 토대로 해서 하층 노동자의 생활을 적나라하게 묘사하기 시작했다. 육욕肉慾을 내세우고, 완력을 제외하고 거의 그 어떤 제제도 가하지 않고, 신앙도 없고, 수성獸性을 극단적으로 발휘하는 방랑자의 생활 중에서, 개인주의의 가장 가공할만한 극단적 태도가 보인다. 작중의 어떤 인물은 "그래, 하여튼 그것은 강한 행동이고, 따라서 강한

14) (역주) 알렉세이 막시모비치 페시코프인데 무엇인가 착각이 있는 것 같다.

것이 용케도 있다면, 도덕적이다"라고 말하는 것은 이러한 생활의 진면목을 아주 잘 나타내는 표현일 것이다. 그들에게는 향상向上하려는 마음도 없다면, 노력도 없다. 다만 눈앞에 펼쳐지는 찰나의 삶을 탐하고, 단지 오 척의 육체에 천지간에 의미도 없이 임시로 우거하고 있다고 여기기까지 한다. 걸작 『포마 고르제예프Fomà Gordyéef』[15]는 말할 필요도 없다. 「26명의 남자와 1명의 여자Twenty-six Men and a Girl」[16]속의 4장, 또 이미 일본의 자유극장에서 공연되었던 〈야숙夜宿〉(영역 *The Lower Depth*)[17] 등, 이 모든 작품들이 대단히 노골적으로 이상의 특색을 보여준 작품들이다.

이러한 사상은 특별히 북유럽문학에 한정된 것도 아니고, 또 북유럽 중에서도 결코 이상에서 열거한 작가들에만 한정된 것은 물론 아니다. 하나하나 예를 든다면 거의 끝도 없겠지만, 오직 이 격렬한 원시적인 야성을 띤 북유럽민족의 문학이, 근대에 이르러 유럽에서 대단히 유력한 지위를 점하기에 이르렀기 때문에, 이곳에서는 특히 그 중에서도 주목할 만한 두, 세 개의 예를 든 것뿐이다. 인습을 대단히 귀히 여기는 영국 같은 나라에서조차 최근에 힘을 얻은 아일랜드 일파의 문학에는 이런 사상이 아주 마음껏, 극단적으로 표출된다. 쇼가 도덕에 관하여, "황금 법칙이 없는 것이 황금법칙이다(The Golden Rule is that there is no golden rule)."라고 말하고, 또 예이츠가 〈허무의 고향Where There is Nothing〉란 제목의 희곡 속에서 극단적인 종교와 신앙의 파괴자인 폴 러틀리지Paul Rutledge라고 하는, 허무사상의 화신이라고 말해 마땅한 그런 기인을 묘사하고, 그 결과의 일단으로 폴에게 "아무것도 존재하지 않는 곳에, 그곳에 신이 있다(Where there is Nothing there is God)"라고 말하도록 한다. 이와 같은 것도 대단히 현저한 예이다.

---

15) (역주) 고리키 장편소설.
16) (역주) 단편소설, 1899년 작.
17) (역주) 〈밑바닥〉이란 제목으로 널리 알려진 희곡 작품.

4. 물질적, 기계적 인생관

근대적 고민의 원인 하나 - 기계적 법칙의 압박과 자유의지의 부정 - 결정론(determinism) 또는 일종의 숙명론(fatalism) - 물질적, 생물학적 세계관 - 영웅도 없고, 천재도 없고, 신비도 없고 - 유물사관 - 그 요점 - 인문 발달사의 기계적 해석

앞에서 언급한 자아의 절대위력을 주장하는 경향과 동시에 또한 그것과는 정반대로 끊임없이 사람의 마음을 압박하고, 사람으로 하여금 자신이 얼마나 약한지, 얼마나 기개가 없는지 깨닫게 해주는 경향이 있다. 그것은 즉 자연과학에 기반을 둔 기계적 인생관으로, 근대의 고민과 비애의 유력한 한 원인은 확실히 이 두 가지 경향의 충돌에 있다. 즉 일면 오로지 자아를 주장하려고 하는 것은 다른 한편으로는 이러한 물질적 관점 때문에 압박을 받는다. 여기에서 근대인의 오뇌와 고민은 생기는 것이다.

앞서 유물철학을 서술할 때 이미 한 마디 해 두었지만, 다시 말해보자(제3강 제2절 참조). 근대적 정신은 과학을 기초로 하고, 모든 현상을 물질의 맹동盲動으로 본다. 따라서 인간은 자연의 기계적 법칙에 압박을 받고, 움직임이 전혀 없게 되는 것이다. 이 자유의지라는 것의 경우, 필경 그것은 과거의 미망에 지나지 않는다. 만물은 모두 일정한 원인이 있고, 그 필연의 결과로 해서 가능한 것이다. 변화가 끝이 없는 삼라만상도 요약하자면 하나의 기계구조mechanism라고 생각한다. 따라서 세상 속의 모든 현상은 전체가 주어진 사실given fact이고, 우리의 힘으로서는 도저히 이런 현상에 착수하는 것조차 가능하지 않다. 이미 확고부동의 법칙이 존재하는 이 세계를 지배하고, 인간은 다만 고분고분 그것에 맹종하는 수밖에 없다. 우리는 완전히 이런 메커니즘에 의해 좌우되고, 그 냉혹 무정한 불가항력으로 인해 자유를 완전히 잃어버린 것이다. 이런 사고방식을 일러 결정론determinism이라하고, 또 숙명론

fatalism이라 한다. 이를 알기 쉽게 말하면, 결국 '이미 결정된 것이다, 막함부로 소동을 피울 수가 없다'라고 체념해 버리는 태도를 말하는 것이다. 이것이 즉 다음에 설명하게 될 자연파 문학의 배후로 존재하는 인생관이었는데, 이는 마치 과거 고대 그리스극에서 말한 운명이란 것이, 근대문학에서의 이 기계관에 해당한다고 보면 되는 것과 같다.

이러한 기계적인 견해에서 보면, 제일 우선 생명 그 자체가 이미 분자 집합의 결과이고, 또 단백질 물체의 존재 상태이다. 또한 이것 이외의 영혼 등과 같은 개념은 공막空漠하기 그지없다. 이 심령이며 자유의지라는 이름의 것과 같은 것은, 모두 과거의 종교나 철학이 말한 이상주의의 그릇된 견해에 지나지 않는다. 적어도 신이나 영靈의 존재를 전제로 해서 출현한 형이상학적 입론은, 모두 절대적으로 이를 배척한다. 원래 개개의 생물은 어떻게 성립하는가 말한다면, 이에는 내외 양쪽의 요소가 있다. 내적 요소라는 것은 선조로부터 전해져 온 혈통, 즉 세포내에 있는 물질, 발효소, 원형질 등 이러한 모든 선천적인 것이 구비된 것이다. 그것에 이번에는 외적 요소가 더해진다. 즉 후천적으로 외부세계의 경우라고 하는 것이 이에 부가되고, 앞선 내적 요소에 영향을 주고, 그곳에 잠복되어 있던 본성을 개발한다. 바꾸어 말하면, 하나의 생물은 첫 번째로는 유전, 두 번째로는 외부세계라고 하는 이 내외의 두 개 세력이 공동으로 만들어 낸 것이다. 소위 정신적 현상이라고 하는 것도, 자연과학의 견해에서 보면, 필경 물질적 현상인 이 내적, 외적 두 요소가 일치 포함되고 합쳐진 후 그것을 바탕으로 나온 자연적, 필연적 현상의naturnotwendig 산물에 지나지 않는다. 예를 들어, 범죄라고 하는 현상이 있을 때, 그것은 즉 선조나 부모로부터 혈통과 함께 전해져 온 특질에서 발현한 현상이다. 이 유전적 소질에 더해진 외부적 환경, 즉 그 인간의 주위 환경, 사회적 상태와 같은 것이 유전적 소질에 영향을 주어, 자연스럽게 변질이 되어 그런 범죄가 발생한 것이다. 그리고 당사자 스스로의 자유의지 혹은 목적의 사고로부터 나온 것이라도 대수로운 것이 아니다, 라는 식으로 해석을 하는 것이다.

또 다른 예를 들면, 앞서 서술한 우상파괴의 사상 등도, 그 일면에서는 역시 지금 말하는 순물질관純物質觀으로부터 나온 것이다. 예수 그리스도도 신은 아니고 평범한 인간이다. 고래로 천재이고 영웅이라고 해서 숭배 받는 자도, 필경 보통의 세포로부터 나온 생물에 지나지 않는다, 라고 물질주의자는 말한다. 생각건대, 가치라는 관념은, 주로 인간의 주관적, 초超경험적 방면으로부터 나온 것으로, 많은 사물에 가치를 덧붙이고 높음과 낮음을 선택하는 것은, 물질적이고 객관적인 입장에서 본다면, 완전히 무의미한 것이 된다. 어떤 사람이 말했던 것처럼, 지렁이의 생식기도 나폴레옹의 두개골도 자연과학의 입장에서 말한다면, 그 가치에 경중의 차이가 추호도 없는 셈이 된다. 다시 또 다른 방면에서 말하면, 물질주의자는 모든 사물을 관찰할 때, 질質의 다름과 같음을 보지 않고 다만 양의 다름과 같음을 본다. 천재나 영웅이 평범한 사람과 다른 점은 단지 물질적인 정력의 양의 차이이라고 말한다. 따라서 모든 것이, 극히 평범하게 보이고, 신비나 경이는 어느덧 완전히 사라지고, 세계는 마침내 그 어떤 신기함도 없이 산문적인 것으로 떨어지고 말았다.

그리고 또 이러한 기계적 견해는 다시 일보를 전진해서, 인류생활 일반의 발전, 즉 사회적 변화, 정치적 변천 전체를 모두 이 물질적 원인으로 설명하기에 이르렀다. 세상에서 말하는 유물사관Die materialistische Geschichtsauffassung이 다름 아닌 그것이다. 또한 그 외에 경제사관Oekonomische Geschichtsauffassung, 사적 유물론Historischer Materialismus, 사회적 결정론Socialer Determinismus, 사회적 유물론Socialer Materialismus 등, 예의 여기 복잡다단한 독일풍의 명칭은 여러 가지 있지만, 요약하면 모두 인류의 역사를 그 물질적 방면 즉 경제적 관계, 생산적 현상에 의할 뿐이라고 천명하려고 하는 사고방식이다. 자연과학, 특히 진화론으로 그 논거를 삼고 있는 것은 말할 필요도 없다. 이 주장도 그 기원을 소급해가면 어쩌면 18세기의 프랑스 철학자 콩도르세Condorcet 정도로부터 나온 것일지도 모르지만, 그것이 하나의 학설로 성립하게 된 것은 말할 필요도 없이 근대에 와서 처음 그렇게 된 것이다.

유물사관은 우선 인류역사의 근저의 하나가 계급투쟁에 있다고 본다. 과거의 봉건시대에는 귀족과 평민과의 대치가 있었지만, 자유평등을 중시하는 근대에 이르러서 그러한 계급제도는 완전히 없어지게 되었다. 원래 억압과 전제의 나라로 일컬어지는 러시아에 있어서조차, 농노제는 전前세기의 중엽부터 문예의 방면, 특히 투르게네프의 소설 등으로부터 일어난 반대운동 때문에 마침내 전폐되기에 이르렀다. 그렇지만 이런 종류의 계급제도를 대신해서 근대에 새롭게 나타난 것은 경제상의 변천에 기초한 빈부격절의 문제이다. 상세하게 말하면, 한쪽으로는 자본가인 유산자와, 다른 한쪽으로는 노동자인 무산자와의 투쟁, 즉 부를 조성하는 황금재벌과 부를 탈취당하는 군중과의 충돌이 있는데, 현대 유럽의 노동문제가 바로 그것이다. 이것은 황금이 인류의 운명을 거의 좌우할 정도가 된 현대에서 어쩌면 피할 수 없는 현상이다. 과거에는 2~3인의 직공을 고용하고 제조공업을 했지만, 오늘날에는 기계의 발달과 동시에, 다수의 직공노동자를 부린다. 특히 광산 등에서는 정말로 많은 다수의 갱부들을 이용하기에 이르렀다. 즉 임금을 받고 그날그날 불안한 생활을 보내는 이 노동자들은 자본가에 대해서 불평을 노래한다. 정직하게 일하고 있는 자신 등이 괴롭고, 무위無爲의 부자가 번영하는 것은, 정의와 인도人道의 정신으로 보면 견딜 수 없는 것이라고 불평한다. 이 병폐를 없애려고 한다면, 자본과 재산을 모두, 국민 전체의 공유물로 하지 않으면 안 된다고 주장하는, 이것이 즉 집산주의자collectivist의 주장이다.

그렇다면 이 계급투쟁은 무엇에 의해 발생하는 것인가 하고 말한다면, 그것은 말할 필요도 없이 생산적, 경제적 관계이다. 이 물질적 원인이 바로 역사의 대동맥이 되고, 원동력이 된다. 생각건대 역사상 모든 사회의 근저에는 생산이 있고, 다음으로는 그 생산물의 교역 분배가 실시된다. 따라서 거기에 사회적 계급이란 것이 발생하는 것이다. 이렇게 해서 물질적 생활에서의 생산관계가, 온갖 정신계와 사상계의 상태를 필연적으로 결정하는 것의 조건이 된다. 이 조건이야말로 바로 역사의 비밀을 이해하는 열쇠인 것이다. 자세히 말하면, 인간은 정치, 종교, 예술, 과학 등과 같은 방면에서 활동하기 전에 우선 그 무엇보다도 먼저 의식주의 계획을 이루는 것 때문에 분주하다. 따라서 이 물질적 생활의 문제야말로 온갖 정신적 활동의 기초가 되고, 근본이 되는 것이어서, 정신적 활동이 단지 물질적 생활에 의해서 설명되는 것이 처음으로 가능해 졌다. 재래의 이상주의자나 형이상학적 논자는 완전히 본말을 전도한 잘못된 견해에 빠졌기 때문에, 경제적 관계가 인문人文의 역사에서 어떻게 중요한 지위에 있게 되었는지에 관한 문제를 돌아보지 않았다. 다윈의 진화론은 식물에 대한 경쟁과 생식을 위한 경쟁이 온갖 생물진화의 근본원인이라고 설명하지만, 유물사관도 또한 이 두 가지의 경쟁을 일반적인 인류 활동 역사의 근본이라고 설명한다. 의심할 바도 없이 이것은 유기적 자연계에서의 진화의 법칙을 곧바로 인류발달의 역사에 적용하는 것에 지나지 않는다. 따라서 역사 과정에는 진화에 존재하는 것과 동일한 필연성이 있고, 움직일 수 없는 결정조건이 있다. 결코 인간 자유의지에 의해서 나온 것은 아니다. 다시 말해 이 논의 역시 마찬가지로 결정론에 귀착되는 것이다. 앞에서 언급한 것 같은 이유로, 근대인의 세계관은 이전의 낭만적 시대의 그것과는 크게 다르게 변해버렸다. 앞에서는 정신적이었던 것이 물질적으로 되고, 이상적이었던 것이 결정론적이 되고, 주관적이었던 것이 객관적으로 변한 것은, 요컨대, 모두 이 자연과학의 영향에 지나지 않는다.

제4강 근대의 사조 2

1. 근대의 비애

근대 문예와 비애 - 제1, 환영소멸의 비애 - 기계적 결정론의 영향 - 자연관의 변화 - 4가지의 실망 - 청년시대와 중년시대 - 모파상의 『일생』과 플로베르의 『보바리 부인』 - 제2, 회의에 기초한 비애 - 니체의 말 - 시엔키에비치 작품 『무신앙』 - 영국시인 클럽의 작품 「여로의 사랑」 - 북유럽 문학과 비애 - 스트린드베리 작품 <아버지> - 의혹의 괴로운 죽음 - 제3, 개인주의에 기초한 비애 - 자아와 개성을 억지로 바꿀 수 없는 자의 고통 - 하우프트만의 <쓸쓸한 사람들>, <침종(沈鐘)> - 현실의 압박과 개인주의의 충돌 - 제4, 소극적 개인주의의 비애 - 데카당 - 현대에서 도주하려고 하는 태도 - 근대문예에 나타난 비애 - 두 종류의 염세관 - 근대영문학의 염세사상 - 톰슨, 하디 등 - 신사조와 영문학 - 러시아인의 특성과 염세비관의 문학

지금까지 서술한 회의적, 물질적, 개인주의적 사상은 그 당연한 결과로서 근대인의 가슴 속에 말할 수 없는 암흑의 그림자를 던졌다. 사람의 마음을 참담한 애수의 색으로 물들였다. 너무나 깊이 가라앉게

된 이 어두운 애수의 기분상태, 애처로울 정도로 가슴을 압박하는 것 같은 그 기분, 그것이 바로 최근의 시문예술 전체를 일관하는 정조이다. 여기에서 우선 그 유래를 찾아서 소위 '근대의 비애'라고 하는 것의 특색을 분명하게 밝히고 싶다. 또 마찬가지로 비애라고 말해도 그것이 사람들의 가지각색의 성정에 기반을 두면 저절로 변화가 생기고, 서로 다름과 같음도 있다. 예를 들어, 체념을 잘 하는 사람과 그렇지 않은 사람과, 혹은 또 자신의 뜻이 강한 사람의 경우와 약한 기질을 갖고 있는 사람의 경우는 동일한 비애의 색일지라도 자연스럽게 다른 뉘앙스의 비애가 그곳에 나타나서 다가온다. 오늘 그러한 점을 모두 합쳐서 생각해보고자 한다.

첫 번째로는 환영소멸disillusionment의 비애이고, 절망의 비애이다. 앞서 언급한 낭만적 시대에는 헛되이 몽환공상의 그림자를 쫓고, 이상의 고향을 동경하고, 현실의 참담함을 잊었다. 무상하고 깨어나기 쉬운 꿈이라는 것도 모르고, 가슴에 희망을 품는 것이다. 근대에서의 지식의 개발과 자연과학의 발흥에 따라, 사람들은 하루아침에 자연과 인생의 사실에 눈을 뜨고, 이제는, 눈앞에 존재하는 참담한 세상 현실의 진실을 보게 되었다. 예전부터 아름답다고 생각해 온 세계가 의외로 추한 것에 사람들은 놀라고, 광활하기에 또 자유롭다고 생각한 세계가 의외에도 압박받고 구속받고 있는 세계라는 것을 사람들은 알아차렸다. 지금은 「전도서」에서 소위 모든 것을 공空의 공空 Vanitas vanitatum et omnia vanitas[1]이 되는 것을 보고, 이에 사람들은 말할 바를 모르고 비애의 감정에 충격을 받는다. 그 감정은 이상理想이라고 하는 수중水中의 달그림자를 포착하려고 하는 용감한 자가 이제 다시 그 헛됨을 자각하는 마음이고, 혹은 사막을 가는 여행자가 헛됨을 모른 채 신기루를 추적하여 왔지만, 홀연히 그 그림자를 놓치고 막다른 골목에 도달해서 좌절하는 마음이다.

---

1) (역주) '헛되고 헛되며 헛되고 헛되니 모든 것이 헛되다'는 「전도서」 1장의 구절.

사람들은 오히려 단지 좁은 인간계만을 보면서 자신을 위대한 자로 생각하고, 잘난 척도 하고, 자부심도 느꼈다. 이는 인간을 만물의 중심으로 생각하는 인간 중심homocentricism의 사상을 포함하고 있는 것이다. 그것이 이제는 저 멀리 우주자연을 보고, 유기계와 무기계를 지배하는 법칙에 관해 자연과학으로부터 가르침을 받는 동시에, 지금까지의 환각은 홀연히 소멸해버렸다. 거대한 자연에 임해서는 정말로 인간의 힘없음을 깨닫고, 또 광대무변의 우주에 대해서는 이 지구라는 것은, 말할 필요도 없을 정도로, 작은 존재에 불과하다는 점을 깨달으면서, 인류 스스로의 지위에 관하여 재래의 해석과 완전히 다른 해석을 내릴 수밖에 없게 되었다. 사람이 만물의 영장이라는 등의 생각은 도저히 할 수가 없다. 인간 역시 금수초목과 마찬가지로 무변광대한 자연의 일부이지만, 그럼에도 힘이 전혀 없는 존재의 일부분에 지나지 않는다는 점을 과학이 보여주었다. 앞서 기계적, 물질적 인생관의 항목에서 언급했던 것처럼, 인간은 결코 목적과 이상에 의해, 혹은 자유의지에 의해 움직이는 것은 아니다. 불가항력인 자연의 법칙이라는 것이 주의 환경으로부터 인간을 강하게 압박하고 철주를 가하는, 완전히 결정적으로 인간을 속박하고 있기 때문에, 인간은 단지 이것에 맹종할 수밖에 없다. 결국 이전에는 모든 것을 인간본위로 생각했지만, 고로, 희망도 있고 낙천적이기도 한 것이, 지금은 자연본위로 생각하게 되자 무목적적이 되고 비관적으로 변한 것이다. 이 기계적, 물질적 관찰이 결국 염세주의를 만들어 냈는데, 염세주의의 가장 좋은 예증은 자연파의 시조 에밀 졸라의 작품이다. 이에 대해서는 다시 뒤에 언급할 작정이다.

고대의 신앙에서 우주에 존재하는 모든 것은 모두 인간을 위해서, 인간의 행복을 위해서 존재했다. 그것이 뒤에 점차 변해서, 자연(즉 천지, 산천, 화조, 풍월 등이라는 의미의)은 아름다운 낙토이고, 영원한 평화의 고향이 된다. 예를 들어, 인계人界에는 괴로움이 존재할지 몰라도, 자연이야말로 신이 존재하는 곳이므로, 우리에게 위로를 주는 별천지라고 생각하게 되었다. 이것은 영국의 워즈워드를 필두로, 낭만적 시대의 수많은 시인들의 자연관이었다. 예를 들어, 프랑스의 라마르틴[2]도 「골짜기」이란 제목의 유명한 시 가운데에서 이렇게 노래했다.

Mais la nature est là qui t'invite et qui t'aime;
Plonge-toi dans son sein qu'elle t'ouvre toujours;
Quand tout change pour toi, la nature est la même,
Et le même soleil se lève sur tes jours.
De lumière et d'ombrage elle t'entoure encore;
Détache ton amour des faux biens que tu perds;
Adore ici l'écho qu'adorait Pythagore,
Prête avec lui l'oreille aux célestes concerts.

—*Les Méditations Poétiques*

[대의] 그러나 너를 유혹하고 너를 사랑하는 자연이 거기에 있다.
항상 네게로 열려있는 자연의 품속으로 들어가서 안겨라.
네가 볼 때 그 모든 것이 변할지라도 자연은 항상 변함이 없고,
그리고 똑같은 태양이 날마다 너의 위를 비춘다.
자연은 언제나 빛과 그늘로 너를 감싸 안는다.
네가 잃어버린 거짓 행복에 대한 애착에서 벗어나서
고대 희랍의 철인 피타고라스가 사랑했던 메아리를 찬미하라.
그리고 또 천상의 음악에 그와 함께 귀를 기울여보라.

—『명상시집』

자연을 마음속에 담고, 그곳에서 위안을 구하려고 한 이런 자연관은 이전의 낭만파 시대에, 아직 현실의 참된 모습을 깊게 확인하지도 못

---

2) (역주) 19세기 프랑스의 낭만파 시인이자 정치가. 『명상시집』으로 서정시를 부활시켰다.

하고, 그 괴로움을 통절히 느끼지도 못했던 무렵의 몽상에 지나지 않았다. 그런데 결국 쇼펜하우어의 철학이 나온 후에, 혹은 다윈의 진화론이 나온 후에, 이런 해석은 완전히 무너졌다. 삼계는 바로 모두 화택火宅[3]이었다. 자연계는 결코 아름다운 평화의 낙원은 아니고, 생존경쟁이 잠시의 쉼도 없이 진행되고 있는 쟁투의 거리, 인간은 또한 이 자연 내에서 고민해야만 하는 하나의 파편적 존재에 지나지 않는다고 생각하기에 이르렀다. 따라서 신도, 신앙도, 이상도 모두 그렇게 말하는 것이 과거의 덧없는 꿈이 되어 버리고 말았다.

환영소멸의 비애는 바로 사람이 자연과 인생의 거짓 없는 사실에 직면할 때 겪었던 시기의 실망의 감정이다. 로마의 옛 시인이 소위 적나라한 진실nuda veritas을 알릴 때 겪었던 고통의 감정이다. 세계를 아름다움과 즐거움이라고 생각한 것은 단지 피상적인 면을 보았기 때문인데 반해, 과학은 배려도 없이 그 내면을 해부하고 분석하여, 추하고 괴로운 것을 폭로했다. 진실한 사실에 눈뜨고 문득 막다른 골목에 다다른 때의 측은한 마음상태, 이것이 즉 유럽의 근대인들이 겪는 암담한 수심의 일면이다. 서양의 어떤 학자는 이 환멸disillusion에 네 개의 방향이 있다고 언급했다. 즉 첫 번째 방향으로는, 프랑스혁명 이후 유럽인들은 정치적 운동에 집중했지만, 이 방면에서 구했던 이상은 마침내 실현될 수 없다는 점을 깨달은 것. 두 번째로는, 신성이라고 해석하는 남녀의 관계가 도리어 측은하고 추하다는, 그런 사실을 새삼스럽게 알아차린 점. 세 번째로는, 종교가 설하는 것은, 필경 허위라는 점을 알게 된 점. 네 번째로는, 기계적 인생관, 즉 자유의지를 부인하고, 인간을 모든 경우에 환경의 필연적 산물이라고 하는 데에 이르렀던 것. 이상 열거한 네 가지가 바로 네 개의 방향이다.

이러한 절망이나 비애는, 이를 비유해서 말하면 마치 사람이 아직 세상사를 제대로 보지 못하는 청춘 시절 가슴에 담고 있던 희망이나

3) (역주) 이승의 고통과 번뇌를 불난 집에 비유한 말.

이상이, 결국은 중년이 되어, 정말로 세태인정을 체험하는 것과 동시에 소멸해버리고 마는 그 시기, 가슴에 절실히 육박해오는 무미건조함과 적막함의 느낌과 서로 유사한 감정일 것이다. 학교의 창으로부터 엿본 세상 속은 자신의 머릿속에서 만들었던 세상이라, 유쾌하게도 볼 수 있고 즐겁게도 볼 수 있다. 천하에 되지 않는 일이 없다고 생각하기조차 할 것이다. 그것이 실제 세계 속으로 나가서 보고, 그곳에서 처음으로 바깥 세계의 압박이나 악전고투의 진상을 아는 것과 동시에, 처음의 큰 이상도 희망도 덧없는 꿈이 되고 사라져 버린다. 차라리 세상을 전혀 알지 못한다면, 이 비애를 느끼지 못하고 말지도 모른지만, 경솔하게도 사실의 참모습을 보기 때문에, 이 비애는 피할 수 없는 감정이다.

모파상의 『일생Une Vie』이라는 소설의 여주인공은 처음에는 아무 것도 모르는 순결한 묘령의 처녀였다. 남편이란 자는 추측컨대 처녀 자신에게 정결한 열애를 퍼부었을 것이고, 그녀는 결혼이란 것은 극히 신성한 것이라고만 생각했을 것이다. 그런데 드디어 결혼해서 보니 남자가 얼마나 천하고 육욕적인 자인가를 알고, 세상이란 것이 얼마나 재미없는 것인가를 알고 절망하는, 그렇게 말하는 때의 비애가 즉 근대적 비애의 일면과 흡사한 감정이다. 또 구스타프 플로베르의 작품 『보바리 부인』에서 묘사된 엠마라는 여자도, 아직 농촌처녀였던 무렵에는 수녀원에서 낭만적인 교육을 받고 성자나 중세기사의 아름다운 이야기를 듣는 것을 즐거움으로 삼고, 평소부터 『폴과 비르지니Paul et Virginie』[4)]의 연애 이야기, 스콧의 소설 등을 읽고, 연애는 신성하고, 행복이라고만 생각하고, 아름다운 이상을 동경했다. 그러한 감상적인 생각을 지니고 있던 처녀가, 하루아침에 인근의 의사 샤를르 보바리에게 사랑을 받고 그의 아내가 되었다. 그 후 그녀가 남편이 정말로 평범한

4) (역주) 프랑스 작가 베르나르댕 드 생 피에르의 소설. 1787년 발표. 문명의 오염에서 멀리 벗어난 열대의 자연 속에서 폴과 비르지니라는 소년소녀 간에 아름다운 우정, 청순한 사랑을 그린 작품이다.

인물이라는 것에 질리고, 생활의 무미건조함에 권태를 느끼자, 이전의 낭만적인 생각은 순식간에 갑자기 사라졌다. 인생이 너무나 보잘것없고 쓸쓸하다고 생각하고 있던 마침 그때 나쁜 유혹이 다가오고, 그녀는 그 후에 정부情夫를 만들고 돈을 사용하고 점점 타락의 수렁 속으로 무너지고 불행한 처지에 빠지게 된다. 우선 이런 경로에 비유해서 생각해본다면, 근대의 비애의 일면이 대략 해명될 것이다.

두 번째로 이 근대의 정조를 회의적 경향이라는 지점으로부터 생각해보면, 또한 그곳에는 지금까지 말한 절망보다도 한층 더 깊어진 우울한 애수가 보인다. 말할 필요도 없이, 의심이라는 감정은 사람의 감정 중에서도 심한 불쾌함을 주는 감정이다. 의심이 심하게 되면, 마음은 늘 긴장tension 상태가 되고, 말할 수 없는 고통과 불안을 느끼게 된다. 재빨리 모든 것을 부인하고 방기할 수 있는 사람보다도, 체념이 옳지 못하다고 느끼는 사람에게는, 이런 마음 상태의 참담함은 다시 한층 더 심해진다. 이 고통이 혹 도를 넘으면, 결국은 마침내 활력도 생기도 없게 되고, 적극적으로 의심을 해결하려고 하는 최소한의 마음도 사라지게 되어 버린다. 완전히 소극적으로 의혹이라는 감정에 굴종하고, 말할 수 없을 정도로 큰 우울에 빠진다. 셰익스피어가 쓴 덴마크 왕자 햄릿은, 인생문제나 부왕의 복수에 의혹을 품은 끝에, 활동을 내켜 하지 않는 염세의 마음에 빠져버리고 말았다. 또 더욱 이해하기 쉬운 비근한 예를 든다면, 학교의 시험이 끝나고 아직 성적을 모르는 경우이다. 그래서 급제일까 낙제일까 어떻게 될 것인가 하는 불안한 마음으로 생각하고 의심하는 사이에 생기는 그 괴로운 마음이 바로 그런 마음이다. 차라리 낙제를 알아버렸거나, 혹은 빠르게 체념해 버린 사람보다도, 이렇게 의심하는 경우 고통을 느끼는 편이 훨씬 강하고 훨씬 격심하다. 이제 아무래도 소용이 없고 달리 방법이 없는데, 쉽게 그냥 체념해버리는 것이 가능하지 않은 사람은 오뇌와 고민이 있기 마련이다. 늘 덧없는 일루의 희망에 얽매이고, 또 과거의 신앙에도 미련을 두는 등, 마음의 결말이랄까 그런 것이 없는, 길을 잃은 사람의 경우,

마음의 진자振子가 아직 멈추지 않고 진동하고 있는 모습을 보여준다. 앞서 기술한 환영소멸의 비애에 비하여, 회의로부터 나온 이 고통은 더욱 깊고 더욱 예리하다고 생각한다. 이것도 자연스럽게 사람들의 성정에 기반을 둔 것이겠지만, 예의 노르다우 씨 일파의 주장을 보면, 회의광狂은 확실히 변질자에 특유한 하나의 정신병psychosis이고, 고故 롬브로소 교수의 말처럼 또 이는 천재의 병적 특징이다. 니체 또한 이 현상에 대해서, 예의 자신만의 해석을 내리고, 다음과 같이 말했다. 회의사조는 근대문명이 인간의 의지력을 마비시킨 결과이다. 객관적 태도, 과학적 정신, 예술을 위한 예술이라는 것도, 필경은 모두 이 회의사조로 인해 마비된 의지력을 속이고 가장假裝하는 것에 지나지 않는다. 그 증거로는 동일한 유럽 내에서도, 문명이 가장 오래되고 문명이 국가의 고유함이 된 곳에서는, 이 의지의 병적상태가 심하고, 문화라는 옷의 아래에 아직도 야만적 풍습을 남겨놓고 있는 곳에서는, 이 병폐가 그다지 심하지 않다는 점을 들 수 있다. 의지력을 움직이는 힘은 프랑스보다도 독일에서 강하고, 같은 독일 내에서도 독일 중부보다도 독일 북부에서 강하다. 영국 등의 경우에서라면 한층 더 강한 점이 있다(이상 『선악의 피안Jenseits von Gut und Böse』 208쪽으로부터)고 말할 수 있다. 그것도 분명히 틀림없이 일면의 관찰일 것이다.

『쿼 바디스Quo Vadis(어디로 가시나이까)』의 작가로서 일본에서도 널리 알려진 폴란드의 문호 헨리크 시엔키에비치Henryk Sienkiewicz의 작품에 『무신앙』(영역 *Without Dogma*)이란 작품이 있다. 이 작품은 어둡고 쓸쓸한 기운이 전편을 덮고, 인물에도 사건에도 명랑하고 쾌청한 느낌이라고 말할 수 있는 점이 거의 조금도 없는 작품으로, 회의적인 근대인의 암담한 마음을 가장 잘 해부했던 작품이라고 볼 수 있다. 주인공 플로스조우스키Ploszowski—이 사람은 작자 그 자신이라는 설도 있지만, 그런 것은 별문제이고—는 과거의 신앙과 새로운 신앙, 기독교와 이교도, 영적 생활과 육적 생활, 이처럼 조화하기 어려운 두 가지 사이에서 헤매다가 깨끗이 한쪽을 단념하지도 못하고, 그렇다고 해서 자진해서 자신의 몸을 신사조의 소용돌이에 던져 버릴 정도의 용기도 없는 그런 가엾은 인물이다. 회의의 구름에 가려진 울적한 공기 속에서, 활동을 내켜 하지 않는 가라앉음의 상태에 자주 빠지는 퇴폐적인decadent 생활을 영위하는, 근대의 우수를 대표하는 인물이다. 그리고 작가는 이런 인물과 함께, 한쪽에서는 신앙이 확고하고, 정의를 지키고 마음이 흔들리지 않는 아니엘라Aniela라는 다부진 여성을 등장시켰다. 작가는 그 양성의 관계 사이에 교묘한 대조를 이루게 하고, 그곳에 침통하고 우울한 애수의 색조를 깊게 했다.

회의는 단지 종교나 도덕의 차원에서만이 아니라, 이 경향이 치열해지면 이것도 저것도 일체 모든 일에 의혹의 시선을 던지게 되고 도저히 일을 끝내지 못하게 된다. 무슨 일에서도 자신이 항상 밟을 수 없는 길을 밟고, 걸을 수 없는 곳을 걷는 것 같은 그런 마음이 든다. 영국 근대의 염세시인 아서 휴 클러프Arthur Hugh Clough의 작품에 「여로의 사랑」이란 시가 있다. 역시 회의의 화신으로 일컬을 수 있는 사람의 마음을 노래한 작품으로, 주인공 클로드Claude란 자는 1848년 혁명이 일어났을 때 로마에 거주했던 청년이다. 혁명에 대해서도 자신의 의향을 정하는 것이 가능하지 않고, 몸은 로마에 거주하면서 자신이 과연 로마를 좋아할까 싫어할까 이를 의심하고, 묘령의 어떤 부인을 연모하면서 스스로 자신의 사랑을 의심한다. 종국에는 이 부인을 혼자서 타처에 보내고 말았고, 이 부인을 또 이번에는 찾지만 찾을 수가 없어서 망연자실한다. 이때 문득 일종의 신앙을 얻는다. 그래도 의연하게 그 신앙이 무엇인지를 말할 수 없다고, 이렇게 말하는 것처럼, 그는 모든 점에서 요령부득의 인간이다. 그런데 이 작품의 제언題言에는, "그는 모든 것을 의심하고, 사랑조차도 의심한다(Il doutait de tout, même de l'amour)"라는 말이 쓰여 있다. 이 문구는 단지 클로드만이 아니라, 근대 일반인들의 병적 경향을 극단적으로 표현한 것으로 보인다.

대체로 이러한 암흑의 근대적 정신이 가장 강하게 나타나서 작동한 것은 북유럽의 문예이다. 이것은 러시아, 폴란드 주변의 슬라브 민족에 본래 고유한 일종의 침울한 기질, 비수悲愁의 기분이 그 기초를 이루고 있을 뿐만 아니라, 또한 동시에 북유럽 일대의 기후와 풍토, 그런 기후와 풍토의 자연계 모두가 쓸쓸한 음울함으로 가득 차 있기 때문이다. 내리누르는 것 같은 회색의 공기나 얼음에 막힌 바다의 경치가 저절로 사람의 가슴에도 깊고 깊은 고통스러운 느낌을 주기 때문이다. 특히 북유럽의 사람들의 인생에 대한 태도는 엄숙하고 진지하다. 과거 로마의 바로Varro도 그들을 "슬픔의 철인哲人과 엄숙함의 사람들(Tristes philosophi et severi)"이라고 말한 것처럼, 그런 사람들의 경우 슬픔이 가득한 비애의 색을 띠는 것을 면하기 어렵다. 노르웨이의 입센이나 베룬손의 작품은 말할 필요도 없지만, 스웨덴 자연파의 시조로 불리는 아우구스트 스트린드베리Strindberg의 작품에서도, 심각한 이런 비애가 역시 지독히 어두운 그림자를 감돌게 한다. 사람의 마음 속 깊게 잠재되어 있는 비참함의 그림자를 현미경 아래에서 조명하는 것이, 이 작가의 특징이다. 그의 걸작에 〈아버지〉(영역 *The Father*)라는 제목의 비극이 있다. 주인공은 대단히 우울하고 신경질적인 사람으로, 원래는 기병사관이지만, 과학연구를 향한 마음을 늘 간직하고 있다. 그의 아내 로라Laura는 또한 대단히 심술궂고 제멋대로인 여자로, 가정에서 독무대의 주인공처럼 제 것인 양 거리낌 없이 행동하고, 남편을 미친 사람 취급하면서 괴롭힌다. 따라서 주인공은 평생 여성이란 존재를 전혀 믿지 못한다. 믿지 못하지만, 그는 어떤 때에는 딸의 교육에 관해서 부부싸움을 한다. 논쟁의 끝은 자신이 과연 자신의 딸의 아버지일까 아닐까 의심하게 된다. 여자에게는 분명히 자신이 직접 낳은 아이가 있지만, 남자는 자식이 자신의 자식일지 어떨지 의심스럽다고 생각한다. 또한 아내는 여러 가지로 이렇게 저렇게 남편을 농락하고, 마침내 남편을 미치게 만들어 버린다. 그는 자신이 육체적인 면의 아버지일지 의심스럽다고 말하고, 과거의 이러저러한 자료를 가지고 와서, 더욱더 그 의혹을 심화 한다. 그 끝은 마침내 고민으로 죽는 것이다. 진실로 의혹이 낳은 번민에 의한 죽음이다.

세 번째로는, 개인적이고 주아적 경향으로부터 당연히 발생한 것이라고 볼 수 있는 비애가 있다. 그것은 자아가 강하고, 의지나 정열이 치열한, 흔히, 자기를 주장하기 위해서 외부와의 충돌을 감행하는 그런 사람의 경우이다. 입센의 사회극에서 자주 보는 그러한 인물의 비애가 바로 그것이다.

예리하고 철저한 이지의 눈으로 보면, 현대 사회에는 많은 결함이 있고, 모순이 있다. 우리 자신은 아무리해도 순종하고 그것에 묵종하는 것이 가능하지 않다. 보고도 못 본 체하고, 냄새나는 것에 뚜껑을 덮고 넘기는 것은 가능하지 않다고 생각한다. 그런 까닭으로 자연히 그런 상황을 향해서 파괴적이고 반항적인 태도로 나가려고 한다. 모두 자신의 주위에 대해서 반감을 갖고, 열렬히 또 급격히 정면으로부터 이를 타파하려고 하는 전사의 태세가 된다. 그런데 세상을 태평하고 무사하게 보내려고 할 때에는, 설령 일시적 방편이나 낡은 인습이라도, 자신과 외부와의 사이에 시비是非가 있더라도, 양보나 타협을 할 필요가 있다. 즉 자아를 억지로 바꾸고 주위에 적합하게 하려고 하는 성질, 즉 생물학이라고 하는 분야의 자기 적응self-adaptability이 없으면 안 된다. 역으로 말하면, 이 순응성이라는 것은 사람이 자신과 외부 주위의 중재를 능란하게 잘 하는, 원활하고 평온하게 해나가고 싶다는 평화의 욕망으로부터 생겨난다. 비록 그렇게 되어도, 개인주의적, 분투奮鬪적 태도라는 것은 전적으로 정반대의 극단에 존재한다. 자아라는 것에 강하게 각성하고, 분명하게 각성한 근대인들에게는, 이 순응adaptation이 무엇보다 최고의 고통이다. 그들은 그러한 불철저한 복종적 태도에서 가장 뜨거운 불만을 느낀다. 자각적 생활과 순응적 생활, 주아적 경향과 몰아적 경향, 철저한 태도와 타협적 태도, 이러한 두 개의 경향들이 끊임없이 충돌하고 서로 모순되고 사람의 가슴을 괴롭힌다. 근대인은 철저하게 자신의 개성을 발휘하려고 하기 때문에, 자연히 주위의 인물이나 사건과 조화가 가능하지 않아서, 싸움이나 충돌이 끊이지 않는다. 그 싸움이 직접 바로 논쟁이나 행위가 되는 경우를 제외하고는, 개성을 발휘하면 할수록 그만큼 가슴속에 울적한 애처로움이 혹독할 정도로 가득 찬다. 마침내는 스스로 혼자서 고립의 적적함을 느끼고, 아아 저토록 보잘 것 없고 재미없구나 하고 생각한다. 따라서 개성이 강하고 자각이 예리한 사람의 경우는 이 비통의 마음이 더욱더 치열해지게 되는 법이다. 마찬가지로 비관염세라고 말하는 것도, 단지 인생의 무상을 원망하고 한탄하고 흩어져 날리는 꽃을 지그시 보고 생자필멸 회자상리會者常離를 탄식하는 그러한 옛 시인과 철학자의 비관염세와는 이미 그 근거에서 전혀 다른 것이라는 점을 주의하지 않으면 안 된다. 강한 개성의 자각을 이룬 자의 경우에는, 자유로운 개인적 생활과 구속력이 있는 사회적 생활과의 조화가 곤란하다. 그 두 가지는 끊임없이 가슴속에서 싸우고 고민의 터를 만든다. 이를 독일의 하우프트만Hauptmann의 희곡에서 예를 들자면, 〈쓸쓸한 사람들Einsame Menschen〉의 요하네스 포케라트Johannes Vokkerat는 처음에 “나는 나 자신에 대해서 어떤 의무를 갖고 있다(Du kannst doch nicht leugnen, dass ich gewisse Verpflichtungen gegen mich selber habe).”하고 말했지만, 마침내 한편으로는 자신의 처자나 어머니에 대한 가정생활과, 다른 한편으로는 정신적인 연인인 안나Anna와의 관계가 양립할 수 없기 때문에, 물에 몸을 던져 자살하고 마는 비극을 연기한다. 그것도 결국은 개인생활과 가정생활 두 가지의 충돌에서 온 파멸이다. 또 동일한 작가의 〈침종沈鐘 Die Versunkene Glocke〉에 대해서 말하면, 산상 생활은 자유와 연애와 예술의 천지天地이다. 산기슭의 생활은 기독교적인 인습적 구속의 세계로, 그곳에는 주인공 하인리히Heinrich의 처도 있고 자식도 있다. 그는 산상山上과 산기슭과의 생활 사이에서 방황하고, 조화될 수 없는 이 두 세계 사이에서 고민하고, 그 결과 최후의 파멸을 맞이한다. 이 작품들은 모두 근대인의 마음의 일면을 과장해서 쓴 작품들이지만, 사실 어느 정도는, 이런 충돌은 강한 개인적 자각을 갖고 있는 요즘 사람들 마음에는 누구에게나 모두 있을 것이다. 깨끗하게 한쪽을 부정하고 단념해버리는 것이 가능하지 않고, 역시 이중의 생활을 계속 해나갈 수밖에 없기 때문에 말할 수 없는 아픔이 사람들 마음속에 숨어 있게 된다.

이것이 다시 일보를 전진한다면, 끝내는 요하네스나 하인리히처럼, 자기 자신의 파멸을 맞이할 수밖에 없다.

또 앞서 말했던 것과 유사한 것으로, 현실의 압박과 개인주의와의 충돌에서 기인한 비애가 있다. 전에 물질적, 기계적 인생관의 항목에서 말했던 것처럼, 근대과학은 자연계의 법칙의 엄밀함으로 불가항력이 어떤 것인지를 가르쳐주었다. 불가항력이란 것은 인간의 자유의지로는 도저히 움직일 수 없는 결정적인 것이라고 과학은 명시한다. 따라서 개성은 이 자연력에 대해서 아마도 맹목적 복종을 할 수밖에 없을 것이라고 설명한다. 이와 동시에 또 한편으로는 근대의 문질문명의 진보가 재촉한 생존경쟁의 치열함 때문에 생활의 압박이 특히 심하다. 이것 때문에 개성의 자유는 완전히 속박당하고, 개인의 행복은 심하게 제한된다. 비근한 이야기로 우선 아무리 원대한 이상을 포함한 고매한 인물이라도, 먹지 않고 마시지 않고서는 아마 손도 발도 움직일 수 없을 것이다—여느 세상이라서 괜찮을 것 같지만, 인정이 메말라서 살기 어려운 세상 속에서는 이런 느낌이 특히 간절하다. 이와 같은 모든 주위의 강렬한 압박으로 인해 개인주의의 자아 해방적 사상 역시 막다른 골목에서 막혀버리는 것은 당연하다. 개인 자신이 스스로 변하게 하려고 해도 변하지 않는 고통스러운 번민은, 바로 이 모순으로부터 생긴다. 자신의 힘으로 좌우하는 것이 가능한 것은, 어떻게 해도 좋은 그러한 보잘 것 없는 것일 경우뿐이다. 누구나 이 인생의 고통을 근본적으로 벗어나서 자신의 자유를 얻고 싶지만 얻을 수가 없다. 근대인들은, 마지못해 하는 것이지만, 역시 현상에 만족하고, 자신을 이 사회제도나 가족생활의 희생으로 삼고, 자연의 결정적 법칙 앞에서 무릎을 꿇고 고개를 힘없이 떨어뜨리고, 침묵하지 않으면 안 되는 것을 한심스럽게 생각한다. 특히, 근대인에게는 명민한 이지의 눈이 있는데, 이 눈은 차갑게 또 조용하게 자기를 반성하고 관조할 뿐인 그런 눈이다. 그래서 그들은 자신들이 외부로부터 강력한 압박을 받아 몸을 움직일 수 없는, 흡사 옥중의 사람처럼 삶을 보내는 것에 괴로워하면서도, 그와 동시에 어떻게 생각해도 기개가 없는 그런 마음을 딱하게 생각한다. 생각건대, 근대의 과학과 물질적 진보는 한 면으로는 인간으로 하여금 그 주아적인 개성을 치열하게 의식하게 만들었지만, 그와 동시에 다른 면에서는 또한 이와 같은 속박과 제한을 극히 통절하게 느끼게 만들었다. 결국 인간을 일종의 딜레마에 빠트리는 셈이고, 이 딜레마, 이 모순 속에야말로, 근대 비애의 말할 수 없는 애처로움이 존재한다. 근대문명은 이 점에 있어서, 마치 과거의 신화에 나오는 탄탈루스Tantalus[5]의 이야기처럼, 한쪽으로는 개인의 욕망을 불러일으키면서, 다른 쪽으로는 그 만족을 제한하고 인간을 감질나게 만든다고 볼 수 있다. 네 번째로는, 동일한 개인주의로부터 온 비애라도, 세상을 벗어나고 사람을 피하려고 하는 가냘픈 태도를 갖고 있고, 게다가 신경이 예민한 시인적 성정을 갖고 있는 사람의 경우에는, 또한 자연히 다른 색조의 성향을 띤다. 이는 스스로 자신이 비참할 정도로 힘이 없는 것을 자각하고 체념하는 사람의 애수이다. 바로 전의 것을 적극적인 개인주의의 경우라고 한다면, 이런 사람은 확실히 소극적인 경우이다.

앞서 서술한 것처럼, 근대의 인생관의 이면에는 일종의 숙명론이 있다. 고대 그리스의 연극에서 나타나는 운명처럼, 불가항력의 일대 세력이 자연과 인생을 지배하고 폭위暴威를 휘두른다. 인간이 아무리 초조하고 시끄럽게 떠들어도, 결국은 우리 인간이 도망칠 수가 없는 궁극적인 것이 있기 때문에 아무 소용이 없다. 쇼펜하우어의 말처럼, 세계는 하나의 커다란 맹목적 의지의 발현이고, 이에 대해서 안달해 보았자, 그것은 헛된 일이고, 결국 개별적 사물의 자멸을 초래하는 것에 지나지 않는다는 것이다. 결국은 현재의 생활을 위해 노력할 마음도 없게 되고, 푸념조차도 말하지 않게 된다. 발랄한 생기가 없으면, 흥미도 없게 된다. 속되게 흔히 기운이 없어졌다고 말하는 식의, 견디기 힘든 침울한 기분, 즉 참으로 의기소침despondency한 마음이 되어 버린다.

---

5) (역주) Zeus의 아들로 신들의 비밀을 누설해서 물을 마실 수 없는 벌을 받았다.

마치 짐승이 고통이 너무 심해지게 되면 혼자서 어두운 굴에 숨어 들어가 버리는 것처럼, 인간이라는 철학적 동물bête philosophique도 또한 적막하고 어두운 고독의 장소에서 은둔하려고 한다. 생활 때문에 명리의 거리에서 분주하게 돌아다니는 것 등은 정말 바보 같은, 보잘 것 없는 일일 뿐이라고 생각한다. 그 결과 인간 자신은 완전히 고립되고, 시인이 소위 '아름답고 차가운 대리석 같은 비애'라고 말하는 천지天地에 숨는다. 어떤 사람은 혼자서 비애를 마치 자신의 음식물처럼 여겨서 매일 매일을 어둡게 보낸다. 타인의 일을 물론 상관하는 것은 있을 수 없는 일이다. 그는 이미 태어났기 때문에 어쩔 수 없이 타성에 젖어 하는 수 없다는 식의 덧없는 무의미한 생을 계속해 갈 뿐이다. 다른 사람들 또한 더욱 자신을 포기하게 되고 끊임없이 주색에서 육체의 환락을 추구한다. 순간의 인위적인 작은 자극에 의해서도 이 고통을 잊으려고 하는 퇴폐적decadent인 생활 즉 그런 생활이기 때문에 어제도 아무래도 좋고, 내일도 상관없고, 다만 '지금'이라고 하는 찰나에 살고, 순간의 향락을 탐하고, 자기 혼자만의 아무 목적이나 이상도 없기 때문에, 그날그날을 보낼 수밖에 없다고 느낀다. 이 데카당스 생활에 관해서는 뒤에 다시 설명할 기회가 있을 것이다.

또 다른 쪽에서 생각해 보면, 다음과 같은 경우도 있다. 즉 타고난 시적 정신l'âme poétique이 풍부한 사람은 근대의 특성을 함유한 문명을 창조해낸, 이 삭막한 건조무미의 공리적 생활을 견딜 수가 없고, 이에 대해 끊임없이 불만을 갖는다. 그런 까닭으로 그는 자연스럽게 현대생활을 더럽게 여겨 피하거나 도피하려고 한다. 세상은 아무래도 좋고, 자신이란 한 개체만은 별천지에서, 적막한 시적 아름다움의 고향에서 -소위 '상아의 탑' 속에서 혼자서 은둔하며 현대생활을 잊으려고 한다. 그는 페인트칠한 집이나 매연에 오염된 공장으로부터 얼굴을 돌리려고 한다. 그러나 일부러 보려고 하지 않으면, 더더욱 그 추악한 것들이 눈에 띄고 고통은 한층 더 심해진다. 시인 스윈번Swinburne이나 르콩트 드릴Leconte de Lisle처럼 고대 그리스의 아름다운 과거를 연모하는 사람이 있다면, 로세티Rossetti처럼 남유럽 중세의 예술을 감탄하는 사람도 있다. 후에 설명하게 될 탐미파Aestheten처럼, 추오醜汚한 물질생활에 반항하고, 무리해서 인공적으로라도, 아름다움의 자극이 주는 달콤함과 환락을 탐하려고 초조해하고, 자신의 예리한 감수성을 통해서 특히 아름다움의 세계를 창조하고 건설하려는 일파도 있다. 종교계에서의 중세 로마교의 부흥을 주장하는 옥스퍼드 운동[6]과 같은 운동이 일어났던 것도, 그것들은 모두, 요약하자면, 근대의 대세로부터 도피하거나, 혹은 이에 반항하려는 일종의 분투이다. 그러나 그 누구도 지금 눈앞에서 펼쳐지는 현대생활을 절대적으로 초월하는 것은 도저히 불가능하고, 이와 교섭하지 않는 것도 가능하지 않다. 고대를 연모하고, 아름다운 과거를 생각하면 생각할수록 현대의 추악醜惡은 대조적으로 더욱더 분명하게 보인다. 근대에 대한 불만은 더욱더 심해지고, 비애는 거듭 더한층 그 깊이를 더한다. 소위 무의식적이라고 생각하는 것이야말로 저절로 생각되는 것으로, 일부러 피하기 위해 은둔하려고 해도, 또한 말할 수 없는 참담한 고통이 수반될 것이다.

근대의 비애를 해부하고 그 하나하나의 경우를 전부 또 철저하게exhaustive 설명하는 일은 이제 나의 힘으로는 아무래도 벅차다. 다만 앞에서 대략 서술한 것과 같은 여러 마음들이 어지럽게 얽힌 상태로 서로 교류했을 때, 그런 마음속에 일종의 암담한 정조mood 혹은 기분Stimmung이 형성됐다고 보면 큰 차이가 없이 맞을 것이라고 생각한다.

최근 문예의 이면에 잠복해 있는 이러한 비애는, 본디 뜨거운 눈물을 흘리고 천지에 소리 높여 운다고 하는 그런 장렬한 비애는 아니다. 깊은 침통의 색을 띠는 고독의 적막함이다. 납과 같은 그러한 무거움으로, 마음을 누르고 마음에 붙어 있는 번민이다. 한 방울의 눈물조차 나오지 않게 하고, 일찍이 가슴을 쥐어뜯게 만드는 생각에 시름이 더욱더 깊어지게 하고, 그 생각에 더욱더 예리하게 사로잡히게 만드는, 그런 종류의

6) (역주) 19세기에 영국성공회의 신교 경향을 반대하고 '가톨릭', 즉 로마 가톨릭교의 사상과 전례의식을 새롭게 하기 위해 옥스퍼드대학교를 중심으로 일어난 운동.

어두운 애수이다. 눈물도 흐르지 않고, 탄식의 소리도 내지 못할 만큼, 그 만큼 오뇌가 가슴속 깊이 가득 차 울적하고, 정체되어 있는데, 그런 것이 일종의 말할 수 없는 애수가 되는 것이다. 활동하는 것이 내키지 않게 된 사람이 때때로 드러내는 저 미약한 탄식의 밑바닥에서야말로 엄청나게 많은 슬픈 생각이 저절로 얼굴에 떠오르게 된다.

물론 여느 세상에서도 이런 비애를 느끼는 사람은 있었다. 고대 로마의 타키투스Tacitus가 '인생의 권염倦厭 tedium vitae'을 말하고, 옛 성인 성聖 크리소스토모스Chrysostom가 '무기력ἀθυμια'을 말했다. 또는 12세기경에 신비의 문이 견고하게 잠긴 수도원의 깊은 곳으로부터 나타난 '우울'의 소리도 모두 이런 종류의 비애에 지나지 않았다. 오지 그 유래에 있어서, 그 원인에 있어서, 근대의 비애가 이상에서 서술한 그러한 특별한 성질을 갖추고 있는 점에 주의하지 않으면 안 된다.

제3강의 첫 부분에서, 나는 '세기의 고질'이라는 것을 서술했다. 즉 근대 유럽의 시대병인 염세 비관의 풍조는 19세기의 전반과 그 이후에는 분위기를 달리한다는 설說이었다. 즉 전에는 낭만적이고, 감정적이고, 상상적 독단적이었던 염세관이, 자연과학, 물질문명의 발흥 이후에는 전대 풍조의 다음을 승계하는데, 그 결과 자연주의적이 되고, 이지적이 되고 또 현실적인 염세관으로 변하고, 여기에 한층 또 그 심각함과 통절함의 도를 더했다. 이제 약간 이해하기 쉽게 말하면, 낭만적 시대의 염세관은 단지 막연히 넓은 의미의 인생문제에 논의의 뿌리를 내린 시인적, 철학적 인생관이지만, 후자는 즉 지금 눈앞에 육박해 오는 생활문제나, 현現 사회제도의 결함과 도덕 문제 등에 대해 근본적으로 고통스러운 불만족을 표시한다. 입센의 희곡을 위시해서, 근대 유럽 대륙의 다른 지역의 문학에서 타나난 염세관이 바로 그것이다. 그리고 또 이 차이는 그와 동시에, 근대 영문학에서 나타나는 염세관과 대륙문학의 염세관과의 차이라고 볼 수 있다. 이 점에 대해서 바로 지금 이 자리에서 처음부터 한마디 해 두고자 한다. 영국문학은 근대에도 역시 항상 낭만주의의 흐름만을 추구한 것은 아닐까 하는 생각이

든다. 한동안 전 유럽을 풍미한 자연주의적 풍조도 영국에서만은 큰 힘을 발휘하지 못했다. 염세랄까 비관이랄까 하는 언어를 아무런 까닭 없이 듣는 것조차 심하게 싫어하는 근대 영국에서도, 다소의 예외는 있지만, 이제 한층 더, 대륙의 낭만적 시대의 염세관이 극히 일부분의 영국문학에 염세관을 일부분 채색하게 되었다. 예를 들어, 우선 소설 쪽에서 가장 유명한 토마스 하디Thomas Hardy의 작품을 보면, 그 묘사의 양식에 대륙 자연파의 그것과 과연 서로 유사하게 통하는 부분이 있는지 없는지 그와는 상관없이, 그 근저가 되고 있는 인생관에서는 오직 쇼펜하우어의 철학에 영향을 받은 극히 시가적인 염세사상이 보인다. 『테스Tess』이든 『주드Jude』이든, 그의 걸작으로 불리는 작품은, 대저 모두 아름다운 경치나 소박한 전원생활을 배경으로 하고, 그곳에 인생의 비참함을 그대로 그리기 시작한다. 직접 현대생활을 저주하고, 준열함을 극대화해서 앞이 보이지 않는 입센의 막다른 비관적 경향에 비하면, 하디는 온화함과 여유가 훨씬 더 많이 있다. 러시아 작가 가르신Garshin[7]의 단편, 투르게네프, 고리키, 도스토예프스키 등의 소설에 나타나는 그러한 염세관과 비교하면 하디의 작품에는 훨씬 많은 공상, 독단, 감정의 분자가 들어있다.

또 시가 쪽에서 말한다면, 전에 거론한 클러프Claugh 외에 제임스 톰슨James Thomson과 같은 시인이 있다. 이 시인은 '영국의 포Poe'로 말해질 정도로 색다른 모습의 시인이고, 그의 걸작 「무서운 밤의 도시The City of Dreadful Night」는, 근대 영문학에서의 염세사상에 관해서 말한다면, 누구라도 문득 바로 이 작품의 제목이 떠오를 정도의 명작이다. 제목의 의미는, 시 안에 있는 언어로 말한다면, "이 도시는 멀리 세상을 격隔한 별천지로, 세 방향은 무서운 커다란 황야로 되어 있고 나머지 한 쪽은 암흑인 대해인데, 배도 다닐 수 없고, 그곳에서 거주하는 것을 싫어해

7) (역주) 가르신(1855~1888)은 1870년대의 시대적 고뇌를 예민한 감수성으로 표현하였다. 그는 러시아·터키 전쟁에 지원병으로 출정했고, 그 체험을 바탕으로 무의미하고 비참한 전쟁을 고발한 「4일간」(1877) 등의 단편을 썼다.

도 탈출할 길도 없다. 탈출하는 것을 바란다면, 홀로 자살하는 것뿐이 없고, 따라서 몸이 어째서 이곳에 있는 것도 모르고, 이곳에 온 까닭도 이해되지 않고"라고 말하는 것처럼, 마치 태양의 광명을 우러러보지 않는 영원한 어둠의 고향, 이것이야말로 바로 현세라고 말하는 것이다.

My brother, my poor brothers, it is thus:
This life itself holds nothing good for us;
But it ends soon and never more can be;
And we know nothing of it ere our birth,
And shall know nothing when consigned to earth,
I ponder these thoughts and they comfort me.

"인생이란 것이 필경 무슨 소용이었던가, 곧 사라지고 또 존재하는 것도 없게 되고, 생전에 하등 아는 것 없고, 사후의 몸은 누런 진흙에 맡겨지고, 또 아는 것이 없다." 이렇게 말하는 한 구절만 보아도, 그 염세관이 어떻게 공상적, 감정적으로 완전히 낭만적 시대가 남긴 소리에 지나지 않는다는 점을 이해할 수 있을 것이다. 또한 그 외에 Spasmodic[8]파(경련파로도 번역하려는가, 기묘한 이름이다. 원래 토마스 칼라일 Carlyle이 바이런을 평하는 데에 사용한 말을 빌려와서, 시인 에이토운Aytoun이 조롱하듯이 이 일파의 신경과민 상태의 흥분을 풍자한 이름이다) 시인의 작품에서도, 회의와 염세의 슬픈 정조는 자주 나타나고 있지만, 이런 정조들은 어차피 모두 역시 이전의 낭만적 시대의 바이런 혹은 하이네, 쇼펜하우어 등의 영향으로부터 바로 온 것일 뿐으로, 유럽대륙 북부의 작가들이 현대 사회의 생활 그 자체에 대한 직접적 불만이나 고통을 절규한 것 같은 그러한 현실적 통절함은 아니었다.

1850년 무렵 자연과학의 유물론이 발흥한 시대에는 영문학이라고

8) (역주) 경련 혹은 발작이란 의미.

해도 물론 그 영향을 받고, 두드러진 변조變調가 나타난 것은 사실이다. 하지만 그것은 주로 시문이 종교적 내용이나 철학적 내용에 근접할 때, 그러한 변조 문제가 직접 문예에 나타나게 되었다고 말할 수 있을 뿐이다. 테니슨의 『인 메모리엄In Memoriam』과 브라우닝의 『강탄제 전야Christmas Eve』 라고 하는 두 작품이 이 시대의 대표적 작품인데, 그 내용을 이루는 평온한 신앙이나 강건한 낙천관이 아무래도 영문학의 본류가 된다. 바로 앞서 말한 염세 시인 등은 오히려 이단의 무리로서 음지에 존재하는 사람으로 취급된다. 그리고 그 이단인 경우조차도, 전술한 바대로, 유럽대륙 문학에서 보는 그러한 통렬한 내용의 문학은 아니기 때문에, 근대에서의 영국만은, 유럽 일반의 문예사조와 상당히 그 취지를 달리하고, 동떨어진 관점을 보여준다. 물론 몰沒교섭이라고 하는 것은 아니지만.

그런데 이 염세 비애를 까닭 없이 괜히 싫어하는 영국과는 정반대의 극단으로 진행된 문학이 러시아 문학이다. 원래가 러시아인은 모두 현실적이고, 사회의 실상이랄까, 현재 생활 문제와 인생문제랄까 하는 방면에 시종 집중적으로 주의를 기울이는 경향이 있다. 마찬가지로 문학에서도 유희적 분자가 많은 것은 중요하게 여기지 않고, 문학이 실제 문제와 직접 접촉하지 않는다면 용서하지 않는 분위기이다. 뿐만 아니라 이 나라는 건국 이래 유럽 문명국 중에서는 비교적 일천한 신참자로, 서구 제국에 비하여 역사적 전통의 힘이 크게 약하다. 따라서 격렬한 파괴주의를 아무렇지 않게 생각한다. 허무주의nihilism사상이 크게 세력을 얻고 있다. 그와 동시에 또 다른 쪽에서는 유명한 전제 정치의 특성이 있는 나라이다 보니 국내에서는 불평이 끊이지 않고, 여러 종류의 혁명 운동이 자주 발생한다. 혁명운동을 가지각색의 문명의 이기, 강대한 상비군의 힘으로 억지로 누르려고 하기 때문에, 자연스럽게 비통한 절규가 문학 등에서 새어나오기 시작한다. 실제로 염세, 비관은 아마도 이 나라 사람의 고유한 특성이 아닐까 할 정도의 생각이 드는데, 이런 점은 러시아인, 즉 슬라브족이 이전부터 전해오는 민요,

옛이야기, 속담 등이 분명하게 증명한다. 베어링Baring과 더불어 영국의 러시아 통으로 일컬어지는 에밀 조셉 딜론 박사Dr. Emile Joseph Dillon(고리키 전기의 저자)가 이렇게 말하고 있다. 러시아인으로부터 그 고통을 완전히 걷어내려고 하는 것은, 우리 생활에서 필수품을 탈취해 버리는 것과 마찬가지이다. 그들을 지옥으로부터 구조해서 내보내면, 그들은 일부러 부정적인 지상으로 가서, 경우에 따라서는 설사 그 지상이 극락이라고 해도, 한 번 더 자신의 기분에 빠져서 그러한 지옥을 마련하려고 할 것이다. 이렇게 고뇌나 절망으로부터 배워서 완전히 이해한 일종의 묘미를, 그들은 혁명에 따라서 더욱더 심하게 실천하고 있다(1910년 9월 분 영국평론 소재 논문).

이야기가 뜻밖에도 기로에 들어섰지만, 유럽 각국의 근대문학은, 국가에 따라 혹은 지리적 관계에 따라서 색조의 차이가 있다는 점을 후에 다시 서술하려고 한다.

2. 사상계의 이면 흐름

자연파 문학의 배경 - 막다른 골목에 다다른 암흑의 사상계 - 단눈치오[9]의 시집부터 - 플로베르의 말 - 인심(人心)의 소극적 , 부정적 태도 - 끊임없는 불안 동요 - 체스터턴[10]의 냉매(冷罵)

이상에서 기술한 다양한 모습으로 가득 찬 혼돈의 사상계와, 깊은 침울의 정조의 한 가운데에서 태어나기 시작한 문학이 바로 자연주의

9) (역주) Gabriele D'Annunzio, 1863~1938, 이탈리아의 시인 겸 소설가이자 극작가로 데카당스 문학의 대표자. 장편소설 『죽음의 승리』(1894)는 『쾌락』, 『죄 없는 사람』(1892)과 함께 3부작을 이루어 그 스스로 〈장미의 로망스〉라는 제목을 달았다. 19세기에서 20세기에 걸쳐 큰 영향을 끼쳤다.

10) (역주) Chesterton, 1874~1936, 영국의 소설가 겸 평론가. 가톨릭 신부 브라운을 주인공으로 한 백여 편의 탐정 소설이 있다.

문학이었다. 물질문명과 자연과학의 진보에 기초를 둔 암흑의 세계관과 인생관이 항상 자연주의 문학의 배후를 가로지르고 있었다. 회의와 불안, 염세와 비애, 유물론, 결정론, 개인주의, 권위파괴 등 모든 이런 것들이 자연파 문예의 근저를 이루는 경향이었다.

유럽 근대인들의 이 참담한 내면생활의 모습은, 비유해서 말하면, 가야만 하는 길이 있다고 생각하고, 이상理想의 그림자를 추구하면서 용감하게 왔는데, 문득 막다른 골목에서 길이 막힌 그런 사람의 모습이다. 앞으로 나아가려고 해도 이미 전도前途는 희망이 없다. 그렇다고 해서 과거의 모든 것을 부정하고 파괴한 이상, 이제 와서 후퇴를 하려고 해도 가능하지 않다. 이처럼 괴롭고 곤란한 처지에 빠져서 유럽의 근대인들은 고민하고 동요한 것이다. 이를 근세 문명의 연원인 문예부흥시대의 인심人心과 비교해서 고찰하면, 어떤 방식으로 보아도 두 가지 사이에는 대조가 두드러진다. 중세의 완고한 형식과 속박으로부터 탈출하고, 이로부터 사람들이 새로운 문명의 자유로운 생활에 접어들었다고 하는 저 15~16세기 시대에는, 전도에 양양한 희망이 있고, 인심에는 마치 천공天空 쾌활快闊이라고 말할만한 그런 분위기가 있었다. 마치 옥중에 있던 사람이 청천백일의 그날에 밖으로 나오는 것처럼, 새로운 발명이나 발견으로 세계의 범위가 급히 확대되어 버리는 상황에서, 바로 그러한 마음이 이런 확대된 세계를 만든 것이다. 근대인의 마음은 정확히 이것의 정반대이다. 앞서 정신적으로 쌓아올린 종교나 도덕도 모두 다 현실생활의 앞에서는 아무런 힘도 발휘할 수 없는 무nothing인 점을 깨닫고, 자연계의 기계적 법칙만이 홀로 움직일 수 없는 불가항력을 갖고 있는 점을 깨달았다. 이상이라고 하는 것도 필경 환영幻影이고, 허위이다. 다만 어물어물 넘기는 식의 불철저한 생활을 보내는 범속함 때문에 필요한 허위였고("Ideale sind Lügen, freilich für den Durchschnittsmenschen notwendige Lügen" -Otto Haranack) 정확히 그것은 일종의 유혹bait, 그러한 것으로, 거짓말이라고 알면서도, 사람은 이에 매혹을 느꼈다고 착각하면서, 매일 매일을 보내는 비참한 상태라고, 지금도 이러한 식으로만 생각하기에 이르렀던 것이다.

단눈치오의 시집에 이러한 소곡小曲이 있는데, 나는 영역으로 읽었다.

At times exhausted by the pains austere
Of long night-labours with success uncrowned,
I lean my head upon my books, and hear
The sea that bellows through the night profound;
And in the northern wind a sudden fear
Destroys each fairest dream my heart has found,
When all my sweetest visions disappear,
And doubt and cold and the void have hemmed me around:
Then think I often of a great ship lost,
With shattered keel, in the whirlwind's storm and stress,
Alone 'twixt sea and heaven, from land afar:
I think of the shipwrecked men that, tempest-tossed,
Helpless and hopeless in their last distress,
Despairing cling to the last remaining spar.

[대의] 밤늦게까지 일을 하지만, 그럼에도 결국 아무런 소득도 없이, 자신은 그 혹독한 노동에 피곤해서 책 위에 머리를 힘없이 떨어뜨리고 있으면, 깊은 어두움을 관통하는 바다의 으르렁거리는 소리가 들린다. 사납게 휘몰아치는 북풍에, 갑작스럽게 다가온 공포는 자신이 지금까지 가슴에 품고 있는 여러 가지 아름다운 꿈을 파괴했다. 그 때, 모든 달콤한 비전은 사라지고, 의심과 차가움과 공허가 나를 감싸 안아 버린다. 이러한 때, 자신은 자주 큰 난파선의 일을 생각한다. 용골은 부서지고, 거칠고 거친 대폭풍의 한가운데, 하늘과 바다 사이에서 오로지 혼자서, 육지에서 멀리 떨어진 난파선의 일을 생각한다. 선원들은 바람에 이리저리 흔들리고 단말마의 괴로움에, 도움도 없이 희망도 없이, 절망은 하면서도 여전히 최후까지 남은 활대에

매달리고 있다.

동일한 작품의 두 번째 노래는 더욱더 끔찍하다.

Again! again! on the remaining mast
Like a living bunch of fruit on the tempest swayed,
The shipwrecked men upon the whirlwind cast
Utter their desperate cries and shout for aid.
In vain! in vain! The black hull sinks at last,
A horrid bier, by vain hopes undelayed,
Deep in the roaring waves where, dense and vast,
A bank of sea-weed lurks in the silent shade.
The cuttlefish shall watch with hungry eyes,
With horrible eyes, with yellowish eyes and grim,
That tragic agony of life that dies;
Then, in a play of shadows strange and dim
Entwined around men's bodies serpent-wise,
Long tentacles shall seize each human limb.

–*Canto Novo*, iii. 15.

[대의] 또 남아 있는 돛대 위에서, 마치 한 송이의 나무 열매가 바람에 흔들리는 것처럼, 난파선의 선원들은, 사납게 휘몰아치는 광풍에 절망의 절규를 내지르고 도움을 청하지만 마침내 아무 보람도 없이, 검은 선체는 침몰해 간다. 선체는, 너무나 끔찍한 영구차처럼, 헛된 희망임에도 만류할 수 없고, 으르렁거리는 커다란 파도 속에서 깊게 빠져버린다. 그곳에는 무성한 해초가 가득히 조용한 어둠을 이루고 숨어 있다. 오징어는 그 배고픈, 끔찍하게 무서운, 노란빛의 눈을 크게 뜨고 단말마의 이런 비통함을 응시하고 있다. 바로, 암담한 망령의 무리 가운데에서, 긴 촉각은 흡사 뱀처럼 시체를 둘러

싸고, 그 수족을 단단하게 휘감는 것이다.

번민과 오뇌의 끝은 마침내 사상 면에서 볼 때 절망적, 소극적 태도가 된다. 모든 것을 부정하려고 하는 허무주의자nihilist나 데카당스야말로, 이 멸락滅落의 깊은 곳에 빠져 스러지는 난파선의 참담한 최후에 비교해 마땅한 것이리라.

플로베르가 조르주 상드에게 보낸 편지 속에서, "전멸과 고통의 느낌을 누르고 죽음과 같은 슬픔을 기억한다."라고 말하거나, "구舊신앙을 중시하는 오늘날에서는 불가능한 일인 줄 알지만, 신新신앙을 세우는 것도 또한 어렵고, 모든 것의 기반이 되어야 마땅한 하나의 사상을 구하려고 하지만, 나는 결국 얻는 것이 없다네."라고 말했던 것은, 이상도 없고 신앙도 없음에 마음이 불편한 이 근대적 천재가 가슴 깊은 곳으로부터 쥐어짜기 시작한 비탄의 소리를 표현한 것이었다(메레지코우스키Merejkowski 저, 『플로베르론』, 영역 26항, 27항에서).

이러한 자연주의적 사상의 시대에는 인심이 끊이지 않고 동요하기 때문에 편안함을 거의 얻지 못하고, 모든 태도가 적극적이지 못하고 소극적으로, 긍정적이 아니라 부정적으로 기운다. 처음에 이지理知에 호소하고 의심하는 동안은 그래도 좋지만, 그것이 결국 감정상의 회의가 되어 버리는 것은 거의 어쩔 수가 없는 일이다. 이제 오로지 파괴하고 부정해 버리지만, 마침내는 회의론 그 자체 내부에서조차 심한 모순이 속출하는 모습이 되고 만다. 이렇게 되는 것도 결국은, 새로운 시대의 요구에 응하고 민심을 잘 통일하고 민심을 이끌어나가기에 충분한 대大사상이 없기 때문에 생기는 일이지만, 또 다른 한 면에서 생각해보면, 근대의 인심에는, 지금까지 여러 차례 서술한 그러한 이유로, 아마 그 무엇을 제시해도 만족이 가능하지 않다는 극단적인 일면이 있다. 톨스토이 백작의 경우에서도, 니체의 경우에서도, 그 주장이 원래부터 파괴적이라는 점에서는 서로 다르지 않지만, 그와 동시에 또 다른 일면에서는, 이들 사상가들은 어디까지나 인생을 긍정하고bejahen,

그 위에 미래의 문화적 존재로서의 인간Kulturmensch의 이상을 쌓아올린다. 그럼에도 역시 근대인들은 그렇게 말하는 것에서도 만족을 얻지 못한다. 그들은 끊임없이 새로운 무엇인가를 구하면서도, 실은 그 무엇도 구하려 하지 않는 것은 아닐까 하는 그런 느낌을 준다. 갈망하지만 번민은 없고 번민을 위한 번민이 있을 뿐이다. 불안이라고 말하면서, 그 불안에 머무는 것조차도 가능하지 않다. 마치 식도락이라는 사치를 부리는 사람처럼, 끊임없이 무엇인가 맛있는 것을 내놓으라고 보채면서 음식을 구한다. 그래서 신기한 진미를 내기만 하면, 곧 달려들어 조금이라도 맛을 보지만 모두 마음에 들어 하는 것은 아니다. 뭐든지 모두 보잘 것 없다고 말하면서 버릇없이 굴거나 음식을 낭비만 한다고 말하는 풍조가 있다.

오늘날의 영국 문단에는, 소장 기예의 논객으로서, 또 비꼬기를 잘하는 유명한 경구가로서 독서계의 이목을 놀라게 하고 있는 체스터턴이라는 비평가가 있다. 이 사람은 근대사조에 맹렬하게 반항하는 사람으로, 그 저서 안에는 「이단Heretics」이라는 제목의 논집 한 권이 있다. 이 논집에서 그는 쇼Shaw, 키플링Kipling, 휘슬러Whistler, 입센 등을 논하고, 이 논의를 통해 근대문예와 그 배경인 근대 사조를 매도해 버린다. 서론의 최후 부분에 우의寓意 이야기가 하나 있는데, 회의적인 암흑의 근대사상계를 풍자한 이야기이다. 조금은 흥미롭다고 생각되기 때문에 여기에 번역하여 둔다.

"Suppose that a great commotion arises in the street about something, let us say a lamp-post, which many influential persons desire to pull down. A grey-clod monk, who is the spirit of the Middle Ages, is approached upon the matter, and begins to say, in the arid manner of the Schoolmen, 'Let us first of all consider, my brethren, the value of Light. If light be in itself good-'At this point he is somewhat excusably knocked down. All the people make a rush for the lamp-post, the lamp-post is down in ten minutes, and they go about congratulating each other on their unmediaeval practicality. But as things go on they do not work out so easily. Some people have pulled the lamp-post down because they wanted the electric light: some because they wanted the old iron: some because they wanted darkness, because their deeds were evil. Some thought it was not enough of a lamp-post, some too much: some acted because they wanted to smash municipal machinery: some because they wanted to smash something. And there is war in the night, no man knowing whom he strikes. So, gradually and inevitably, to-day, to-morrow, or the next day, there comes back the conviction that the monk was right after all, and that all depends on what is the philosophy of Light. Only what we might have discussed under the gas-lamp, we now must discuss in the dark."

어떤 것에 관해 큰 소동이 길에서 일어난다고, 말하자면 유력가가 가로등 기둥을 뽑아버리려고 한다고 상상해보아라. 그곳에 쥐색의 옷을 입은 수사(修士)가 -그는 중세의 영(靈)이다- 홀로 다가와서 중세철학과 거의 동일한 그런 격식 차린 말투로 '제군, 우선 제일 먼저 빛이라고 하는 것의 가치를 생각해볼까요. 만약 빛이 그 자체로 좋은 것이라면……'라고 말하기 시작한다. 이 때 떠들어대던 수도사가 갑자기 쓰러지고 말았다. 그리고 모든 사람들이 갑자기 가로등 기둥으로 몰려왔고, 10분 후에 간신히 그 가로등 기둥을 쓰러뜨린다. 그들은 그 일이 중세적이 아니라 실용적이라서 좋다고 말하고 서로에게 축하한다. 그러나 일이 진행됨에 따라 그들은 문제를 그렇게 용이하게 해결하지는 못한다. 우선, 가로등을 넘어뜨린 이유, 어떤 자는 전등을 욕망하기에, 어떤 자는 고철을 욕망하기에, 어떤 자는 자신이 악한 일을 하는 것을 위해서 어둠을 욕망하기에 가로등을 쓰러뜨린 것이다. 어떤 이가 가로등만으로 부족하다고 말한다면, 어떤 이는 그것으로 아주 충분하다고 말한다. 어떤 자는 시의 물건들을 파괴하려고 작정하고 그렇게 했고, 무엇이라도 좋으니까 파괴하고 싶어서 가로등을 파괴한 자도 있다. 그리고 밤중에 싸움이 시작되면, 어둠 속에서 일어나는 일이라 누가 누구를 때리는 지도 모른다. 그래서 점차 그리고 필연적으로, 오늘, 내일, 혹은 그 다음 날, 그런 일들을 다시 생각하니, 어찌되었던 결국 그 수사가 말한 것이 옳았다는 확신이 다시 든다. 어떤 일이라도 모두 빛의 철학에 의지하고 있다는 확신이 다시 든다. 와사등 아래에서 의논할 수 있던 것을, 지금은 이런 어둠 속에서 의논하지 않으면 안 된다, 고 그렇게 마침내 모두가 생각한다.

체스터턴이 여기에서 말하는 중세는, 사람이 모두 신앙과 이상의 빛을 우러르던 시대이다. 그 빛을 이렇게 꺼버리고, 일부러 혼돈에 빠진 암흑의 사상계를 만들기 시작한 것이 근대인들이다. 즉 그 사람들이야말로 있는 와사등을 일부러 때려 부수고 스스로 만든 어둠 속에서 스스로 헤매는 '이단'의 무리라고 체스터턴은 갈파하는 것이다.

3. 근대사조와 문예

내부생활의 고통과 육적 욕망 - 퇴폐적 경향 - 비수(悲愁)를 어물어물 넘기기 위한 육적 환락 - 상징파 시인 - 데카당스의 명칭 - 인공적 자극 - 자극이란 관점에서 바라본 두 개의 분류 - 냉정한 방관자의 태도 - 빈정거리는 냉소 - 플로베르의 예 - 그 냉혹한 순수의 예술적 태도 - 최근 사조의 변화 - 신(新)심리주의 - 스티븐슨의 글

과거의 역사도 관습도 법칙도, 그러한 것을 모두 부정하여 버린 나머지, 남은 것은 이제 다만 자기라고 하는 개인뿐이다. 이것을 제외하고 확실한 것은 없다고 생각하여 버린다. 즉 자기생존의 욕구, 그것을 제외하고 다른 것은 모두 다 환영에 지나지 않는다고 믿고, 진리라고 하는 것도 결국에는 영원항구의 성질인 것은 아니라고 믿는다. 오직 우리들의 현실생활에 이익이 되는 것 이외에는 그 어떤 것도 대단치 않다고 생각한다. 자신의 정신적 생활의 고독이라고 하는 것을 통절하

게 느낄 때의 외로움, 이것이 개인주의의 고뇌이다.

이것은 내면생활의 관점에서 하는 이야기이지만, 또한 사람들의 물질적 생활의 방면에서 말하면, 근대사회의 뜨거운 생존경쟁의 결과로서, 사람들은 모두 자기 눈앞의 생활에 쫓겨서 고원한 철학적 사색에 빠질 수 있는 여유가 없다. 자연히 물질적, 육체적 욕망만이 성하게 되고, 오직 그 방면에서만 자아의 만족을 주장하는 본능과 성욕의 한쪽으로 치우친 개인주의자가 생긴다. 또 내가 앞에서 신경과민과 자극과의 문제를 설명하면서, 근대인은 마치 감옥에서 생활을 하는 자가 육감의 자극을 탐하는 것과 같은 모양이라고 말했다. 그런 관점에서 보면, 이 성욕의, 육체적 욕망이 또 한층 더 심하게 흥분되고 있는 이유를 알 수 있다.

한쪽으로는 심적 생활의 고통과 다른 쪽으로는 육적 생활의 욕망, 이 두 가지의 소인이 서로 모아져 생겨난 것이 소위 데카당스의 무리이다.

모든 예리한 것은 위험하고, 앞서 제2강에서 말한 그러한 신경과민한 근대인의 감수성은, 면도날 같은 예리함만으로도, 대단히 위험하고, 부러지기 쉬운 것이다. 고달픔과 피로가 극에 달하고, 자칫하면 좌절하고 자포자기自暴自棄하는 모습의, 자기를 버리는 경향이 있게 된다. 또 다시 노력하고 목적이나 이상을 향하여 용왕勇往 맹진猛進할 수 없지만, 소위 퇴폐적인, 아무래도 상관없고 좋다고 말하는, 그런 기분에 빠지고 만다. 즉 사람들과 함께, 또 사물 속에서 살아가는 것의 권태l'ennui de vivre avec les gens et dans les choses를 견딜 수 없게 된다. 그렇다면 과거 속세를 떠난 은자처럼, 혼자서 산속으로 도망가서 숨거나, 매슈 아널드의 시에 있는 것처럼, 전원과 자연의 고상한 즐거움으로 인계人界의 고환苦患을 잊으려고 하는 것은 그들에게는 전혀 가능한 일이 아니다. 그러한 일을 하기에는 근대인의 인생에 대한 집착이 너무나 강하다. 괴롭다고 한탄하면서도, 그 괴로운 생활을 스스로 탈출할 수 없을 정도로, 그들은 인간생활에 마음이 강하게 이끌리기 때문에 깨끗하게 단념하는 것이 가능하지 않다. 뭐랄까 이렇게 죽어도 죽을 수 없고, 도망가도 도망갈 수 없는, 그렇게 괴롭고 곤란한 처지에 빠진 것이 바로 데카당이다. 보잘 것 없다고 생각하면서도, 오히려 현재의 삶에 집착하며 살아가는 것에 그들의 말할 수 없는 깊은 비수悲愁가 존재한다(본서 제4강의 첫 번째 글 「근대의 비애」 참조).

마치 옥중의 사람이 느끼는 것처럼 이 비애와 권태를 잊기 위해서, 그들 중 혹자는 육욕의 환락, 관능의 자극을 탐하는 것이다. 가슴 속의 고통을, 가령, 잠깐이라도 잊기 위해서, 고통을 어물어물 넘기려고 하거나 여자나 알코올에서 부자연스럽고 인위적인 자극을 구하는 것이다. 높은 이상도 혹은 현세의 명리도, 두 가지 모두 다 덧없는 환영에 지나지 않는다고 여기는 그들은, 겨우 눈앞 찰나의 육체적 생활에서 본능의 만족을 얻으려고 한다. 하루아침에 자각해서, 정말로 자신의 존재가 힘이 없고 가치가 없다는 점을 깨달은 후에도, 결국은 이 자포자기의 태도가 되고, 오로지 다만 신경에 강렬한 자극을 주어, 최소한의 기분전환을 하게 된다. 병적이고 불건전하다고 조소당하는 데카당의 생활은 이 점에서 일종의 특별한 가치를 갖고 있다. 단지 술과 고기의 번화한 거리에서 향락을 꿈꾸어보는 간단한 탕아의 생활과는, 설령 그 외관에서 서로 유사하다고 해도, 근본적 가치에서 서로 다름이 있다. 환락의 술에 취한 그들의 가슴 속 깊은 곳에는 깨어있는 사람의 깊은 슬픔이 잠복해 있고, 어두운 슬픔이 항상 환락의 저류undercurrent를 이루고 있다. 옛날 이태백이 술로 가슴 속의 불평을 잊으려고 해서,

> 抽刀斷水水更流 擧杯銷愁更愁
>
> 칼을 빼어 물을 잘라도 물은 다시 흐르네, 잔을 들어 시름을 녹여도 다시 시름이구나

라고 노래 불렀던 것처럼, 술과 여자로 우수를 잊으려고 하는 자는,

오히려 우수를 더욱더 깊어지게 만들 뿐이다. 고민은 다시 고민을 만들고, 그 사람의 생활은 매일 더욱더 황폐하고 쇠퇴하여 갈 뿐이다. 1880년 무렵부터 파리 시내 라탱 지구Quartier Latin의 카페에 모여들어 밤새 통음하고 우수의 노래를 불렀던 일군의 상징파 시인들이 아마 가장 대표적인 자들일 것이다. 설령 환락을 탐한다고 하더라도, 그들은 결코, 꽃으로 가득 찬 봄의 들판 속 경치를 보며 자신을 잊고 취하는 사람들은 아니고, 오히려 가을 낙엽의 조락의 미에 가슴을 아파하는, 쓸쓸한 가을생각에 젖는 사람들이다. 피에르 로티Pierre Loti의 말로 하면, 환락의 궁전 깊숙이, 그곳에 엄숙한 이면의 애수가 잠복해 있다는 것을 잊지 않은 사람들이다.

문예상의 유파를 보여주는 모든 명칭을 보면, 당시 비평가 등이 자주 조매嘲罵의 의미로 이용한 언어가 그대로 적용되고 있는 명칭이 많다. 근대의 문예에서 말하는 인상파랄까 데카당이랄까 하는 명칭은 모두 이 예에 속한다. 문화가 찬란했던 로마가 전성기를 지나서 결국 그 말기에 이른 무렵, 문명난숙시대의 상례로서, 로마에는 사상계의 이면 흐름이 나타나고, 고아전려古雅典麗의 고전 예술은 퇴조하고, 험기유초險奇幽峭의 취향이 일세에 미만瀰漫하고, 사람은 이상을 떠나서 현실에 집착하고, 회의와 고민의 소리가 도처에서 들리던 시대가 있었다. 역사가는 이를 칭하여 라틴 쇠퇴기Decadence latine라고 부른다. 그래서 근대 보수주의의 평자는 이 로마 말기의 병적 경향에 붙여진 명칭을 빌려와서, 19세기말 이후 문단에 소란스럽게 나타난 이면의 흐름을 조소하는 데 이용했다. 그것이 기원이 되어 오늘날 사용하는 그런 통용어가 되었다. 지금 이 말이 의미하는 내용은 심할 정도로 다종다양하고, 또 복잡함이 극에 달하고 있지만, 그 본래의 의미를 말한다면, '문명의 온갖 악덕을 갖추어 놓아, 그리하여 야만의 온갖 아름다운 습속을 소유할 수 없는 시대'라는 의미로 사용되었다. 오로지 관능의 자극을 탐하고 만족하는 것을 모르고, 사회적 생활의 인습을 파괴하고 방종放縱불기不羈하는 개인주의적, 초인적 생활을 보내는 자에게 이 이름이 사용되었다. 방렬芳烈한 압생트의 강렬한 향기에 취해 파리의 밤을 헤매는 상징파 시인들 중 출중한 시인 폴 베를렌은 실로 이 데카당의 영광스러운 칭호를 짊어졌던 제일의 인물이다.

결국은 보잘 것 없고 재미없다고 체념하면서도, 역시 보잘 것 없다고 하는 생활 그 자체에 집착하고, 겨우 육감의 자극을 이 생활에서 구하고, 그것으로 생존의 의식을 얻고자 한다. 알기 쉽게 말하면, 관능의 자극이라도 구하지 못한다면, 자기 자신이 살아있는 기분이 들지 않는다고 말하는 것이, 데카당의 특징이다. 혹자가 말하는 것처럼, 그들은 마치 배도 고프지 않은데 밥을 먹고, 괴로운 액즙이나 고통스러운 초근목피를 찾아다니며 살아가는 사람들 같다. 이들은 끝없이 부자연스러운 인공적 자극을 예민한 신경에 허용하고, 찰나의 향락에 그날그날을 보내려고 하는 사람들이다. 옛날 사람이 즐거워했던 시취詩趣를 봄의 들판에 비유한다면, 이 데카당의 정취는 확실히 온실에서 핀 꽃의 정취와 유사하다고 할 것이다. 이들은 열기로 가득 차 푹푹 찌는, 그렇게 독으로 가득 찬 순純기교적 별천지에 몸을 두고 인공적인 공기에서 살아가려고 하는 자들이다(제2강의 '자극'편 참조).

그런데 이 육감의 자극을 탐한다고 하는 관점에서 근대문예를 관찰하면, 자연히 곧 다른 모습의 두 가지 종류가 있는 것을 알 수 있다. 즉 하나는 추악한 범속의 생활에 등을 돌리고, 일부러 아름다운 시적인 예술적 별천지를 만들고, 그곳에서 자극에 대한 욕구를 만족하려고 하는 것, 환언하면, 기교적이고 인공적인 공기에서 살려고 하는, 탐미파 혹은 신비한 상징의 일파가 있다. 또 이와 다르게 고의로 현재의 평범한 생활 속의 그 추악한 일면을 폭로하고, 인간이 원시시대로부터 전해오고 있는 야성을 다 드러내기 시작하고, 그러한 곳에서 강한 자극을 찾기 시작하려고 하는 일파, 즉 자연파와 같은 일파가 있다.

사조와 문예와의 관계에서 보면, 근대의 예술가에게는 특별히 더욱 주의해야만 하는 중요한 특징이 있다. 즉 그것은 일부 작가의 냉정한 방관적 태도인데, 이 점에 대하여 한마디 해 두고자 한다.

원래 모든 애정이랄까 동정이랄까 하는 것은, 필경 개성의 적막함을 타파하고, 자신과 외부세계와의 사이에 따듯함을 보존하려고 하는 것이다. 그런데 근대에서처럼 극단적인 개인주의자가 되면, 자연 그러한 동정이나 애정이라는 것은 없기 때문에, 스스로 특히 고립되고 홀로 냉혹하게 세상을 본다. 세상이 아무리 시끄러워도 자신만은 그러한 주위의 누구에게도 마음이 끌리지 않고, 오히려 조용히 그것을 해부하고 비평하려고 하는 태도가 된다. 두 번째로 또한 예리한 이지의 눈으로 사물을 보는 사람은, 설령 한때 열정을 느끼는 일이 있어도, 곧바로 그 점을 깨닫는다. 깨닫고 냉정하게 된 그 순간에는, 웬일인지 모든 일이 다 보잘 것 없이 보일 수도 있다. 마침내는 스스로 그 자체를 반성하기조차 하고, 정말로 바보처럼 생각하고 정나미가 떨어지게 된다. 일체의 모든 일을 철저하게 생각해 보면, 뭐든지 모두 어리석은 광언狂言이라도 되는 것처럼, 그 무엇에 어떤 흥미도 일어나지 않는다면, 감동도 없다. 완전히 냉정한, 얄미울 정도의 태연자약한 태도가 되어 버린다. 즉 이러한 방식으로, 한쪽으로는 인생을 형편없다고 보는 절망의 비애가 있고, 다른 쪽으로는 또 격렬하게 개성의 적막寂寞을 느낀 끝에, 마침내 자신만은 홀로 초연하게 세상을 냉담하고 객관적인 태도로 관찰하고, 소위 백안시하여 흘겨본다고 말하는 그런 식의 관점이 있다. 이는 흡사 연회 자리에서 다른 사람들은 모두 재미있다는 듯이 떠들고 있는데도, 자신은 홀로 잔도 들지 않고, 냉담하게 빈정거리는 표정의 눈으로 빤히 그 장면을 둘러보고 있는 그러한 것과 같다. 그런데 이러한 냉담한 방관자의 경우에는 결코 사물의 좋은 점은 보지 않고 대부분은 나쁜 점에만 주의한다. 아름다운 것은 보지 않고 추한 것만이 눈에 띄는 것이다. 자연히 빈정거리는 비웃음을 사람에게 퍼붓기도 하고, 말하지 않아도 좋은 것까지 말하고, 보통 사람이라면 추해서 뚜껑으로 덮어 둘만한 그런 추악한 일까지도, 끝까지 그것을 폭로하지 않으면 비위가 상해서 참지 못한다. 어떤 사람이 냉소적cynic이라고 하는 것은 올빼미처럼 암흑에서만 시력이 작동한다고 말하는 것과 같은 의미이다. 즉 근대문학-특히 자연파의 작가에서는 이 신랄bitter하고 아이러니ironical한 일종의 냉소주의cynicism가 현저하게 나타난다. 자연파 작가는 냉소적이고 빈정거리는 태도로 현실생활의 추악한 암흑면만을 폭로하려고 한다. 인간의 야수성野獸性이나 약점이나 혹은 사회조직의 결함 등, 모든 나쁜 것만을 완전히 드러낸다. 이들 자연파 작가에게는 통쾌하게 이를 냉소적으로 조롱하는 그러한 분위기가 있다. 타인과 어울리기 싫어하는 일종의, 인간 혐오misanthropisch의 태도와 인간 멸시Menschen-verachtung의 태도가 매우 현저한 특색으로 이들에게 나타난다. 모파상이나 체호프의 작품의 경우 누가 읽더라도 이 점을 눈치 챌 것이라고 생각한다. 혹은 아우구스트 스트린드베리가, 예의 염세적인 눈으로 여자를 보면서 매도하고, 자신의 작품 안에서 여성차별주의자misogynist의 특색을 많이 보여주는 것도 이 때문이다.

그러나 이런 태도를 보여주는 가장 적절한 예는, 우선 프랑스의 플로베르일 것이다. 그는 스스로 자신을 칭하길 인생의 방관자onlooker라고 말했다. 초연하게 세상 속의 속중bourgeois을 차갑게 바라보고, 그 생활을 조롱하는 것이 그의 마음가짐mental attitude이었다. 물론 그것은 결코 이 탐미파나 상징파 사람들처럼 정서적인 것은 아니고, 즉 시적인 예술적 입장에서, 이 무취미하고 속악한 세상에 염증을 느껴서 떠나고, 이에 반항하려는 것이라고 말하는 것은 아니다. 플로베르를 위시한 자연주의 작가들은 완전히 냉철한 이지의 눈으로 사실을 분석하고 해부한 끝에, 세상이 정말로 허위로 가득 찬 시시한 것이라고 생각하게 되고, 그와 동시에 현실생활을 싫어하게 되고, 모든 주변의 것에 대하여 냉담하게 되어 버린 것이다. 작품 속에서 필력을 다해서 인생의 추악함을 묘사하기 시작한 것도, 좋아서 하는 것은 아니라, 필경 이를 너무나 심하게 싫어해서 그런 것이다. 그가 소설 『보바리 부인』에 대해서, 어떤 사람에게 보낸 편지의 문구에 이런 것이 있다. 나는 영어로 읽었던 까닭에 그것을 이곳에 중역하여 인용한다.

> 내가 현실을 사랑하고 있다고 사람들은 생각하고 있지만, 실제로는 현실을 크게 싫어한다. 이 책을 쓰게 된 것도, 필경 그 증오의 생각에서 하게 된 것이다. (중략) 이곳에서 묘사한 추악한 사실은 자네에게도 혐오스러운 느낌을 불러일으키겠지만, 나에게도 구토를 일으킨다. 자네에게 만약 나를 한층 더 잘 알게 한다면, 내가 일상생활을 싫어하는 것이 정말 심하다는 것을 알게 될 것이다. 내 자신은 늘, 가능한 한, 멀리 실제생활을 떠나 있으려고 한다.

또 그가 정말 자신의 주위에 대해서, 늘 냉혹한 예술가의 태도를 지녔을까 의문이 들 수도 있지만, 러시아의 메레슈코프스키[11]가 쓴 평론을 보면 그런 점이 흥미롭게 드러난다. 플로베르는 예루살렘에서 체류했던 시절, 어느 날, 나병환자가 모여 있는 시외의 아주 습한 지역을 가서 보았다. 그가 그곳으로 다가서니, 지금까지 무리를 이루고 있던 까마귀나 매가 급히 날아오르고, 환자는 남자며 여자며 가릴 것 없이 모두 우물쭈물 한 곳에 모였는데, 죽은 사람처럼 하얀 색을 띤 몸이 모두 아주 심하게 썩고 가고 있었다. 코 주변 등은 구멍이 생겨 검게 보인다. 팔 끝에서 뭐랄까 검푸른 물건이 흔들흔들 거리기 때문에 누더기 조각일까, 생각하고 잘 보니, 그것은 손이었다. 그런데 그는 이러한 무참한 광경을 대단히 냉철하게 관찰하고, 그 인상기를 친구에게 써서 보냈다. 이것이 소설이 된다면, 무리해서 특별히 객관적인 필법을 사용하고 있다고 말할 수도 있지만, 보통 친구에게 써서 보내는 편지에서조차, 동정, 애련의 문구 등을 문중에서 하나라도 찾아볼 수 없을 정도였다. 그는 또 여동생의 묘지에 갔던 그때의 심정을 쓰면서, "자신은 묘석처럼 차가웠고, 단지 몹시 따분한 느낌이 들었다"라고 말했다. 특히 또한 모든 일에 걸쳐서 암흑의 일면만이 늘 그의 눈에 뜨인다고 말하는 냉혹 무정의 태도는, 그 자신의 거짓 없는 고백에 비추어

11) (역주) 러시아의 작가·비평가(1865~1941). 러시아 상징주의의 선구자가 되었다. 혁명 후, 반공주의자가 되어 1919년 파리로 망명, 그곳에서 생을 마감하였다.

볼 때, 분명하다. 즉 그는 이렇게 말했다. "나는 늘 사물의 반대만을 본다. 아이를 보면 노년에 관한 생각이 바로 나의 마음에 떠오른다. 요람을 보면 묘역을 생각한다. 아내를 보고 있어도 뭐랄까 스스로 아내의 해골을 보고 있는 그러한 기분이 드는 것은 어쩔 수 없다. 행복을 보면 내 자신은 슬프게 생각하고, 슬픈 것을 보면 무관심하게 되어버리는 것은 완전히 그 때문이다." 모든 이러한 것은 작가의 성정이 그렇게 만든 것이라고 말하기도 하고, 또 어두운 시대사조가 만들어내기 시작한 절망적 인생관이 초래한 것이라고 말하기도 한다.

이상은 자연파 문학의 배경을 이루고 있는 사조계의 이면 흐름, 회의적이고 부정적인 태도, 혹은 내면생활의 고민에 대해서 그 개요를 서술한 것이다. 그러나 소위 만물은 모두 변하고omnes mutantur, 유전하고, 멈추지 않는 시대의 사조는 언제까지나 그러한 소극적, 순純파괴적인 경향에는 안주하지 않는다. 최근 2~30년 이래, 유럽의 사상계에는 과학 만능의 유물주의의 꿈은 깨지고, 새로운 노력으로 새로운 이상을 구하려고 하는 경향이 나타났다. 일찍이 파괴적인 면destructive side만이 있던 사람들의 마음속에는, 새로운 건설적인 면constructive side이 만들어지기에 이르렀다. 침체적인 성격의 절대적인 회의는 변해서 진취적인 상대적 회의가 되고, 과거의 온갖 인습을 타파한 부분에, 새로운 생활의 기초를 잡으려는 열의가 나타났다. 자연주의적 유물관의 근원에 한때 빠져서 정체상태였던 사상계가 그런 상태에 안주하여 더 이상 침체하지 않고, 다시 깊게, 다시 높게 전진하려고 다른 쪽으로 활로를 개척하고 획득하려는 모습이 나타났다. 오래된 옷을 벗고, 발가벗은 모습이 되어 지상에 나타난 거인이, 지금 다시 하늘의 한 구석을 바라보고 일대一大의 웅비를 시도하려는 모습이다. 염세 비애의 어두운 그림자가 점차 사라지고 사람들은 다시 새로운 사상의 광명을 기대하면서 향상정진의 용기를 스스로 북돋는다. 이상은 결국 실현되지 않을지도 모르고, 노력은 끝내 허무한 노역으로 끝날지도 모르지만, 그래도 그런 점에 굴복하지 않고, 끝까지 향상정진하려고 하는 씩씩하고 용감한 태도야말로, 최근 사상의 진정한 모습이라고 생각한다.

그런데 이상의 내용을 지금 여기에서 상세히 서술하려는 의도는 아니었다. 후에 제8강 이하에서 다시 최근의 경향을 설명하려고 한다. 그 때 상세하게 서술하려고 한다. 지금은, 내가 일찍이 이름이 높았던 스티븐슨의 단편집 속에서 일절을 생각해 내어, 그것을 초록해서 이곳에 발문하여 둔다. 인간은 완전히 수요공급이라는 물질적 관계에 따라서만 움직여진다고 하는 유물사관은 단지 절반의 진리에 지나지 않는다. 사람의 생활은 그렇게 결정적이고 절망적인 것은 아니고, 역시 이상의 그림자를, 설령 그것이 허무한 그림자로 끝난다고 해도, 이상을 추구하여 나아간다고 하는 것이 이 글의 의미이다. 이곳에서 말하는 '영구永久의 도시'는 원래 로마를 지시하는 것은 아니고, 무엇보다 이상이라는 정도의 의미일 것이다.

We are told by men of science that all the ventures of mariners on the sea, all that counter-marching of tribes and races that confounds old history with its dust and rumour, sprung from nothing more abstruse than the laws of supply and demand, and a certain natural instinct for cheap rations. To any one thinking deeply, this will seem a dull and pitiful explanation. The tribes that came swarming out of the North and East, if they were indeed pressed onward from behind by others, were drawn at the same time by the magnetic influence of the South and West. The fame of other lands had reached them; the name of the eternal city rang in their ears; they were not colonists, but pilgrims; they traveled toward wine and gold and sunshine, but their hearts were set on something higher. That divine unrest, that old stinging trouble of humanity that makes all high achievements and all miserable failure, the same that spread wings with Icarus, the same that sent Columbus into the desolate Atlantic, inspired and supported those barbarians on their perilous march. There is one legend which profoundly represents their spirit, how a flying party of these wanderers encountered a very old man shod with iron. The old man asked them whither they were going; and they answered, with one voice: "To the Eternal City!" He looked upon them gravely. "I have sought it," he said, "over the most part of the world. Three such pairs as I now carry on my feet have I worn out upon this pilgrimage, and now the fourth is growing slender underneath my steps. And all this while I have not found the city. And he turned and went his own way alone, leaving them astonished.

과학자는 이렇게 말한다, 항해자의 모험이든, 또 고대사 상(上)에서 어수선하고 혼란스러운 인종과 민족의 이동이든, 모두 무엇인가로부터 일어난 것인가라고 말한다면, 그것은 단지 수요공급의 법칙, 즉 염가의 식물(食物)을 구하려는 자연의 본능, 우선 이런 것이 원인이 되어 발생하는 것에 지나지 않는다고 설명한다. 그런데, 과학자가 말하는 이러한 설명은, 조금이라도 깊게 사물을 생각하는 사람에게는 실로 보잘 것 없는 설명으로 보일 것이다. 예를 들어, 북쪽 및 동쪽에서 모여서 오는 종족은, 비록 외부의 다른 종족이 뒤쪽에서 자신들을 억지로 압박을 가해서 올 수도 있지만, 또한 동시에 남쪽 및 서쪽의 자력(磁力)에 이끌려서 올 수도 있다. 다른 나라의 명성이 그들에게 들려오고, 영구(永久)의 도시 이름이 그들의 귀에 들려온다. 그들은 이주자가 아니라, 편력을 하는 순례자이다. 그들은 술과 황금과 햇빛이 있는 곳을 찾아서 끝없이 여행을 한다. 하지만, 가슴은 언제나 더 높은 어떤 것을 갈망하고 있다. 저 신성한 불안의 마음, 모든 뛰어난 성공과 초라한 실패를 만들기 시작하는 저 낡고 참혹한 근심, 과거의 신화에서 말하는 이카로스로 하여금 날개에 타게 했던 그와 같은 마음, 또 콜럼버스로 하여금 황량한 대서양으로 배를 몰고 나가게 했던 그것과 완전히 동일한 것이, 이들 야만인들의 마음을 움직이고, 위험을 무릅쓰고 앞으로 나아가게 하는 것이다. 흥미로운 과거의 이야기가 하나 있는데, 그 이야기는 이러한 야만인들의 정신을 정말로 잘 대표한다. 즉 방랑자 한 무리가 길 위에서 어떤 노인을 만났는데, 노인은 쇠로 만든 구두를 신고 있었다. 노인은 어디로 가고 있는지 그들에게 물었다. 모두 한 목소리로 '영구의 도시로'라고 대답했다. 노인은 엄숙하게 그들을 바라보면서 이렇게 말했다. "나 자신도 그 도시를 찾았고 세계의 거의 모든 곳을 샅샅이 찾았소. 내가 지금 신고 있는 구두와 동일한 구두가 이미 3켤레나 닳아 없어졌지. 그래서 지금은 4번째 신은 신발이 벌써 닳아서 낡은 신발이 되었소. 그래도 영구의 도시를 나는 결국 보지를 못했지"라고. 이렇게 말한 노인은 발을 돌려서 혼자서 가버렸고 뒤에 남은 모든 사람들은 놀라서 멍하니 있었다.

4. 문예상의 남유럽과 북유럽 및 영국

두 가지 흐름의 대조 - 러스킨의 글 - 남유럽 민족과 북유럽 민족 - 입센의 <유령>으로부터 - 지중해 연안과 북유럽의 자연 - 북방적 기풍과 남방적 기풍의 비교 - 북유럽 인종의 원시적 야성 - 근대의 북방 문학이 중요한 위치를 차지하는 까닭 - 니체가 말하는 예술가의 두 가지 큰 유형 - 사상본위와 예술본위 - 슬라브 인종과 라틴 민족의 문학 - 이 차별의 물적 원인 - 사상으로 본 두 개의 분파

영국의 특성 - 북방 민족성과 남방 민족성의 조화 - 켈트 민족 - 섬나라(島國) 민족의 특색 - 남방 라틴의 취향과 북방 사상의 회류(會流) - 영문학과 남유럽 문학과의 관계 - 중용과 조화의 특색 - 근대의 영국과 중용주의 - 대륙의 근대사상과는 서로 전혀 용인하지 않음 - 그 예증으로는 바이런 - 라파엘전파(前派)의 모든 시인들 - 테니슨의 작품 - 근대 영문학의 염세사상 - 중용을 파괴하려고 하는 격렬한 사상 - 변태시대 - 영문학의 근황과 변태 조쇠기(凋衰期) - 켈트 인종으로부터 일어나려고 하는 새로운 기운 - 아일랜드의 새로운 파의 문학 - 영문학의 장래

"Now give us lands where the olives grow,"
Cried the North to the South,

"Where the sun with a golden mouth can blow
Blue bubbles of grapes down a vineyard-row!"
Cried the North to the South.

"Now give us men from the sunless plain,"
Cried the South to the North,
"By need of work in the snow and the rain,
Made strong and brave by familiar pain!"
Cried the South to the North.

"Yet oh, for the skies that are softer and higher!"
Sighed the North to the South;
"For the flowers that blaze, and the trees that aspire,
And the insects made of a song or a fire!"
Sighed the North to the South.
-Mrs. Browning, *The North to the South*

나는 본서의 처음에서, 유럽 각국의 근대문예에는 공통의 경향이 있고, 동일한 사조가 흐르고 있다고 말했다. 그것이 또 각국에 따라서, 민족에 따라서 자연히 색조를 달리 해서 나타난다는 점도 언급했다. 즉 문예의 근본적 경향이 설령 동일해도, 각국의 정서나 민족성, 혹은 지리적, 역사적 관계 등의 형편 때문에 각국의 문예가 여러 종류의 서로 다른 색조를 노정한다고 하는 점에 대해서, 다시 이곳에서 한마디 해두고자 한다.

잠시 영국을 따로 떼어놓고 유럽 대륙만을 놓고 보면, 여러 가지 점에서 유럽 대륙에는 서로 대조를 이룬 두 개의 분파가 명백하게 두드러진다. 어떻게 보아도 성질이 다르고, 방면을 달리 하는 두 개의 차이가 현저하게 눈에 띈다.

존 러스킨의 명저 『베니스의 돌The Stones of Venice』 제2권, 고딕 건축의 미를 논한 항목에 남유럽과 북유럽의 지리적 특색을 대조한 명문이 있다. 즉 산수山水의 형상은 말할 필요도 없고 금수초목의 분포에 이르기까지 유럽의 남국과 북국과의 사이에 존재하는 두드러진 구별을 설명한다. 지금 유럽 대륙의 문예를 개관하려고 하는 나 역시도 이 구별을 따르는 것이 편리하다고 생각한다. 또 다시 이를 인종 면에서 봐도, 북유럽 민족과 남유럽 민족 두 가지로 나누어 생각해도 결과는 동일할 것이다. 즉 전자를 대표하는 것에 튜턴 인종을 들고(휴스턴 스튜어트 체임벌린의 『19세기의 기초』에 실제로 스칸디나비아인, 켈트, 독일인, 슬라브족, 이들을 합쳐서 튜턴의 이름으로 대표하는 경우도 있다), 후자 즉 남유럽 민족의 주가 되는 것을 라틴계통의 인종이라고 보아도 그리 큰 지장이 있을 것이라고는 생각하지 않는다.

–이쪽 사람들은 모두, 노동을 저주라고, 죄업이라고 생각하고, 사람은 조만간 우수 속에서 죽을 수밖에 없다고 생각한다. 반면 저쪽 사람들은 생의 환락을 맛보고, 언제나 유쾌하고 행복하게 지내고 있다. 가스등도 전등도 햇빛도 모두 밝고, 사람들의 얼굴은 기쁨의 색으로 빛나고 있다. –입센의 희곡 〈유령〉에서 오스왈드Oswald는 파리의 생활을 생각하고, 북유럽의 음울함을 원망한다. 오스왈드가 이렇게 말한 것을 나는 기억하고 있다.

남쪽의 모든 나라, 특히 아름다운 지중해 연안은, 모든 풍경이 환하게 밝고, 기후도 온화하다. 하늘은 쾌청하고, 들도 산도 푸릇푸릇한 밝은 나라이다. 이에 반하여 북방의 노르웨이, 스웨덴, 러시아 주변은, 전체가 적료寂廖 음울하고 기온도 훨씬 낮다. 이들 나라는 안개가 심하고, 눈이나 얼음에 막힌 바다와 산의 전망이 모두 견디기 힘든 괴로운 회색의 공기에 휩싸인 어두운 나라들이다. 전자를 춘하의 느낌이라고 한다면 후자는 바로 추동의 느낌일 것이다. "봄이 오면 젊은이의 마음 저절로 사랑에 불타고"라고 시인이 노래하는 것처럼, 기온이 체온에 가까울 정도라 사람의 마음은 공상과 정열의 분일奔逸로 달리고, 자연히 낭만적 분자分子가 증가하는 것은 말할 필요도 없다. 북방의 어두운 나라에서는, 마치 가을부터 겨울에 걸친 우리의 마음상태처럼, 자연스럽게 이지理知 쪽이 뛰어나서, 사람들은 사색적, 명상적으로 되는 경향이 있다. 깊게 사물을 생각하면 생각할수록 사람은 사는 것이 싫어지는 법이라고 어떤 사람이 말했던 대로, 명상의 결과는 비애로도 되고 염세로도 되는 것이다. 어떤 사회학자는 남유럽에 살해자가 많고, 북유럽에 자살자가 많다고 말했지만, 이것을 전자는 자칫 감정에만 의지해서 달리고, 후자는 깊은 생각에 탐닉하는 경향을 보이는 것이라고 생각하는 것은 어떨까. 가령 남방은 이상적, 서정시적이라고 한다면, 북방은 현실적, 철학적이다. 남방은 급진적이고, 북방은 대체로 보수의 경향을 띤다. 어느 시대에도 신사상, 신운동의 대부분이 우선 남방에서 발생하는 것도 이것 때문일 것이다. 이런 모든 차이는 동일한 한 나라 안에서조차 나타난다. 예를 들어, 남독일과 북독일의 풍속과 인정의 경우, 처음 간 사람이 놀랄 정도로 그 차이가 현저하다고 한다. 이것은 또 특별히 서양에만 국한된 것도 아니고, 고래 중국의 북방문학과 남방문학을 비교해도, 혹은 우리 일본의 남부와 동북부지방의 인정의 다름을 생각해보아도, 모두 그런 점이 분명하게 인지된다.

이 차이는 대단히 현저하고, 근대문예의 경우에도 나타났다.

러스킨은, 북방에서 일어난 고딕 건축을 논하는 글에서, 고딕 건축의 가장 중요한 특색으로, 벽두의 제1장에서 야성savageness, 즉 야만성rudeness을 들었지만, 이 점은 근대문학을 논하는 자리에서도 또한 크게 주의해야할 점이다. 북방 특히 러시아의 슬라브 민족이 문명국의 하나가 된 것은 비교적 새로운 일로, 이태리의 경우처럼 문화발전 상에서 가장 장구한 역사를 가진 나라에 비하면 러시아는 훨씬 후배이고 신참이다. 따라서 역사나 전설의 권위가 약하고, 이를 파괴할 때도 비교적 용이하다. 뿐만 아니라 남유럽 사람의 고상하고 우아하고 아름다운 것에 비해서 북유럽인은, 러스킨의 말처럼, 어떻게 해도 야성을 띤 야만적인 면이 있다. 고아高雅 화려한 분위기는 없고, 강건함과 살벌함이 그 특색이고, 소위 점잖은 재담Attic salt 등은 거의 없다. 따라서 자연주의처럼 사상 상으로는 권위타파를 주장하고, 문예상으로는 기교 없이 적나라한 실상을 폭로하려는 경향이 성행하는 시대에서는, 이러한 원시적 야성을 상실하지 않는 민족성이야말로 실로 안성맞춤의 민족성이고, 시대의 추세에 대단히 적합한 이유가 되는 민족성이다. 과거의 길고 긴 몇 세기 동안, 심하게 야만의 상태에 있던 이들 슬라브 인종은, 지금 그 야성野性을 띤, 그대로 거짓이 없는, 순진하고 새롭고 싱싱한fresh 마음으로, 또 하등의 도덕이나 법칙에 사로잡히지 않는, 완전히 개방된 자유의 정신으로 소위 문명인의 생활의 진상眞相을 관찰하고 본 것을 있는 그대로 노골적으로 묘사하려고 한다. 게다가 또 근대인의 마음의 일면인 '세기의 질병', 즉 염세비애의 풍조도, 또한 자주 북유럽인 고유의 침울함과 서로 딱 맞아 떨어진다고 하는 이유도 앞에서 언급한 이유에 더해진다. 대체로 이러한 이유로, 후에 일어난 북방문학은, 근대에 이르러 갑자기 유럽문단에서 중요하게 되고, 전全 유럽의 시문에 그 영향과 감화를 널리 미치기에 이르렀다(본서 118~119쪽 참조).

일찍이 니체는 『비극의 발생Die Geburt der Tragödie』을 논하면서, 예술가를 아폴론적apollinische인 예술가와 디오니소스적dionysische인 예술가 두 가지로 나누고, 전자의 특색을 각성적인 냉정함이라고 한다면, 후자의 특색은 도취적인 열정이라고 했다. 전자에 속한 예술가는 고대 그리스의 미의 신, 태양의 신, 또 빛나는 광명의 신을 본떠서 명명된 것인 만큼, 그 특색은 진실과 미의 명철한 인식이다. 후자에 속한 예술가는 아름다움에 취하는 주관을 통해서 인생을 보는데, 고대 그리스의 주신 디오니소스야말로 이 예술가의 옹호자이고 장려자이다. 하나는 상상에서 뛰어나고 이성의 엄숙함을 상실하지 않는데 반해, 다른 하나는 어지러운 정서의 분일奔逸에 임하는 것, 객관적이라기보다는 주관적이라고 말하는 것이 온당할 것이다. 건축과 조소 등 모든 조형예술, 또 문학에 한정해서 말하면, 서사시와 같은 경우는 전자에 속하고, 음악이나 무용, 혹은 시가 중 서정시는 후자에 속한다. 이상은 니체의 유명한 설로 누구나 알고 있는 바와 같지만, 지금 내가 이곳에서 말하는 북유럽과 남유럽과의 비교에 적용해 본다면, 이런 점들과 동일한 점을 간단하게 말해 볼 수 있을 것이다. 즉 북방민족의 문학은 인생을 위한, 사상을 위한 예술이고, 또 각성한 자의 예술이다. 그 특색은 사색적 평정die betrachtende Ruhe이다. 이와 반대로 남방민족의 그것은 예술을 위한 예술, 취한 자의 예술의 분위기가 있다. 환희die Entzückung, 감격die Begeisterung, 심취die Trunkenheit des Geistes가 그 본질이다. 이 두 개의 경향은 결국, 사상 혹은 이지가 뛰어난 아폴론적 문학과 정서 본위의 디오니소스적 문학과의 대조에 지나지 않는다. 우선 북방문학의 이러한 특색은 근대문예에서 입센, 베룬손 등의 작품만을 보고도 곧바로 수긍할 수 있지만, 러시아에 이르러서는 그런 점이 특히 심해진다. 이 나라에서는 설령 순수한 예술적 입장에서 보았을 때 아무리 뛰어난 작품이라고 해도, 그것이 직접적으로 현재 사회의 문제를 중심으로 하거나, 현실의 세상을 묘사한 작품이 아니라면 그 가치를 전혀 인정하지 않는 풍조이고, 따라서 작가도 늘 오로지 그러한 점에 착안한다. 고故 톨스토이 백작의 경우는 인생의 한창 때 소설가적 태도를 버리고 순연한 일종의 사상가, 종교가로서 만년을 보냈다. 그래서 이전에 자신이 쓴 『안나 카레니나』나 『전쟁과 평화』 등의 명작조차 자기 자신 스스로 사실을 왜곡했기 때문에 나쁘다고 말하고 이 작품들을 폐기하려고 할 정도였다. 그런데 또 방향을 바꿔 이 경향을 남방 특히 이태리의 문학 등과 비교하면, 어떻게 될 것인가. 예를 들어 프랑스 외교관 보규 자작이 근대 라틴 민족성의 권화라고 격찬한 단눈치오 작품의 경우처럼, 열렬하고 분방한 태도 면에서, 혹은 풍려豐麗와 염미艶美가 최고조에 달한 필치 면에서, 그의 작품을 러시아와 같은 나라의 작품에 비하면 진실로 천양지차의 차이가 있지 않을까. 북방문학의 엄숙한 것에 비해서 단눈치오의 작품에는 유희적 분자가 많다고 폄하하는 사람도 있겠지만, 그것은 단지 일면을 관찰한 것에 지나지 않는다. 동일한 근대사상이라고 해도, 슬라브인종의 문학에서 보이는 것처럼 그런 점이 노골적으로 나타나지는 않고, 화려한 예술의 옷을 두껍게 걸친 곳에 라틴적 천재의 특색이 존재한다. 단눈치오가 자신의 소설 『생의 불꽃』(영역으로는 *The Flame of Life*)에서 보여준 그러한 눈부신 예술관은, 북방인의 경우 도저히 꿈속에서조차도 이르지 못하는 경지일 것이다.

예술상에서 나타난 이 차이도, 잘 생각해 보면, 그것은 전에 말한 지리적 특색이 역시 유력한 원인이 된다. 즉 북방의 차가운 안개가 자욱한 나라에서는, 눈에 보이는 모든 사물의 윤곽이 불명료하고, 색채의 변화가 부족하다. 희미한 색은 모두 다 같은 모습으로 음울한 회색이 되고, 아주 조금 붉은색인가 초록색인가 하는 그런 색이 눈에 반영될 뿐이다. 전체의 공기가 적료寂廖하고, 또 단조롭다. 당연히 사람이 감각적 방면에서는 둔하게 되고, 바깥으로 향한 마음의 움직임도 적고, 점점 내관적內觀的이, 반성적이 된다. 홀로 두문불출하여 정사靜思의 명상에 빠지려고 한다. 그리하여 철학적, 종교적 분자가 풍부하게 되는 것은 필연의 결과이다. 그리고 이를 말로 표현할 때에도, 소박하고 거칠고 세련되지 않은 언어를 사용하는 그런 식이다. 또 이와는 완전히 정반대로, 남유럽에서는 투명한 공기를 통해서 보는 사물의 윤곽이 선명하고 분명하다. 그런 점이 청신한 인상과 그리고 변화가 풍부한 인상을 계속 주기 때문에, 사람의 마음은 자연스럽게 빈번히 외부의 사물로 향해 움직이는데, 그것도 쉬지 않고 움직인다. 이런 식으로 감각적 방면에서 받는 자극이 풍부한 것 이외에도, 또 기온이 높고 육체의 활력도 왕성한 만큼 관능적 방면에서도 이들은 북방 사람들보다도 훨씬 예민하고, 훨씬 발달했다. 그 감각을 말로 표현할 때, 자연히 색채가 풍부하고 화려한 언어를 사용한다. 특히 인간은 육체가 상쾌할 때에는 반드시 다변이고, 또 언어가 유창하고 표정도 밝게 되는 것이 늘 있는 일이기 때문에, 자연히 이런 점이 문예상에 나타나서 바로 앞에서 언급한 그러한 구별을 만드는 것이다. 남유럽이라고 해도 정도가 다 동일한 것은 아니고, 특히 그중에 이태리의 문학에서 이 경향이 현저하다. 우선 과거의 단테에서 싹이 트고 페트라르카를 거쳐서 마침내 보카치오에서 꽃을 피웠다. 현대의 단눈치오의 경우도 이 계통으로부터 나온 것에 지나지 않는다.

나는 지금 만일 러스킨의 예를 모방하여, 유럽 대륙을 남북으로 나누어서 비교했지만, 또 사상계의 방면을 역사적 관점에서 말해도, 역시 그러한 이항적인 것의 대립이 동일하게 분명히 보인다고 생각한다. 즉 엄숙하고도 신앙적인, 또 영적인 기독교주의에 대하여, 정열적, 육감적인 이교주의의 대립으로 보아도 될 것이다. 혹은 헤브라이즘에 대한 희랍주의라고 말해도, 요컨대 유럽에 과거부터 색을 달리한, 이러한 두 개의 조류가 있는 것은 움직일 수 없는 사실이었다.

그런데 시선을 돌려 영국을 보면, 나폴레옹의 폭위로도 건너는 것이 정말 가능하지 않았던 저 좁은 영국 해협이, 단지 지리적으로 영국을 유럽의 다른 지역과 구별해주는 정도가 아니라, 사상적으로도 자연스럽게 영국을 유럽 대륙의 여러 나라들과 취향을 달리 하는 특색을 갖는 것을 가능하게 했다. 그리고 나는 그 유래를 앞에서 기술한 북방 민족성과 남방 민족성과의 융합과 조화로 돌리고 싶다. 유럽대륙에서 과거부터 대립하여 온 이 두 개의 조류가 함께 만나서 뒤얽힐 무렵에, 영국의 그런 특색이 생긴 것이라고 믿고 싶다.

이제 다시 호들갑스럽게 영국의 고대사로 소급해서 설명할 필요는 없지만, 원래가 이 앵글로색슨이라고 하는 인종은, 지금의 독일의 북방에서 나온 순수한 북유럽 민족이었고, 게다가 또 주트Jutes족이라는 이름의, 덴마크로부터 이주한 일파도 앵글로색슨에 더해졌다. 어느 곳이나 다 안개가 심하고 파도가 거친 북유럽 바다 위에서, 무자비한 자연과 싸우고, 강건하고 소박한 모험적 생활을 보낸 사람들이 튜턴 인종이다. 그들은 푸른 눈과 붉은 머리털을 한 건장한 체격의 늘름한 북방의 건아로, 그 옛날, 노략을 제멋대로 해 폭위를 떨치고 사방의 이웃들을 공포에 떨게 했던 북해의 해적이었다. 그러나 이 맹렬한 야성을 지닌 그들조차도 일면에는 역시 북유럽 민족을 관통하는 침통의 비애를 품고 있기 때문에, 지금도 그들의 고시古詩 중에 오늘날 남아있는 단편을 보면 운명이나 죽음에 대한 그들의 비애의 소리가 자연스럽게 흘러나온다. 이들은 철저하게 북유럽 민족의 특색을 대표한다.

그런데 영국인의 혈관을 흐르고 있는 것은 이 튜턴 민족의 계통과 서로 통하는 켈트 인종의 피다. 켈트인종은 튜턴 민족과 그 취향을 상당히 달리하는 시인적 소질을 갖고 있는 민족으로, 이 점은 후에 유럽 각국의 문학에 풍부한 문학적 재료를 공급한 저 아름다운 민요나 설화가 증명하는 대로이다. 앵글로색슨족이 영국에 밀려들어 오기 이전부터 이 섬에 거주한 브리턴Briton인은, 물론 순수한 켈트족의 일파이다. 뿐만 아니라, 11세기에 프랑스 쪽으로부터 와서 영국을 취한 노르만Norman인은, 원래 튜턴임에도 불구하고, 그 혈통에는 켈트족의 피가 아주 많이 섞여 있다. 그들은 남자답고 용감한 정신으로 가득 찬 민족이었다. 특히 그 경탄해 마땅한 문명 동화력으로 이들은, 빠르게 이미 오래전에 북유럽의 타고난 기질에서 탈출하여 풍려한 남유럽 고대의 문화를 흡수하고, 이를 영국에 가져왔다. 건축과 시문과 법제 모두 남유럽의 분위기를 영국에 전하고, 재래의 북유럽 야성을 띠고 있던 영국의 국정을 크게 변화시켜 버렸다. 대체로 이런 분위기에서, 브리튼인이든 노르만인이든 상관없이, 누구나 공상과 몽환의 고향을 동경하거나, 혹은 시적 아름다움의 환락에 심취하고 현실의 고뇌를 망각하려고 하는 남유럽의 기풍을 갖게 되었다. 영국에서의 이러한 인종혼합의 흔적은 초서Chaucer 이전의 중세 영어로 꼭 소급하여 가지 않고서도, 현재의 영·불·독의 언어를 비교하는 것만으로도 충분히 깨달을 수 있다.

매슈 아널드가 '켈트 문학 연구'의 강연에서도 기술한 것처럼, 켈트의 피가 흘러들어간 색슨 인종은 불후의 대시인을 배출했다. 차가운 이지와 뜨거운 감정과 소박한 북유럽 민족의 실제적 경향과 화사한 남유럽풍의 시인적 경향, 이 양자가 뒤섞여서 서로 융합하고 조화할 수 있는 것이야말로, 영국의 위대함에 대한 이유이다. 그리고 유럽 대륙의 다른 여러 나라에서 볼 수 없는 영국의 특징은 바로 그런 점에 존재한다. 하여튼 영국은 그 지리적 관계 때문에 잡다한 인종의 집단

이 되기 쉽다. 일본 등도 그 일례로 많은 동방인종이 혼합된 국가이다. 그런데 원래 다양한 혈통이 혼합되면, 적자생존과 자연도태의 법칙으로, 자연히 우량한 분자는 남고, 열등한 분자는 멸망해 간다. 그래서 그러한 혼성인종의 경우, 역시 문명의 동화력이 강하고, 외래사상에 잘 동화되고 발달을 크게 이룬다. 일본의 문명이 인도와 중국 전체의 동양사상을 잘 흡수할 수 있어서 뛰어났다고 한다면, 영국이 뛰어난 이유도 역시 마찬가지로 이 점에 있다고 생각할 수 있다.

영국 문학의 전성시대는 남유럽 특히 이태리 문학의 영향을 가장 크게 받았던 시대라고 어떤 사람은 말하지만, 이 말도 필경은 남쪽의 라틴의 정취와 북쪽의 튜턴의 사상이 서로 섞이고 중화되고, 그 바탕 위에서 뛰어난 문학을 생산한다는 의미일 것이다. 우선 초서 시대의 시가는 말할 것도 없고, 초서 이후의 시대인 엘리자베스 여왕 시대의 문학을 보아도, 그것은 완전히 문예 부흥기의 남유럽의 감화를 받아 육성된 문학이다. 서정 시인이나 극작가가 많이 배출된 것도 완전히 라틴 취향의 영향에 지나지 않는다. 스펜서의 『선녀 여왕Faerie Queene』과 같은 대작도, 만약 풍려한 남방 문학의 감화가 없다고 한다면, 나오지 못했을 것이다. 특히 또 셰익스피어와 같은 대시인에 대해서 말하자면, 그는 완전히 남북 유럽의 사상의 융화가 만들어 낸 천재의 가장 대표적인 경우일 것이다. 가령 『맥베스Macbeth』나 『햄릿』의 경우, 이 두 작품은 비창과 침통의 정취가 나타나는 순연한 북방 문학이라고 한다면, 『로미오와 줄리엣Romeo and Juliet』 혹은 『한여름 밤의 꿈Midsummer-Night's Dream』 등과 같은 작품에 나타나는 서정시풍은, 바로 남국적인 열정과 공상의 소산은 아닐까. 혹은 또 이 점을 비교적 새로운 시대와 관련해서 보아도, 19세기 초반의 낭만파 여러 시인의 열정의 외침도, 빅토리아조에 들어와서 미증유의 발달을 이룬 현상도 모두 다 남방 사상의 영향에 힘입은 바가 크다. 우선 근대의 대시인인 로세티[12]가 원래 이

12) (역주) 영국의 시인이자 화가(1828~1882)로 라파엘 전파(前派)의 중심인물이다. 신화·성서·문학 작품 등에서 주제를 선택해서 서정적 작품을 제작하였고, 만년에는 시작에 몰두

태리 혈통의 사람이기 때문에 그렇다는 점은 말할 필요도 없고, 브라우닝도 생애의 중요한 부분을 남유럽에서 보냈고, 그곳에서 시적 영감의 자양분을 얻은 사람이다. 스윈번에 이르러서는, 그 대단히 화려한 시풍이며 분방한 정열로 볼 때 어디까지나 라틴계의 천재이지만, 또한 다른 일면으로는 북방인 고유의 정한精悍의 기백과 웅장하고 강성한 분위기를 상실하지 않은 까닭에, 확실히 북방인 고유의 특색은 여전히 존재한다. 예를 들어 그가 작품에서 자주 해양의 아름다움을 노래하고 대부분 그 극치에 도달할 수 있었던 것도, 단지 아버지인 스윈번 제독의 감화에 따른 것만이 아니라, 먼 과거, 파도는 높고 바람이 거칠게 부는 북방의 바다에서 해적 생활을 보낸 선조 앵글로색슨의 과거 정신을 전하는 것과 관련이 있다고 할 수 있을 것이다. 북방적 기풍에 남방 서정 시인의 열의를 더한 그 지점에서 시작해서 근대 영국의 대시인 스윈번이 출현한 것이라고 나는 믿고 싶다.

영국 문학에 나타난 대부분의 사상적 특색, 예를 들어 가정家庭 취미, 경건한 종교심, 경묘한 골계 취미, 이런 모든 점을 나는 이 남북 사상의 융합에 의해 해석할 수 있다고 생각한다. 여성에 대한 열애가, 한편으로는, 엄숙한 종교 도덕과 합해져서, 바로 그 지점에서 영어 특유의 가정home이란 단어의 의미가 성립했을 것이다. 신에 대한 열렬한 신앙이 광적인 미신에 빠지지 않고, 냉정한 이지의 지배를 받는다는 점에 영국인의 종교심의 특색이 있다. 웃음 중에도 오히려 엄숙한 마음을 잃지 않고, 간신히 파안의 미소를 짓는 것이야 말로, 초서 이래 영문학 고유의 천연덕스러운 유머dry humor라 할 수 있다. 이지와 정열, 현실적 경향과 이상적 경향, 모두 북방의 나라와 남방의 나라라는 지역들이 아주 잘 조화되어, 어느 한쪽의 극단에 치우치지 않고, 양자가 잘 융합되고 조화되어 중용을 얻을 수 있는 곳에, 쫓아가지 않고 허둥대지 않은 영국 취향의 침착함이 있는 것이라고 생각한다. 대륙 쪽에서 가장

하였다.

북유럽적인 입센이나, 가장 남유럽적인 단눈치오의 작품을 고추라고 한다면, 영국의 테니슨이나 브라우닝의 시가는 일시 의연한 느낌의 맛을 주거나, 얼얼하고piquant 날카로운pungent 맛을 주는 대신에, 쌀밥처럼 계속 맛을 보아도 쉽게 질리지 않는 그런 맛을 갖고 있다. 시인이 소위 '지나치게 뛰어나지 않거나 훌륭하지 않고, 인간의 자연적인 일상의 식사에 맞는 것(not too bright, or good, for human nature's daily food)'인 까닭은, 완전히 이 중용을 얻은 점에 기인하는 것이라고 볼 수 있다.

영국 사상의 특색이 바로 남국과 북국과의 중용에 있다고 한다면, 국운이 융성한 시대는, 자연히 이 특색이 가장 잘 발휘된 시대임에 틀림없을 것이다. 이 시기는 문예상으로도 튜턴의 기풍과 라틴의 정취가 잘 융합되고, 중용을 얻은 시기이다. 이에 반하여 한쪽의 극단으로 달려가는 격렬한 사상이 나타난 그러한 시대는 영국에게 있어서 결코 국운융성의 시기도 아니고, 또한 문예 발흥기도 아니고, 차라리 일반적인 쇠퇴의 시대라고 보아 마땅한 시대이다. 예를 들어, 엄숙한 청교도의 사상처럼, 완전히 북유럽 사람에게 고유한 성질만이 극단으로 나타나서, 그렇게 한쪽으로 치우친 풍조가 세력을 얻은 시대는, 설령 밀턴의 숭고한 서사시가 있다고 해도, 대체로 결코 영문학의 전성기는 아니었다. 당시 희곡의 쇠퇴가 이를 이미 잘 증명한다.

그런데 이러한 논법을 밀고 나가면, 근대 즉 먼저 빅토리아 여왕 즉위 이후의 영국에서도, 그런 점을 어떻게든 발견할 수 있을 것이다. 말할 필요도 없이 이 시대는 영국의 시나 소설이 역사 이래 미증유의 발달을 이룩한 시기이고, 또 일반적인 국세國勢라는 관점에서 말해도 세를 엄청나게 획득한 시대이다. 이 시대는 해가 저물지 않는다고 하는, 과장스러운 자랑을 하게 만드는 큰 영토를 영국이 자신의 것으로 한 시대이고, 말하자면, 영국인이 모국의 융운을 구가한 시대이다. 이 시대가 영국의 국민적 특색인 중용주의가 가장 현저하게 발휘된 시대인 것은 물론이다. 사조의 혼란이 극심한 근대에서, 필시 이 나라만큼 대단히 침착한, 보수적이고 상식적인 태도와 도학道學선생의 태도를 보인 나라는, 대륙 쪽에서는 보이지 않는다. 마치 근대 사조와는 교섭이 없는 것처럼 보일 정도로, 영국이 철저히 깨끗한 모습을 보이는 것은 필경 이지와 감정의 중간, 북유럽인의 경향과 남유럽인의 경향과의 중간을 걸으면서 한쪽으로 치우치지 않고, 양자의 사이에서 극히 정교한 조화와 균제均齊를 지키고 있기 때문이라고 나는 믿는다.

서양에서도 중용이라는 것은 로마의 시인 호라티우스 시절부터 '황금의 중용aurea mediocritas' 등의 이름으로 불리면서 존중받았다. 어떻게 생각해도 훌륭한 것은 시대를 불문하고 서로 다르지 않다. 하지만 어느 한쪽의 극단으로 가지 않고 중정의 도를 취하는 것은, 다른 면에서는 극히 불철저한 타협, 양보, 고식姑息의 태도를 의미하는 것이라는 점에도 주의해야만 된다. 중용은, 입센의 〈부란도〉에서 말하는 "전부 아니면 전무"라는 사상과는 반대로, 우선 무슨 일에서나 적당하고 불철저하고 어중간한 상태에서 일단락 짓고 냄새나는 물건에는 조용히 뚜껑을 덮어 두려고 하는 허위의 태도이다. 적나라한 진상을 폭로하고, 낡은 것을 근본적으로 파괴하고 새로운 것을 건설하려는 노력을 하지 않는, 목전의 안락을 탐하는 고식의 태도인 투안고식偸安姑息이 결국은 이 중용의 일면이다. 따라서 영국은 근대의 과학적 정신에 기초한 자연주의의 발흥 이후의 유럽 사상계의 대세와는 전혀 다른 종류의 궤도를 가는 것이라고 보아야만 한다. 대체로 가장 깊은 곳까지, 가장 밑바닥까지 철저하게 가고자 하는 곳까지 가지 않으면 멈추지 않는, 대륙의 근대 사상과 영국의 중용사상이 서로 상대방을 전혀 용납하지 않는 것은 바로 이런 점 때문이다. 중용과 균제는 실로 영국의 장점인 동시에 또한 단점이기도 하다. 근대 유럽 일반의 사상계와 같은 대세의 관점에서 보자면, 정열이나 야성이든지, 현실적 경향이나 주지적 경향이든지, 둘 중 어느 한 편의 극단으로 흘러간 문예가 환영받았다. 그러나 시대의 추세에 뒤지는 관점이 영국에만 존재했던 것은 중용이란 관점에서 보자면 자연스러운 결과이다.

에드먼드 고세Edmund Gosse가 쓴 문학사에 이런 주장이 있다. 즉, 귀에 즐겁지 않은 바이런의 시가 영국 본국에서 환영받지 못하고 대륙에서만 바이런의 시에 활발하게 장단을 맞춘 것은, 필경 외국인이 영시 성조聲調의 미를 음미할 수 있는 수준의 귀를 지녀서 그렇다기보다는, 내용인 사상만을 중요시하기 때문일 것이라는 주장이다. 그렇지만 이것은 오히려 현상의 반만 보는 관찰에 지나지 않는다고 생각한다. 염세적 정열의 소리를 쥐어짜고, 칼라일이 소위 용맹한 수리가 고기에 굶주려 있는 것처럼 절규를 외쳤다고 하는 이 악마파 시인은, 그 과격한 태도에서, 맹렬한 사상에서, 본래 중용을 중시하는 영국의 특색과 서로 용납하지 않았다. 특히 바이런의 사후, 중용 지향의 근대 영국 사상계에서, 어떻게 그런 점이 환영받을 수 있었겠는가. 만약 그의 작품이 일찍이 독일의 하이네나 프랑스의 라마르틴을 감동시키거나 혹은 후에 텐Taine 일파의 대륙 비평가들의 인정을 받지 않았다면, 그는 영국에서 완전히 이류의 시인으로서 끝났을 지도 모른다. 적어도 상징시인 블레이크Blake처럼, 약 1세기가 지난 최근에 이르기까지 오랫동안 바이런이 뛰어난 작가로 크게 중요시되지 않은 점은 지나치다고 할 수 있다.

유럽 대륙 사람들이 주목하고 영국의 위선적인 말투cant라고 비방하던, 이 불철저한 중용의 태도는 빅토리아 왕조 이후의 문예계에서 특히 현저하다. 로세티 일파의 라파엘 전파 모임P.R.B.[13]조차도 뷰캐넌Buchanan 등으로부터 '육감시파'로 불리고, 여러 차례 이 도학선생의 잔소리를 들었다. 특히 스윈번[14]과 같은 정열의 시인은, 초기 작품「아탈란타Atalanta in Calydon」와 시집 제1권을 발표하여 세상에서 평가를 구할 무렵, 그는 아직 젊었고, 젊은이로서의 그의 분방과 격월激越의 태도로부터 미루어 볼 때, 어떻게 해도 결국에는 프랑스의 보들레르나, 베를렌이 밟고 걸었던 길로 나가지 않으면 안 되는 사람이었다. 그런 그가 대륙의 데카당까지 가지 않고, 영국적인 특색을 보여주는 자신의 작품

13) (역주) Pre-Raphaelite Brotherhood. 라파엘 전파 모임을 말한다.
14) (역주) 영국 시인 겸 평론가. 대표작으로 영국 속물주의에의 반항을 표시한 이교적이고 관능적인 『시와 발라드(Poems and Ballads)』 등이 있다.

수준에서 멈추어버린 것은, 역시 영국이 영국다운 까닭일 것이다. 특히 만년에 이르러 「간디아 공작The Duke of Gandia」과 같은 그러한 평범한 작품에 도달하게 된 것은, 필연적으로 시인이 노쇠해졌기 때문만은 아니고, 영국의 최근의 사상계가 그렇게 만든 것이라고 나는 생각한다. 또 굳세고 씩씩한 낙천관으로 근대의 영국인에게 숭앙받았던 브라우닝조차도, 그가 처음으로 대시인으로서 세상에서 늦게 인정받은 것은, 틀림없이, 작품이 난해하기 때문만은 아니고, 연애를 중심사상으로 삼은 시편 등에서 여러 차례 대담한 도덕관을 드러냈기 때문은 아닐까. 이렇게 빠짐없이 하나하나 생각해 본다면, 역시 온건하고 통속적인 테니슨이나 키플링의 작품만을, 근대 영문학의 대표로 볼 수밖에 없다.

테니슨 작품을 보면 저절로 생각이 나지만, 그의 작품은 사람들이 알고 있는 대로 내용과 형식 모두, 우미하고 온아한 작품이다. 정말로 그는 평온과 중용의 빅토리아조의 사상을 훌륭하게 대표할 수 있는 시인이다. 직접 인생문제를 취급한 테니슨의 걸작 『인 메모리엄In Memoriam』조차도, 시나 문장의 아름다움이라는 점을 제외하면, 대륙의 근대 작품만을 습관적으로 읽었던 사람에게는, 아무리 해도 어딘지 부족하고, 가슴을 깊게 울리지 않는다고 하는 느낌이 들 것이라고 생각한다. 물론 테니슨의 청춘 무렵의 작품에는, 신앙의 동요로부터 온 오뇌와 고민을 노래한 대단히 격렬한 정서가 있다. 그러나 그런 종류의 작품은, 영국에서는 흔쾌히 받아들여지지 않는 것은 물론, 심하게 말하면 완전히 도외시 된다. 일례를 들면, 젊은 시절의 회의懷疑 사상을 노래한 「상상의 고백Supposed Confessions」이라는 한 편의 시는, 1830년의 최초 시집에는 실려 있지만, 뒤에 나온 판에서는 모두 삭제되었다. 요즘 우리가 읽어 보면 그렇게 방치된 작품 내에 오히려 시대정신에 철저한 작품이 많이 있는 것 같다. 이런 점은 역시 영국이 영국답기 때문이다. 영국인은 근대인에게 공통적으로 있는 염세와 회의라는 것을 이를 입에 올리는 것조차 이유 없이 싫어한다. 어디까지나 평범한 낙천설이나 타협적 태도에 안주하려는 것이, 영국 근대의 특색이었다.

그러나 자연과학에 기원을 두고 발생한 근대의 사조가 팽배한 이상, 이 강렬한 조류와 절대적으로 교섭하지 않는 것은, 동일한 문명의 세례를 받는 이상, 그 어떤 나라와 그 누구도 불가능하다. 비록 영국이라 할지라도 종교와 신앙 쪽에서는 당연히 동요를 심하게 느꼈음에 틀림이 없다. 시가 쪽에서 말하면 아널드의 작품, 그 다음으로 앞에서 서술한 클러프와 톰슨[15]의 작품은, 확실히 신앙 문제의 의혹에서 나온 염세의 비가悲歌이다. 그러나 그들은 영문학 쪽에서는 대체로 음지의 인물로 취급된다. 그렇지 않은 것, 예를 들어 「무서운 밤의 도시」나 아널드의 시 등도, 단지 예술품으로서의 우수한 점만이 인정받고 있을 뿐이다. 특히 아널드가 비평가로서 이름이 높은 것에 비해 시인으로서 중요한 대접을 받지 못하는 것도, 아마 이런 점 때문일 것이다. 그리고 이들 시인들조차도, 어떤 사람은 자기 스스로 계속 의심을 하고, 그러다 오히려 구舊신앙에 마음이 끌리고, 또 어떤 사람은 자연이라는 깨끗한 세계에서 간신히 고민을 면해보려고 하는 그러한 불철저한 모습을 보여주는데, 대개는 과거 낭만파의 시가적인 철학자풍의 염세관을 보여준다. 소설 쪽에서 가장 염세적인 작가로 주목받은 하디의 작품조차, 이미 앞에서 서술한 것처럼, 그 밑바탕에 깔린 인생관에 대해 말하자면 지극히 시가적詩歌的인 염세사상이다. 결코 대륙의 자연파에서 보는 그러한 준열함과 심각함을 끝까지 추구하다가 막다른 골목에 도달하는 그런 비관悲觀은 아니다. 전체를 부정하는 극단적인 태도로 현재의 사회생활 그 자체를 저주하려고 하는 수준에까지 도달한 것은 아니다.

대체로 조화를 중시하고 중용을 기초로 한 사상이나 문명은, 발달의 극점에 도달하고 마침내 어떤 번성한 시대를 이루고 나면, 자칫하면 그대로 고정되고 침체되어 버린다. 그렇게 막 고정되고 침체되어 버릴 때, 그 침체를 파괴하고 활기로 가득 찬 새로운 생명을 흡입하는 것은, 늘 가장 격렬하고 가장 파괴적인 혁명가의 외침 속에 있다. 그리고 과

---

15) (역주) 영국의 시인, 1859~1907.

거 영국의 역사에서만큼 이 점을 알맞게 증명하는 경우는 다른 나라의 역사에는 없을 것이다. 다만 상식적인 판단만으로, 영국 국민을 보수적 국민으로 속단하는 사람도 세상에는 많이 있지만, 그것은 지극히 천박한 의견에 지나지 않는다. 예를 들어보면, 프랑스혁명보다 2세기 앞서 이미 크롬웰Cromwell 같은 정치가를 배출하고, 자연주의가 인습타파를 외치는 수십 년 이전에 벌써 바이런 같은 시인을 배출해서 전 유럽의 사상계를 뒤흔들었던 그런 점을 고려한다면, 바로 그런 점에서 처음으로 영국의 진면목을 알 수 있을 것이다. 즉 원래가 중용으로 일관하고, 전설을 중시하는 국민인 만큼, 때때로 이에 자극을 주는 혁신을 촉구하는 자의 소리도 일단 예리하고, 그 세력도 역시 한층 열렬하다. 끊이지 않고 동요하는 유럽 대륙의 다른 여러 나라보다도, 더욱 격렬한 급진적 사상이 영국 국민으로부터 나온 것은 전적으로 이 때문이라고 생각한다. 즉 유럽의 두 가지 사조가 영국에서 훌륭하게 조화를 이루고 중용을 이룬 만큼, 그런 상태에서 나온 파괴의 소리 또한 더욱 맹렬하게 된다. 이렇게 말하면 뭔가 패러독스처럼 보이지만, 바로 이 점에 영국의 위대한 까닭이 존재하는 것이라고 나는 평소에 믿고 있다. 단지 주의해야만 할 점은 이런 극단적인 시대는 영국으로서는 결코 최전성기도 아니고, 국운이란 관점과 문예란 관점에서 보아도 오히려 변태시대이고 시들고 쇠락하는 시대에 속한다. 정말로 중용을 얻고, 균제均齊를 지킨 시대가 이 나라의 일상적 모습이고, 또 융성기인 것은 지금 또 다시 말할 필요도 없을 정도이다.

이미 앞에서도 말한 것처럼, 빅토리아 여왕의 치세 동안에 영국의 국운은 크게 융성하고, 예술 방면에서도 참으로 문성文星이 높고 빛났다는 느낌이 있었다. 여러 가지 색의 꽃들이 활짝 어지럽게 피어 있는 예술이란 정원의 화사함은, 멀리 과거 처녀왕조의 예술의 정원에도 뒤지지 않을 정도로 볼만한 구석이 있었다. 즉 한 쪽의 시각에서 보면, 이 시대는 중용과 균제의 특색을 가장 훌륭하게 유감없이 발휘할 수 있었던 시대이다. 그런 시대가 결국은 원숙하고 포만한 상태가 되고,

19세기 말부터 선제先帝 에드워드 7세의 통치시기에 이르기까지, 영국의 문예는 크게 상승하지 못한다. 이전 빅토리아 여왕이 다스리던 왕조의 전성기가 지나간 뒤에 계승을 한 에드워드 7세의 시대는, 결국은, 명백하게 침체되고 위축되는 시기에 들어간다. 이 시기는 괴테가 말하는, '모든 것의 정점에서 정지靜止하는 것'을 생각하게 만드는 시기이다. 우선 고래로부터 영문학의 중추를 이루고 있는 중요한 시가 쪽에서, 이미 대천재가 없는 것은 아닐까. 1909년 스윈번이 죽은 후로는, 유럽의 대시인으로 지목될 정도의 인물이 단 한 사람도 영국에 없었다. 계관시인 오스틴[16]은, 비록 알프레드라는 동일한 이름을 갖고 있지만, 이전의 테니슨[17]과는 도저히 비교가 되지 않는다. 뒤를 이어 계관시인으로 임명된 브리지스Bridges도 역시 테니슨에 미치지 못하는 요원한 수준의 시인이다. 일시 크게 기대를 모았던 스티븐 필립스와 같은 경우도, 최근의 작업에 이르러서는 이미 왕년의 광채를 잃은 느낌이 있다. 소설가는 한층 더 그런데, 이미 메리디스Meredith도 서거하고 하디도 늙은 오늘날에는, 설령 배리[18]의 골계, 콘래드Conrad의 해양묘사가 있다고 하고, 또 디킨스의 재래라고까지 말할 수 있는 에드워드 모간 포스터Edward Morgan Forster, 사회주의 비행기 소설로 유명한 웰스Wells, 비평과 창작에서 건필을 종횡으로 휘둘렀던 베넷Bennett, 언제나 중세를 무대로 한 아름다운 역사소설을 쓴 휴렛Hewlett, 마찬가지로 낭만 정취의 메이슨Mason 등의 작가들이 있다고 하지만, 물론 그 수에 있어서 아주 많고 모두 영국에서는 정말 크게 인기가 있었지만, 이들이 유럽대륙의 문단을 움직일 정도의 작가들이라고는 도저히 생각할 수 없다. 각설하고, 평단에 대해 이야기하자면, 겨우, 에세이의 대가 체스터턴Gilbert Keith Chesterton의 빈정거림이나 힐레어 벨록Hilaire Belloc[19]의 비웃음에 의해, 단

16) (역주) 알프레드 오스틴(Alfred Austin), 1835~1913. 영국 시인 겸 평론가이자 저널리스트.
17) (역주) 알프레드 테니슨.
18) (역주) James Matthew Barrie, 1860~1937. 영국 소설가 겸 극작가. 「피터 팬」 등으로 크게 인기를 얻었다.
19) (역주) 1870~1953. 영국 시인 겸 역사가이자 수필가. 평생의 친구 체스터턴과 함께 20세

조로움을 파괴하고 있는 수준에 지나지 않는다.

아니나 다를까, 이 위미萎靡와 침체를 파괴해야만 한다는 대단히 격렬한 소리가, 이미 문단의 일각에서 나타났다. 즉 원래가 시인적 소질과 급진적 경향을 갖고 있는 켈트 인종-특히 아일랜드 계통에 속하는 일파의 활동이 최근의 정치계에서도 또 문예계에서도 갑작스럽게 우세를 보이고, 영국의 전설을 완전히 파괴하려고 하는 기개가 그런 활동에 있는 것을 보고, 나는 앞에서 말한 내 자신의 소견이 한층 확실해진 느낌이 든다. 나는 원래 정계의 소식에 어둡지만, 최근 영국의회에서의 아일랜드당의 놀랄 만큼 훌륭한 운동을 보거나, 재무장관 로이드-조지Lloyd-George[20]의 왕성한 활동이나 거부권veto 폐지안의 통과 이야기를 듣고, 또한 통일당과 자유당의 장래를 생각하면, 정말로 전설파괴의 외침이, 단지 최근 문예계의 사건만은 아니라는 것을 느꼈다.

최근의 영문학 중에서도, 격렬한 태도로 현대사회를 저주하거나, 혹은 인습을 무시하고 특별히 청신한 일파의 시풍을 창조하고, 마침내는 대륙의 문단에서도 중시되는 정도의 작가들은 불가사의하게도 대부분이 아일랜드나 웨일즈의 켈트 일파로부터 나오고 있다. 오히려 사후에 눈에 띄게 서구 예원藝苑의 이목을 끌었던 〈살로메Salomé〉의 작자는 말할 필요도 없다. 희곡과 논문에서 영국의 거짓 선과 거짓 신앙을 조롱하고 근대 사회를 저주해서 준열함을 극대화한 저 버나드 쇼도, 물론 아일랜드에서 출생한 자이다. 또 특별히 소위 '켈트문예부흥'의 눈부신 신新운동이 있는데, 이 운동은 하나의 단체를 조직한 후 선명한 기치를 내걸고, 극에서 시문에서, 런던과 더블린을 중심으로 활동하는 운동이다. 우리는 말하자면 문단의 아일랜드당黨을 주목해야만 한다. 그 기치의 선두에 선 예이츠에 대해서, 나 역시 십수 년 전에 『제국문학』의 지상에 간략하게 소개한 일도 있고, 요즘은 이미 그 신비 상징풍의

기 초반 영국 가톨릭 문학의 부흥에 신기원을 이룩했다.

20) (역주) 1863~1945. 영국의 정치가. 재무장관으로 노동자를 위한 국민보험법·실업보험법 등을 만들어 사회보장제도의 기초를 확립하였다.

시나 1막으로 된 극조차 일본어로 번역되어 많이 나왔기 때문에, 이제 다시 많이 언급할 필요는 없지만, 아직 우리나라에 소개되지 않은 작품으로 〈허무의 고향〉이란 제목의 희곡이 있다. 이것은 예이츠의 극 중에서 가장 긴 5막 극이다. 이 작품은 폴 러틀리지Paul Rutledge라는, 톨스토이와 유사하게, 체념하고 기발한, 야성을 띠고 있는 인물을 주인공으로 해서, 모든 권위와 신앙을 완전히 타파하고, 원시시대의 허무를 동경하는 그런 생활을 묘사한다. 작자는 이 주인공의 입을 빌려서 자주 예리한 경구를 표현하고 있는데, 마침내 최후에 이르러서는, "언제나 아무 것도 없는 곳에 신이 존재한다는 점을 기억하라(Remember always where there is nothing there is God)." 등의 말을 한다. 아마도 이 정도로 극단적으로, 또 철저한 전全부정적 사상을 노골적으로 드러내는 작품은, 영문학의 고금을 통 털어서 거의 그 유례가 없을 것이라고 생각한다. 진실로 이 예이츠의 깃발 아래에는, 더글러스 하이드Douglas Hyde[21], 리오넬 존슨Lionel Johnson, 노라 호퍼Nora Hopper 등의 시인들도 있는데, 이들 모두 아일랜드 사상을 위해서 그 기를 왕성하게 토해낸다. 특히 또한 이 새로운 운동의 다른 한쪽에 있는 용감한 장수로서, 영국 문단에 존재하는 유일한 사람으로서, 주의를 기울여야만 하는 순연한 자연파의 작가 조지 무어George Moore에 대해서도 특히 주의를 기울여야만 한다. 조지 무어는 평단 쪽에서는 인상파의 회화를 칭찬하고 대륙의 자연주의를 앞장서서 주장하지만, 그의 본령은 물론 소설에 있다. 그의 작품을 예로 들면, 어떤 화가의 정사情事를 묘사하는, 그 정치함이 지극한 『근대의 연인A Modern Lover』, 혹은 타락의 심연에 빠져가는 그러한 여자의 일생을 묘사한 『광대의 아내Mummer's Wife』 등은, 이 작가의 인습타파의 자연주의적 태도를 대단히 현저하게 보여주는 작품으로, 양성관계나 하층생활을 해부한 거짓 없는 묘사에 한정해서 말한다면, 아마도 플로베르, 모파상과 다른 점이 없을 것이다. 도리의 문제로 인

21) (역주) 1860~1949. 아일랜드의 작가이자 정치가. 아일랜드가 영국으로부터 독립한 후 초대 대통령을 지냈으며, 저서로는 『아일랜드 문학사』, 『코너트 왕국의 애가』 등이 있다.

해 누차 영국에서 물의를 초래한 작품이지만, 아무 것도 모르고 처음으로 이 사람의 작품을 손에 쥔다면, 영국에도 이와 같은 열렬한 작가가 있을까 하고 진실로 크게 놀라는 사람도 있을 것이다. 그런데 이상은 아일랜드에 대해서만 말한 것으로, 특히 웨일즈 쪽을 보면, 영국 신파新派 문학의 뛰어난 장수로서 이미 일본에서도 널리 알려진 아서 시몬즈Arthur Symons의 시문이 출판되고 있다. 이 사람 또한 분명하게, 양친으로부터 켈트의 혈통을 이어받은 사람이다(제3강 제3절 끝 부분 참조).

그런데 만약 이상의 부족한 견해가 오해가 아니라면, 또 과거로써 장래를 추측하는 것이 꼭 그렇게 무리가 아니라면, 생각하건대, 새로운 왕 조지George 5세[22]의 재위 기간 동안의 영문학에는 빅토리아 왕조의 영문학과 경쟁하는 그러한 찬란하게 빛나는 빛줄기의 장관이 결코 보이지 않을 것이다. 그러나 그런 장관이 보이지 않는 대신에, 오히려 그곳에 기발한 새로운 운동, 신사조가 속속 나타나게 될 것이라고 간절히 기대한다. 그리고 앞에서 서술한 켈트 일파의 버나드 쇼나 예이츠의 시문을 분명히 그런 새로운 흐름의 선구적 작품이자 맹아라고 간주하고 싶다. 세상에는 영국이 이미 늙었다고 속단하는 사람도 많이 있지만, 그것은 오히려 오해에 지나지 않는다. 지금 다시 유럽 대륙을 깜짝 놀라게 하는 제2의 바이런이 언제라도 튀어나올 수 있는 시기라고 보는 것이, 어쩌면 지당한 관찰이 아닐까. 마지막으로 덧붙여 말씀드리자면, 중용과 조화의 도를 벗어나서 한 쪽의 극단으로 달려가려고 하는 변태기, 조쇠기早衰期에서, 우리는 가장 준열하고 통쾌한 사상과 작품을, 영국 문학에서 기대할 수 있다.

22) (역주) 1865~1936. 형 앨버트의 사망으로 왕위 계승권자가 되었다. 아일랜드 자유국의 승인에 기여하는 등, 근대사에서 성공한 입헌군주의 한 사람으로 평가된다.

제5강 자연주의 1

1. 과거의 일별(一瞥): 의고주의로부터 낭만주의까지

최근 약 2세기 간의 문예 사조 - 의고주의와 낭만주의 - 낭만주의가 근대예술의 문호인 까닭 하나, 인습타파의 사상 - 자유의 예술 - 둘, 민주화된 예술 - 낭만파 문학의 특색 - '경이의 부활'과 미의 동경 - 중세 사모(思慕) - 이국취미 - 그 병폐

문예사조의 변천은, 흡사 끊어지지 않는 물의 흐름이 계곡을 떠나서 들판을 가로질러, 바위와 부딪치고 풀을 가르면서 이동해 가는 것처럼, 때때로 그 모습이 변하지만 역시 하나의 연속적인 흐름이다. 그 중의 어떤 한 시기를 획을 그어 논하려고 한다면, 자연히 과거로 소급해서 상류를 보지 않으면 안 된다. 이에 근대 자연파 시대의 문예를 논하려면 당연히 우선 그 이전의 낭만주의로부터 설명하는 것이 편리하기 때문에, 자연주의Naturalism와 낭만주의Romanticism를 비교대조하여 보면 그 지점에서 처음으로 근대문예의 특색이 분명하게 드러난다.

그런데 이해하기 쉽도록 하기 위해서 대체로 상한선인 18세기부터

가깝게는 20세기까지 사이에 발생했지만, 겉으로는 잘 드러나지 않았던 유럽 문예사조의 변천과 조용한 추이를 추적하여 본다면,

(1) 우선 18세기를 차가운 주지적 경향의 계몽시대, 또 편리偏理주의 Rationalism, 의고주의Classicism의 시대라고 한다면,

(2) 19세기 전반은 낭만파가 완승한 시대. 그것이

(3) 19세기 중엽 즉 근대가 되고, 현실주의, 자연주의 전성기 시대가 되고, 다시 변해서

(4) 최근, 즉 19세기 말부터는, 신주관주의의 문학, 즉 신新낭만파나 신비주의의 시대가 되었다.

이처럼 생각해도, 우선은 큰 지장은 없을 것이다. 물론 이것은 지극히 조잡한 개괄적 의견이기 때문에, 만약 정치하고 엄밀한 비판을 시도한다면, 이처럼 지나치게 간단한 분류를 용납하는 것을 어렵게 만드는 여러 가지 의문이 속출할 것임은 말할 필요도 없을 것이다. 다만 대국적인 관점에서 본다면, 앞에서 언급한 4가지 단계를 경과하고, 순서를 쫓아서 순차로 전대 사조의 뒤를 승계하는데, 4가지 각각의 경우는 반동으로서 또 파괴자로서 그 다음 사조가 나타나는 이유가 된다. 최초의 사조에 대한 반동으로서 두 번째의 사조가 일어나고, 다시 바꿔서 제3, 제4라는 식으로 변천하여 간다고 보는 것이 가능하다. 다만 특히 주의해야만 할 점은, 냉정한 주지적, 객관적 경향이라는 점에 있어서는, 첫 번째 것이 세 번째 것과 가깝고, 또 정서와 주관이 중요한 점에 있어서는, 두 번째는 네 번째와 공통의 경향을 공유한다는 점이다.

그런데 낭만주의는, 본래 의고주의에 대한 반동으로서 일어난 파괴의 예술이다. 과거의 문예를 파괴하고 새로움을 건설하고, 뒤에 오는 자연파를 위해서 초석을 이루는 기원을 연 것이다. 즉 낭만주의의 일면에는, 여러 근대문학의 근저를 이루는 성질이 갖추어져 있다는 점을 주목해야만 한다.

우선 크게 인간생활의 관점에서 말하면, 의고주의는 과거에 이미 완성한 표준법칙을 정당한 것으로 여기고, 개인은 그 권위에 복종하는

것을 근본적인 의義로 삼는다. 이에 반해서 낭만주의 쪽은, 어디까지나 개성의 권위를 주장하고, 법칙이나 규범을 버리고, 인습을 타파하고, 구속이 없는 자유주의를 근본으로 한다. 근대에서의 자연주의적 사상은 바로 낭만주의의 일면인 이 '자아해방' 주의主義를 계승한 것에 지나지 않는다. 따라서 근대인의 인습타파 사상도 그 기원을 소급해가면, 낭만주의의 시조인 18세기의 루소Rousseau에 있다고 보는 것이 정당할 것이다. 이 세상에 드문 대사상가 루소야말로 과거의 순속循俗주의를 배척하고, 근대사상의 문호를 연 첫 번째 사람이었다. 멀리 문예 부흥기에 그 싹을 발아하고, 점차 발달해 온 자유, 제애悌愛, 평등의 사상은 '자연으로 돌아가라'고 절규한 루소의 소리에서, 그 최고의 정점을 발견했다.

또 단지 문예의 관점에서 말해도, 의고주의에는 절대미beauté absolue의 표준이라는 것이 있었다. 과거로부터 전래해 온 예술적 법칙 즉 예술적 규범artistic canons이 중시되고 함부로 그 울타리 밖으로 나가는 것은 허용되지 않았다. 원래 고대 그리스 예술의 특질은, 정열의 묘사에 적합하지만 그래도 평형과 균제를 상실하지 않도록 하고, 또 개성을 발휘해도 이에 어떤 구속을 두려고 하는 점에 있었다. 뒤에 온 의고주의는 바로 이 분위기를 계승하지만, 그 폐단이 극에 달할 무렵, 작품에 생기가 없고 진정이 없고 헛되이 형식에 고심하고 단지 모방을 일로 삼는 평범함에 빠진다. 이에 대하여 낭만파는 철저히 독창을 중시하고 청신清新을 존중한다. 진부한 과거의 표준을 파괴하여 버리고, 새롭고 기발한 자유의 예술을 창조하려고 한다. 낭만파는 자연히 지나칠 정도로 정열을 마음껏 발산하고서야 비로소, 마침내 형식의 미를 원하지 않는 파격의 예술을 산출한다. 아름답지만 반면에 차가운 대리석상과 같은 예술이 변해서 정열이 극한이 이른 불꽃과 같은 낭만파의 예술이 된 것이다. 후의 자연파 문학은 바로 전前세기 초기의 낭만주의로부터, 우선, 이 자유주의를, 즉 형식타파의 일면을 계승한 것이다.

두 번째로 낭만주의는 예술을 평민화democratize하고, 또 이를 '자연'에 가깝게 하려 했다는 점에 있어서 뒤에 오는 모든 근대문학의 선구가 된다. 마찬가지로 낭만적 사상이 정치상에 나타나서 발생한 프랑스혁명이 종래의 귀족정치를 일소하여 버리고, 천하를 도모하여 민주주의democracy의 천하가 된 것처럼, 문예에서도 완전히 이와 동일한 모습의 현상이 나타났다. 즉 18세기의 의고주의는 도시의 문학이고, 또 귀족aristocracy의 문학이었다. 예를 들면, 재산이 많고 지위가 높은 집안의 자제가 문재를 경합하는 과정에서 탄생한 문학, 또 우리나라로 말하면, 에도시대의 세련된 기분이 작용한 초닌町人들[1] 사이에서 일어난 문학 등처럼, 의고주의는 헛되이 화려함을 존중하고 기지를 자랑하고 진정을 몰수하고 없앤, 생기 없고 시흥詩興 없는 문학이었다. 그러한 경향을 일신해서 순박하게 만들고, 평민화 하고, 근세의 시문으로 하여금 자연과 인생이 밀접한 관계가 있다는 데에 도달하게 한 것은 완전히 낭만파의 덕이다. 특히 전원생활이나 산천초목의 미에 대한 열의는, 월터 페이터Walter Pater가 워즈워드에 관한 글에서 말한 것처럼, 근대문학에서 가장 강하게 사람의 마음을 끈 낭만주의의 특색이었다(It reveals itself in many forms; but is strongest and most attractive in what is strongest and most attractive in modern literature). 귀족사회보다는 평민사회가, 도시생활보다는 전원생활 쪽이 형식과 인습의 속박이 적은 만큼 인정이 심후하게 나타나고, 인간생활의 의의와 참모습도 그곳에서 한층 더 분명하게 보이는 것은 말할 필요도 없다. 워즈워드가 『서정시집Lyrical Ballads』의 권두에 쓴 유명한 서문은 이 점에서 문학사상 가장 의의가 깊은 글이기 때문에, 이제 그 중에서도 다음 부분만을 이곳에 인용해서 설명을 대신하고자 한다.

> The principal object proposed in these poems was to choose incidents and situations from common life, and to relate or describe them, throughout, as far as was possible, in a selection of language really used by men, and at the same

1) (역주) 에도시대 도시의 상인과 장인들로, 특히 상인을 말한다.

time, to throw over them a certain colouring of imagination, whereby ordinary things should be presented to the mind in an unusual aspect; ………… humble and rustic life was generally chosen, because, in that condition, the essential passions of the heart find a better soil in which they can attain their maturity, are less under restraint, and speak a plainer and more emphatic language; because in that condition of life our elementary feelings co-exist in a state of greater simplicity, and, consequently, may be more accurately contemplated and more forcibly communicated, because the manners of rural life germinate from those elementary feelings, and, from necessary character of rural occupations, are more easily comprehended, and more durable; and, lastly, because in that condition the passions of men are incorporated with beautiful and permanent forms of Nature.

이 시가들 내에서 제안된 주요 목적은, 일상생활 중에서 사건과 상황을 선택하고, 이를 모조리 서술하고, 가능한 한 사람들의 실제 생활에서 사용되는 언어를 채택하고, 또한 동시에 상상의 색채를 언어에 입히는 것으로 평범한 사물이 마음속에서 이색적인 광경으로 제시되도록 하는 것이다. ………… 변변찮은 전원생활을 시적 소재로 선택한 것은, 우선 이곳에서 가슴속의 진정한 열정이 원숙함의 경지를 획득할 수 있는 좀 더 나은 토양을 발견하고, 속박을 덜 받게 되고, 평범하고 힘 있는 언어로 말할 수 있기 때문이다. 또 다른 이유는 전원생활에 있어서는, 우리의 근본적 감정이 단순한 상태로 존재하고, 따라서 이를 정밀하게 관찰해서 사람의 마음에 강하게 호소할 수 있게 되기 때문이다. 또 다른 이유는 전원의 습속은 이 근본적 감정들에서 기인하는 것이 많고, 또 전원의 여러 가지 일의 특성에서 기인하는 것이 많기에, 좀 더 쉽게 이해되고, 좀 더 지속적이 되기 때문이다. 그리고 마지막 다른 이유는, 사람의 열정이 전원에 있어서는 항상 자연계의 아름다운 불후의 형태와 서로 조화를 이루기 때문이다.

–『서정시집』 서문(제3판, 1802년)

이러한 모든 점이 낭만주의가 우선 그 길을 열고, 뒤에 오는 자연파에 전한 특색이다. 그렇기는 하지만 이것들 이외의 다른 많은 점에서, 낭만파의 문예는 원래 자연파의 그것과 그 취지를 전혀 달리 하는 성질을 갖고 있다. 물론 이 19세기 초기의 낭만주의의 성질을 전반에 걸쳐서 상론하는 것은 본서의 범위를 넘어서는 일이기 때문에, 지금은 다만 뒤에 올 자연주의를 설명하기 위해서 단지 필요한 점에 대해서만, 그 현저한 특성을 한마디 하여 두고자 한다.

낭만파 문예는 극단적인 주관의 문예이다. 차가운 이지理知나 형식을 배척하고, 뜨거움이 있는 감정passion이나 정서emotion를 중시하는 문예이다. 구속이 없는 공상의 날개는 셸리Shelley의 노래에 있는 종달새처럼 "대지를 떠나서, 마치 불의 구름처럼, 하늘을 날아오르고, 높게 또 더욱 더 높게, 날아오르거나, 푸른 하늘을, 노래 부르고는 오르고, 오르고는 노래 부른다"와 같은 시문에 잘 나타나 있다. 이런 점들에 대해서 프랑스의 비평가 브륀티에르가 낭만주의를 서정시적 경향Lyricism과 동일시한 것은 대단히 정당한 해석이라고 생각한다.

모든 낭만파는 공상이나 감정을 크게 자극하고, 흥분하게 만드는 것을 그 근본적 성질로 삼는다. 또 낭만파가 관습의 상투성을 타파하고, 문예에 새로운 생명을 가져오려고 하는 이상, 자연히 지금까지 흔하게 있던 제목을 취해서는 도움이 안 된다. 모든 사람이 듣거나 볼 수 있는 그러한 일상의 평범한 제재에 만족하지 못한다. 그래서 낭만파는 가능한 한 평범한 일상과는 거리가 먼 진기하고 괴이하고 기이한 것을 재료로 해서, 조금이라도 더욱 더 사람들의 상상이나 감정을 움직이게 하려고 한다. 불가사의한 것이나 아름다운 것, 혹은 끝없이 깊은 비애, 공포, 전율, 갈앙渴仰, 그러한 모든 것들이 이 파의 시문에서는 중요하게 여겨진다. 이러한 점에 있어서 낭만주의는, 경이의 부활Renaissance of Wonder–이것은 영국의 워츠-던튼Watts-Dunton[2])이 말한 말이다–이라고도

2) (역주) 1832~1914, 영국의 비평가이자 시인.

부를 수 있고, 또 다른 면에서 말하면, 아름다움에 대한 동경Schnsucht nach dem Schönen이라고도 말할 수 있다.

그래서 작품의 제재를 취할 때에도, 현재 눈앞의 세상 등은 중요하게 여기지 않고, 과거의 신화, 전설이나 고대사나 야사라고 하는 그런 분위기의 종류들을 중요하게 여긴다. 특히 정말로, 로망스의 시대인 중세 그 자체가 가장 중요시된다. 영적이고 아득하고 어렴풋한 중세전설의 흥미, 봉건무사의 의협심 넘치는 용맹, 신에 대한 경건한 신앙, 혹은 여성에 대하여 일종의 신비적 의의를 견지하는 연애, 즉 미네Minne[3]의 집합체라고 할 수 있는 중세 기사도의 시대 등이 가장 소중하게 여겨진다. 이 점에서 말하면, 낭만파의 일면은 중세시대 정신Mediaevalism이다. 영국의 월터 페이터[4]는 이 점에 대해서 다음과 같이 말했다.

(원문 생략)

> 낭만적 정신의 요소는 호기심과 아름다움에 대한 사랑이다. 중세를 경모하는 것은 이 두 가지의 성질을 대표하는 것에 지나지 않는다. 생각건대 넉넉한 중세 기풍 속에 낭만적 풍격, 기이한 미의 원천이 있고, 이러한 풍격과 미는, 강대한 상상의 힘으로, 우리의 눈에 낯설게 다가오는 불가사의한 사물 중에서 획득되어야만 한다.
>
> –페이터의 『완상론(Appreciations)』(맥밀란 판, 261항)

낯설게 다가오는 불가사의한 취향만을 중시하는 것 때문에, 자연히 자국의 것보다도 외국의 것을 좋아하고, 보들레르의 시에 나오는 소위 '이국異國의 향'만을 연모하는 것이다. 남유럽 이태리의 아름다운 고향은 말할 필요도 없고, 멀리 동양의 여러 나라에서까지도, 진귀한 취향

---

3) (역주) 이성 간의 사랑이 아닌 중세에 기사가 봉건 영주의 아내에게 존경과 함께 바치는 정신적인 사랑.
4) (역주) 1839~1894. 영국의 비평가이자 수필가. 예술을 위한 예술의 대변자.

을 수집하려고 하는 이국취미exoticism는 피하기 어려운 현상이 된다. 또 낭만파는 설령 현재 눈앞의 사물을 재료로 취할 때에도, 무엇인가 보통과는 동떨어진 성깔이 있어 보이는 인물이나 이상한 사건을 취하고, 기꺼이 부자연스러운 경우를 묘사하려고 한다. 러스킨이 '건축 조각 강연'에서, "The real and proper use of the word romantic is simply to characterize an improbable or unaccustomed degree of beauty, sublimity or virtue(Lectures on Architecture and Sculpture Lect. 2)."[5]라고 말한 대로, 그 어떤 일에서도 상궤를 벗어난 곳에, 낭만주의의 특색 하나가 존재하는 것이다.

낭만주의는 참신하고 기발한 취향으로 빈번하게 사람의 마음을 깜짝 놀라게 하려고 시도하기 때문에, 광적인 열정을 귀히 여기고, 요염을 사랑하고, 아득히 먼 것을 연모하고, 또 신비를 좋아하는 것이 그 특색이다. 범속함을 피하고 괴기함으로 달려가고, 명석함을 기피하고 몽롱함으로 기우는 것도 자연스러운 결과이다. 즉 이를 반대로 말하면, 낭만파는 현실을 심하게 멀리한 초자연의 문학이었다. 공상과 감정의 한 면에 열중하고 차가운 이지와 정관靜觀을 망각한 문학이었다. 이 병폐가 극대화한 곳, 그곳에서 얼마간의 변화를 보지 않으면 안 되는 것은, 자연스러운 추세가 되었다. 그리하여 나타난 것이 현실주의 자연주의의 문학이었다.

2. 낭만주의에서 자연주의로

19세기 전반의 낭만파 문학 - 과학의 발흥과 사조의 전기 - 문예사조의 변천 - 신구문예의 비교 - A. 이상과 현실 - B. 있는 그대로의 묘사 - C. 주정적과 주지적 - 경험 및 관찰 - D. 주관적과 객관적 - E. 정신적과 물질적 - F. 미(美)에

5) (역주) 낭만적이란 단어의 실제적 사용과 올바른 사용은 바로 사실 같지 않거나 익숙하지 않은 수준의 아름다움, 숭고함, 혹은 덕목 등의 특징을 묘사하는 것이다.

대한 진실 - G. 기교적과 비기교적 - H. '인생을 위한 예술'과 '예술을 위한 예술' - 여유가 없고 유희적 분자가 없는 예술 - 문제극, 문제소설 등 - 입센의 극에 나타난 '문제' - 각국 근대의 '문제' 문예 - 문예와 사회 - I. 있는 그대로의 사실 - 근대문학에서의 산문소설이 중요한 위치를 차지하는 이유 - 시와 산문 - J. 현대의 사실 묘사 - K. 경이와 평범함과 단조 - 평범한 사실 묘사에 대한 독자의 흥미 - 조지 메러디스(George Meredith, 1828~1909)의 예 - 과학적 관찰은 모든 것을 평범하게 하고 - 인생을 어둡게 하고 자기의 현재를 반성하게 만들려고 하는 문학 - 영웅을 노래하는 서사시의 절멸 - 톨스토이의 『전쟁과 평화』 - 묘사된 인물의 평범함은 근대 희곡의 하나의 특색 - 타인의 주의를 이끌기에 충분하지 않은 평범한 제목 - 사조변천 시대

18세기 후반에서 19세기 전반에 걸친 유럽 각국의 시문은, 모두 다 의고주의에 대항해서 일어난 낭만적인 시문이었다. 활활 타오르는 그 불길은 불길에 휩싸인 들판의 불처럼 유럽 전체로 확대되었다. 우선 독일에서는 계몽시대의 풍조가 쇠하고, 문학사에서 소위 '폭풍 노도 Sturm und Drang'로 말하는 문학 운동이 낭만파의 매력이 되고, 괴테, 실러 Schiller, 티크Tieck, 노발리스Novalis, 호프만Hoffmann, 클라이스트Kleist, 하이네 Heine 등의 천재들은 모두 이런 문학을 위해서 빛나는 불길을 아주 높게 올렸다. 큰 파도가 다시 영국의 시문학계를 움직여서 워즈워드, 콜리지Coleridge, 셸리, 키츠, 스콧Scott 등의 대시인을 배출하고, 남유럽 이태리로 옮겨가서는 만초니Manzoni와 레오파르디Leopardi의 뛰어난 작품들을 나오게 하고, 러시아에서는 푸시킨Puschkin, 레르몬토프Lermontoff[6] 등의 작품을 탄생시켰다. 프랑스에서 루소의 큰 외침은 스타엘Staël 부인의 대저大著, 『독일론』 및 『문학론』 2권이 되고, 또 베르나르댕 드 생 피에르의 소설 『폴과 비르지니』라는 아름다운 연애소설이 되고, 샤토브리앙의 글과 라마르틴의 시가 되었다. 모두 고상하고 아름다운 정을 다

6) (역주) 1814~1841. 러시아의 시인이자 소설가.

하고 장려함이 끝이 없었다. 뒤를 이어 뮈세Musset, 비니Vigny, 위고Hugo, 고티에Gautier 등이 각각 뛰어난 작품을 내기에 이르렀고, 낭만파의 융운隆運은 그 절정에 도달했다.

이 낭만파가 그 극성기를 지나서 쇠퇴해 갈 무렵, 그 자리에 나타난 것이 바로 그 당시로는 아직은 대단히 젊디젊은 자연과학의 새로운 정신이었다. 당대 사람들의 마음은 그 영향을 받고 홀연 두드러진 변조를 드러냈다. 즉 현실감Wirklichkeitssinn이 사람들의 마음에 강하게 작용하게 되자, 그와 함께 점차로 공상이나 감정의 방면에 소원하게 되었다. 몽환의 경지를 정처 없이 떠돌고 이상의 그림자를 추구하는 것보다는 직접 경험을 중시하고 이 지상의 현실 생활에 무게를 두려고 하는 것이다. 높고 아름다운 시세계를 동경하는 것보다도, 우선 이 괴롭고 추한 눈앞의 현실을 망각하지 않고 싶어 하는 경향이, 철학의 방면에서는 낭만적 유심론의 멸망이 되기도 하고, 또 유심론의 발흥이 되기도 하고, 종교 신앙에서는 회의설이 되어 나타나기도 한다. 또한 개인주의, 사람들의 마음의 고민과 오뇌, 대체로 이 모든 근대인의 마음의 어두운 일면이 이 현실적 정신으로부터 나온 것은, 전장前章에서 이미 상세하게 서술한 대로이다.

인심人心의 이런 변화는 문예에서 자연주의의 새로운 운동이 되어 나타났다.

–이상에 대한 생각은 막히고, 서정의 샘은 말랐다. 신인新人은 서정시적 경향과 이상을 떠났다. 엄격하고 무정한 '진리'는 이제 경험을 의미하는 최후의 말이 되어, 심지어 예술 안으로도 들어갔다. 새로운 문예의 창작은, 과학관찰의 정신, 성숙, 기력, 견고함 등의 경향을 그 특성으로 한다. 이상을 향한 생각은 막히고, 감정과 생각은 모두 말랐다(L'ideal est cessé, le lyrique a tari). –당시 문예사조의 전기를 설명하는데, 근대의 유명한 비평가는 이와 같이 말했다.

실증론, 과학적 정신, 물질문명 등 이 모든 것이 이전 낭만적 시대의 이상이나 표준을 때려 부숴버렸고 현실적인 자연주의적 사상의 시대를 만들었다. 마음이 들떠서 몽환과 공상의 고향에서 깜박 자신을 잊어버리고 꿈속에 있었던 자가, 오늘은 곧바로 발밑의 현실에 마음을 쓰게 되었다. 냉정한 과학의 앞에서 정열도 공상도 사그라지고, 사람은 홀연히 현실의 사실을 깨닫기에 이르렀다. 지금까지는 아름다운 것, 귀한 것, 뛰어난 것만을 생각했다면, 이제는 그 사물의 밑바닥의 밑바닥까지 탐색하고, 진상을 끝까지 연구하려고 하고, 추한 그 이면까지도 폭로하려고 하는 것이 새로운 시대의 특징이 되었다. 또 다른 측면에서 말하면 물질문명의 진보를 이룩하기 위해서, 생활의 압박은 하루 또 하루 더욱더 심해졌다. 따라서 사람들에게는 이제는 이미 이상이나 공상의 그림자를 추구할 여유도 없고, 한가한 세월도 없게 되었다. 딴 일은 제쳐놓고 우선 현재 눈앞의 실생활로 하여금, 온갖 인간 활동의 중심점으로 삼지 않으면 안 되게 되었다.

이렇게 과학만능의 시세에 편승해서, 한때는 유럽을 풍미하기에 이르렀던 현실주의 자연주의의 새로운 문예는 과연 여하한 것이었을까. 이를 이전의 낭만주의와 대비해서, 양쪽에 공통적으로 존재하는 해방적, 자유적 태도 등에 대해서는 이미 서술했다. 이제는 다시 신구문예의 서로 다른 두드러진 점에 대해서만 비교하고자 한다.

A. 우선 첫 번째로 낭만주의가 아름답고 높은 이상을 추구하고 이를 동경하는데 반하여, 자연주의는 어디까지나 현실을 있는 그대로 폭로하려고 한다. 일찍이 위대하다고 본 것을 해부해서 그 공허함을 보여주고, 아름답다고 본 것을 해부해서 오히려 추한 진상을 폭로하여 마지않는 것이 특색이다. 이 점은 이미 앞장에서 근대의 환영소멸의 특징을 서술한 항목에서 말한 것이므로, 지금 또 되풀이할 필요는 없을 것이다(제4강 제1절 참조). 플로베르의 걸작 『보바리 부인』 제5장의 끝, 여주인공 엠마의 일을 말한 다음에 나오는 내용은 자연주의의 이런 정신을 가장 잘 대표하는 내용이라고 생각하기 때문에, 인용해 본다. “결혼하지 않는 동안, 이 여자는 스스로 사랑을 하고 있다고 믿는다. 그러나 그 사랑으로부터 당연히 얻어져야만 하는 행복이 결국 오지

않자, 엠마는 사랑이 자신의 생각과 다른 것임에 틀림없다고 생각했다. 그래서 행복, 애정, 도취 등, 이전 책 속에서 읽을 때에는 매우 아름답게 생각된 그러한 단어들이 실제 인생에 있어서는 과연 무엇을 의미하는 것일까, 지금 엠마는 그것을 발견하려고 노력했다." 근대적 예술인 자연파 문예의 본의는, 실제 이 몇 줄에서 충분히 드러난다고 말하고 싶다.

B. 자연파는 현실을 있는 그대로 묘사하려 했다고 할 수 있다. 그래서 일반화generalization로부터 얻은 추상적 관념이랄까, 혹은 전래의 편견prejudice이라는 것을 모두 머릿속에 두지 않고 완전히 깨끗하게 닦아낸 거울 같은 마음으로 개개의 사실과 현상事象에 대응하려고 한다. 그래서 거울의 표면에 비친 그대로를 작품에서 재생산reproduce한다. 분식도 더하지 않고 과장도 하지 않고 소위 무기교를 표방한다.

C. 낭만파는 뜨거운 감정생활을 자아의 기초로 삼아 나온 문예이지만, 자연파는 차가운 이지를 주로 하고, 또 지각이나 감각을 중요하게 여긴다. 이 점은 완전히 직접 경험을 중시하는 자연과학의 정신에서 영향을 받은 것에 지나지 않는다. 즉 낭만파가 1830년대에 전성기에 도달한 이후 주정적 경향의 열기가 점차 차가워질 무렵, 문예 사조가 마찬가지로 차가운 주지적 경향으로 변해가면서, 이전의 의고주의로 되돌아가지 않고 새로운 자연주의가 된 것은, 전적으로 이 과학의 영향 때문이었다. 즉 의고주의도 자연주의와 마찬가지로 냉정한 주지적 경향의 문예이기는 하지만, 의고주의는 어디까지나 이성reason을 중심으로 하는 합리주의적rationalistic 경향이 있는 점에 그 특색이 있다. 그런데 경험과 관찰을 중시하는 자연과학의 쪽에서는, 원래가 감각과 지각에 중점을 두기 때문에, 이에 영향을 받은 자연파 문예의 특색도, 자연스럽게 또 이 점에 있는 것은 말할 필요도 없다. 그러나 이것은 당시 발흥하기 시작한 과학의 힘에 의한 것만은 아니다. 18세기의 프랑스 철학자 콩디야크Condillac의 감각주의 철학 등도 유력한 영향을 주었다. 즉 감각주의 철학은 경험을 감각과 동일시하여 감각으로 인식의 근본

으로 간주하고, 모든 지식은 다 감각의 결과라고 보는 주장이다. 현재 플로베르의 작품 등에서 보이는, 이 철학의 주장은 사람들에게 적잖이 꽤 감화를 주고 있다.

D. 낭만파의 주관적 태도에 대응하는 자연파의 태도는 객관적이다. 전자의 경우에는 작자가 주인 위치에 서고 사상事象이 손님이 되고, 작자의 주관이 능동적active으로 움직인다. 그런데 자연파 쪽에서는, 작자는 자신의 주관을 없애버리고, 오직 조용하게 냉정하게 사상을 관찰한다. 사상이 주가 되고 작자는 완전히 수동적passive인 위치에 선다. 환언하면 낭만파의 작자는 제멋대로 자신의 머릿속에서 사상을 취급하고 이에 기교도 더하고 변화도 주지만, 자연파의 쪽에서는 그런 일은 전혀 하지 않는다. 자연과 인생을 그대로, 있는 그대로 해서 두고, 작자는 우선 이에 몸을 던지고 겸양의 태도로써 그것에 굴복하고 인종한다. 그 자신의 자유의지라는 것을 부정하여 버리고, 체념의 태도로 일체만상을 정관한다. 따라서 낭만파의 작품은, 작자 개성의 흔적stamp이 가장 크게 가장 분명하게 나타난 문학인데 반하여, 자연파의 그것은 작자 개성의 흔적이 가장 작게, 가장 희미하게 나타난 작품이다.

E. 낭만파와 자연파의 서로 다른 점은, 결코 외부적인external 것이 아니다. 양자 사이에는 내적인internal 구별이 있다. 동일한 제재 즉 subject-matter에 대해서, 작자의 관점이나 방법method이 다른 것이다. 즉 전자는 모든 현상을 정신적, 영적으로 보고, 후자는 이를 기계적, 물질적으로 보는 차이이다. 이것은 앞에서 이미 서술한 것처럼, 철학에서 말하는 이상주의idealism에 대한 유물론materialism의 승리였고, 시대 조류의 추이에 자연스럽게 동반된 결과이다. 이런 점이 일체 현상을 물질과 운동으로 돌리는 자연과학의 영향인 점은 지금 또 되풀이해서 말할 필요도 없다.

F. 구舊문예는 항상 아름다움을 추구했고, 이에 반해 자연파는 진리를 추구했다. 그것도 예술상의 진리는 아니고, 순연純然한 과학상의 의미에서의 진리이다. 추한 것, 불쾌한 것, 인생의 사실을 보통 있는 그대

로, 즉 그것들을 시화詩化하거나 순화하지 않고, 그 적나라한 진상을 폭로하려고 한 것이 자연파의 주장이었다.

G. 이러한 의미에서 낭만파의 기교적인 것에 반대해서, 자연파는 무기교적이라고도 말할 수 있다. 자연파는 낭만파의 이른바 이상을 완전히 파괴하고, 단지 현실생활을 충실하게 묘사한다. 그것은 흡사 과학자가 생물을 분석하고 해부하는 것과 동일하게, 한 점의 사적인 감정도 섞지 않고 세공을 가하지도 않는 방식이다. 즉 문예가가 자신에게 특유한 사상이랄까 감흥이랄까 이런 것을 표현하기 위해서 자유자재로 자연을 구사하고, 이에 수정을 가하는 것은 낭만파 이전의 문학이지만, 자연파에 이르러서는 예술가는 단지 자연 그 자체를 표현하기 위해서 자기를 낮추어 자연의 종복이 되고, 자연에 충실하지 못하면 어떻게 할까 그 점만을 두렵게 여기게 되는 태도를 지니게 된다.

H. 낭만파 문학의 일면에는, 예술지상주의라고도 말해 마땅한 경향이 있었다. 즉 모든 예술은 예술 그 자체를 위해서 독립적으로 존재하는 것이고, 결코 다른 문제와 관계하지 않는다. 낭만파 문학은 각박하고 괴로운 현재의 생활에 대해서, 완전히 초연하고 고답적인 태도를 취해야만 한다고 노래했다. 추예醜穢하고 비참한, 이 덧없는 세상을 아랑곳하지 않고, 특별히 깨끗하고 고고한, 또 즐거운 '예술의 궁전', 즉 시인 테니슨이 노래한 그런 예술의 궁전Palace of Art 혹은 생트 뵈브가 비니Vigny를 평할 때 말한 '상아의 탑tour d'ivoire'(이 표현은 구약의 「아가」편 제7장 4절에도 보임) 안에서, 홀로 마음을 집중하여 소위 '예술을 위한 예술art for art's sake'을 해야 한다고 하는 것이 그 주장의 일면이었다. 그런데 지금 시세時勢는 급변하여 물질문명이 왕성하고 생존경쟁이 치열한 세상이 되었고, 그 세상 속에서 인간은 그 누구도 한시라도 실제 인생을 떠나서 유유자적할 만큼 마음의 여유가 있을 수 없게 되었고, 사람들은 현실생활의 압박을 한층 아프게 느끼기에 이르렀다. 인생 당면의 문제가, 정말 늘 뇌리에서 떠났다가도 다시 뇌리를 사로잡고, 마음을 고뇌에 빠지게 만든다. 그래서 마침내 문예만이 언제까지나 무사태평

하게 있을 수만은 없게 되었고, 자연히 현재 생존의 문제와 밀접한 관계를 유지하게 되었다. 눈앞으로 급하게 다가와서 사람들을 번뇌에 빠지게 하고 괴롭게 하는 사회적, 종교적, 도덕적인 문제가 곧바로 문예상으로 취급될 정도로까지 인생과 예술은 처음으로 서로 접근했다. 예전부터 한가한 사람의 한가한 일이라는 관점을 드러낸 예술을 위한 예술이 지금 변해서 인생을 위한 예술art for life's sake이 되어 버렸다. 이는 너무나 바쁜 근대인들의 생활이 홀로 예술만을 청한淸閑의 별천지에 두는 것을 허락하지 않기 때문이다. 전에 러시아의 문학을 서술한 때와 같이 최근은 실생활 그 자체와 직접적인 교섭이 있는 문예가 아니라면 유력한 위치를 점할 수 없을 정도가 되어버린 것도 완전히 이런 점 때문이다.

오스카 와일드는 예의 탐미주의의 관점에서, 근대에 이르러 문예가 인생문제에 예속되기에 이른 것을 개괄적으로 이렇게 말했다.

> Art begins with abstract decoration, with purely imaginative and pleasurable work dealing with what is unreal and non-existent. This is the first stage. Then life becomes fascinated with this new wonder, and asks to be admitted into the charmed circle. Art takes life as part of her rough material, recreates it and refashions it in fresh form; is absolutely indifferent to facts; invents, imagines, dreams, and keeps between herself and reality the impenetrable barrier of beautiful style, of decorative or ideal treatment. The third stage is when Life gets the upper hand and drives Art out into the wilderness. This is the true decadence, and it is from this we are now suffering (Intentions, p. 20)

'예술'은 추상적 장식으로 시작하고, 실재하지 않고 현존하지 않는 사물을 취급하고, 순연한 상상적, 쾌락적인 작품을 만드는데, 이것이 그 첫 번째 단계이다. 이어서 '인생'은 이 새로운 경이에 마음을 빼앗기고, 그 별천지의 영역 안으로 들어갈 수 있도록 허용되는 것을 바라기에 이르렀고, '예술'은

> 인생을 그 재료의 일부로 삼아 새로운 모습으로 이를 개조한다. 전혀 사실을 원하지 않고, 창작하고, 상상하고, 몽상한다. 이때를 당하여는, '예술'과 현실 사이에는 아름다운 필법, 장식적 혹은 이상적 작풍(作風)의 울타리와 벽이 존재하는 상태이고, 확연하게 그 둘은 분리된다. 그리고 세 번째 단계에 이르러서는 '인생'은 마침내 승리를 거두고 '예술'을 황야로 몰아낸다. 이것이야말로 진정한 쇠퇴이고, 지금 우리가 고민하고 있는 것은 바로 이런 점이 있기 때문이다.

여기서 말하고 있는 첫 번째 단계의 장식적 예술을 가령 의고주의 시대라고 한다면, 두 번째 단계의 개조시대, 몽상시대는 낭만주의 시대일 것이다. 그리고 세 번째 단계, 즉 예술이 쫓겨나고 인생문제 쪽이 주가 된 시대, 이것이 지금 말하는 자연파 전성시대의 문예이다.

구舊문예는 단지 슬프다고나 할까 유쾌하고 즐겁다고나 할까 하는 유희적 분자를 많이 갖고 있고, 소위 풍류오락의 재료로 제공되는 데에 반해서, 신문예는 늘 현실생활 그 자체에 접촉하는 만큼, 엄숙하고 진지하다고도 말할 수 있다. 상세하게 말하면, 낭만파 이전의 구문예는 사람을 몽환의 고향으로 유혹해서 자신을 잊게 만드는 경지로 강제로 끌고 가서, 그곳에서 현세의 고통을 잊게 하려고 한다. 반드시 그 안에 태평하고 마음이 편안한 도락道樂의 분위기가 있지만, 시종 악착스런 근대인의 흉중에는 이미 그러한 여유도 없고 한가한 마음도 없다. 근대인은 정신적으로도 육체적으로도 모두 양쪽이 꽉 막힌 괴로운 생활을 보내고 있는 만큼, 잠시라도 현실의 괴로움을 잊고, 자신을 잊는 것이 가능하지 않다. 아니 그러기는커녕, 오히려 그 괴로운 현실생활을 한층 깊게 음미하고 세밀하게 관찰하고, 그 이면의 이면까지 폭로하기 시작하고, 세상은 도대체 어떻게 이렇게 되어 있을까, 하고 숙고reflect 하려고 하는 것이 그들의 경향이다. 나를 잊어버리는 것이 아니라, 오히려 현재의 나를 중심으로 해서, 현재 생활을 반성하려고 한다. 소설이나 희곡에 대해서도 늘 '지금의 내 일처럼 생각되어 측은해지고'

그런 점에서 처음으로 흥미를 느끼는 것이다. 자신과 현재의 괴로운 생활, 이 두 가지를 떠나서는 다른 모든 것이 그들 입장에서는 의의가 없는 것이 된다.

지금 이를 대단히 비근한 예로 비유해보면, 어떤 이가 자신이 궁핍하고 대단히 괴롭다고 아득바득 생각하자 마음에 조금의 여유도 없게 되었다. 그러한 때 하루아침에 아주 큰돈의 뜻밖의 이익을 얻는 이야기를 읽어 보았자, 조금이라도 재미가 없다면, 어떤 흥미interest도 생기지 않을 것이다. 뭐랄까 정말 바보 같은 터무니없는, 그런 흥미로운 마음이 생겨서 다시 가슴에서 울리는 일은 없을 것이다. 그것보다는 가난과 괴로움을 있는 그대로 묘사하기 시작하고 그 참담한 생활 상태를 그린 작품을 본다면, 그것이 자기의 현재 상태와 절실하게 맞아떨어지는 그 만큼, 소위 '지금의 내 일처럼 생각되어 측은해지고', 한층 심각하게, 딱 맞게, 가슴에 사무치게 된다. 그런 다음에는 오히려 한걸음 더 나아가서 절실히 자기생존의 문제도 한층 심각하게 생각하게 된다, 라고 말하는 식이 될 것이다.

이와 같은 이유로, 근대문예에는 사회극, 사상극, 문제극, 경향소설, 혹은 문제소설 등으로 불리는 종류의 작품이 대단히 많게 되었다. 근대인들의 뇌리를 계속 떠나지 않는 사회문제라든가, 결혼문제라든가, 윤리종교의 문제라든가, 이것들이 소설이나 희곡의 중심사상이 되어버렸다. 단지 재미있는 연극이나 이야기보다도, 직접 그러한 문제에 접촉하는 작품 쪽이, 한층 강한 감동을 독자관객에게 주기 때문이다. 상세하게 말하면, 하나의 작품에는 그 예술적 방면인 묘사의 면과, 그 사상적 방면인 문제의 면, 두 면이 있기 때문이다. 그리고 대부분의 경우에서 작자가 작중 인물이 되어 빈번하게 정신적 면과 물질적 면의 모든 인생문제를 논한다. 혹은 작품 그 자체를 통해서, 작자의 철학이나 신앙이나 사회예술관이 발표되기도 한다. 이 경우 '예술'은 단지 '사상'을 포함하는 외피에 지나지 않는다. 이런 경향이 예술적 분자가 결핍되어 있고 현실적 경향이 넘치는 북유럽 문학에서 가장 현저한 것은 전술한 대로이다. 지금 시험 삼아 덴마크의 비평가 브란데스Brandes[7]가 열거한 입센 작품에 나타나는 근대의 네 가지 문제를 보면,

첫 번째가, 종교문제(〈부란도〉에서와 마찬가지로).

두 번째가, 노년과 청년, 또 신사상과 구사상과의 경쟁 충돌(『청년결사The League of Youth』에 나타난 것과 마찬가지로).

세 번째가, 사회의 다양한 계급의 문제 및 생존경쟁, 빈부격절의 문제(예를 들어, 입센의 작품 『사회의 기둥The Pillars of Society』에서처럼).

네 번째가, 남녀 양성 간의 문제, 도덕적인 면, 사상적인 면에서의 부인해방 문제(입센의 희곡 〈연애 희극Love's Comedy〉, 〈인형의 집A Doll's House〉에 나타난 것과 마찬가지로).

마찬가지로 노르웨이의 뵈른손의 작품 등도, 중년 이후에 나온 작품은 대체로 모든 작품들이 이런 문제들을 다룬다. 일례를 들면, 이미 우리나라에서 모리 오가이森鷗外 박사가 번역한 『사람의 힘을 넘어선Beyond Human Power』의 경우, 근대에서의 종교 신앙의 쇠멸衰滅을 작품의 주제로 삼아, 유럽 각국 도처에서 입센 극 이상의 인기를 얻었다. 또 러시아의 소설가를 예로 들면, 도스토예프스키, 투르게네프, 톨스토이 등의 작품은 일면에서 말하면, 그 작품들은 모두 사회, 정치, 윤리 등의 문제에 대한 작자의 사상이나 주장을, 소설이라는 형식을 빌려서 발표한 것이라고 생각할 수 있다. 그 다음에 극의 방면에서 말하면, 학정虐政에 괴로워하는 러시아 하층사회의 참담한 생활 상태를 묘사한 작품에는 톨스토이의 〈어둠의 힘The Power of Darkness〉과 고리키의 〈밤 주막〉 등과 같은 작품이 있다. 봉건제의 유풍인 귀족관료의 발호를 풍자한 고골의 『검열관The Inspector』과 같은 작품의 경우도 세계적 명성을 떨치는 걸작이다. 그러나 이런 점은 특별히 북유럽 문학에만 한정된 현상은 아니다. 예를 들어, 프랑스의 작가 폴 에르비외의 문제극에서, 법률의 미비 때문에 일어난 죄악이랄까, 약자의 압박이랄까, 혹은 양성문제랄

---

7) (역주) 1842~1927. 덴마크 비평가이자 학자로 코펜하겐 출생.

까 하는 등의 내용이 어떻게 솜씨 좋게 다루어지는가를 보거나, 하우프트만의 〈해뜨기 전Vor Sonnenaufgang〉이나 〈직조공들Die Weber〉 등의 작품이 독일에서 사회에 어떠한 영향을 직접 미쳤을까를 생각하거나, 바다를 사이에 둔 영국에서 시정의 부패를 비난한 조지 무어의 〈가지의 휘어짐The Bending of the Bough〉과 같은 극작품 및 쇼의 여러 작품의 내용을 생각하면, 동일한 경향이 유럽 도처의 문학에서 대단히 현저하다는 점을 누구나 모두 바로 눈치를 챌 수 있을 것이다.

이와 같이 현실생활 속에서 이렇게 저렇게 여러 가지로 사람의 머리를 번뇌에 빠뜨리는 문제가 많아지는 것과 동시에, 문예 쪽에서도 이 문제들이 취급되는 그런 결과가 발생했다. 그렇지만 또한 원인은 곧 결과가 되는 법이다. 즉 문예 쪽에서 취급한 것은 곧바로 또 사회상으로 영향을 주기도 한다. 특히 희곡의 경우처럼 일반 대중을 상대로 하는 예술의 경우에, 그 작품이 직접적으로 사회에 미치는 영향은 특히 현저할 수가 있다. 이와 같이 문예와 실생활은 양쪽에서 상호간에 영향을 주고받게 되고, 양자의 관계는 더욱더 밀접하게 되는 것이 자연스럽다. 이 점은 이전의 낭만파 시대에서는 전혀 보이지 않는 새로운 시대의 특색이다.

I. –"과거의 역사가는 사실이라는 형식에 의거해서 재미있는 소설을 허용해 왔다. 근대의 소설가는, 소설의 가장假裝의 원료로, 재미있지 않은 사실을 우리에게 제공한다."–

–"'사실'은 역사에서 입각점을 얻을 뿐만 아니라, 또 공상의 영역을 탈취하고, 로망스의 영역도 침범했다. 그 차가움은 모든 사물 위로 미치고, 또 인류를 속화했다."

이 두 가지의 말은 오스카 와일드의 경구이지만, 실제의 직접 경험을 중시하는 과학만능의 시대에는, 사실이라고 하는 것만이 귀하게 대접받는 결과, 공상도 로망스도, 그러한 환영은 모두 흔적도 없이 사라져 버리고 말았다. 과거의 낭만파 시대와 다르게 문예도 지금은 완전히 사실만을 중시하기에 이르렀고, 시정詩情은 마르고 취향은 상실됐다. 시적인 것이 일변해서 산문적이 되어 버렸던 것이다.

있는 그대로의 사실을 그리는 데에는 문예 중에서도 소설이 가장 적합한 형식이다. 간단하게 말하면, 문예×과학=소설이라는 모양에서 보면, 소설이야말로 가장 시적, 예술적 분자가 적고, 과학의 정신에 접근하기 쉬운 형식이다. 따라서 자연주의의 발흥 이후 근대 유럽의 문학에서는, 양적인 면에서도 질적인 면에서도, 소설의 세력이 가장 강하다. 원래 18세기 무렵까지는 문학을 말하면, 시가와 희곡이 중심이었고, 소설은 오히려 식객이랄까 더부살이이랄까 그러한 지위에 있었고, 그 발달도 또한 대단히 유치했다. 원래 근세 소설은 영국의 필딩, 리처드슨 정도부터 시작하고, 19세기 낭만파의 뛰어난 작가 스콧이나 위고에 이르러 크게 세를 얻게 되지만, 다시 자연주의 시대에 들어간 이후 소설은 마침내 문예의 가장 주요한 형식으로까지 성장하기에 이르렀다. 특히 러시아 문학과 같은 경우는 정확히 이러한 경향이 우세한 시대에 처음으로 탄생의 소리를 알린 것이기 때문에, 자연히 여러 나라의 소설 중에서도 가장 탁월한 소설이라고 여겨도 크게 이상한 일은 아니다.

시세가 급변하여 산문적prosaic이 되었기 때문에, 문학도 대체로 산문적이 되었다. 낭만파 시대에 번성했던 서정시가 쇠하고, 소설이 번성하게 된 것과 동시에, 극도 시의 형식을 취하지 않고 완전히 산문극이 되고, 아름다운 서정 드라마lyric drama의 종류, 예를 들면, 셸리의 작품과 같은 그러한 작품은 사라지게 되고, 사회극social drama이 이를 대신했다. (프랑스의 로스탕Rostand의 〈시라노 드 베르주라크Cyrano de Bergerac〉이나 그 다음에 나온 〈새끼독수리L'Aiglon〉 등에서도 모두 운문의 형식을 이용하고, 또 가장 최근에 오스트리아의 호프만슈탈Hofmannsthal이 대단히 아름다운 율문을 이용해서 극을 만들었던 것처럼 예외는 물론 적지 않지만, 대체로 보면 근대의 극은 대저 모두 산문극이다).

J. 낭만파는 공상이나 감정을 크게 움직이는 것을 위해서, 과거의 시대 특히 중세의 사물과 고대의 전설과 신화들을, 이미 전에 서술한

것처럼, 선택하지만, 자연파의 작가는 대개 직접 자신의 이목에 걸리는 현대의 사건과 현상, 특히 자신이 경험한 인물이나 사건을 묘사하고 현실생활의 진실을 나타내려고 한다. 그 결과로서 근대문예에서는 제대로 된 로망스의 흔적이 거의 끊어진 것은 물론이고(영국의 스티븐슨의 경우처럼 현저한 예외는 있다고 하더라도), 역사소설이라는 것 역시 이미 상당히 그 영역을 축소 당했다. 그런 축소 경향에서 벗어나는 경우는 많지 않았다. 가끔 메레슈코프스키 세르게예비치[8]의 3부작 소설[9]처럼 걸출한 작품도 있고, 또 요즘 영국의 휴렛Hewlett처럼, 이 방면에서 인기가 있는 작가도 있기는 있지만, 전체적으로 역사물과 시대물이 결코 스콧 등이 활약한 낭만파 시대처럼 영향력을 행사하지 못하고 있는 점은 명백하다.

K. 낭만파가 늘 마음과 눈을 깜짝 놀라게 하는 희귀한 사상事象을 묘사하는데 반해서, 근대의 자연파는 그 어떤 기이함도 없는 일상생활의 사상을 지극히 평범하게 묘사하려고 한다. 어떤 사람에게도 충분히 이해될 수 있고, 체험될 수 있는, 그러한 비근한 인물이나 사상만을 묘사하려고 한다.

앞에서 서술한 것처럼 근대는 과거와 같이 왕후나 귀족이나 영웅의 천하가 아니고, 다수 평민의 세상이다. 한 명의 위인이 백인의 힘을 발휘해서 천하에서 혼자 잘난 체 행동하는 시대가 아니라, 단 한 명의 힘밖에 갖고 있지 않은 백 명의 평범한 사람들이 모여서 천하를 지배하는 시대이다. 즉 민주적인 공기로 가득 찬 시대이기 때문에, 따라서 또한 시적 취향이 없는 평범한 세상이다. 이러한 시대에, 문예만이 어떻게 홀로 초연한 낭만적 풍격風格을 유지할 수 있겠는가. 자연파 작품에서 등장하는 인물과 사건에서 그 어떤 기이함도 없이 평범함과 단조

---

8) (역주) 1865~1941, 러시아의 작가이자 비평가. 러시아 상징주의의 선구자. 혁명 후, 반공주의자가 되어 1919년 파리로 망명했다. 러시아의 비판적 리얼리즘 문학의 공리성·정치성을 비판했다.

9) (역주) 『신(神)들의 죽음』, 『신들의 부활』, 『반(反)그리스도』의 3부로 이루어진 『그리스도와 반(反)그리스도』.

로움을 극대화하는 것은 우선 시세時勢가 자연스럽게 그런 결과를 유도하는 것이기 때문이다.

특히 또 인생의 진실을 드러내려고 하는 자연파문학이 실제생활에 흔히 있는 그러한 것만을 그리고, 그러하지 않은 것을 부자연한 것으로 여겨 완전히 배척하는 것은 당연한 일이다. 독자가 평생 보기도 하고 듣기도 하고 해서, 잘 알고 있는 인물이나 사건이 묘사되고 있는 것인 만큼 그 작품을 대할 때, 독자는 작품에서 친밀감intimacy을 충분히 느낀다. 작중 사상事象과 자신과의 거리가 대단히 가깝다고 생각하는 것이다. 즉 독자는 작가가 매일 자신이 교류하고 있는 사람의 신상에 대해서 쓰고 있는 것처럼 생각한다. 따라서 충분히 그 작품을 완상하는 것도 가능하다. 싫지만 극단적으로 말하면, 독자는 작가가 무엇인가 독자 자신의 일을 쓰고 있는 것은 아닐까 하기까지 생각하는 일도 있을 것이다. 앞에서 말한 '지금의 내 일처럼 생각되어 측은해지고' 가슴 깊숙이 인간생활의 맛을 절실하게 느끼게 되는 지점에, 홀로 자연파뿐만의 특색이 있는 것이 아니라, 모든 근대문학의 특색이 있다.

영국의 조지 메러디스의 걸작의 하나로 열거되는 『에고이스트Egoist』라는 소설은, 인간의 마음 속 깊이 부주의하게 잠재되어 있는 에고이즘의 근성을 얄미울 정도로까지 교묘하게 해부하고, 백서 수준으로 속속들이 드러낸 심리소설이다. 모든 사람은 그 누구라도 내심으로는 그러한 제멋대로의 근성을 지니고 있으면서도 겉으로는 의리가 굳건한 그러한 얼굴을 하고 남을 속이고, 자신을 속인다. 이 소설은 그런 점을 은밀히 감추려고 하는 인간의 모습을 훌륭하게 묘사하기 시작한 작품이다. 그런데 이 작품에 대해서, 스티븐슨이 다음과 같은 글을 쓰고 있는데, 이 글이야말로 내가 지금 말한 논점의 적절하고 좋은 예일 것이라고 생각하기 때문에, 자연파의 작품은 아니지만, 여기에 예로서 인용하여 두고자 한다. 윌로비Willoughby는 이 작품 주인공의 이름이다.

(원문 생략)

다윗(David) 왕의 면전에서 왕의 죄를 분명하게 노골적으로 말한 예언자 나탄(Nathan)의 경우처럼, 이 책은 사람으로 하여금 얼굴을 붉히게 만드는 책이다. …… 추구되고 있는 것은 당신 자신이다. 책 안에서 조심성이나 배려도 없이 폭로되고, 자못 기분 좋은 듯이 정치하고 교묘한 필설로 열거된 결함은 모두 이것, 바로 당신 자신의 결함이다. 작가 자신도 이러한 이야기를 들었는데, 작가가 아는 사람 중에서 어떤 젊은 남자가 그런 점을 몹시 괴로워하면서 작가의 처소로 와서, "당신이란 사람 지나치게 가혹하군요. 윌로비라는 사람의 일은 나의 일을 그대로 쓰는 것이나 마찬가지입니다"라고 말하자, 메러디스는 "아니, 저 인물이 누구이든 상관없이 이 이야기는 우리 모두의 이야기입니다"라고 대답했다고 한다. 우리들도 이 소설은 5~6번 읽었고, 아직 더 읽으려고 생각한다. 이렇게 말하는 것은 이 이야기의 젊은 남자처럼, 윌로비에 관한 것은 아무래도 나 자신의 일을 속속들이 드러내서 쓰고 있는 듯이 생각되기 때문이고, 비록 비열한 일이지만 또한 폭로한 것이 대단히 유리하다고 생각되기 때문이다.

이런 식으로 작중 인물이 모두 자신의 일면이랄까, 혹은 자신의 이웃사람의 일이라도 쓰고 있는 것처럼 생각하고, 그곳에서 절실하게 현재생활의 진정한 의미를 음미하고 반성하게 하는 점에 근대적 작품의 묘미가 있다. 따라서 이런 점이 작품의 인물이며 사건이며 모두 지극히 평범하지 않으면 안 되는 어쩔 수 없는 이유이다.

또 다른 한편에서 말하면, 모든 현상을 포착해서 이를 직접 경험에 호소하고, 과학적인 정치하고 엄밀한 관찰을 이 현상에 가하면, 세상에는 위대한 것이나 흠이 없는 것은 거의 존재하지 않게 되어버린다. 특히 유물론의 입장에서는, 만사를 질적으로 보지 않고 양적으로 보기 때문에 비범하다든가 신비하다든가 하는 점은 사라져 버린다. 천재나 영웅이라고 하더라도 역시 우리와 같은 모습의 생물이고, 천재와 우리의 차이는 물질적 에너지의 양의 차이에 지나지 않는 것은 아닐까, 하고 생각하니 어떤 고마움도 없게 되어 버린다. 필경 미인이랄까 영웅이랄까 하는 것은 멀리서 막연하게 보기 때문에 아름답게 보이기도 하고 위대하게 보이기도 하는 것이고, 실제 근접해서 자세하게 관찰하면, 모두 그저 그런 추한 존재가 되어버리고 만다. 경치든 인물이든 멀리 떨어져서 보기 때문에 아름다운 것이고, 그 대상에 다가가서 자세히 점검하면 온갖 추태가 나오는 것이 당연하다. 낭만파의 스콧이나 위고의 작품에 있는 미인이나 호걸도, 이를 직접 경험이든 현미경적 관찰이든, 그런 장소로 끌어내면 서푼의 가치도 없게 되고, 지극히 평범한 존재로 보게 되는 것은 아닐까. 과거의 낭만주의 문학은 평범한 것조차도 미화하고 시화詩化하지만, 근대의 문학은 그것과는 정반대로, 아름다운 것과 시적인 것을 포착해서, 오히려 이를 해부 분석하여 추하게 만들고 평범하게 만들어 버린다.

이렇게, 그 무엇도 그렇게 재미가 없는 평범한 내용의 소설을 읽고 인생을 보게 해달라고 하지 않아도, 누구라도 24시간 동안 언제나 우리 눈앞에서 전개되고 있는 현실생활을 싫다고 해도 볼 수밖에 없지 않을까. 특별히 미친 듯이 일부러, 이 괴로운 생활을 소설 내에서까지 맛보지 않아도 괜찮다면 소설을 보지 않는 것도 괜찮지 않을까, 라는 주장이 가능하다. 이는, 이미 앞의 H조에서도 말한 것처럼, 문예 대 인생의 관계에 관한 사고방식이 근본부터 다르기 때문에 생기는 문제이다. 즉 처음부터 망아忘我, 유희, 풍류, 오락이라고 하는 종류의 것만이 문예에서 요구된다고 하는 과거 방식의 생각을 갖고 있다면, 역시 과거의 낭만주의 이전의 예술로 돌아가지 않으면 안 된다. 이를 근대의 '인생을 위한 예술'에서 구하려고 하는 것은, 그것이야말로 처음부터 나무에서 물고기를 구하려고 하는 종류의 일이다. 현실의 인생을 고찰하고 반영reflect하기 위한 예술, 자신이 평소에 보고 있는 것보다도 한층 깊이, 한층 절실히 현재생활을 음미하고, 그것을 '새김질chew the cud'하기 위한 예술, 이것이 즉 평범한 인물사건 묘사의 존재이유raison d'être가 되는 것이라고 생각한다.

이점을 비유해서 말하면, 앞의 경우와 마찬가지로 인물의 사진을 보는 데에도 자연히 두 종류의 태도가 있다. 즉 자신이 본 적도 없는 요조窈窕 숙녀 같은 미인의 사진을 응시하고 즐거워하는 유희적 태도, 이것은 즉 낭만파 이전 문학의 경우이다. 하나 더, 스스로 싫증날 정도로 잘 알고 있는 친형제라든가 친우라든가 하는 이들의 사진을 중요하게 여기는 사람의 경우, 이 경우에는 그것이 마맛자국 얼굴이랄까 애꾸눈이랄까, 하는 미추 등의 개념은 처음부터 문제가 되지 않는다. 될 수 있는 한, 진짜 얼굴을 잘 닮아서 정말 사실적이라면 좋다. 그리고 그 평범하기 짝이 없는 얼굴을 한층 잘 보고 음미하고 싶고, 사진 속의 그 사람을 이에 따라 생각해내고는 그것을 진면목으로 지긋이 생각해 보고 싶다고 하는 것이 주된 생각이다. 이 후자가 바로 근대적 작품, 즉 평범한 사상事象의 묘사의 경우에 상당한다. 추하다는 것과 아름답다는 것을 원래부터 문제 삼는 것이 아니라, 진리를 잘 전하고 인생고찰의 자료를 얻으면 족한 것이다.

호메로스 이래 영웅이나 미인을 묘사하고 장려한 시구를 늘어놓는 것이 일반적 통념으로 되어버린 서사시라는 것은, 앞에서 언급한 그러한 이유로, 유럽 근대 문학에서는 그 흔적이 완전히 끊어지고 말았다. 그 이유는 영웅에 관해 쓸 때도, 미인을 묘사할 때도, 그것을 모두 우리 같은 보통의 평범한 인간이 묘사하기 때문이다. 일례를 말하면, 톨스토이의 걸작인 장편소설『전쟁과 평화』와 같은 작품은 러시아와 프랑스 사이에서 일어난 나폴레옹 전쟁이라고 하는 저 장렬한 활극을 제목으로 한 작품이다. 만약 트로이 전쟁이 호메로스의 시제詩題가 되고 저 불후의 서사시의 재료가 된 것이라면, 이 나폴레옹 전쟁도 분명히, 작자가 취급하는 방법에 따라, 근대 서사시의 제목이 당연히 될 수 있는 것이다. 그것이 톨스토이 백작의 이 작품에서는 어떤가하면 나폴레옹부터가 이미 보통의 인물로 묘사되고 있고, 그 외 러시아 측의 안드레이 볼콘스키André Bolkonski라든가 피에르 베주호프Pierre Bezushof 등을 보아도 그렇고 영웅호걸 같은 사람은 한 사람도 있지 않는 것으로 보인다.

쓰는 방법에 따라 일대 서사시가 되어야만 하는 작품이, 흡사 시정잡사를 묘사한 것처럼, 한 편의 사실소설이 되어버린 점에서 또한 근대적 작품의 의의가 존재한다.

또 희곡에 대해 말하면, 과거부터 비극의 주인공은 반드시 왕후처럼 지위가 높은 사람이든지, 혹은 성격에 있어 비범하고 걸출한 면이 있다든지, 무엇인가 보통 사람들과는 다른 비범한 사람인 점이 필요조건이었다. 즉 원래가 독자관객에게 감동주려고 하는 것이 구舊문예의 목적이기 때문에, 보통의 아무 것도 아닌 인물이 불행한 처지에 빠지는 것을, 어떤 사람도 그런 따위의 것을 생각하지는 않는다. 제왕이랄까 대大야심가이랄까, 혹은 용감하고 호탕한 인물이랄까 하는 자가 하루아침에 파국catastrophe에 빠지는 것이 아니면, 어떻게 해도 독자의 마음을 움직이는 것은 가능하지 않다. 그런데 처음부터 사람을 감동하게 만든다든지, 눈물을 흐르게 만든다든지 하는 것을 추호도 기대하지 않고, 다만 인생을 반영reflect하려고 하는, 예의 근대식의 자연파의 극에서 그 주인공을 보면 남자이든 여자이든 실로 평범하기 짝이 없는 인물만이 있다. 오이디푸스, 아탈리, 이피게니에 등과 같은 인간은 물론, 맥베스, 리어 등과 같은 종류의 인물은 단 한 사람도 나오지 않는다. 작중인물은 우리가 일상적으로 보는 그리 희귀하지 않은 평범한 남녀뿐이다. 그리고 근대극의 이 현저한 특징의 대표적인 작품은, 우선 입센의 사회극일 것이다. 초기의 〈부란도〉 등에서는 아직 영웅 느낌이 나는 분자도 있지만, 뒤의 〈건축가 솔네스Solness〉나 〈욘 가브리엘 보르크만John Gabriel Borkman〉 등에서는, 등장인물 모두 한 사람도 평범한 인물이 아닌 사람이 없다. 독일의 하우프트만의 희곡 등에서도, 물론 입센을 배운 것이겠지만, 마찬가지로 각 편에 등장하는 주인공의 평범함이 우리의 눈을 가장 두드러지게 사로잡는 것 같다.

낭만파 이전의 구舊문예에서는, 이럭저럭, 기발한 제목으로 사람의 눈을 끌려고 하는 풍조가 있었다. 자연파 이후, 이 풍조가 완전히 사라지게 되었다. 제목은 어느 것이나 모두 일상적이고 비근하고 평범한 것뿐이었다. 이런 현상은 문학에만 한정되지 않고, 조각이나 회화 등 모든 근대예술 일반의 특징으로서 특히 주의를 기울여야만 한다. 이를 회화에서 보면, 과거의 회화는 역사상의 대사건이랄까, 혹은 신화전설의 아름다운 이야기이랄까, 그 밖의 훌륭한 것, 빼어난 것을 화제畵題로 선택한다. 심한 경우에는 설명서로 화제를 설명하지 않으면 이해되지 않는 그런 제목을 달기도 했지만, 근대에 이르러서는 이것과 뜻을 전혀 달리 한다. 즉 특별할 것이 없는 눈앞의 경치나 어떤 기발함도 없는 인물의 얼굴을 그리고, 그런 다음 태연하게 새침한 척한다. 추호도 제목으로 사람의 흥미를 끌려고 하지 않고, 완전히 화가 그 자신의 기량으로 목표에 도달하려고 한다. 과거의 그림은 여자라고 한다면 미인, 남자라고 한다면 용사를 그렸지만, 지금은 추한 부인일지라도, 무식한 사람일지라도, 서민일지라도, 그 무엇이든지 모두 훌륭한 제목이 되는 것이다. 이 과학만능의 환영소멸 시대에, 각성한 새로운 인간新人의 마음에는 경이가 아니라면 위대하지도 않고, 차가운 칼과 같은 관찰의 눈에는 모든 것이 일체 평등하다고 할 정도로 평범하다. 금강석도 석탄과 마찬가지로 탄소의 화합물에 지나지 않는다고 보기 때문이다. 따라서 종래는 추한 것, 속된 것으로 문예의 권외에서 완전히 배척받아 온 존재가 평온하게 묘사된다. 꼭 좋아서 추한 것을 묘사하는 것이 아니라고 해도, 이미 제목을 중요하게 여기지 않게 된 이상 자연히 평범한 혹은 추예醜穢한 사상事象을 많이 묘사하기 시작하게 된 것이다.

이상은 구문예가 자연스럽게 사조의 추이에 독촉을 받아 신시대의 문예로 변천하여 간 그 전과 후, 즉 낭만파와 자연파를 대조하고 양자의 두드러진 특징을 비교한 것이다. 연대로 말하면, 1830년(프랑스 문학사에서 볼 때, 특히 이 해는 유명한 해로, 그것은 위고의 극 〈에르나니Hernani〉가 이 해에 무대에서 공연되었고, 이 해에 더욱더 확실히 낭만파가 전승을 거두게 되고, 의고파擬古派는 숨을 죽이고 꼼짝할 수가 없게 되어 버렸기 때문이다) 경이 일반적으로 낭만주의 전성시대이고, 그 후 점차 변천해서, 1860년 경, 즉 프랑스 제2제정 시대가 대체로 자연파의 극성기라고 볼 수가 있다.

제6강 자연주의 2

1. 명칭

명칭의 의미한정 필요 - 문예 이외의 경우에 있어서의 Naturalism-natural의 어의 - 문예사상에서의 명칭의 용례 - 1. 루소가 주창한 자연주의 2. 졸라의 주장 - 자연주의와 사실주의 - 실험소설론 - 인생의 과학적 연구 - 졸라의 주장에 대한 공격설

명칭의 전의詮議 따위는 어때도 좋다고 생각하는 사람도 있겠지만 그것은 큰 잘못이다. 이름의 의의가 명확하게 한정되어 있지 않기 때문에 학문상 논의가 백출하고 스스로 거기서 오해가 생기는 것은 종종 보는 것이다. 현재 일본 문단에서는 자연주의Naturalism의 의미가 여러 가지로 해석되기 때문에 쓸모없는 논쟁이 적지 않게 일어난 적도 있었다. 서양에서도 영국과 프랑스의 많은 평가와, 독일의 미학자 예를 들면 폴켈트Volkelt 등의 주장과 문예상 이 말의 해석에 있어서 상당히 다른 부분이 있다. 따라서 나는 우선 이 말의 해석을 확정한 후에 본론에 들어가고자 한다. 또 특히 모든 예술은 자연의 모방imitation of nature이라고

도 말하지만 이것은 플라톤의 예술론 이래 극히 오래 전부터 세상에 나온 주장이다. 그러나 이런 의미에서 말하면 모든 문예는 모두 자연주의에 속하는 것이 되어 버린다. 그러므로 이 명칭은 더욱 좁게 정의하고 해석하지 않으면 안 된다. 즉 동일하게 자연을 모방해 소위 제2의 자연second nature을 만들어 내는 동안에도 거기에 작자의 태도에 차이가 있으면 그 안에 다양한 유파나 주의가 생기는 것이다.

그리스의 아리스토텔레스 이래 '자연'이라는 단어만큼 여러 가지 잡다한 의미로 사용된 말은 없다. 따라서 자연주의란 명칭도 문예 이외에 신학이나 철학 등에서는 또한 다소 다른 의미로 해석되고 있다. 즉 일체 모든 것을 자연의 법칙에 의해 설명한다. 정신현상도 필경 이 물질현상의 연속에 다름 아니므로 자연과학의 연구법으로써 정신현상을 천명할 수 있는 것이다. 따라서 자연을 초월하는 원리나 혹은 신비, 기적과 같은 것은 완전히 공상에 불과하다고 해서 그것을 부정한다. 이러한 의미에서의 자연주의는 거의 유물적, 기계적, 과학적 태도이며 이것이 가장 넓게 사용되는 의미이다.

여기서 사전을 넘겨 자연natural이란 단어의 설명을 보면,

> a. 원래 타고난 그대로의 본질, 결코 후에 얻거나 붙거나 한 것이 아니라 천성으로 갖춰져 있다는 inherent, innate의 의미. 즉 완전히 기교나 관습, 인습 밖에 서 있다는 의미. b. 육적, 물질적, 객관적. c. 자연의 이치에 의해 발생된 것. d. 현실적인 것. 상궤(常軌)적인 것. 즉 기괴, 변이의 반대.

그 외에도 장황하게 씌어 있지만 이하는 생략하고 우선 근대의 문예에서 말하는 자연주의에도 위에 든 다양한 의미가 포함되어 있는 것은 이미 앞에서 말한 근대 사조에서부터 보아도 명백하다고 생각한다. 그러나 이런 모든 용어를 해석하는 데 있어서 단지 막연한 논리로만 추측하면 안 된다. 어떤 용어가 실제의 문예사에서 누구에 의해 어떤 의미로 적용되었는가 하는 사적史的 사실에 의해 결정되어야 한다. 그렇

지 않으면 후세 사람들이 마음대로, 되는 대로의 논리를 억지로 우겨, 결국에는 폴켈트 등과 같이 자연주의라는 명칭을 모든 근대문예의 총칭인 것처럼 해석하게 된다. 이렇게 되면 쓸데없이 지나치게 광막해져 구별이 서지 않을 뿐 아니라 그 사이에 중대한 오해까지 생겨날 우려가 있다.

근대의 문예사상 실제에 있어서 자연주의의 명칭은 두 가지의 의미로 쓰였다. 즉 이 단어가 적용된 사실상의 경우가 두 가지 있다.

첫째는 루소가 제창한 자연주의. 곧 『과학예술론Discours sur les Sciences et les Arts』(1749), 『인간불평등의 기원Discours sur l'Origine et les Fondements de l'Inégalité parmi les Hommes』(1753) 『에밀Emile』(1762).

이들은 명저이며 근세의 대사상가가 고취한 학설로 인습적 제도의 잘못을 들추어내고 인공적인 문명의 폐단을 논한 점에 그 주장의 근거가 있었다. 자연은 원래 인간을 선하고 행복한 자로 만들었다. 그것을 부자연스런 사회제도가 인간을 이렇게 악하고 참혹하게 만들어 버린 것이었다. 그는 당시 사회상태의 결점을 종교, 정치, 교육, 도덕이 자유로운 자연 상태를 멀리하고 인위적으로 잃은 데에서 기인한다고 말했다. 따라서 이 폐해를 없애려면 우선 인간이 사회라는 것으로부터 얻은 모든 영향, 감화를 벗어나서 인간자연의 원시적 상태로 돌아가지 않으면 안 된다고 갈파喝破했다. 이것이 저 유명한 '자연으로 돌아가라Return to Nature'라는 주장이다. 특히 『에밀』 1권에서는 교육이라는 것을 이렇게 논했다. 자연 상태 그대로 두면 훌륭한 인간이 될 것을 인공을 가해 나쁘게 만들어 버린다. 교육이 가장 그렇다. 참다운 발달은 외부로부터 주입해야 하는 것이 아니라 스스로 개발해야 하는 것이다. 그 근본인 종자는 천성적으로 갖춰져 있다. 종자를 자연의 경향 그대로 발육시키는 것이야말로 참된 교육이며 억지로 일정한 주형에 끼워 넣으려는 것은 헛되이 아이를 해치는 것이라고 설명했다.

칸트를 놀라게 하고 괴테를 기쁘게 한 이 절규는 그 당시 사상계에서 참으로 청천벽력이었다. 절대적인 영향력은 정치상 프랑스혁명이 되고, 자유주의가 되었으며 문예상으로는 의고주의에 대한 낭만파의 승리가 되었다. 이상이나 표준을 버리고 인습을 무시하고 자연의 권위를 주장하는 근대사상의 근원을 만든 것은 실로 이 학설이었다.

그러나 루소의 외침은 내가 이 강의에서 말하고자 하는 과학적 정신을 기반으로 하는, 낭만파 뒤에 그 반동으로서 나타나는 자연주의는 아니다. 물론 전후맥락이 상통하는 것이 있음은 말할 것도 없지만 19세기 후반기 유럽 문단을 풍미한 자연파 문학과는 구별되는, 이 두 번째 경우는 곧 에밀 졸라에 의해 주창된 자연주의이다. 현실의 진상眞相을 과학적으로 있는 그대로 묘사하려고 하는 주의, 환언하면 '현실'='진리'='자연'이라는 것을 토대로 한 문학이다. 과학만능시대의 기계적 물질적 세계관이 과연 당연히 만들어 낼 법한 성질의 문예이다.

여기서 졸라이즘Zolaism 자연주의를 설명하기에 앞서 말해 두고 싶은 것은 리얼리즘 즉 사실주의라는 명칭에 대해서이다. 독일 하르트만Hartmann이나 영국이나 프랑스의 많은 학자는 이 사실주의라는 말을 완전히 자연주의와 동일하게 보고, 또 실제 관용상으로도 대부분 그렇게 되어 있다. 곧 동일 작가의 동일 작품을 보고 자연파라고도 말하고 사실파라고도 하는 예가 많다. 새삼스럽게 둘 사이에 차별을 두어 독일풍의 논의를 조롱하는 것을 본인은 원래 기뻐하지 않는다. 그렇지만 단순히 사실파라고 말하면 현실의 세상世相을 있는 그대로 묘사하는 문학이라는 것만으로는 매우 막연히 넓은 의미가 되어 버린다. 따라서 예컨대 영국의 소설로 말하면 18세기의 디포D. Defoe도 19세기의 전반의 제인 오스틴J. Austen 여사도 또 우리나라의 사이카쿠[1] 등도 모두 어떤 의미에 있어서 사실가, 리얼리스트가 아니면 안 된다. 그러나 이렇게 보면 범위가 지나치게 넓어져 일반적으로 구별이 되지 않게 되므로 나는 여기에서 말하는 19세기 중반부터 후에 유럽문단에서 세력을 얻은 졸라이즘만을 다른 것과 구별하기 위해 특별히 자연주의라고 부르

1) (역주) 이하라 사이카쿠井原西鶴. 에도 전기 우키요조시(浮世草子)(에도시대 소설의 일종)의 작가 겸 배우. 대표작으로는 『호색일대남(好色一代男)』이 있다.

는 것이 정당하고 생각한다. 즉 단지 리얼리즘이라고 말하면 눈앞의 세태, 인정을 여실하게 묘사한다는 일반적인 넓은 의미. 그리고 자연주의라고 말하면 특별히 과학적 물질관에 근거한 졸라 일파의 근대사실파를 의미하는 것이라고 구별하는 것이 사실史實을 존중한 온당한 번역일 것이다.

한편 졸라는 자연주의의 주장을 「실험소설Le Roman Expérimental」(1880)과 「자연파 소설가Les Romanciers Naturalistes」(1881)라는 두 편의 논문에서 발표했다. 인간은 결코 영적이지도 정신적이지도 않다. 단지 하나의 기계에 불과하다. 따라서 그 물질적 현상 또는 사회적 환경은 온전히 과학적으로 측정할 수 있는 것이라는 순수한 유물관이 이 학설의 출발점이다.

졸라는 우선 천문학과 같이 오직 관찰에 의한 과학과 화학처럼 실험을 바탕으로 하는 과학 사이에 구별을 두었다. 즉 전자의 경우는 연구자가 단순히 관찰자이므로 현상의 사진사에 불과하다. 그러나 후자의 경우는 실험자가 생각하는 대로 사물의 상태conditions를 변화시키고 그 진상을 탐구할 수 있다. 즉 소설가는 이 후자와 같이 실험가여서 우선 어떤 한 인물을 취하는 것, 이것을 작자가 자신이 선택하는 어떤 특수한 상황conditions 하에 두고 그 인물을 실험적으로 연구하는 것이다. 물리학, 화학이 이제는 이미 정밀한 과학인 것처럼 또한 생리학, 심리학도 똑같이 일정의 법칙으로 설명되고 있지 않은가. '길가의 돌도 인간의 두뇌도 모두 똑같이 결정론determinism에 지배되고 있다.' 따라서 인간의 지적, 정적 활동에도 이 정밀한 과학적 방법을 적용해 그 진상을 탐구하는 것, 이것이야말로 진정한 소설가의 임무이다. 낭만파, 이상파와 같이 오로지 순수한 상상에만 의하는 것은 안 된다. 또 불가사의를 불가사의 그대로 묘사하고 분석, 해부를 시도하지 않는 막연한 작품 또한 말할 필요가 없다. 작자는 모두 그 작품을 과학과 같이 명백한 지식positive knowledge 위에 세우지 않으면 안 된다고 말하는 것이 우선 졸라 주장의 요점이고 그 자신은 다음과 같이 말하고 있다. "아킬레스의 분노, 디도의 연애는 고전문학으로 묘사되어 참으로 아름다운 묘사로서 영원히 전해지리라. 그러나 우리들의 임무는 분노나 연애를 해부해서 이것들의 정열이 인간의 조직에 도대체 어떠한 작용을 하는 것인가 하는 것을 정밀히 알려는 것에 있다. 우리는 오늘날 완전히 새로운 관점에 서 있다. 철학적이라기보다는 오히려 실험적이 되었다. 과학과 마찬가지로 문예에서도 실험적 방법이야말로 개인적 및 사회적 자연현상을 결정하는 것이다. 지금까지의 철학은 이 현상들에 대해 단지 비합리적이고 초자연적인 설명을 부여하고 있음에 지나지 않았다……."

앞서 근대사조를 설명하고 철학 및 종교를 설명한 부분에서 과학이 낳은 결정론을 말했는데 졸라 자연주의의 근거는 바로 결정론이다. 즉 인간은 자유의지는 없고 단지 일정한 과학적 법칙 아래 움직이고 있는 것에 불과하다는 견해로부터 하여 인간을 완전히 하나의 생물로 간주해 그 생활을 연구하려고 하는 것이다. 그가 문예상 이러한 주장을 하게 된 것은 당시 프랑스의 유명한 생리학자 클로드 베르나르Claude Bernard의 학설이 적지 않은 감화를 끼친 때문이다.

졸라이즘은 한마디로 인생의 자연현상을 과학적으로 연구하고자 하는 문예이다. 이 학설은 당시의 과학만능 풍조에 부합했기 때문에 세간으로부터 매우 환영받았지만 또 한편으로는 다양한 비난도 있었다. 언제나 보수주의의 학설만을 내놓는 것으로 유명한 페르디낭 브륀티에르Ferdinand Brunetière 등을 필두로 상당히 많은 비평가들로부터 공격을 받았다. 우선 그 결정론의 입장의 시비는 보류하고 첫째로 실험이라는 말이 과학에서 말하는 의미와 문학에서의 의미가 같은 것으로는 생각할 수 없다는 난점이 있다. 과학자가 시험관 속에서 화합한다거나 분석한다거나 하는 실험을 문학 쪽에서는 작자가 묘사하려는 인물을 상상 속에서 여러 가지 환경에 두고 어떻게 그 인물이 움직이는가를 보이는 것이다. 즉 같은 실험이라 해도 다른 한편은 완전히 순수한 상상에서의 실험이 되어 버린다. 양자는 완전히 성질이 다른 실험이고 과학상의 실험을 문예에서 행하는 것이 원래 처음부터 무리한 이야기다.

또한 다른 쪽에서 생각해도 과학상의 실험에서는 '동일한 사정, 환경 아래에서는 항상 동일한 현상 혹은 결과가 생긴다'는 것이 원칙이 되어 있지만 이 변화, 결말 없는 인생에 어떻게 그것이 적용되랴. 이런 모든 점에서 졸라의 주의에는 여러 가지 결점이 있지만 그것은 차치하고 졸라의 작품이 이미 그 논의대로 이루어지고 있지 않다는 것은 만인이 인정하는 바이다. 따라서 이러한 주장이나 논의에 중점을 두기보다는 우선 실제 작품을 음미하는 것이 긴요하다.

2. 자연주의의 유래

문예사상의 자연파 발흥 - 평단의 두 대가 - 근대에서의 문예비평 - 생트 뵈브(Charles Augustin de Sainte-Beuve)의 비평 - 이폴리트 텐(Hippolyte Taine)와 그 생물학적 평론 - 1. 인종 2. 환경 3. 시대 - 텐과 자연파문학 - 인상비평 - 창작의 방면에서의 자연파의 선구, 발작 - 소설총서『인간희극』- 그 작품의 낭만적 냄새 - 유형적 인물의 묘사 - 플로베르

문예상 자연주의 신운동이 일어난 유래에 대해서 우선 사상계, 즉 물질문명, 과학적 정신, 기계론, 결정론에 기초한 인생관 등에 대해서는 앞에서 이미 누차 말했다. 따라서 여기에서는 자연주의가 생기기까지의 문예사상의 사실에 대해서 그 중요한 두세 항목을 말하고자 한다. 유럽 근대의 신사조는 대개 그 근원이 프랑스에서 시작되므로 현재의 자연주의가 생기기까지의 유래를 설명하는 것도 결국 당시의 프랑스 문단의 변천을 말하는 것이 될 것이다.

우선 문예비평 쪽부터 말해야 한다. 우선 생트 뵈브C. A. Sainte-Beuve(1804~1869), 텐H. A. Taine(1828~1893) 두 대비평가, 근세 문예비평에 하나의 새 시기를 그은 이 두 대비평가가 자연주의 발흥에 굉장한 도움을 준 사실을 설명할 필요가 있다.

시문이 의고주의로부터 낭만주의로 방향을 바꾸고 다시 자연주의로 변화하고 그것이 또 최근의 신주관주의가 되어 온 사이에 문예비평 쪽에서도 거의 그것과 평행한 두드러진 변천을 보인다. 비평이라는 말이 일찍이 단순히 타인의 작품 속에 있는 결점을 지적하는 '흠잡기'를 의미하던 시대도 있었다. 그것이 이윽고 발달하여 비평가는 광활한 동정同情으로써 작품을 대하게 되고, 엄밀·공평한 과학적 비평을 창조했다. 그것이 또한 마침내 최근의 인상비평으로까지 변해 온 것이다. 이 변천을 설명하는 것은 물론 본 장의 목적이 아니지만, 지금 자연주의와 문예비평의 관계를 설명하는 서문에서 근대문학에서의 비평발달의 개략을 서술해 두는 것이 편리하다고 생각한다.

옛날이라고 해도 우선 18세기경까지의 비평가는 모두 규범·법칙에 비추어 작품을 비판했으므로 특별히 이것은 의고주의classicism의 시대에 있어서 벗어날 수 없는 현상이었다. 그리고 그 규범·법칙이라는 것이 또한 전부 인습적이고 생명이 없는 관례convention이던가 아니면 비평가가 자신의 머릿속에서 멋대로 만들어낸 일종의 편견prejudice에 불과했던 것이다. 그것이 이전 세기 벽두, 낭만주의의 시문이 일어났을 즈음부터 모습을 완전히 바꾸어 문예 비평가는 넓고 다양한 문학을 동정으로써 연구하고 편협한 법칙 등에 의거하여 비판하는 것이 잘못되었다는 것을 깨닫기에 이르렀다. 어떤 편견에도 얽매이지 않는 공평무사公平無私한 태도로써 작품을 대하게 된 것이다. 저 빅토르 위고Victor Hugo가 시집 『동양시Les Orientales』 서문에서 '비평가는 작품 그 자체에 대하여 진정한intrinsèque 장점을 판단하는 것만으로 좋다. 기정의 어떤 관념에 부합하는가 아니한가를 묻고 그에 따라 비판해야 하는 것이 아니다'라고 말한 것은 곧 문예비평의 새로운 경향을 드러낸 것이었다.

이러한 의미의 신비평을 일으킨 것은 바로 생트 뵈브이다. 먼저 자신의 편견을 버리고 하등의 선입관 없이 모든 종류의 작품에 대해 동정을 가지는 것, 그럼으로써 그는 비평의 근본의로 삼은 것은 말할 것도 없지만 다음으로 그는 작가가 제작을 할 때 마음에 기대하고 있는 목적이 있기 때문에 그것을 충분히 주의해서 보지 않으면 안 된다고 말했다. 이를 위해서는 작자의 이력에서부터 환경 등을 정밀하게 조사하고 나아가 그 사람의 작품 전체를 연구해 보지 않으면 안 된다. 즉 비평가의 임무는 결코 작가의 공적·결점·지위 등에 대하여 판단을 내리고 좋다든가 나쁘다든가, 훌륭하다든가 서투르다든가 말하는 것이 주안점이 아니며, 그것은 오히려 제2단계이고 문예상의 작품과 함께 그 작가의 생애, 환경, 목적, 사교, 주위의 분위기와 같은 것을 일반 독자의 눈앞에 제시하는 것이야말로 진실로 비평가의 첫째가는 임무라고 제창했다. 곧 그는 이러한 주장의 근저를 '문예는 작자의 기질 temperament de l'auteur이다'라는 설에 두고 있으므로 그 태도가 이미 상당히 근대의 과학적 경향을 띤 증거이다.

생트 뵈브의 이같은 소론에서 다시 한 걸음 나아가 문예비평을 극히 질서적이고 과학적인 것으로 만든 것이 바로 텐이었다. 실제로 당시의 문예계에서의 그의 세력과 감화는 대단한 것으로 새롭게 일어난 졸라의 자연주의 등도 적지 않게 텐의 주장에 힘입은 점이 있는 것이다. 특히 그의 명저에서 일찍이 일본의 영문학 연구자에게 귀하게 여겨진 『영문학사Histoire de la Littérature Anglaise』(1863년)가 나왔을 때부터 그가 죽었을 때까지 약 30년간 프랑스 문단은 거의 그 혼자서 좌우했다고 말해도 될 것이다. 텐의 영향은 단순히 프랑스뿐만 아니라 유럽 전역의 비평계에 미쳤다. 현재 입센론이나 러시아 인상기나 혹은 19세기 문예사조론 등에서 일본에서도 잘 알려져 있는 덴마크의 대비평가 게오르그 브란데스Georg Brandes 역시 텐의 흐름을 수용한 사람이다.

그의 학설의 근거는 완전히 자연파의 유물적 결정론에 있다. 즉 비평은 생물학적 평론이라고도 칭해야할 성질의 것이었다. 예컨대 그는 인간의 자유의지를 부정하고 일체 만사 모두 불변의 기계적 법칙에 지배되고 있다고 본다. 문예 작품도 다른 사회적 현상과 동등하게 외부의 원인으로부터 필연적으로 산출된 것이다. 따라서 한 나라의 문예는 곧 그 국민의 상황 일체의 수학적 성과라고 단언하며 개인의 문예도 그 결실이며 결코 당사자가 멋대로 만들어낸 것이 아니라 외부적 원인의 필연적 산물이라고 간주했다. 그는 이 주장을 『영문학사』의 유명한 서문에서 서술하였는데 그 원인을 다음의 세 가지로 말했다.

A. 인종. 텐이 여기에서 말하는 의미는 인간이 가지고 태어난 고유의 유전적 성정을 지칭한 것이다. 선천적 성정이 인종에 따라 모두 다른 데가 있고, 또한 기질이나 체격의 상이와 부합이 있는 것이 보통이다.

B. 환경millieu. 인간은 어떠한 경우라 하더라도 세계에서 완전히 고립되어 있지 않으며, 그 주위에는 산천초목의 자연도 있으며 동포인류도 있다. 기후·풍토는 물론 그 사람이 섞여 있는 사회적 상태에 이르기까지 모든 것이 인간에게 직접·간접의 관계를 미치고 있다. 환언하면 physical과 social의 환경 상태가 하나의 지방색local colour을 만들고 일종의 특별한 분위기로 인간을 포위하여 그 인물에게 영향을 주고 있는 것이다.

여기서 '인종'과 '환경'의 관계를 생각해 보면, 이 둘은 완전히 상반된 작용을 하는 것이다. 일본인 아이는 어디까지나 일본인으로 이것은 유전적으로 선천적으로 결정된 '인종'의 문제이다. 다른 사정으로 변화하지 않는 한 그 유전적 성정은 존속한다. 그러나 '환경'의 힘은 완전히 그것과 정반대로 작용하여, 후천적으로 그 고유의 본성에 변화를 부여하는 것이다. 마치 동물의 보호색으로 기생개구리나 카멜레온이 주위와 같은 색으로 체색을 바꾸는 것과 같이 인간도 스스로 환경의 영향을 받아 그 지방색을 띤다. 즉 '인종'의 힘이 보수적인 작용을 하는 것이라면 후자 '환경'의 힘은 그것과 반대로 적응변화의 작용을 한다. 예를 들면 영국인에게도 독일인에게도 모두 고유한 인종적 본성이 있지만 그것이 오래 일본에 체류하고 있으면 모두 똑같이 일본인처럼 되고 만다. 얼굴 생김새부터 기질에 이르기까지 고유한 인종적 차이가 점점 희박해져 가고 스스로 환경의 영향으로 대부분이 일본화되는 것이다.

C. 시대 즉 그 문학이 생긴 시대epoch. 종래 이미 계통이나 역사를

따라 발달해 온 문학은 반드시 새 시대의 문학에 영향을 미치는 것이다. 즉 위에서 말한 '인종'이나 '환경'의 힘이 작용함에 있어서 그것은 결코 본성 그대로의 백지 위에 힘을 미치는 것이 아니고 이미 이전부터 바탕이 있는 곳에 작용하는 것이다. 그리고 그 바탕이 원래 시대에 따라 다른 것이므로 어떠한 문예라 하더라도 그 영향을 피할 수는 없다.

즉 문예는 위에서 말한 세 가지의 힘이 만들어내는 필연적인 수학적 성과이며 완전히 일종의 기록에 불과하며, 지금까지 사람이 생각한 것처럼 이상적인 경로로 생긴 것은 결코 아니라는 것이 텐의 유명한 생물학적 평론의 근거였다.

모든 것을 유물적으로 해석하여 작자의 개성을 무시하는 텐의 설은 오늘날에야말로 이미 쇠퇴해 버렸지만 그 발표 당시 즉 과학만능시대에는 대단히 사람들을 놀라게 하였으므로 자연주의 문예야말로 실로 이러한 생물학적 비평의 영향으로부터 나온 것이었다. 곧 인간은 일정한 유전을 받아 이 세상에 태어났으며 일정 환경에 놓여 그 힘에 좌우되어 완전히 기계적으로 행동하고 있다. 안으로는 생득적으로 가지고 있는 자연의 힘, 밖으로는 후천적인, 그것도 자연의 힘에 지배되어 움직이는, 이 행로를 여실하게 과학적으로 묘사하려고 하는 것이 자연파의 작품이므로 이것이야말로 실로 텐의 주장에 꼭 들어맞는 그가 주문한 대로의 문예였던 것이다.

이야기가 약간 샛길로 들었지만 서문이므로 한마디 여기에 해 둔다면 이러한 텐 일파의 과학적인 그리고 순객관적인 문예비평은 오늘날 이미 세력을 잃었다. 자신의 개성과 주관에 중점을 둔 인상비평가 영국의 월터 페이터Walter Pater 등에서부터 이후 최근에 유행하기에 이르렀다. 다시 말해 이런 종류의 비평은 물론 어떤 심미적 법칙에 근거하는 것도 아니요 또한 과학적 관찰을 중시하는 것도 아니요, 온전히 평론가가 그 작품으로부터 받은 인상을 거짓 없이 있는 그대로 발표한 것이다. 프랑스의 르네 두믹René Doumic이 다음과 같이 말한 것은 급소를 잘 찌르고 있다고 생각한다. '인상비평가란 한마디로 말하면 무엇보다도 먼저 자신의 개성에 마음을 쓰는 것, 작품 속에서도 자기자신만을 구하려고 하는 것, 이것이야말로 지식계에서의 자아주의자이다(Le critique impressioniste est, pour tout dire, celui qui, soucieux avant tout de sa personalité, recherche à travers les livres que lui même. C'est, dans l'ordre intellectuel, un egoiste).'

다음으로는 논의상이 아닌, 실제의 작품 쪽에서 자연주의의 선구를 이룩한 오노레 드 발작Honoré de Balzac에 대해서이다. 가령 시대의 사조라든가 주의라든가 하는 것을 떠나 단순히 작품의 예술적 가치로 말하면 그는 아마 모든 낭만파, 자연파의 작가를 능가하고 소설의 방면에서는 실제로 근세의 최대 작가일 것이다.

세계는 아직 낭만파의 시대로, 사람들이 여전히 이상을 제창하고 몽환의 그림자를 따르고 있는 시대에 그는 일찍이 현실묘사 방면에 눈을 돌려 문예에 새로운 경지를 개척한 혁신가였다. 우선 『인간희극La Comédie Humaine』 25권의 소설 계획을(세워 완결에는 이르지 못했지만) 제작에 임했다.

이 25권의 소설총서가 목표한 것은 인간의 생활 상태를 여실하게 묘사한 풍속사가 되려고 하는 것이었다. 발작이 생각하기에 옛날부터 역사라고 하는 것은 있지만 원래 무미건조한 목록에 불과하고 그 시대의 풍속을 생생하게 묘사하여 그것을 후세에 전하려 한 문학자는 거의 없었기에 그 결함을 보완하기 위해 사회의 정욕·도의·죄악 등의 기록을 편성하여 그것을 연속하여 소설로 쓰고자 한 것이 그의 주된 생각이었다. 그는 문예를 이미 사회 생리학이라고 간주한 점에 있어서 명확하게 자연주의의 선구자이다.

이런 식으로 발작의 착안은 이미 시류에 앞서 있었지만, 그 작품에 있어서는 아직 낭만파의 풍취를 벗지 않았다. 생트 뵈브가 그를 평한 글에서 말하고 있는 것과 같이 '발작은 생리학자, 해부가로서 아직 도달하지 못한 점이 있다. 그는 과학적 사실에 의거하기보다도 대부분 상상에 의지하기 때문이다.' 엄밀하고 냉정한 경험이나 관찰에 의하지 않고 오히려 상상에 의해 그는 사실을 미화하고 순화하고 과장intensify했다. 즉 그는 아직 후의 자연파처럼 순객관적 태도를 취하지 않았던 것이다. 뿐만 아니라 그 묘사법은 해부, 분석에 서툴러 항상 종합적이고 분석적analytic이지 못하고 동정적synthetic이었다. 따라서 작중 인물이 흔히 유형적typical으로 되고 만다. 예를 들면 금전의 욕망이라든가 육욕이라든가 하는 것을 묘사하는데 각각의 대표적 성격 즉 유형을 만들고, 그 인물의 성질 외의 것도 모두 이 욕망에 종속된 것으로 만들어 버린다. 환언하면 그 하나의 욕정passion이 흡사 그 인간의 전인격과 모든 행동을 지배하는 것처럼 묘사되어 있다. 따라서 또한 그 묘사되는 인물이 극단적으로 미친 사람같이 보이게 된다. 그러나 독자에게 주는 인상은 그 때문에 오히려 명료한 데가 있다. 나 개인의 의견을 말하면 발작의 작품은 졸라의 작품보다도 훨씬 재미있다고 생각한다. 읽어 가는 동안에 인생의 참맛이 한층 깊게 느껴진다.

이제 발작이 묘사한 유형적 인물의 예를 두세 가지 들면, 『고리오 영감Le Père Goriot』의 주인공은 자식을 끔찍이 사랑하는 화신으로 딱 세익스피어의 '리어 왕'처럼 불효녀 딸에 대해서 어디까지나 헌신적으로 애정을 쏟는다. 딸이 타락해 곤경에 빠져 있으면 노부 고리오는 몸에 지닌 물건까지도 쥐해 도와준다. 같은 작품 속의 라스티냐크Rostignac라는 청년 또한 야심의 화신으로만 창조되어 있다. 그리고 『으제니 그랑데Eugenie Grandet』의 주인공 으제니는 실로 아름답고 온화하고 순진한, 그야말로 효행일치의 부인으로 묘사되어 있다. 그러나 아버지 그랑데는 또한 탐욕의 화신으로 특히 임종 때 등에서는 매우 극심하게 묘사되어 있다. 즉 그 인색한 영감이 죽음에 임해 목사가 십자가를 건네고, 그는 그에 입맞춤하려고 하지만 십자가가 금제이므로 그 황금에 덤벼들려고 하는 이런 부분은 실로 과장되어 매우 훌륭히 묘사되어 있다.

대체로 이런 식으로 발작이 묘사한 인물은 어느 하나의 정욕이나 성벽性癖의 유형으로 만들어져 있으며, 개개의 인물individual을 있는 그대로 묘사해낸 것은 아니다. 이런 점이 후의 자연파 예를 들면 모파상이나 혹은 러시아의 작가들의 작품과는 상당히 느낌이 다른 부분이다. 즉 그는 일면 이미 낭만파의 경향을 벗어나 사실적인 풍취를 띠면서 그것이 또한 후의 자연파와도 다르다. 즉 그의 지위는 신구문예 사이에 놓인 하나의 큰 다리라고 말할 수 있을 것이다.

또한 일면 낭만파의 풍취를 지니면서 다른 한편 이미 자연주의의 선구가 된 작가에 구스타브 플로베르가 있다. 그러나 그의 작품은 명작으로 일컬어지는 『보바리 부인』과 같이, 발작의 여러 작품과 달리, 이미 순연한 자연파 소설의 새벽종이며, 또한 『생트 안트완의 유혹 Tentation de St. Antoine』과 같이 몽환적이고 가장 낭만적인 작품으로는 결코 플로베르가 성공한 작품이 없다는 것을 생각하면 그의 이름은 여기서 생략해도 좋다고 생각한다. 그는 이미 훌륭한 자연주의 작가이지 결코 선구자, 준비 시대의 일인으로 꼽아야 할 사람은 아니다.

제7강 자연파 작품의 특색

단순히 작가의 사상, 즉 인생관이나 사회관만을 말한다면 문예가 아니라도 토론이나 철학에서 행하면 그것으로 족한 이야기이다. 또 작품의 제재가 된 사건만이라면 신문 삼면의 기사 내지 우리가 일상적으로 눈앞에서 보는 평범한 사건이므로 희곡이나 소설을 보지 않아도 알만하다. 즉 하나의 작품에 대해서 그 배후에 있는 사상과 거기에 묘사된 인물, 사건 양쪽을 완전히 분리해서 보면 그것이 아무리 훌륭한 작품이라고 해도 예술적 가치는 없어져 버리므로 양자가 혼연이 되어 융합, 조화되는 점에야말로 그 작품의 진가가 있는 것이다. 상세히 말하면 작자는 자신의 사상, 인생관으로써 어떻게 작중의 인물, 사건을 안배하고 다루었는가, 어떻게 작자는 그 제재로써, 그 현상을 통해 자신의 사회관, 예술관을 드러내고 있는가 하는 점에야말로 예술품으로서의 가치가 보이는 것이다. 최근 우리나라의 서양문학을 논하는 사람들 사이에서는 흔히 작자의 인생관이라든가 사회관이라든가 하는 것만을 추상적이고 철학적으로 논하고 중요한 예술품으로서의 특성을 연구하는 것을 등한시하는 사람이 있는 것을 보고 나는 항상 유감스럽게 생각하고 있다.

자연파 작가의 염세, 회의의 사상과 기계적 인생관 등에 대해서는 앞의 근대사조의 항목에서 이미 거의 서술했다. 여기서는 이러한 사상을 근저로 하고 있는 작품의 특성과 작가의 제작상의 준비 등에 대해서 약간 설명하고자 한다.

1. 과학적 제작법

객관적 묘사 - 무해결 그대로 - 브륀티에르의 설 - 작자가 작품의 표면에 나타나지 않는다 - 톨스토이의 모파상론에서 - 약간의 주관적 분자 - 독자를 속이려는 작자의 교활한 수단 - 병적 현상의 묘사 - 병적 유전을 주제로 한 작품 - 유전 연구의 작가로서의 졸라 - 루공 마카르 총서 - 그 내용 - 이 총서 중 걸작의 해제 - 사실의 기록 - 모델을 이용한 것 - 그 두세 가지 실례 - 극히 정치(精緻)하고 세밀한 묘사 - 미세한 연구 - 졸라의 『목로주점』의 예 - 졸라의 제작 준비 - 『루르드(Lourdes)』 - 제임스의 말 - 플로베르의 『살람보(Salammbo)』 - 하우프트만의 <직조공들>의 예 - 연역적 방법과 귀납적 방법

문예에서의 자연주의가 이미 과학만능사상의 논리적 귀결로서 당연한 것이라고 하면 그 근본적 특색 또한 과학적 태도이므로 마치 현미경 아래에서 미균을 검사하는 생물학자와 같이 마음속에 어떤 편견을 갖지 않고 무념무상하고 정치하고 엄밀한 객관적 태도로써 현상의 진실을 보려고 하는 것이다.

우선 객관적 태도란 슬픔, 기쁨, 좋음, 나쁨, 아름다움, 추함 등 일체의 주관적 색채에 물들지 않은 묘사이다. 작자가 자기의 서정적이고 영탄적인 요소를 개입시키지 않고 본 그대로 있는 그대로를 적은 묘사이다. 예전의 낭만파의 작자와 같이 작자 스스로 먼저 울어 보여 독자의 눈물을 유혹하는 것도 아니고 스스로 웃어 보인 다음에 독자를 웃게 하려는 것도 아니다. 울음도 웃음도 독자 자유에 맡긴다. 다만 울거

나 웃지 않으면 안 되는 인생의 단편을 있는 그대로 묘사해서 독자 앞에 내던지는 것까지 작자는 조금도 표정을 바꾸지 않는 냉정한 태도를 취해야 한다.

바꿔 말하면 작자가 직접 그 작품의 표면에 나타나지 않는다는 것이다. 즉 묘사해야할 것만 묘사하면 작자의 임무는 끝나므로 그것에 대해 작자는 하등의 해결을 하려고 하지 않는 것이다. 근대 생활의 어두운 면을 심각하고 통절하게 묘사해 내고 독자의 면전에 내던졌다면 그만이므로 좋다, 나쁘다 하는 작자의 의견이나 주장은 전혀 보이지 않는다. 구문예의 디킨스나 조르주 상드George Sand의 사회의 결함을 묘사한 소설이나 두마 휘스Dumas Fils의 문제극에서 보이듯이 하나하나 작가가 묘사한 인물, 사건에 대해서 자기의 소감이나 의견을 드러내거나 그 현상이 제공하는 의문에 대해서 작자가 해답을 준 것은 없다. 소위 무해결 그대로인 점에 자연파의 특색이 있다.

프랑스의 평론가 브륀티에르F. Brunetière는 일찍이 문예에서 동정심이 있는 인물(Le personnage sympathique dans la Littérature)이라는 것을 논했다. 즉 소설에서도 희곡에서도 작중에 나타난 여러 인물 가운데 작자가 특히 어떤 한 인물에 십분 동정으로써 묘사하고 그 인물의 언행을 통해 작자가 자기를 말하고 있는 경우가 많다. 원래 작자가 의식하려고 하는 것도 아닌데, 자연스레 그렇게 된 것이므로 실제로 셰익스피어가 쓴 인물 중 햄릿과 팔스타프가 그 예라고 브륀티에르는 말했다. 또 어떤 경우에는 그 인물이 반드시 작중의 주인공도 아무것도 아니고 도리어 조역인데 이들이 작가를 대신해 작중에 어떤 사건의 의의나 관계 등을 독자에게 설명하여 들려준다. 마침 고대 그리스극에 있는 코러스의 역할을 이 인물이 하는 것이다. 새커리Thackeray나 엘리엇의 소설에는 노골적으로 작자가 무대에 나와 설명과 해답을 해 주고 있지만 그 정도는 아니고 간접적으로 작중인물의 입을 통해 그 역할을 하게 하는데, 꽤 두드러진 것으로 메리디스Meredith의 소설과 같은 예도 있다. 2~3쪽에 걸친 작자 자신의 장황한 논의가 작중에 나오는 것이다.

그러나 이것은 독자와 관객에게 반드시 좋은 것이라고 할 수만은 없는데, 마치 연극의 도구가 무대에 나오는 것이나 혹은 살아있는 인형을 조종하고 끈을 당기는 사람의 모습이 객석에 보이는 것과 같으므로 적잖이 흥미를 없앨 우려가 있다. 되도록 객관적 태도를 취하고 작자 자신을 작품의 표면에 드러내고자 하는 자연파는 확실히 이 점에서 있어서 하나의 장점을 가지고 있다고 할 수 있다. 즉 작자의 동정이 온전히 작품 안에 드러나지 않고 객관적impersonal이라는 점에서 모파상의 작품은 자연파의 가장 대표적인 것이다.

톨스토이의 모파상론에 다음과 같은 구절이 있는데, 이것은 그 특징을 가장 잘 설명했다고 생각되므로 인용하겠다.

> 한 유명한 화가가 신부의 행렬을 묘사한 자작의 그림을 나에게 보여 주었다. 그 작품은 실로 놀랄 만큼 완성도가 뛰어났지만, 작자는 그 주제에 대해서는 전혀 드러내지 않았다. 따라서 나는 이렇게 물었다. "그런데 자네는 이 의식을 좋은 것이라고 생각하는 것인가, 마땅히 이 의식을 첨가해야 할 것이라고 생각하는 것인가? 혹은 그렇지 않은 것인가? 그것이 듣고 싶네." 그러자 화가는 나의 이런 무례한 질문에 대해 어디까지나 공손하게 대답했다. "저는 이것이 좋은 것인가 나쁜 것인가 하는 점에 대해서는 전혀 모릅니다. 또 알 필요가 있다고도 생각하지 않습니다. 단지 저는 인생을 묘사하기만 하면 그만입니다."라고 말했다. "그러나 어쨌든 자네는 이런 것에 동정을 가지고 있는 것인가?" 라고 묻자 화가는 "동정이 있다고도 말할 수 없습니다." 라고 말하고, 또 나는 "그러면 자네는 이 의식을 싫다고 생각하는가?" 물었더니 훌륭한 소양이 있는 이 근대적 화가는 나의 촌스러움을 정말로 불쌍하다고 생각하는 듯이 미소를 띠고 "그렇지도 않습니다." 라고 대답한다. 그는 인생의 의의를 해석하지 않고 세상에 대해 마음을 움직이려 하지 않는다. 애증을 넣지 않고 단지 인생 그 자체를 그린 것이다. 모파상의 경우도 곧 이 화가와 같다.

실제 모파상의 작품에는 그의 철학도 이상도 정서도 그 무엇도 드러나 있지 않으므로 객관성objectivity, 비개인성impersonality이라는 점으로 말하면 실로 극치에 달한 것이다. 같은 자연파라도 플로베르, 졸라 등의 작품에는 모두 다소 낭만적인 분자가 섞여 있다. 아울러 러시아의 투르게네프의 소설은 이것이 한층 심하므로 침통한 비애의 서정시를 읽는 것 같은 마음이 자연스레 우리 독자의 가슴에 스며들어 온다. 작자의 정서와 주관이 상당히 많이 작품 속에 나오기 때문이다. 단 그것은 물론 낭만파의 작자가 한 것 같은 무구속적인 감정의 목소리를 내어 공연히 독자의 눈물을 강요하는 것과 동일시해서는 안 된다. 그것은 작자가 억제하고 또 억제하려 한 분위기가 저절로 밖으로 넘친 것이다. 묘사는 어디까지나 객관적으로 하려고 노력하면서 그것이 저절로 서정시풍의 느낌을 독자에게 주는 것이라고 브란데스Brandes도 말하고 있다. 따라서 결국 자연주의의 냉정한 객관적 태도라는 것도 자연히 정도 문제이기도 하고, 또한 작가에 따라 다소 가감을 하여 보지 않으면 안 되는 것이다.

덧붙여 말하면 이 객관적 태도라는 것에 대해서도 주의할 점이 하나 있다. 곧 어떤 작품은 아무리 봐도 그 작자가 자신의 직접 경험을 그대로 하등의 윤색을 하지 않고 기교artificiality도 넣지 않고 묘사한 것처럼 보여도 실은 그것이 자연파 작가의 관용적인 교활한 수단인 경우가 많은 것이다. 고의로 평범하게 가장하여 자연스럽게 꾸며 독자의 눈에 그것이 제법 실제 인물과 사건이라는 환상illusion을 일으키게 하려고 하는 것이 그들의 상투적인 수단이다. 고故 메리디스의 마지막 소설 『켈트족과 색슨족Celt and Saxon』이 나왔을 때 런던 타임즈의 비평가가 이렇게 말했다. "메리디스는 작품 속에 자신의 주장이나 논의를 아무 거리낌 없이 노골적으로 쓰고 환상이라는 것을 전혀 사용하지 않는다. 이것이 프랑스의 소설가들과 크게 다른 점이다"라고. 자연파의 작가야말로 곧 이 환상에 가장 중심을 둔다. 작자 본인은 가능한 한 배후에 숨기고, 결코 그 기교나 주장을 작품의 표면에 드러나지 않도록 하여, 실은 꾸민 것, 만든 것임을 교묘히 속이고 자못 그것이 실제의 사실인 것처럼 또 인물과 사건 모두가 과연 자연 그 자체인 듯이 꾸며 보인다. 기교가 없어 보이는 것이야말로 대단한 기교가 있는 것이므로 작자가 스스로 일컬어 본 그대로의 객관적인 묘사라는 것도 실은 속지 않도록 조심해서 보지 않으면 우리 독자는 완전히 이 환상에 속아 보기 좋게 작자의 술수에 빠지는 것이다.

그런데 위에서 서술한 객관적이고 과학적인 제작법이란 것에 직접 연관된 한두 가지 점에 대해 단편적으로 설명해두자.

우선 첫째, 병적 현상을 묘사하는 것. 작자가 이미 과학적 태도에서 흡사 광물학자가 광석을 분석하는 것 같은, 해부학자가 인체를 해부하는 것 같은 방법인데, 그것이 극단적이 되면 개인이나 사회의 병적 현상에만 눈을 돌려 세심하게 그것을 관찰하는데, 이것이 분석과 해부를 시도해 보는 것이다. 실제로 졸라의 작품은 현대사회의 다양한 병폐를 제목으로 하여 그 병적인pathological 것을 조사하고, 여러 가지 증상symptom을 속속들이 드러낸 하나의 진단diagnosis이라고 말할 수도 있다. 생리학의 지식을 응용하여 인간의 병적 현상을 연구한 메디컬 소설medical novel과 같은 것이 무성히 행해지기에 이르렀다.

그 중에서도 주요한 제목題目이 된 것은 병적 유전 현상이었다. 원래 이 유전heredity이라는 것은 다윈의 진화론이나 골튼Galton의 저서의 세력으로 당시의 학예계에 크게 유행한 학설이었다. 근대 문예에 직접적으로 이 유전 문제를 다룬 것은 매우 많은데, 유명한 작품으로는 극에 있어서 우선 첫째로 입센의 〈유령〉이 있고, 스페인의 에체가라이Echegarey의 작품 〈돈 후안의 아들Son of Don Juan〉 등이 있다. 두 작품 모두 아버지의 무시무시한 병이 그 아들에게 유전되는 참담한 처참함을 그려 인간을 전율케 하는 비극이다. 또한 소설에서는 비에른손의 『쿠르트족의 유전The Heritage of the Kurts』 등이 필두로 들어야할 작품인데, 이 유전연구라는 것을 거의 전문으로 한 작가 하면 물론 그는 프랑스의 졸라이다.

졸라는 유전관을 기초로 하여 어떤 경우 곧 나폴레옹 3세 시대의 국정 하에 놓인 프랑스 중류인사의 대표적인 생활을 묘사하려고 하였다. 『루공마카르총서』 총 20권이야말로 곧 이 계획에 의해 나온 것이다. 그는 이 책에 '제2제정 치하에서의 한 일족의 자연적 사회적 역사(Histoire naturelle et sociale d'une famille sous le Second Empire)'라고 제목을 붙였다. 우선 발단인 제1권 『루공가의 운명La Fortune des Rougon』이 나온 것이 1871년인데 여기에는 선조의 부덕을 묘사하고 유전의 근원을 설명한다. 제20권 『파스칼 박사Le Docteur Pascal』가 1893년에 나와 전부 완성되었다. 이 파스칼 박사는 실은 앞서 서술한 생리학자 쿠로 드 베르날을 모델로 한 것인데, 박사는 유전설의 입장에서 나쁜 피가 전해지고 있는 한 가문의 계통을 찾아서 총서 전체의 결말을 짓고 있다.

이 총서는 원래 발작의 『인간희극』을 모방하여 만들어진 작품이지만 동시에 또한 졸라가 자연주의-실험소설의 주장을 실제 작품으로 보인 것이다. 즉 원래부터 병적 유전을 가지고 있는 한 가문의 사람이 여러 가지 경우나 사건이나 환경 속에 놓여 거기에서 발생하는 다양한 현상을 묘사한 한 편의 과학적 진화사이다. 아델라이드 포케Adelaide Fouque라는 병적 신경성을 앓고 있는 여자가 이 가문의 선조인데 이 부인이 처음 루공가에 시집온 후 다시 마카르가에 시집가서 거기서부터 생긴 자손을 이 장편소설 20권에 썼으므로 사회 각 방면의 사실이 그 속에 묘사되어 있다. 즉 정치, 종교, 상공, 어시장, 주점, 거래처, 철도생활, 광산 무엇이든지 현대사회의 모든 방면에 이르는 추예하고 비참한 사실이 기탄없이 정밀하고 섬세하게 묘사되어 드러나 있다. 현재 총서 전체 중 자연파의 대표적 작품으로서 특히 명성 높은 것을 들면 다음과 같다.

제7권 『목로주점L'assommoir』(1877년)-이 작품은 파리 직공이 주정하는 모양을 그린 것으로 졸라에게 처음으로 작가적 명성을 전해준 것이다. 묘사가 너무나 기탄없이 사회의 암흑면을 폭로하고 있기 때문에 출판 당시에는 굉장히 물의를 일으켰다. 영역英譯은 원문을 상당히 조절하여

격한 곳은 삭제했다. 또 특히 영국의 찰스 리드Charls Reade가 이것을 극으로 개작한 것이 매우 유명해졌다.

제9권 『나나Nana』(1880년)-여배우의 내막 곧 매춘부prostitute의 생활을 쓴 것이다. 이 작품의 영역英譯은 졸라의 작품 가운데 가장 먼저 우리나라에 전해졌다.

제13권 『제르미날Germinal』(1885년)-광산의 직공생활, 특히 자본가와 근로자의 충돌이 주로 그려져 있다. 랑티에Lantier를 중심인물로 하여 기아에 빠진 광부가 포악한 고용주에 대해 동맹파업을 하는 참극을 세밀하게 묘사하고 예의 추예함과 처참함을 깊이 연구한 것이다.

제14권 『작품L'oeuvre』(1886년)-이 작품은 미술가의 생활을 쓴 것으로 화가 세잔느나 마네가 모델이 된 것이다. 어떤 잡지에 이 작품의 일본어역이 일부분 나와 있는 것 같다.

제19권 『패주La Débâcle』(1892년)-병사 두 명의 신상의 이야기를 중심으로 하여 보불전쟁을 쓴 것이다. 전장의 광경은 말할 것도 없고, 부상병이나 포로의 고민, 특히 공위攻圍 중의 파리성 안의 참담한 모양이 놀랄 정도로 정치精緻하게 묘사되어 있다.

『루공마카르총서』 중에서 이 다섯 작품은 자연파의 장점과 단점을 아울러 가장 잘 대표한다.

예전의 소설이나 희곡으로 말하면 온전히 작자의 상상으로부터 나온 가공의 '꾸며낸 이야기'였다. 그것이 근대의 자연파에 이르러 과학적 제작법을 중시하게 되고 나서는 실제 있었던 현상, 상세하게 말하면 작자가 전부터 경험하고 관찰한 인물과 사건을 더 나아가 여러 가지 재료에 근거하여 정밀하게 조사하여 그것을 재생산reproduce하게 되었다. 따라서 대개의 작품에는 모두 실제 모델이 있었다. 소위 도큐멘테이션documentation이란 곧 이러한 제작법을 말하는 것으로 문예는 인간의 기록이라는 텐 일파의 주장이 그 근저인 것은 말할 것도 없다.

실제의 인물과 사건을 재료로 하고 게다가 그 모델이 널리 알려져 있는 예는 프랑스의 자연파에 많다. 졸라가 스스로 변장하여 하층사회에 출입했다거나 마굴을 탐험했다거나 하는 등 실험적 관찰을 작품의 재료로 한 것은 유명한 이야기이다. 또 그의 예의 총서 제15권 『대지La Terre』는 인간의 수성과 육욕을 극히 세밀하게 묘사한 것인데, 그 속에 궁핍한 백성이 부친을 먹여 살리는 비용이 아까워 부친을 죽이고 게다가 범행의 흔적을 덮기 위해 오두막집도 함께 불태워 버리는 이야기가 있는데, 이것들은 온전히 실제 있었던 사건이며 당시 프랑스 전국의 신문에 보도된 유명한 3면 기사였던 것이다. 또 플로베르의 『보바리 부인』도 작자의 부모, 친척이나 친구 등이 모델이 된 것은 많은 비평가가 말하는 바이다.

그러나 이것이 자연파의 장점임과 동시에 또한 단점이기도 한 것에 주의해야 한다. 실제 있었던 사건을 있는 그대로 쓴다면 자못 과학적 의미의 진실은 얻을 수 있으나 그것은 결코 예술상의 진실은 아니다. 스티븐슨의 서한집 중 하나, 배리Barrie에게 보낸 편지 속에 "The actual is not the true(사실은 반드시 진실한 것이라고 할 수 없다)"라는 말이 있는데, 과연 이말 그대로이다. 사실 있는 그대로가 반드시 진실을 드러내는 것이라고는 말할 수 없는 것은 사진보다도 회화가 오히려 진실을 잘 전할 수 있는 것과 같은 것이다. 그러나 이것은 자연주의의 근본적 성질에서 온 것으로 그 시비를 가리는 구체적인 논의는 뒷부분에서 최근의 경향을 설명할 때에 다루고자 한다.

또한 이 과학적 제작법에서 당연히 생기는 특색으로서 묘사의 정치, 세밀함이라는 것이 있다. 졸라, 플로베르, 또 콩쿠르 형제Les Deux Goncourts(형 에드몬드와 동생 쥘은 거의 전후 17년간 문예 작품을 공동으로 합작하고 있다)의 묘사는 실로 놀랄 정도로 섬세한 것으로 도저히 보통사람들에게는 도달할 수 없는 미세한 점까지도 그려내고 있다.

앞에서도 서술했지만 물질적 혹은 객관적으로 모든 사물을 관찰한다면 가치라는 것은 생각할 수 없게 되고 사물에 고하나 경중의 차별이 없어지고 만다. 일절 평등하게 모든 것이 평범화된다. 이것은 또 근대 일반의 민주적 경향, 비영웅 숭배적 경향과 잘 일치된 것이다.

곧 냉정한 과학적 관찰자의 눈으로 보면 고양이의 야옹 하는 소리도 또 천지 산천을 움직이고 백수를 습복慴伏시킨다고 하는 사자의 울부짖음도 그 사이에 특별히 경중의 차는 없는 것이다. 보통 사람들의 눈에는 실제로 하찮고 보잘 것 없어 보이는 것도 관찰자의 눈에는 천하 국가의 대사건과 조금도 다를 바 없다. 그러니까 지렁이 한 마리 연구에 한 평생을 다하는 과학자가 있다면 벼룩 생식기 연구에 10년의 세월을 아끼지 않는 연구도 나온다. 보통 사람에게는 어떤 흥미도 없는 이것을 정밀하게 묘사하여 2~30쪽의 지면을 메우고 태연한 자연파 작가도 확실히 이 부류의 사람임에 틀림없다.

모든 현상을 매우 자세하게 조사하고 그것을 사실 있는 그대로 정밀히 묘사해낸 예는 근대 자연파의 작품에 거의 무한히 많은데, 여기서 우선 앞서 말한 졸라의 예를 들어본다. 그의 작품 『목로주점』은 실로 한 권의 백과사전과 같이 결혼, 장례, 공장, 전당포, 여관, 세탁소, 무도장으로부터 호외의 대로boulevard에서 행해지는 매춘prostitution이나 이틀 동안의 취기의 괴로움까지 읽고만 있어도 싫어 질 정도로 샐 틈 없이 정밀하고 세심하게 묘사되어 있다. 졸라도 그러한데, 그의 제작 의도를 말하면 우선 다음과 같은 식이다. 즉 소설을 쓰는데 처음부터 줄거리나 구성 등은 생각하지 않고 우선 첫째로 묘사해야 할 사항 곧 광부의 생활이라든가 여배우의 내막 등을 어디까지나 정밀하게 조사한다. 그리고 다음으로 작중의 주인공 및 그에 종속된 인간을 끌어와 다양한 환경 속에 배치하여 본 후에 그 캐릭터나 장면의 스케치 즉 밑그림ébauche을 많이 만든다. 그 인물의 교육에서부터 모든 주위 상태에 이르는 것까지 면밀하게 연구하고 혹은 스스로 외출하여 조사도 하고 또한 특별히 사람에게 의뢰도 하고 조사하여 얻은 보고서를 모은다. 이 조사의 노트까지 완성되면 이미 작품 절반은 만들어진 것으로 각각 분리한 많은 재료 즉 인상의 파편을 극히 논리적인 순서로 배열하여 하나의 연속된 것으로 합하는 것이다. 하나하나 원인과 결과의 관계를 찾아 하나의 선행사건antecedent에 대해 그 논리적인 결과consequence가 다음에 오는 식으로 배열하므로 방법적이고 기계적인 점에 있어서는 진실로 과학자의 보고서와 다를 바 없다. 그 사이 상상적이고 공상적인 분자를 섞거나 기교나 윤색을 할 여지가 없는 것이다. 졸라의 만년의 작품 『세 도시 이야기Les Trois Villes』 연속물의 하나로 『루르드Lourdes』가 있는데, 이것은 졸라의 유물적인 사상이 상당히 변한 후의 작품으로 남부프랑스의 신성한 곳인 루르드에서 가톨릭교의 순례가 운집해 오는 미신의 사도들의 모습을 묘사한 것이다. 이 작품이 완성되기 전에 졸라가 어떤 사람에게 다음과 같이 말한 적이 있다. "본인은 이미 1,700쪽의 노트를 작성했다. 소설은 이미 그것으로 완성되어 있다. 이제부터는 단지 그것을 새로 쓰면 그만인 것이다." 정치한 묘사를 하기 위해 많은 노트를 만드는 이러한 준비는 근대 작가가 많이 쓰고 있는 방법이다. 자연파는 아니지만 헨리 제임스 등도 후진의 청년에게 "노트는 아무리 작성해 놓아도 지나치지 않다(You can never take too many notes)"며 훈계한 적이 있다.

또 플로베르도 매우 정세精細하고 엄밀한 묘사를 하기 위해서 재료의 채집에 상당히 고심했다. 예를 들면 작품 『살람보Salammbo』(이것은 앞에서 말한 『보바리 부인』과는 완전히 분위기를 달리한 낭만적인 작품으로 카르타고Carthage 3세기경을 그린 소설이다)를 쓸 때는 수백 권의 서적을 섭렵하고 옛날 풍습과 의상을 조사하고, 특히 이 조사를 위해 튀니스Tunis에까지 가 옛날 유적을 실제로 보았다. 특별히 이 작품 속에 나오는 뱀의 병까지 실지로 연구한 것이다.

극에서도 자연파의 작품에는 무대 위의 제한 등에는 전혀 개의치 않고 상당히 정밀한 묘사를 한 놀랄만한 작품이 있다. 예를 들어 하우프트만의 〈직조공들Die Weber〉은 슐레지엔Schlesien주에서 일어난 직조공의 동맹파업의 양상을 묘사하고 기갈에 맞닥뜨린 그들의 결사적인 몸부림인 폭동을 매우 섬세한 곳까지 보여주었다는 점에서 이 작품이야말로 자연파 작품의 좋은 표본으로 간주되고 있다.

미국의 해밀턴Hamilton이 쓴 『소설의 방법 및 재료』라는 책 속에 이 과학적 방법에 대해 다음과 같은 주장이 나오므로 참고를 위해 여기에 인용한다.

그는 소설가가 취하는 방법을 두 가지로 구별하여, 낭만파의 작가는 연역적 방법에 의하고, 사실가는 귀납적 방법에 의한다고 말하고 있다. 즉 전자는 작가가 자신의 주장이라든가 철학을 먼저 토대로 두고, 그것으로써 특수한 사물을 대하는 것이고, 후자는 자연과학자의 방법과 같이 이러한 선입관에 전혀 경도되지 않고 경험한 개개의 사실 그 자체를 취급하고 거기에서 인생의 진실을 구하려고 한다. 구체적으로 말하면 낭만파는 보편적, 일반적인 진리나 법칙에 발족하여 거기에서부터 특수한 사상(事象)을 보려고 하고, 사실가는 특수한 경험과 사실을 통하여 일반적, 보편적 진실에 도달하려고 하는 것이다. 예를 들면 여자는 원래 이러하다고 하는 생각을 근본에 두고 여자를 묘사하는 것은 낭만파이다. 어떤 한 여자를 단지 있는 그대로 묘사하고 그럼으로써 여자란 이런 인간이라는 것을 드러내는 것은 자연파, 사실파의 방법이다. 그 증거에는 철학자 베이컨이 나와 실험적 귀납논리를 주장하기 이전의 소설은 모두 낭만적이고, 사실파는 온전히 그 이후에 근세의 과학적 연구법이 나온 후부터 생긴 것이다.

–*Matertals and Methods of Fiction*, p. 29

2. 추한 수성(獸性)의 묘사

육적, 동물적 생활 - '세계의 추화' - 작자의 작중 인물과 사건에 대한 세 가지 태도 - 추악함과 비애 - 하디의 작품 - 근대인의 생활의 상태 - 『야수의 희극』 - 미와 추, 유쾌와 불쾌 - 수성 묘사의 이유 - 보충 이유 - 자유로운 자연 그대로인 본능 생활의 폭로 - 그것에 대한 비난 1. 부자연설 - 이 또한 일종의 이상주의가 아닌가 - 비난 2. 세상의 풍속과 교화문제 - 문예 대 도덕 - 작자의 육욕 묘사에 대한 엄숙한 태도 - 독자의 죄

자연파 문예의 근저가 과학에 기반하는 기계적 유물적 인생관에 있다는 것은 이미 몇 번인가 서술했다. 즉 모든 만물을 정신적인 것으로 보지 않고 물질의 망동妄動으로 본다. 이런 입장으로 말하면 인간 생활은 동물 생활이고, 또 맹목적인 본능 생활에 다름 아닌 것이 되어 버린다. 다시 말해 낭만파 시대에는 영적, 형이상학적인 것이라고 생각되던 인간이 이제는 타락하여 버리고 물리, 화학의 법칙에만 지배되는 물질적 인간matural man이라고 생각되기에 이르렀다. 물론 영과 육체, 정신과 물질이라는 것은 필경 동일물의 양면을 말하는 것에 지나지 않는다. 결코 한 쪽을 떠나 다른 한 쪽이 있을 수 없는데, 가령 사고방식의 편의에 따라 이 둘을 분리해서 말한다면 자연파가 보는 인간 생활은 곧 육적 생활, 극단적으로 말하여 실로 동물적 생활과 다를 바 없는 것이 된다.

이런 식으로 오로지 물질적으로 모든 것을 본다면 세상에 아름다운 것은 하나도 없고, 모두가 추하고 천하고, 더럽고 추잡하다. 난만한 벚꽃으로 말하면 아무리 아름다워도 그것을 식물의 생식기로 보니 어디에 시의 아름다움이 있으리오. 맛있는 버터에는 유럽 전체의 인구보다도 많은 수의 세균이 들어 있다고까지 말하지 않겠는가. 시적이다, 신성하다고 말하는 연애도 진화론이나 생리학으로 말하면 우리의 선조가 비비원숭이였던 옛날부터 전해진 육욕이고, 그것이 또한 모든 인간 죄악의 근원이기도 하다. 종교나 신앙이라는 것도 필경 신경의 병적 작용이며 일종의 히스테리컬한 환각 증상hysterical hallucination이라고 설명한다. 모든 것을 이런 식으로 관찰해서 재래의 습관적 미망을 깨부수고, 인간의 가면을 벗기고 그 안에 숨어 있는 진상 곧 수성을 폭로하려 하는 것이 자연파의 문예이다. 어떤 사람은 졸라를 평하여 이렇게 말했다. 그는 인간을 구하여 짐승을 얻었다고. 또 독일의 폴켈트Volkelt는 자연파의 이와 같은 특색을 들어 '세계의 추화Verhässlichung der Welt'라고 이름 붙였다.

작자가 묘사하려고 하는 인물과 사건에 대한 태도는 대개 세 가지로 나누어 생각해보고자 한다. 첫째는 스콧Scott의 역사소설에서 볼 수 있듯이 여자하면 모두 미인, 남자하면 용사로 정해져 있는 듯이 작자가 묘사하려고 하는 것을 어디까지나 아름다운 것, 훌륭한 것으로 우러러 보고 존경하는 태도이다. 이 태도는 낭만파 작가에게 가장 많다. 둘째는 자신이 작중의 인물, 사건과 같은 위치에 서서 우호적인 친근함 혹은 동정을 가지는 태도이다. 이것이 극단적이 되면 앞에 서술한 브륀티에르의 소위 호감가는 인물personnage sympathique, 즉 작중 한 인물이 작자 그 사람의 사상과 감정을 대표하고 있는 경우가 되는 것이다. 우선 디킨스나 조르주 상드 혹은 다소 분위기는 다르나 우리나라의 나쓰메夏目 등이 적당한 예이리라. 이상 둘은 물론 자연파의 태도는 아니다. 셋째는 곧 순연하고 무관심하고indifferent 수수방관하는 태도 또 냉정한 비평적 견지에 서는 것으로 이것은 자칫하면 사물을 얕보고 애써 그 결점을 보고, 추악한 모습만을 폭로하려고 하는 냉소적인cynical 태도가 되어 버린다(본서 142~143쪽 참조). 사물을 미화하거나 시화하지 않고, 오히려 그것을 추화하는 자연파야말로 이 셋째 태도이다. 그들이 만약 양성兩性의 관계를 묘사한다면 갑자기 일종의 포르노그라피pornography와 같이 되는 것은 물론, 그 외의 어떠한 제목을 취해도 항상 불쾌함the unpleasant이라는 분자가 모든 묘사의 요소가 되어 따라다니는 것은 의심할 여지가 없다. 또 가령 그것이 불쾌하고 추하고 음란한 묘사가 아닌 경우에도 애처로운 비관의 검은 그림자는 반드시 따르기 마련이다. 모든 사물의 밝은 면bright side을 보지 않고 어두운 면dark side만을 보기 때문에 이것은 처음부터 피할 수 없는 결과이다. 러시아나 프랑스의 여러 작가의 작품과 비교하면 같은 자연주의의 작품이라도 영국의 하디의 소설은 불쾌한 분자가 상당히 적은 편이지만 비애만은 항상 작품 전체를 관통하는 주조를 이루고 있다. 하디의 소설은 대체로 연애를 골자로 한 것이 많은데, 그 중에는 매우 순결하고 시적인 그리고 육욕 묘사를 멀리한 것이 있으나, 그럼에도 불구하고 결국은 역시 이것도 저것도 모두 인생을 허위라고 보는 절망적인 염세관에 빠져 있다. 이것은 완전히 자연주의적인 태도에서부터 오는 당연한 귀결이라고 보는 것이 타당하리라 생각한다.

앞서 서술한 것은 작가의 측면에서 말한 것인데, 그 작가의 눈에 비친 사회 일반의 상태, 곧 근대인의 생활이라는 것이 또한 이러한 수성 묘사의 문학을 생기게 한 유력한 원인이다. 즉 사람들이 이상을 중시했던 시대에는 이면의 육적 생활이 영적 생활에 덮이고 그것에 흡수되어 적나라하게 외면에 드러나지 않는 것이 일반적인 풍조였다. 그런데 근대에 이르러서는 이 이상주의idealism가 돌연 쇠퇴함과 동시에 지금까지 도덕이다 뭐다 하고 말했던 모든 관습적인 환상conventional illusion이 사라져 버렸으므로 인생의 암흑면, 즉 여러 가지 죄악이라든가 육욕이라든가 하는 추한 면이 가차 없이 대낮에 속속들이 드러나기에 이르렀다. 그럼에도 불구하고 앞에서도 서술했듯이, 근대인이 육욕의 자극을 탐하는 것이 특히 심해진 결과, 육욕이라는 사실이 생활상 상당히 중요한 의의를 가지기에 이르렀다. 소위 데카당의 생활–여자와 술에 빠진 방종한 생활이 작자의 눈앞에 전개되기에 이른 것이다. 이미 작가의 시각이 막 변한 때에, 또 이렇게 작가가 보는 세계도 소위 '풍기가 문란해지고' 분위기가 변했다. 특히 유럽 근대의 도시 생활, 예를 들면 졸라가 묘사한 파리 생활의 이면과 같이 진실로 이 종류의 추예한 묘사에 절호의 자료를 제공한 것이었다.

졸라가 본능이나 성욕뿐인 인간, 특히 하층사회의 동물적 생활을 묘사한 것을 어떤 사람이 평하여 다음과 같이 말한 것은 흥미롭다. 옛날 단테는 『신성희극Divine Comedy』을 쓰고 발작은 『인간희극Human Comedy』을 썼는데, 졸라에 이르러서는 곧 『야수희극Bestial Comedy』을 쓴 것이라고.

생각건대 유쾌와 불쾌, 미와 추, 고통과 즐거움은 곧 동일물의 양면이고, 또 작자의 시각 그대로이다. 스티븐슨의 서한집에 "추란 전율의 산문적인 일면이다(Ugliness is only the prose of horror)."라는 말이 있다. 예를 들면 살인이라 해도 그것을 스티븐슨이 낭만적으로 묘사한 것처럼 혹은 세익스피어의 『맥베스』에 있는 식으로 묘사하면 대단히 불쾌한 광경이 변하여 일종의 시적 아름다움詩美이 되는 것이다. 고통이라는 것도 낙천적으로 생각하면 상당한 쾌락이 되는 것이다. 체스터턴Chesterton은 예의 경구에서 '모험이란 고통을 순진하게 생각한 것일 뿐이다(An adventure is only an inconvenience rightly considered).'라고도 말하고 있다. 즉 사람이 어떤 일에 임하여 곤란하다거나 고통스럽다거나 하는 것이 애초의 착각이고, 그것들은 순진하게 낙천적으로까지 생각한다면 모두 일종의 모험adventure이라는 아름다운 이름이 붙는다. 자연파는 일부러 사물을 추하게 보고, 고통이라고 생각하고 아름다운 직물을 고의로 뒤집어 보는 것이다. 자연과 인생 위에 짜여진 다양한 아름다운 모양에는 눈도 주지 않고 특히 그 이면에 있는 추한 곳을 폭로하고unmask, 그것을 확대하여 묘사하려는 것이다.

그러나 이러한 추한 수성 묘사도 결코 단순한 호기심이라고는 생각되지 않는다. 이것은 또한 상당한 존재 이유raison d'être가 있다. 곧 가령 인간생활에서 육적, 동물적 방면과 영적, 정신적 방면이 있다고 가정하면 재래의 낭만파 이전의 문학은 모두 후자에만 중점을 두고 전자를 완전히 등한히 하였다. 따라서 만약 문예가 인생 그 자체의 재현이라고 한다면 자연히 지금까지 등한시되어 있던 암흑면도 폭로하지 않으면 안 된다. 고약한 냄새가 나는 것이라고 해서 뚜껑을 가만히 덮어두는 불철저한 행위로는 도저히 해결되지 않는다. 아름다움이라는 일면만을 보고 추함을 돌아보지 않은 이상파와 낭만파는 편파적이기 때문에 이제 자연파는 인간의 죄악이나 육욕의 역사를 써서 그간의 문예의 결함을 보충하는 것이라고 주장했다.

이 점에 관해서 미학자가 주장하는 『보충이론Ergänzungstheorie』이라는 것이 있다. 죄악도 육욕도 수성도 선량한 풍속과 마찬가지로 함께 인생의 사실이다. 그러나 사회의 질서상 죄악은 가능한 한 사람들의 눈에 띄지 않도록 감추고 있다. 우리가 직접적으로 그것을 관찰할 기회는 정말 드물다. 또 육욕도 사교상 혹은 풍속 단속상 그것을 입에 담는 것조차 꺼리는 식으로 완전히 감추어져 있다. 따라서 지금 예술이 이 같은 숨겨진 면을 적나라하게 폭로하고 그것을 드러내려 하는 것은 실로 모자라는 곳을 보충하는 것이므로, 예술이 무의식적으로 행하는 보충작용이라고 보아야 한다고 주장하고 있다.

이것은 또 나아가 다른 면에서 생각하면 재래의 문명의 힘으로, 이제는 인생이 관습에 너무 구애拘礙되어 인공적이 되었으며 생활 상태가 부자연하게 되었다. 그것이 과학적 정신의 발흥과 함께 회의의 극단, 모든 것을 부정하고 다만 자연을 허락하여 일체의 인위를 허위로 간주하려는 인생관을 만들었다. 번잡한 형식에 구속되지 않고 도리어 그것에 반항하고 적나라하고 자유로운 본능 생활을 동경하는 식이 되었다. 이것은 이미 앞장의 근대사조 부분에서 상술한 것인데, 이러한 관계로 해서 근대문예상에 육욕 묘사가 중점을 이루게 된 것이다. 다시 말해 옛날 문학에서는 완전히 관습적인 기교에 의해 은폐되어 있던 인간, 자연의 진상을 무리하게라도 반항적으로 백일하에 속속들이 드러내고 그 가면을 벗겨 주려고 하는 것이 자연파라고 해석해도 상관없다. 또 자연의 진상은 자못 추하지만 그것이 진실인 이상 하는 수 없지 않는가라고 이 일파는 주장한다. 러시아의 고골은 항상 슬라브의 옛 속담을 인용하여 이렇게 말했다. "얼굴이 추하게 보인다고 해서 거울을 책망해서는 안 된다(We must not blame the mirror if the face looks ugly)." 자연파의 작품은 오직 있는 그대로를 꾸밈없이 비추는 거울에 불과하다.

그러나 자연파의 이러한 주장 및 실제 작품에 대해서는 다음과 같은 비난이 있다.

첫째 그것은 결코 자연이 아니라는 공격이다. 영보다도 육에, 감정emotion보다도 감각sensation에 중점을 두고 인간 생활의 천하고 추한 측면만을 관찰하고 특히 근대 생활의 퇴폐와 타락의 암흑면만을 묘사하고 그 외는 돌아보지 않는 것은 완전히 부자연스럽다. 논리상으로 그 부자연스런 점에 있어서 앞의 낭만파 이전의 문학이 인생의 아름다운 면, 밝은 면만을 묘사해내고 있었던 것과 다른 점은 전혀 없을 뿐 아니라 예술상으로 말하면 그것이 추한 만큼 그만큼 도리어 뒤떨어지고 있다. 만약 진실로 현실이라든가 인생을 전체적으로 묘사하려 한다면 암흑면과 함께 밝은 측면도 놓쳐서는 안 된다. 그것을 고의로 추한 일면만을 과장하고 인간을 마치 시랑豺狼이나 비비원숭이 같은 것으로 묘사하는 것은 역시 부자연스런 일종의 과장주의 혹은 이상주의가 아닌가. 즉 인간 생활의 가장 추한 일면인 동물적 생활animalism의 발견으로서의 현실을 묘사하고 사람으로 하여금 반성하게 한다든가 혹은 또 사회의 부자연스런 상태를 자연스러운 것으로 되돌리려고 한다든가 하는 일종의 이상이 있는 것은 아닌가. 스스로는 자연을 표방하면서 또 이상을 배척한다고 말하면서 이러한 주장을 가지고 제작을 하는 것은 매우 심한 자가당착이라고 말하는 것이다. 이것은 영국의 아서 시몬즈나 다우든Dowden이 졸라 일파를 공격한 유력한 주장이었다.

둘째는 세상의 풍속, 교화문제에서 오는 비난이다. 졸라의 작품은 지나치게 충격적이기 때문에 한때 영국에는 수입이 금지되었던 때조차 있었다. 콩쿠르형제도 플로베르도 모두 그들 작품에 있는 묘사의 풍속상 문제 때문에 법정에 끌려 나갔다. 또 그 정도가 아니어도 세간에서 일반의 도덕가 등으로부터 끊임없이 비난과 공격을 받고 있는 것은 서양에서도 일본에서도 변함없다.

일반적으로 문예와 도덕의 관계에 대해서는 옛날부터 지금에 이르기까지 시끄러운 논의가 끊이지 않는다. 고대그리스의 철학자에서 가깝게는 독일의 폴켈트 등에 이르기까지 다양한 주장은 있으나 아직 이 난문제에 최후의 단안斷案을 내릴 수 있는 자는 전혀 없다. 자연주의의 풍속과 교화문제도 그 자체로 문예 대 도덕의 문제에 관련되는 것은 물론이지만, 그러한 근본적인 점에서부터 여기에서 논하는 것이야말로 한이 없으므로 이 점에 대해서는 지금 언급하지 않겠다. 그러나 단 주의해야할 것은 대중의 인기 몰이를 주로 하고, 실감, 도발을 목적으로 한 자허마조흐Sacher-Masoch 일파의 비겁소설이라면 어떨지 모르지만, 적어도 졸라나 플로베르의 자연주의의 대표적 문호라고 할 수 있는 사람의 저술인 이상, 거기에 드러난 육욕 묘사는 결코 오락 본위의 것이 아니라 오히려 작자가 극히 엄숙한 태도로써 묘사한 것이라는 것만은 충분히 인정하지 않으면 안 된다. 옛날 영국의 복고드라마 restoration drama나 혹은 스위프트Swift의 글에서 보이는 것 같은 혹은 우리나라의 다메나가 순수이爲永春水식의 닌조본人情本[1]에 있는 것 같은, 남녀가 시시덕거리는 외설의 문학과는 완전히 근본적으로 성질을 달리 하고 있는 것은 약간만 주의해 읽으면 누구라도 알아챌 것이다. 자연파의 수성 묘사는 유물적 인생관에 기초한 당연한 합리적 결과인만큼 쇄락한 소동이 아니라 오히려 이 묘사에 침통한 비애의 상태가 두드러지게 드러나 있다. 단 곤란한 것은 순수한 과학적 입장에서 생식 기능을 주장한 의학 서적조차 시각에 따라서는 충분히 매음서도 될 수 있으므로 자연파의 희곡이나 소설도 근대문학의 의의를 생각하지 않거나 혹은 완전한 감식력 없는 사람의 눈에는 누누이 오해되고, 혹은 한심하기 짝이 없는 악영향을 사람들 마음에 주지 않는다고도 할 수 없다. 그러나 그것은 온전히 독자의 죄이며 처음부터 오락 본위가 아닌 것을 오락시한다거나 혹은 엄숙한 것을 남녀가 시시덕거리는 것으로, 진지하지 않은 태도로 보아서 생기는 것으로 결국은 작자의 태도와 저급한 독자의 요구가 서로 응하지 않는 것으로부터 생기는 것이다. 하나의 작품을 읽고 거기에서 현실 인생의 참맛을 절실히 맛볼 수 있을 정도의 사람을 비로소 성실한 감상자라고 말할 수 있을 것이다.

3. 인생의 단편

'인생의 단편'이라는 말 - 이야기 본위와 묘사 본위 - 평범한 일상생활 그대로의 묘사 - 줄거리 혹은 구성없는 작품 - 제임스의 투르게네프론 - 극의 경우 - 그 실례, 입센, 하우프트만 - 고리끼의 『밤의 여관』 - 소설에서의 실례 - 셰익스피어

1) (역주) 에도(江戶)시대 말기에 유행한, 서민의 인정, 애정을 주제로 한 풍속 소설.

의 배치와 구성 - 통일성 없는 단편적 인상 - 인간의 일대기 - 인습적 형식의 파기 - 자연파 소설이 '재미없는' 이유 - 그런 종류의 작품에 대한 흥미 - 과장된 묘사 - 현실 그대로의 인생 - 사르두(Sardou)와 입센

앞에서도 서술했듯이 자연파는 문예를 인생 기록이라고 간주하고 있다. 인생의 자연 현상을 있는 그대로 묘사해 내고 조금도 꾸미지 않고 기교를 부리지 않는 것을 제일의로서 표방했다. 따라서 자연파의 작품은 낭만파 이전의 희곡이나 소설과 다르고 소위 인간 생존의 기록으로부터 무조작적으로 찢어진, 살아있는 한 페이지a living page(tone out of the annals of human existence)에 다름 아닌 것이다. 피와 살이 있는 살아있는 인생 그 자체로부터 날카로운 칼로 잘라 낸 그대로의 한 조각 파편에 불과하다. 근대문학에서 통용되는 말로 한다면 이것은 곧 '인생의 파편'이고 프랑스 자연파의 소위 'tranches de vie', 독일어로 'Lebensausschnitt'이다. 영어로 쓴 서적에는 'slices from real life'라고 나와 있다.

'인생의 단편'이란 말의 내용을 잘 생각해 보면 (1) 우선 그것은 일상생활의 평범한 사실을 있는 그대로 묘사했다는 의미이다. (2) 따라서 또한 줄거리다 구성이다 하는 것은 극히 불완전하고, 아니 거의 그러한 것이 전혀 없는 작품조차 있다는 것이 제2의 의미이다. 환언하면 자연파의 작품은 오락을 목적으로 한 재미있고, 통합되어 있는 이야기 본위의 것이 아니라 어디까지나 묘사를 본위로 하고 중심으로 한 것이다. 스토리story보다는 오히려 대부분이 스케치sketch의 성질을 띤 것이라는 의미이다.

니체가 근대문예사상의 나폴레옹이라고 칭찬한 프랑스의 스탕달Stendhal은 일찍이 "소설이란 길을 따라 걸어가는 거울이다(Un roman est un miroir qui se promène le long d'une route)."라고 말했다. 이 유명한 말은 바로 자연파의 작품에 해당하는 것으로 작가는 마치 인생이라는 통로를 움직여 가는 맑은 거울과 같이 그 면에 다양한 인상을 받아 그것을

재현하는 하나의 기계에 불과한 것이다. 실경實景 그 자체보다는 한층 더 분명한 축도縮圖를 거울 면에 비춰내는 것이다. 프랑스의 평론가 파게Faguet가 쓴 문학사에 이러한 것이 언급되어 있다. "만약 모파상이 자신의 예술상의 확언을 고백했다면 다음과 같이 말했을 것이다. '미美는 진실이다. 그리고 정확하게 관찰되고 완전하고 명료하게 간취된 현실이야말로 곧 진실이다. 실생활에서는 매우 복잡하게 뒤얽힌 것을 나는 각각의 단편으로 억지로 떼어놓고 분해하여 그것을 독자의 눈앞에 보이는 것이다'라고." 또 입센도 자신이 만든 극에 대해서 "나의 연극은 어떤 집의 방 하나를 취해, 네 벽의 한 쪽을 잘라내어 내부를 세상 사람들에게 보인 것이다"라고 말했다. 이것도 필경 일상의 평범한 생활을 있는 그대로 묘사해낸 것이다.

그런데 전혀 꾸미지 않은 인생의 사실이라는 것이 대부분은 모두 평범한 것, 재미있지도 않고 아무것도 아닌 것이다. 또 소위 '소설을 보는 듯이' 정리되어 있지도 않다. 상세하게 말하면 모두冒頭에서부터 대단원까지 순조롭게 전개해 가는 일관된 줄거리가 없다. 옛날이야기나 소설에 있는, 교묘하게 사람의 흥미를 끄는 줄거리가 설정되어 있고, 마지막 결말에 가서 무언가 '당연함'으로 사람을 대단히 감동시키는 데카당이나 비참한 파국catastrophe 등이 전혀 없다. 그러나 자연파는 그것을 있는 그대로 마치 명경지수明鏡止水에 비친 것과 같이 묘사하려고 하는 것이므로 작품은 상당히 소설 같지 않고, 연극 같지도 않은 것은 어쩔 수 없는 것이다. 실제 잘 생각해 보면 우리들 자신의 생활 혹은 우리가 눈앞에 보는 친구라든가 이웃의 일상생활은 실로 평범하고 어떤 기이함도 없는 것으로 언제까지나 매일 저런 별 볼일 없는 것을 잘도 하고 있으니 기가 막힐 정도이다. 약간 재미있다고 말할 수 있는 것으로 우선 도둑이나 부부싸움이 고작일 것이다. 만약 그 속에 소위 '소설적인' 현상이 있다고 하면 그것은 반드시 부자연스런 것이다. 부자의 기우奇遇라든가 복수라든가 정사情死라든가 하는 드문 사건, 비범한 현상은 그토록 몇 번이나 예의 거울에 비치지 않는다. 또 더군

다나 영웅도 평범화하고 미인도 추화하고 인생의 위기를 묘사하지 않고 나아가 일상생활을 묘사하고 옛날 작가와 같이 인간 마음의 흥분한 상태를 쓰지 않고 도리어 그 평화롭고 조용한, 어떤 기이함도 없는 때의 역사를 묘사하려고 하므로, 한층 더 단조롭지 않을 수 없다. 평범한 것을 있는 그대로 묘사하여 기발한 소설을 쓰려 하는 것도 요술쟁이가 아닌 이상 불가능한 것이다.

예전의 소설과 희곡에는 정연하고 일사불란한 전후의 맥락도 있고, 조응도 있고, 수미일관한 것이 있다. 그리고 결말에 가면 대체로 인물이나 사건이 모두 수습되고 중간에서 흐지부지 그만두게 되는 일은 적은 만큼 또한 실생활에서 멀고, 부자연스럽게 느껴진다. 그러나 자연파의 작품은 일상생활에서의 작자의 즉각 체험immediate experience을 쓴 것이므로 이야기의 시작도 끝도 없는 단편적인 것이 많다. 인생의 한 조각을 찢어 그것을 독자의 눈앞에 내던지기까지 극히 조작을 하지 않은 것이다. 마지막 부분에 가서 독자는 무언가 바람맞은 것 같은 느낌이 든다. 예를 들면 옛날 비극에는 마지막 대단원에서 인물이 모두 죽어 버리는 것으로 결말이 나는 것이 보통이었지만 자연파의 작품에서는 반드시 그렇게 가지 않는다. 주인공도 그 외의 인물도 마지막까지 끄떡없이 팔팔하고 결말에 가서도 아직 죽을 기미가 전혀 없다. 독자는 단지 이러한 인물의 생활이나 주위의 사회적 현상의 한 부분section을 자세히 또 명확하게 본 것일 뿐, 결코 하나의 이야기를 읽은 것이 아니다. 앞에서 근대예술과 인생의 관계를 언급했을 때 말한 것처럼 부자연스런 가공의 이야기에 흥미를 느끼기에는 근대인의 현실감은 지나치게 강하다(본서 183~184쪽). 오락으로서의 문예에 나를 잊고 즐기기에는 그들의 생활은 매우 바쁘고 그들의 마음은 여유가 대단히 부족하다. 설령 줄거리가 흥미롭지 않고 구성이 정리되어 있지 않아도 그들은 현전하는 인생 그 자체에 가장 근접해 있고, 밀착되어 있는 작품을 요구하는 것이다. 그럼으로써 깊게 또 구체적으로 지금까지 볼 수 없었던 실생활의 참맛을 맛보고 싶다고 바라는 것이다.

심리해부를 정치하게 하는 것으로 영미 문단에 이름을 날린 소설가 헨리 제임스는『부분적인 초상Partial Portraits』속에서 러시아의 투르게네프를 논하여 이렇게 말하고 있다.

> ……투르게네프가 자신의 저작에 대하여 특히, 그 창작 방법에 대하여 말하는 부분은 매우 흥미롭다. 그가 말하는 것은 그 솜씨에 매우 잘 어울리고, 또 인생 그 자체를 드러내려 하는 그의 모든 작품에 공통적인 깊은 목적에도 어울린다. 그에게 작품의 골자는 결코 줄거리가 아니다. 줄거리 따위는 오히려 가장 마지막에 착상하는 것이고, 다양한 인물을 그려내려고 하는 것이 우선 주가 된다. 한 편의 소설을 씀에 있어 한 명 혹은 여러 명의 인물이 우선 작자의 눈앞에 분명히 떠오른다. '그런 인물을 활동시켜 보고 싶다, 그들은 무언가 특별하고 재미있는 것을 할 것이다.'라고 생각한다. 우선 그런 인물의 지금까지의 경력을 자세히 조사하고 쓴다. 이것이 소위 '하나의 사건 서류', 프랑스인이 말하는 '도시에르(dossier)'이고 죄인의 신상 취조서라는 것이다. 그것을 재료로 하여 쓰지만 한편 우선 그런 인간으로 하여금 어떤 일을 하게 할 것인가 하는 점이 문제가 된다. 거기에서 가능한 한 완전히 각자의 성질을 발휘하는 활동을 하게 한다. 그러나 이를 위해서 전체의 구조(architecture)가 결여되고, 배치와 구성(composition)이 서툴러진다는 비난이 생긴다.(적역(摘譯), 원문생략)

또 연극에 대해서 말하면 옛날 극에서는 제1막을 보고 있는 동안에 우선 그 이전에 있었던 다양한 사정의 경과가 대강 관객에게 알려지고, 그 후 순차적 사건이 발전해 가고, 관객은 어느 사이엔가 자기를 잊어버리고 그 속에 끌려 들어간다. 그리고 마지막 막까지 가면 분명히 인물이나 사건을 결말지을 수 있다. 구경거리는 그것으로 만족되고, 아, 재미있었다 라든가 불쌍했다 라든가 하는 느낌을 얻으면 그뿐 집으로 돌아간다. 그러나 근대극에서는 처음 막에서 관객은 갑자기 사건 한 중간에 던져지고 사정을 몰라 당황하게 된다. 그 후부터 보고 있으면 더욱더 해결 불가능한 여러 의문이 머리에 떠오르고, 그것이 더욱 의문을 깊게 한다. 그렇게 얻은 의문은 마지막 막에 가도 전혀 풀리지 않고 도리어 의심을 깊게 할 뿐, 그대로 극장을 나와 집으로 돌아간다. 즉 관객은 연극을 보러 가서 뇌리에 언제까지나 남을 의문을 얻는 것이다. 인생에 관하여 많이 생각하게 하고, 많이 고민하게 하는 문제를 얻었으므로 오락을 즐길 수는 없는 것이다.

이제 그 두세 가지의 실례에 대해 말하면 우선 입센의 희곡은 사람들이 말하는 옛 연극의 제5막이 제1막으로 와 있는 식으로 처음부터 사건의 최고조에 독자를 던져 넣으므로 결코 순서를 따라 점차 발전해develop 가는 것이 아니다. 또 전체로 말해도 게 중에는 상응하게 결말이 난 것이 있음에도 불구하고 대개 줄거리나 구성은 극히 느슨한loose 것이 많다. 예를 들면 〈건축가 솔네스〉의 서막에 나오는 여자 서기와 목수의 관계는 그 이후 결말까지 전혀 나오지 않고 흐지부지된다. 마지막에 어떻게 될까 생각하며 읽으면 결국 그대로 뒤에는 나오지 않는, 이러한 것이 종종 있다. 또 하우프트만의 〈직조공들〉 등은 처음부터 주인공도 없는, 아무것도 없는 극이다. 단지 동맹파업 그 자체를 묘사하였으므로 등장인물도 제3막 부근에서부터 새로운 멤버가 나타나고 이전의 인물은 인물대로 끌어들였다가 도중에서 흐지부지된다. 이렇게 해서 극적 효과를 잘 얻을 수 있었던 것은 물론 작자 하우프트만의 위대한 점이겠지만 그렇다고 해도 이러한 극은 옛날 문학에는 좀처럼 예가 없는 것이다. 또 이미 우리나라 자유극장에서 상연된 고리끼의 〈밤 주막〉 등도 역시 이렇다 할 줄거리도 구성도 없다. 하나의 연극으로서 보면 머리도 꼬리도 없이, 무턱대로 여러 인물이나 사건이 어수선하게 나올 뿐이다. 정말 무기교이고 조잡한, 있는 그대로crude의 미숙한immature 작품과 같으나, 그래도 페테르부르크와 베를린에서 공연되기에 이르렀고, 연일 만원이었다고 한다. 필경 작자가 새롭게 본 대로의 인물과 사건을 그대로 활약시킨 점에 작품으로서의 진가가 있는 것이다. 마치 화가가 극히 대담하고 무조작의 방법을 사용하여 눈앞의 실경을 캔버스 위에 그려낸 것과 마찬가지이다(본서 104쪽 참조).

또 소설에서 말한다면 같은 사실파라 해도 발작 등의 작품은 구조가 잘 정리되어 있으나 자연파가 되고 난 후에는 졸라도 모파상도 플로베르도 줄거리라든가 구성이라든가 하는 점에 있어서 대부분은 매우 간단하다. 또 졸라를 모방했다고 하는 독일의 아르노 홀츠Arno Holz 등에 이르면 줄거리라는 것이 전혀 없는 소설까지 쓰고 있다. 러시아의 앞서 말한 투르게네프는 그런대로 괜찮지만, 톨스토이의 소설에 이르면 구성이 상당히 산만하고 준비되어 있지 않다. 예를 들면 『안나 카레니나』에는 많은 인물과 사건이 속출하는데 특히 무엇이 중심이라고 말할 수도 없다. 키티와 레빈의 대화 등도 생각하면 갑자기 바뀌어 또 안나와 론스키의 대화가 되는 식으로 변환, 출몰, 송영으로 바쁠 뿐인 일종의 폴리그래프polygraphy이다. 어떤 인물, 어떤 사건이 주가 되지도 않는다. 또 『전쟁과 평화』도 역시 하나를 중심에 두고 전체를 그것에 집중시켜converge 줄거리를 진척시켜 가는 작품은 전혀 찾아볼 수 없다. 또 이탈리아의 단눈치오 역시 『죄없는 자』 한 편만은 별문제로 하고, 그 외의 작품 예를 들면 명성 높은 『죽음의 승리』에서도 소설로서의 구성이라는 점에서는 반드시 크게 자랑할 만한 것은 아니라고 생각한다.

근대문예의 이러한 작풍을 옛날의 희곡이나 소설과 비교하면 특히 그 차이가 현저하다. 톨스토이의 『셰익스피어론』에는 자연파의 관점에서 셰익스피어의 희곡을 여러 가지로 비난하고 있는데, 요컨대 기교적이며 부자연스러운 점을 공격한 것이므로 톨스토이의 근대적인 견해와 셰익스피어의 작풍이 이미 근본적으로 입장을 달리 하고 있는 것에 기초한 것이다. 우선 제일의 비평의 대상이 된 『리어왕』과 같이 대단히 부자연스런 것이야말로 도리어 작품의 진가가 있는 것이므로 그런 작품은 원래가 이미 하나의 상징이고, 온전한 사실극과는 성질을 달리하는 것이다. 자연스러움이나 부자연스러움은 처음부터 문제가 되지 않는 것이다. 원래 『리어왕』은 그 비장하고 삼엄한 점으로부터 어떤 학자는 그것을 고딕건축에 견주고 있으나, 그것과는 다르게 구성과 배치가 균형 잡힌 점에서 보아도 실제로 하나의 훌륭한 건축이라고도 칭할 수 있을 것이다. 비단 『리어왕』뿐 아니라 모든 셰익스피어의 작품은 각 편 모두 하나의 유기적 통일체organic whole를 이룬 예술품으로서 완벽하고 전후의 맥락과 조응이 조금도 조잡하지 않다. 인물이건 사건이건 전체의 줄거리에 관계가 없는 것이 끼어들어 그것이 어느 샌가 유야무야 흐지부지되는 일은 전혀 없다. 그러나 이 점이 톨스토이 등의 자연주의적이고 근대적인 견지에서 말하면 도리어 하찮게 보이는 점이므로, 그것이 결국 고전문학과 근대문학의 차이점이고, 또 낭만파와 자연파의 입장의 차이이다.

위에서 서술한 극이나 소설의 구조가 불완전하다는 것은 회화에서 말하는 'composition', 즉 구도라든가 배치 등의 불완전함을 의미하는 것이다. 또 건축 쪽에서 말하는 소위 구성미architectonic beauty(통일미라고도 말할 수 있을까)를 결여한 것이라고도 말할 수 있다. 부분부분을 취하여 보면 매우 잘 이루어져 있으나 전체로서 통일이 되지 않고, 산만하고 지리멸렬하다는 비난이 있다. 그것을 예의 노르다우 일파의 병리학적 논법으로 말하면 근대 작가의 병적 신경질은 찰나찰나에 외부세계로부터 개개의 단편적 인상을 받아들이는 힘만이 예민하여 그것들의 인상을 통일하여 완전한 하나의 예술품이 되게 할 만큼의 능력이 없다고 공격하고 있다. 물론 그것도 일면 진리일 수 있으나 자연주의의 성질상 작자가 하등의 기교를 사용하지 않고, 안배하거나 고안하여 실인생으로부터 얻은 인상 그 자체를 재현하려고 하기 때문에 당연히 전후의 맥락이나 전체의 구조가 서투르게 되는 결점이 생기는 것이라고 보는 것이 오히려 지당하지 않을까.

나아가 일부러 줄거리를 결여되게 하고 구조를 조잡하게 만든 것은 실은 전체가 만든 것, 허구라는 것을 속이고 그것이 제법 인생과 자연의 사실을 직접 묘사한 것인 듯이 보이게 하여 독자를 속여 한층 깊게 느끼게 하려고 하는 작자의 관용적 수단인 것은 이미 앞에서 서술한 대로이다.

가령 사람의 일생을 강물의 흐름에 비유한다면 수원水源이 탄생이고 바다에 가는 하구는 흡사 죽음에 상응한다. 그리고 그 사이의 일부분을 뚝 끊어낸 단편을 있는 그대로 묘사해 내자는 것이 자연파의 주장이다. 그러나 물의 근원과 똑같이 어디에서부터 어디까지라는 구분이나 경계는 전혀 보이지 않고 부지불식간에 조금씩 점차 변하여 가는 것이 인생의 행로이다. 따라서 그 단편을 묘사한 작품은 머리도 없으며 꼬리도 없고, 시작도 끝도 없는 것이 된다. 만약 굳이 그것을 머리와 꼬리가 완전한 작품으로 하려고 한다면 당연히 성장에서부터 죽음까지를 쓴 일대기로 할 수밖에 없을 것이다. 게다가 자연파이므로 영웅과 호걸 혹은 재자가인의 화려한 일대기가 아니라 평범한 사람의 평범한 생애를 묘사한 것에 지나지 않을 것이다. 즉 물의 흐름의 시작에서부터 끝까지 전체를 다 쓴 것, 즉 일대기처럼 된 소설은 근대 자연파 작품 중에 가장 많이 보인다. 예를 들면 모파상의 『일생』, 비에른손의 『압살롬의 머리』 등은 모두 박명하고 나약한 여자의 일생을 그리고, 그 성장에서부터 결혼하여 어머니가 되어 아이를 기르고 부인으로서의 비참한 삶을 보낸 경로를 마지막 부분까지 묘사한 것이다. 플로베르의 『보바리 부인』도 역시 엠마라는 여자가 독약을 마시고 죽기까지의 일대기 같은 소설이다. 임시로 이름 붙여 전기체라고 일러둘까, 어쨌든 이런 종류의 작품이 특히 자연파에 많은 것은 결코 우연이 아니라고 생각한다.

한편 앞에서 서술한 점에 대해서 자연파는 옛날부터 희곡이나 소설에 있었던 다양한 형태나 양식을 완전히 파기하여 버렸다. 우선 음악에서 말하면 오버추어overture라고도 할 주제 제시부exposition를 시작으로 최정점climax으로 가서 최후 대단원catastrophe에서 모든 인물과 사건의 결말이 나는 식의 전습적인 형식은 일체 파괴되었다. 자유의 예술, 혁신의 예술인 자연주의 본래의 면목은 이러한 곳에도 유감없이 발휘되고 있다. 그 옛날 낭만적인 셰익스피어가 고전풍의 연극에 있었던 무대장치의 통일scenic unity의 법칙을 파기한 것 등은 자연파의 파괴주의에 비하면 아직 미온적인 것이었다.

또 그 무조작적으로 끊어 놓은 인생의 단편이라는 것과 관련하여 자연파의 작품은 전혀 재미있지 않다는 세속의 공격이 있으므로 이에 대해서도 한 마디 해 두자.

첫째 쓰여 있는 것이 자연스러운 만큼 그만큼 또한 평범하다. 둘째 묘사 본위이므로 줄거리도 구성도 만들지 않는다. 셋째 결말이 없고 시작도 끝도 없다. 자연파 작품의 특색이 '인생의 단편'이라는 점에 있다면 오락을 목적으로 하는 작품을 독자가 재미없어 하는 것은 오히려 당연한 것이리라. 18세기경 영국 소설과 같이 혹은 전세기 초기의 낭만파의 작품과 같이 오로지 값싼 눈물을 강요한다거나 야담가가 말하는 '내일 밤의 즐거움'은 가능하지 않다. 일본의 주신구라忠臣藏[2]나 지카마쓰近松[3]의 신주모노心中物[4]처럼 사건 그 자체가 사람의 흥을 끄는 것도 아니고 혹은 『호토토기스不如歸』일파의 소설에서처럼, 일부러 센티멘탈하고 시시한 장면을 설정한 것도 아니라면 당연히 지극히 평범한 것이 되어 버린다. 그러나 일상생활 그 자체가 이미 평범한 이상 그것을 있는 그대로 묘사하니 재미있을 리가 없지 않은가. 세간에서는 매일이 재미없으므로 무언가 변한, 재미있는 것이 있으면 좋겠다고 입버릇처럼 말하는 사람도 종종 있으나 실제 생활에 기발한 것이 있다면 그야말로 큰 이변으로, 오늘은 옆집 사람이 정사하고 내일은 맞은편 사람이 복수를 하는 식이라면 세상은 전혀 평온하지 않다. 재미없음이야말로 도리어 고마운 행복인 것이다. 그것을 있는 그대로 묘사하여 재미없는 것은 자연파 작가의 죄가 절대 아니리라.

또 이것은 계속 이전에도 말한 것이지만 기발하고 비범한 인물과 사건도, 그것을 과학적이고 유물적이고 정치하고 엄밀하게 관찰한다면 모두 평범화되고 만다. 따라서 자연파는 설령 영웅을 묘사한다 하

---

2) (역주) 가부키(歌舞伎), 닌교조루리(人形淨瑠璃) 공연제목의 총칭.
3) (역주) 지카마쓰 몬자에몬(近松門左衛門). 에도시대 전기의 가부키(歌舞伎), 닌교조루리(人形淨瑠璃)의 작가.
4) (역주) 가부키 등에서 정사(情死) 사건을 주제로 한 것의 총칭.

드라도 옛날 낭만파처럼 그를 귀신과 같은 인물로는 묘사하지 않는다. 역시 우리들과 같이 자고 일어나고 밥을 먹는 보통 인간으로 묘사해 낸다. 어떤 기이함도 없는 것이다. 톨스토이의 소설 『전쟁과 평화』에 나오는 나폴레옹이 곧 그 적당한 예인데, 그는 전혀 영웅 같지도 않고 위대해 보이지도 않는다.

그렇기 때문에 자연파의 작품을 평가하여 오락적인 의미에서 보아 재미없다고 한다면 말이 된다. 그러나 만약 진면목의 의미에서 흥미가 없다고 한다면 그것은 단순히 말하는 자의 어리석음을 드러내는 것에 불과하다. 재미없다는 말이 'amusing'하지 않다는 의미라면 그것으로 좋다. 만약 완전히 'uninteresting'이라는 의미라면 그것이야말로 부당한 말일 것이다. 생각건대 현재의 평범한 생활 속에서야말로 진정 인생의 놀랄만한, 무서울 만한 것이 잠재하고 있는 것은 아닐까. 참으로 위대한 희극과 비극이란 이들 평범하고 단조로운 것 속에 숨어있어, 항상 우리들을 웃게, 울게 하고 있는 것은 아닐까. 이 평범함의 바닥에야말로, 속에야말로 오히려 인생의 참맛은 있는 것이다. 평범한 생활을 잘 음미하여 알기 쉽게 설명하고 맛볼 줄 아는 사람에게 비로소 그 진정한 재미가 이해되는 것이다. 따라서 평범함을 묘사하고 인생의 참 멋을 전하려 하는 것에 자연파 묘사의 가치는 있는 것이다. 즉 설령 'amusing'하지 않은 희곡이나 소설이라도 그것이 강하게 사람의 마음을 움직일 수 있는 것은 필경 인생 그 자체에 대한 우리들의 'interest'가 깊기 때문이다. 그러므로 이러한 작품에서 우리들이 얻는 흥취는 시가적이고 유희적인 것이 아니라 오히려 사색적이고 반성적인 것이다. 비유하여 말하면 모르는 미인의 화상에 대한 흥미가 아니라 우리가 잘 알고 있는 친구나 친형제의 사진을 볼 때의 'interest'인 것은 이미 앞에서 말한 대로이다. 'amusing'하지 않은 만큼 그만큼 또한 'interesting'한 것은 주의하지 않으면 안 된다(본서 193쪽 참조).

셰익스피어가 그린 인육人肉 저당 재판[5]이나 일국의 군주가 비바람을 무릅쓰고 암야에 황야를 헤매는 사건은 상당히 비상한 경우이다.

또 죽은 아버지의 유령을 보고 복수를 생각하는 것도 우리의 실제 생활에서는 만에 하나 있을 법하지도 않은 것이다. 그러나 샤일록의 탐욕이든 또 감정 일변도인 리어왕이든 혹은 햄릿의 의혹과 번민이든 모두 보통사람의 성행性行의 일면을 확대하고 과장한 것에 불과하다. 자연파가 평범한 생활을 평범한 대로 묘사하고 도리어 거기에 잠재한 인생의 진상을 암시하려고 하는 것에 대해 셰익스피어 등 모든 낭만적 작가는 평범한 생활의 일면을 확대하여 그것을 놀라운 인물과 사건으로 고치고 그 원인이 되는 실생활의 바닥에 숨어있는 진실한 의미를 드러내려고 한 것이다. 동시에 '삶의 해석interpretation of life'으로서 고급문예의 자격을 갖추고 있는 점에서 어떤 차이도 없는 것이다. 단 근대의 풍조가 간혹 사람들로 하여금 과거의 인생 묘사를 혐오하기에 이른 결과, 한편 자연파라는 별종의 과학적 신문예가 세력을 얻은 것이다. 사람들은 이제는 과거의 생활을 묘사한 작품에 질렸는데, 그렇다고 해서 또한 꿈이야기와 같은 미래의 생활도 알고 싶어 하지 않는다. 과거에 늘 그러했던 삶life as it used to be이나 앞으로 되어갈 삶life as it is going to be 혹은 그러해야 하는 삶life as it ought to be 등은 모두 우리에게 쓸모없는 것이다. 비록 재미없어도 좋으니까 있는 그대로의 삶life as it is을 묘사한 작품을 원한다. 즉 이러한 요구에서야말로 '인생의 단편'인 '재미없는' 문예가 세력을 점하기에 이른 것이다.

나는 지금 셰익스피어극을 증거로 내세웠지만 물론 그것도 대중적인 의미에서 말하면 당연 '재미없는' 쪽 부류에 속하는 연극이고, 이 맥락connection에서는 실은 그다지 적당한 예는 아닐지도 모른다. 재미있는 연극과 재미없는 연극의 예가 되려면, 근대의 명가인 프랑스의 빅토리안 사르두의 작품과 입센의 작품을 비교하는 편이 빨리 이해될 것이다. 사르두의 시대물이나 세와모노世話物[6]는 줄거리 구성이 좋고

5) (역주) 『베니스의 상인』의 사건을 가르킨다.

6) (역주) 가부키, 조루리(浄瑠璃), 소설(小説), 고단(講談) 등에서 당대의 세태, 풍속, 인정을 배경으로 하고, 당대의 사건을 소재로 한 작품. 특히 에도시대의 초닌(町人) 사회를 소재로 한 것을 말한다.

무대가 멋있고, 게다가 대화가 재미있는, 실로 오락으로서는 최상으로 재미있는 연극인만큼 그만큼 천박하고 보잘 것 없다. 'amusing'은 아니지만 'interesting'한 입센의 연극과는 원래부터 도저히 비교가 안 되는 것이다.

4. 정밀하고 세밀한 '환경' 묘사

정밀한 묘사 - 소설의 3요소 1. 인물 2. 줄거리 3. 환경 - 회화의 배경묘사와의 비교 - 그 발달의 경로 - 3시기 - 자연파의 생물학적 견해로부터 온 당연한 결과 - 소설발달의 4기 - 성격묘사 및 그 외

과학적 정신의 영향으로서 작가의 관찰이 정치해지고, 옛날 작품에는 결코 보이지 않았던 미세한 점까지도 정밀하게 묘사되게 되었다. 단 이 상술Detailschilderung이 지나치게 극단적이 된 것은 독자로 하여금 번거로움을 참을 수 없고 오히려 권태롭게 한다는 결점을 면할 수 없다.

소설에는 보통 세 개의 요소가 있다. 첫째 묘사되는 인물, 둘째 줄거리, 셋째 배경(혹은 환경). 옛날의 낭만파 등은 주로 첫째와 둘째에 중심을 둔 것이다. 그러나 자연파의 작가가 그 정치함을 극한적으로 가장 힘을 담아 묘사하는 것은 셋째 요소 즉 배경이다. 원래 환경이라는 말은 앞서 텐의 학설을 서술했을 때 언급했듯이 그 인물을 둘러싸고 그것에 영향이나 변화를 미치는 여러 사정을 통괄한 것으로 과학에서 말하는 환경environment이다. 어떤 경우에는 전체의 분위기 즉 'atmosphere'라는 말도 그것과 거의 같은 뜻으로 사용되고 있다.

스티븐슨은 일찍이 어떤 친구에게 이렇게 말했다. 소설을 창작할 때 자신은 세 가지 방법밖에 모른다. 첫째는 우선 몇 명인가 인물을 묘사하는 것으로 그것을 위해서 줄거리를 고안하는 것. 둘째는 재미있는 줄거리를 주안으로 하여 인물을 그것에 잘 배합하여 가는 방법. 셋째

는 줄거리나 인물을 둘째 단계에 두고 특별한 분위기를 내려고 하는 것 곧 그 분위기를 구체화하고realize 인상 깊게impressive 하는 방법. 이 세 가지의 방법이야말로 곧 자연파의 작풍이다.

환경을 자세히 묘사해내는 것이 자연파의 가장 중요한 특색의 하나라는 것을 언급해 두고 싶다. 이것을 우선 이해하기 쉽게 하기 위해 회화의 예를 들어 비교하여 설명하자.

환경은 회화에서의 배경에 상응한다. 회화가 발달함에 따라 배경이 점점 중요한 위치를 차지함과 마찬가지로 소설 쪽에서도 고대부터 근대에 이름에 따라 환경묘사가 점차 중심을 차지하여 간다. 그 경로에는 양자 사이에 적지 않은 유사점이 있다.

고대의 회화, 예를 들면 옛날 인물화에는 배경이라는 것이 전혀 없었다. 물론 원근법도 없었기 때문에 화면은 극히 간단한 것이었다. 찰스 램Charles Lamb이 『고대도자기』라는 명문에서 이것을 "figuring up in the air"라고 말하고 있는데 어쨌든 옛날 찻잔 등의 그림에 있는 인물은 공중에 맥락 없이 툭 튀어나와 있으므로 주위에는 무엇 하나 그려져 있지 않다. 또 설령 다소 배경이 있는 경우라도 그것이 그림의 주제인 인물과 어떤 관계도 없는 무의미한 것인 경우가 많다. 그것을 문학에서 말하면 고대의 이야기가 역시 이런 양식에서 생긴 것이다. 처음 서두부터 우선 막연히 '옛날 옛적에'라든가 'once upon a time'이라고 하는데, 이것은 시, 공간이 전혀 한정되어 있지 않은 증거이다. 고대의 이야기에서는 이야기가 완전히 그 환경으로부터 분리되어 독립되어 있는 양상이므로 일체 명확한 국한definite localization이 결여되어 있다. 이것은 배경이 없는 인물화와 완전히 동일하다.

그런데 이것이 진보하여 제2기에 들어가면 회화에 있어서는 배경이 장식용으로 제공되는 시대가 온다. 아무리 해도 인물을 그린 것만으로는 살풍경이며 무언가 부족하기 때문에 산천초목 무엇이든 상관하지 않고 이런 것을 잘 배치하여 화면의 체재를 만들고자 하게 된다. 소설에서도 똑같이 다양한 경치라든가 외부의 사정을 작중 인물과 사건에 종속된 장식용으로 제공한다. 이것은 우선 디포나 필딩 등의 소설가가 사용한 방법이다. 주제인 인물과 사건을 한층 돋보이게 하고 생생하게 vivid 하기 위해 미학에서 말하는 대조의 방법을 사용하는 것과 같이 생각건대 이런 종류 중 가장 뛰어난 것이리라. 만발한 꽃그늘, 사람들은 모두 웃으며 흥겨워하는 봄날에 홀로 우수에 잠긴 여자를 묘사한다면 그 인물의 모습은 일단 특출한 데가 있어 보이리라. 흡사 검은 배경을 두고 흰 옷을 입은 사람을 그리는 것과 같은 것이다. 혹은 조화의 원칙에 의해 미인화의 배경에는 현재를 무성하게 하는 벚꽃을 묘사한다거나 혹은 넘치는 신록의 아름다움을 그리는 것이다. 요컨대 이 시기에는 아직 배경이 단순히 종속적이고 장식적인 것에 불과한 무의미한 것이었고, 그것과 주제 사이에 반드시 상즉불리의 관계가 있는 것이라고는 말할 수 없다.

다시 이것이 발달하여 제3의 시기에 들어가면 주제와 배경의 관계에 깊은 의미가 생긴다. 즉 양자 상호간에 분위기가 상통하는 것이 있어 소위 분위기의 공감적 상호교환sympathetic interchange of mood이 둘 사이에 생긴 것이다. 예를 들면 구름 가득한 답답한 회색의 하늘 아래에서는 사람이 자연히 불유쾌하고 흥겹지 않은 얼굴을 하고 있는 것이다. 셰익스피어의 『리어왕』에 있는 유명한 풍우의 장면 등도, 대단한 배경은 주제와 단순하게 조화되고 있을 뿐 아니라 오히려 여기서 말하는 부류에 속한다고 보아야 할 것이다. 나아가 그것이 일보 전진하여 배경은 점점 중요한 위치를 차지하여 이미 주제와 필연적인 원인과 결과의 관계까지 만들게 된다. 이것이 곧 근대에서의 자연파 작품의 경우이다.

단지 자연파에 국한되지 않은 근대의 작가는 일반적으로 배경의 묘사라는 것에 굉장히 힘을 쏟는다. 예를 들면 영국 현존 작가 콘래드가 묘사하는 해상생활이나 하디가 묘사하는 전원 풍광 등은 소설과 분리해도 배경 그 자체에서 이미 우수한 일가一家를 이루기에 족할 정도로 훌륭한 명문이다. 그런데 이것이 대륙의 자연파가 되면 예의 유물적 인생관에서 나온 당연한 논리적 귀결로서 '환경'이 작중 인물과 사건 모두를 결정하는 것이 된다. 이것은 전에 텐의 예술비평을 언급했을 때에도 이미 말했지만 원래 자연과학에서 발족된 결정론으로 말하면 인간은 자유의지를 가지지 않고 완전히 환경에 의해 움직이고 외부세계의 힘에 좌우되어 생긴 것이다. 진화론에서 말하는 적응adaptation의 이치이고, 모든 생물은 환경의 사정에 적응하고 그것에 형편이 좋게 변화해 간다. 즉 인간의 육체 및 정신적인 개성은 온전히 환경에 의해 만들어진 것이다. 그리고 또 그것과 동시에 다른 편에 있어서는 생식세포의 관계로부터 유전이라는 것이 있어서 부모로부터 자식으로 그 개성이 전해져 간다. 즉 인간은 결코 자기의 의지의 힘volitional power에 의한 것이 아니라 온전히 이것들의 외래적 힘extrinsic force에 의해 움직여지고 필연적이고 기계적으로 완성된 것이다. 졸라의 '실험소설'론에서 한 말을 빌리면 "인간을 결정하고 완성하는 환경(the Environment which determines and completes the men)"이라는 것을 묘사해내는 것이 곧 자연파 작가의 임무이다. 원래 어떠한 인물이든 사건이든 모두 제각기 개성을 가지고 특색을 갖추고 있지만, 그 개성과 특색은 요컨대 외부세계의 힘에 영향을 받아 완성된 것이다. 즉 자연적, 사회적, 직업적인 다양한 조건condition으로 해서 필연적으로 또 피할 수 없는 결과로서 생긴 것이다. 따라서 이러한 환경을 가능한 한 면밀히 그려내는 것이야말로, 여기에서 비로소 하나의 사상事象의 진상을 명확히 할 수 있다는 것이 자연주의 문예의 주장이기도 하고 또한 실제이기도 했다.

미국의 매튜스Brander Matthews 교수는 소설의 발달을 네 시기로 구분하여 논했다. 즉 첫째 우선 황당무계하고 완전히 불가능한impossible 것을 쓴 고대를 시작으로 다음이 있을 것 같지 않은improbable 것을 쓴 시대, 제3이 실제 있어야할 것the probable을 묘사하는 시대, 제4는 곧 어떤 사정의 필연적 결과로서 반드시 그렇게 이루지 않으면 안 되는 성질, 즉 피할 수 없는 사물the inevitable을 묘사하는 시대이다. 그런데 이 설에서 말하는바 제1기와 제2기는 옛날이야기의 시대이므로 잠시 제외하고 제3기는 실제 문예사상에서 말하면 우선 낭만파시대의 작품이고, 그리고 제4기가 곧 지금 말하는 자연주의에 상응하는 것이다. 어떤 하나의 사상事象은 어떤 일정한 환경의 사정으로부터 필연적으로 발생하므로 환경이 변하면 인물과 사건도 따라서 변한다는 주의로 근대자연파의 시기이다.

이리하여 자연파는 환경을 정치하게 묘사하고 깊이 연구하여 그 쪽에만 전력을 쏟은 결과 줄거리의 발전이나 구조라는 것이 시시할 뿐 아니라 작중 인물의 성격묘사 따위에도 상당히 결점이 많다. 옛날 셰익스피어의 희곡에는 설령 열 명 넘는 인물이 등장해도 주인공 이하 제각각의 개성이 모두 제대로 명료하게 나와 있고 우리들의 눈앞에서 활약하고 있다. 그러나 자연파 작품에서는 인물이 자칫하면 완전히 기계적으로 만들어져 있어 오직 외부세계의 사정에 좌우되고 있다. 당연히 힘이라는 것이 전혀 없는 듯이 보인다. 이것은 지금 말한 자연주의의 주장에서 오는 피할 수 없는 것이겠지만 어쨌든 문예 작품으로서 일종의 결점임에는 틀림없다고 생각한다.

5. 개성의 묘사

유형과 개체 - 각 개체의 특유한 상 곧 개성 - 과학적 관찰로부터 이룬 개성묘사 - 보편과 특수 - 특성묘사와 지방색 - 그 실례, 모파상, 비에른손 등 - 방언 및 사투리 - 개성묘사에 필요한 표현법 - 자연파의 신문체, 신기교 - 간소함과 진지함 - 플로베르의 문체론 - 콩쿠르 형제의 글 - 모파상, 졸라의 문체 - 러시아문학의 예

이상주의 이전의 문예에는 미美라든가 장엄미라든가 하는 식의 일종의 추상적인 개념이 근본이 되어 있었다. 그리고 동서고금에 걸쳐 다를 바 없고 변할 것 없는 인생 보편의 상을 묘사하려고 했다. 그러나 자연파 작가는 자신의 직접 경험에만 의지해 오로지 눈앞의 사상事象

혹은 생활을 충실히 묘사하려고 하기 때문에 당연히 재래와 같이 인생 보편의 유형type을 묘사하지 않고 눈앞에 본 개체individual를 묘사하려고 하고 또 따라서 그것의 개성을 충분히 현저하게 드러내려고 한다.

프랑스의 파게는 "자연은 결코 두 번 다시 같은 것이 반복되지 않는다. 각 개체는 다른 모든 것과 반드시 다르다"라고 말했다. 실제 세상에 같은 성질 같은 용모를 한 사람은 결코 두 명이라고는 보이지 않는다. 소위 십인십색이고 세속에서는 아주 꼭 닮은 형제라고 말하지만 그들을 자세히 견주어 보면 물론 다른 점은 몇이라도 있을 것이다. 예의 진화론에서 말하는 대로 모든 생물은 변이variation와 유전heredity의 두 가지 힘에 기초하여 모두 제각기 다른 특이한 상 곧 개성individuality를 가지고 있다. 그러나 자연과학이 아직 발달하지 않고 사람들의 관찰력도 아직 근대와 같이 예민하고 정치하지 않았던 때에는 그 특성을 충분히 간파하여 묘사해 낸 것은 거의 없었다. 가능한 한 전부 보편적인 상만을 추상하여 보통인 성질을 종합한 추상적 묘사ideal representation에 만족하고 있었던 것이다. 즉 작자의 머릿속에 있는 추상적인 관념ideal을 기초로 하여 묘사해 낸 것이다. 그것이 자연파가 된 후부터는 일체 직접 경험을 토대로 하여 작자 스스로의 눈앞에 있는 개체를 추상적으로 묘사해 내고 일견 다른 개체와 구별할 수 있는 만큼의 특성에 중심을 두려고 하기에 이르렀다. 그것을 예를 들어 말하면 천 마리의 양을 우리들이 보면 이것도 저것도 동일한 것으로 보이지만, 양치기의 눈에는 쉽게 한 마리 한 마리 구별될 것이다. 또 경마의 말도 마찬가지로 똑같이 설령 백 마리 정도를 세워 놓아도 그 방면의 사람에게는 한 마리 한 마리가 명료하게 구분된다고 한다. 그것은 어쨌든 우선 그만큼 예민하고 정치한 관찰력을 가지게 되면 단지 개념적으로 양이라든가 말을 묘사하고 있는 것만으로는 만족하지 않는다. 필연적으로 어떤 한 마리의 말이나 양을 묘사하고 그것의 털색에서부터 성질까지를 자세히 묘사하고 다른 동종의 것과 뚜렷하게 구별할 수 있는 정도의 특성을 묘사하려고 한다. 옛날 스콧의 소설에 나오는 용사와 미인은 어느 작품에 나오는 것도 대체로 비슷한 것이었다. 또 우리나라의 사이카쿠西鶴[7] 등의 소설에 있는 남녀도 또 그 연애도 우선 대개 일정한 유형으로 만들어진 것으로 생각된다. 이것을 근대작가의 엄밀한 과학적 관찰로 이루어진 개성묘사에 비하면 그 사이에는 현저한 차이가 보인다.

요컨대 예전의 묘사가 이상주의적임에 반하여 자연파는 어디까지나 경험적으로 전자가 흔히 추상적이 됨에 대해 후자는 구체적이다. 유형적인 보편성에 비해 개체적 특수성을 묘사하는 것이 차이이다. 옛날 문학에서는 여자라고 하면 미인, 아이하면 사랑스러운 존재라고 대체로 일반적인 통념이 되어 있었다. 그리하여 보편의 성질만을 그리므로 필연적으로 실제에서 멀어진다. 뒷골목에 줄지어 있는 코흘리개의 추예함은 그리지 않고 단지 사랑스럽다고 하는 아이들의 보편적인 상만을 그려낸 묘사였다. 그러나 자연파는 그 추함과 사랑스러움을 불문하고 어쨌든 어떤 한 아이를 취하여 종횡으로 해부하고 세밀하게 묘사한다. 따라서 옛날의 문학과 같이 가공의 것이 아닌 대신 또 이런저런 병적인 혹은 고의적으로 추하고 열등한 개성individual을 취하는데 이것은 자연적natural이라고 오해될 수 있는 결점은 피할 수 없는 것이다.

한편 앞 단계에서 서술한 환경을 자세하게 묘사한다는 것도 역시 이 개성 묘사와 가장 중대한 관계가 있다. 근대의 희곡이나 소설이 소위 지방색local colour을 드러내기에 고심하는 것은 요컨대 이 개체의 특수한 상을 지상紙上에 활약시키기 위함이다. 예전의 작품은 배경이 명료하지 않고 정밀하지 않았기 때문에 묘사된 인물과 사건이 모두 가공적인, 실제와 거리가 먼 것이 되었다. 그러나 근대의 문예에서는 어떤 하나의 지방의 기후와 풍토는 물론, 그 인물과 사건을 둘러싼 사회적 상황에 이르기까지 모든 그 지방특유의 분위기atmosphere를 드러내는 것에 작가의 일방적이지 않은 고심이 있다. 모파상의 작품에 노르망디 부근의 생활이 얼마나 정교하게 묘사되어 있는가는 주지하는 바이지

7) (역주) 이하라 사이카쿠(井原西鶴). 에도시대의 하이카이(俳諧) 시인이자 소설가.

만 또한 비에른손의 소설에 드러난 노르웨이의 풍경이나 생활도 한 번 그것을 읽은 사람의 뇌리에 오랫동안 잊히지 않는 깊은 인상을 남기는 것이다. 그의 걸작 『양지바른 언덕의 소녀Synnöve Solbakken』나 『아르네Arne』, 혹은 『행운아A Happy Boy』 등에 있는 노르웨이의 전원생활의 묘사야말로 이 문호가 얼마나 기교 좋게 지방색을 드러내는 인상적 필치를 이용했는가를 보여주고 있다. 또 자연파에 한한 것은 아니지만, 근대의 소설에는 방언이라든가 사투리를 대단히 정교하고 치밀하게 묘사한 것이 많다. 이것들도 확실히 지방색을 드러내는 것에 극히 유효한 방법일 것이다. 예를 들면 옛날 필딩 등의 소설에 나와 있는 시골언어에 비하면 최근의 하디나 키플링의 작품에 있는 각 지방의 사투리는 그 묘사방법에 있어서 훨씬 정밀하게 또 훨씬 교묘한 것이 되어 있다.

이상 서술했듯이 특성과 개성을 명료하게 또 절실하게 표현하기 위해서는 당연히 가장 분명한 그리고 타당한 표현법expression을 필요로 한다. 설령 한 송이 꽃이라도 그 형태나 색이나 모든 것을 설명하고 미지의 사람의 눈앞에도 그 특징을 방불케 하는 것은 쉬운 작업이 아니다. 특히 그 꽃 한 송이를 말하고 다른 동종의 꽃과 혼동하지 않게 하는 것에는 매우 교묘한 서술을 필요로 한다. 한 송이 꽃 또한 그렇다고 한다면 하물며 이 복잡하고 다취多趣한 근대생활의 한 단편을 파악하고 그것을 해부하고 그 개성을 묘사해 내는 것에는 도저히 보통 표현법으로는 불안하다. 이에 있어서 자연파 작가의 문체라는 간과할 수 없는 중요한 하나의 문제가 당연히 생긴다.

원래가 자연주의는 기교를 배척하므로 문장 등은 어떠해도 상관없다. 단 본 그대로, 자연 그대로의 사실을 소의 군침 흘림과 같은 문장으로 쓰면 좋다고 생각하는 사람도 있으나 그것이야말로 큰 착오이다. 문장이 형편없다면 어떻게 해서 개성을 드러낸다거나 지방색을 드러낸다거나 하는 것이 가능하랴. 이 무기교라는 것은 필경 작자가 묘사하려고 하는 사상事象에 대한 태도나 시각을 말하는 것으로 인물과 사건에 인위적인 흔적을 남기지 않는다는 정도의 의미이다. 문장에 개의치 않는 것이라고 생각하면 그것이야말로 터무니없는 오해이다.

유럽의 자연파 작가의 문장에는 모두 각각 신기한 기교가 있다. 단 그것은 극히 기교 같지 않거나 혹은 기교를 숨긴 기교여서, 일견 무기교라고 보일 정도까지 기교를 부린 흔적이 없는, 참으로 기교의 최상인 것이다. 또한 재래의 문장에 드러난 것 같은 일체의 인습적 방식을 파괴하여 버리고 이러한 점에도 왕성히 자유의 신예술인 본래의 면목을 발휘하고 있다. 따라서 예전부터의 수사법 등과는 상당히 동떨어진, 대단히 새로운 구법이나 조어가 보인다. 동일한 근대 자연파 속에도 여러 작가의 글이 그 문체를 달리하고 있는 것은 물론이지만 요컨대 그 특징은 '간소함과 진지함에 있다. 윤색을 가하지 않고, 수사를 의도하지 않고 또 일부러 사람을 즐겁게 하려고 하는 것이 없다. 오직 표현의 명석함과 타당함이 있다. 또 핵심을 찌르고 그에 따라 사람을 움직이는 언어를 사용한다.' 이것은 프랑스의 비평가 두믹Doumic이 어떤 사람의 글을 평한 말을 그대로 내가 빌려 온 것이다.

자연파 작가 속에도 특히 문장을 골똘히 궁리하고 매우 고심하여 시문을 만든다고 말할 수 있는 정밀하고 교묘한 글을 쓴 사람은 플로베르이다. 그는 이렇게 말했다. 세상에 완전히 같은 것은 없다. 따라서 작가는 어떠한 사물에 대해서도 우선 그 개성을 간파하고 그것을 묘사하기에 있어서 독자로 하여금 결코 다른 동종의 것으로 착각할 수 있는 우려가 없도록 명석해야 한다. 그리하여 비로소 자연과 인생의 진상이 작중에 활약하는 것이다. 그러나 그 때문에 가장 중요한 것은 말할 필요도 없이 언어이고, 하나의 사물을 드러내는 것은 하나의 말밖에 없다. 만약 준비가 되어 있지 않아서 이 하나의 말 이외의 말을 사용했다고 한다면 곧 다른 사물과의 사이에 혼동이 생긴다. 따라서 이 유일한unique 말을 찾는 것이 작자의 고심이 존재하는 바이어야 한다. 이렇게 말하는 것이 플로베르의 유명한 일물일어一物一語설로, 근대 영국 산문의 대가 페이터W. Pater의 『감상론』 속에도 이 문체론을 비평한 명문이 있는 것을 여러분은 알고 계실 것이다. 플로베르는 실제로 그 주장대로 실행하고 적절히 직절하고 명료한 그 소위 유일한 말을 찾을 때까지는 결코 만족하지 않으므로 몇 번이고 퇴고하고 개찬改竄한 것은 오랫동안 문예계의 미담으로서 전해지고 있다. 순조로우면서 헛되지 않은 플로베르의 문장은 온전히 이 고심에서부터 나온 것임에 주의하지 않으면 안 된다.

플로베르의 문장을 음악적이라고 하면 이에 대해 회화적이라고도 말할 수 있는 것은 콩쿠르 형제의 문장일 것이다. 양자 모두 극히 공들인 그리고 세련된 필치라는 점은 비슷하지만 콩쿠르 형제의 문장은 예술적 문체ecriture artiste라는 것을 주장하고 인상을 명료하게 하고 인물과 사건을 회화와 같이 활약시키려고 하는 것이 주안점인데, 따라서 문장의 색채를 중시하고 있다. 또 그 문체에 일종의 매너리즘이 있고, 특히 어법과 문법을 파괴한다거나 유별난 언어를 사용하는 것 등은 자연파 중에서도 콩쿠르 형제의 작품이 가장 심한 파격으로 생각된다. 일상의 평범하고 간단한 말도 한 번 이런 글에 사용되면 일종의 매력을 띠고 특별한 인상을 주는 힘을 가지는 것이다.

모파상도 처음에는 플로베르의 지도를 받았는데 그도 역시 문장에 있어서 실로 천하일품의 절기絶技가 있었다. 지극히 자연 그대로의 강하고 건강한 문체이며 의미가 확실한 직절하고 명료한 문장이다. 자연파의 문장은 모두 그렇지만 모파상의 문장은 특히 간결함simplicity, 정확함rectitude이 두드러진 특색이 되어 있다. 졸라는 비교적 문장에는 고심하지 않은 사람으로 재료만 모이면 그것을 단지 기계적으로 써 내려가는 방식이었으나 그럼에도 불구하고 『제르미날』 속에 한 광부의 동맹파업을 옮긴 문장이나 『루공가의 운명』 속 묘지의 서경이나 혹은 『로마』(『세 도시 이야기』 중 1권)에서 대도시를 내려다 봤을 때의 경치를 쓴 한 구절 등은 실로 광채 찬연한 근대의 명문이라고 말해도 좋을 것이다.

또 단순히 자연을 묘사한 서경의 문장으로서는 특히 러시아 소설 속에 좋은 것이 많다고 생각한다. 우선 투르게네프의 글은 새삼스럽게 말할 필요도 없지만 예술품으로서는 조잡한, 상당히 결점이 많다고 보이는 고리끼의 소설에서도 해양의 경치나 혹은 올가Olga강가의 경치를 쓴 필치 등은 그것만으로도 이미 우수한 근대 문단의 거장임에 틀림없을 것이라고 생각된다.

다시 한 번 말하지만 자연파의 문장은 결코 어떤 사람들이 생각하듯이 무기교적이고 조말한 것이 아니다. 오히려 극도로 세련되고 정교한elaborate 글이 많은 것이다.

6. 인상주의

회화에 있어서의 인상파 - 의고파의 회화 - 낭만파의 회화 - 퐁텐블로파의 풍경화가 - 형과 선보다도 색과 공기에 중점을 두다 - 밀레의 작품 - 그 근대적 화풍 - 쿠르베의 근대적 사실주의 - 인상파의 시조 마네 - '인상'이라는 말의 유래 - 인상파의 특색 1. 순간의 인상을 묘사하는 것 - 색과 빛의 연구 - 일본화의 영향 - 2. 형이나 배치, 구조에 중점을 두지 않는다 - 3. 있는 그대로의 자연의 묘사 - 무기교 - 4. 성필법 - (조각상의 인상파)
회화와 문학에 있어서의 인상묘사의 비교 - 순객관묘사의 불가능성 - 주관적 분자 - 기분 - 사조 변천상으로 본 인상주의 - 성필법 즉 특성의 선발 - 사진과 캐리커쳐 - 자연주의와 사실주의

앞 절에서 서술한 개성을 확실히 묘사해 낸다는 것을 조금 깊게 생각해 보면 거기에 인상주의Impressionism라는 문제가 생긴다. 원래 이 명칭은 회화에서 나온 것이므로 우선 유럽 근대에 있어서의 회화의 변천을 약술하고 문예에 있어서와 마찬가지로 자연주의적 경향이 회화계에 있어서 인상주의가 된 유래를 설명하고자 한다.

문학이 의고주의에서 낭만주의로, 낭만주의에서 자연주의로 변해 간 경로는 그 자매예술인 음악이나 회화의 경우에 있어서도 거의 같은

양상이었다.

18세기부터 19세기에 걸쳐 회화는 의고파의 시대로, 자크 루이 다비드Jacques Louis David의 작품 등이 그 대표적인 것이었다. 이 파의 그림은 규칙이 엄중하고 색채보다도 선이나 형태에 무게를 두었다. 미美를 최상의 이상으로서 일체의 추한 것을 배척하고 제목도 그리스, 로마 등의 고대사 신화에서 취한 것이 대부분이었다. 개성individuality 같은 것은 완전히 피하고, 오로지 조화, 정제整齊, 중용을 중시한 점에 있어서 문학의 의고파와 같다.

이것에 뒤이어 일어난 낭만파의 회화는 의고파의 규칙을 배척하고 농후한 정열을 담아 형체나 선 등의 조각적 방면보다도 강한 빛과 색에 무게를 두었다. 요컨대 자유자재로 천재성을 발휘한 점은 당시 낭만파의 시가와 동일하였다. 대표적인 대가라고 하면 우선 외젠 들라크루아Eugène Delacroix의 이름이 맨 먼저 우리들의 머리에 떠오르는데 실제로 이 사람의 작품 가운데 〈단테의 작은 배La Barque de Dante〉나 〈학살Les Massacres〉 등의 명화는 당시의 의고파를 매우 놀라게 한 것이었다. 낭만파 속에 뒤의 자연파 곧 인상파의 화풍의 선구가 된 것은 특히 풍경화가의 일파로 소위 퐁텐블로Fontainebleau파라는 것이 그것이다.

원래 의고파 풍경화가는 이탈리아의 회화를 모범으로 하고 있었는데, 이탈리아는 공기가 맑고 날씨가 좋은 땅인 만큼 원산근수 모두 형태나 윤곽이 분명하다. 따라서 선이나 윤곽이 명확한 그림이 가능했다. 이에 반해 낭만파의 풍경화가는 프랑스의 경치를 그리는 데에도 포르투갈의 그림을 모범으로 삼았다. 그러나 포르투갈이라는 나라는 토지가 낮고 습기가 많다. 수증기 때문에 물체의 형태가 명료하지 않다. 무언가 안개가 낀 채로 사물을 보듯이 몽롱하고 윤곽이 명확하지 않으므로 당연히 이쪽의 그림은 형태나 선보다도 색이나 격조에 무게를 두는 경향이 되었다. 영국 제일의 풍경화가 컨스터블Constable의 화풍이 역시 그러한데, 선이나 윤곽을 중시하지 않고 형태는 자연을 있는 그대로 묘사한 것이므로 원래부터 통일도 무엇도 없는 것이나 예의 색과 격조가 주안이 되어 있다. 광선, 공기의 농담이나 명암으로 교묘히 조화를 취하고 거기에 일종의 기분이 비유되어 있다. 게다가 영국은 포르투갈과 같이 수증기가 많은 나라이므로 자연히 이러한 경향이 된 것이다. 고풍스럽고 어둑한 다갈색으로 그린 그림이 아니라 형태나 구도보다도 오히려 색채와 격조 곧 빛과 분위기에 무게를 두었으므로 이 점이 곧 후의 근대적 화풍, 환언하면 인상주의를 일으킨 요인을 이루고 있는 것이다. 예를 들면 일본에서도 여러 잡지의 권두화에 나온 프랑스의 코로Corot의 작품은 이 화풍을 가장 잘 대표하는 것이리라. 전체적으로 형태가 부정확하고 몽롱, 망연하다. 게다가 색의 농담으로 산수의 기분, 정조를 잘 묘사해 내고 있는 점은 어쩐지 자연시인의 작품에서도 읽히는 듯한 화풍이다.

그러나 이 파에 속하는 거장이며 근대풍의 회화에 가장 큰 영향을 준 것은 장 프랑수와 밀레Jean François Millet였다. 우선 그는 퐁텐블로의 숲 부근에 거처를 정하고 농부의 생활을 묘사했다. 명작 〈기도〉나 〈이삭줍는 사람들〉 등의 그림은 일찍부터 일본에도 모사模寫가 생겼으므로 이미 알고 있는 사람도 많을 것이다. 그런데 이런 농부의 노동의 모습이나 일상생활을 진지하게 묘사한다는 것은 재래의 화가가 아직 많이 시도하지 않은 점으로, 가령 전원생활을 묘사한 것은 있어도 그것은 많은 도시인의 호기심 또는 경멸의 감정으로 그린 것이다. 진지하게 일종의 민주적democratic 예술로서 이러한 화제를 선택한 것은 우선 밀레를 최초라 하지 않으면 안 된다. 둘째 그는 '미는 곧 진실Le beau, c'est le vrai'이라는 말을 표방하고 백성의 소박한 생활을 거짓 없이 꾸밈없이 오직 있는 그대로 묘사하고 진실을 묘사하면 곧 이것이 미라고 주장한 점에 있어서 이미 사실주의, 자연주의의 근대적 경향을 띠고 있는 것이다.

밀레는 이러한 근대적 화풍을 주로 농민생활의 묘사에만 사용했지만 나아가 그것을 널리 사회의 각 방면에 미치게 하여, 예를 들면 도회의 빈민생활의 보기 흉한 것 등을 화제로 하여 기탄없이 사실寫實을 시도하고, 소위 밀레가 한 것에서 한 발 나아가 순수한 자연파의 회화를 일으킨 것은 구스타브 쿠르베Gustave Courbet이다. 그는 옛날부터의 화제나 형태를 일체 파기해 버린 점에 있어서 근대 회화사 상의 가장 격렬한 혁신자이고 예술상의 니힐리스트였다. 파리의 라탱지구Quartier Latin에 거하고 기예氣銳한 소장 문예가와 함께 현실주의의 예술을 크게 고취하였다. 그는, 이상은 무의미한 미망에 불과하다, 인습은 가능한 한 그것을 이탈하지 않으면 안 된다고 하는 주장으로써 의고파의 소위 '정통'에 대하여 극력 반항하고 근대적인 화풍을 일으켰다. 나폴레옹 3세의 황후가 한 때 살롱에 가서 쿠르베의 부인의 나체 그림이 있었던 것을 보고, 너무 추하다고 말해 즉시 치워 버렸다고 하는 유명한 이야기가 있는데 실제 그는 상당히 과감히 재래의 화풍을 파괴한 자이다. 당시의 초상화, 종교화, 풍경화 등 모두 쿠르베의 영향을 받게 되고 여기에 유럽 화단에 하나의 새 시기를 구분 지었다. 근대적 사실주의의 창시자라는 점에서 말하면 그는 바로 문학에서의 발작의 지위에 상당하는 것이다.

그러나 쿠르베라 하더라도 색채에 있어서는 아직 자연에서 먼 이탈리아풍의 옛 모습을 벗어날 수 없었는데 이 점에서 대혁신을 이룬 것이 곧 인상파의 시조 에두아르 마네Edouard Manet였다. 즉 문학에서 말하면 사실풍은 이미 발작에 의해 만들어졌지만 그 묘사법은 또한 낭만파의 구투를 덮어 쓰고 있었다. 곧 거기에 졸라나 콩쿠르 형제 등의 인상적 묘사가 완성되어 마침내 근대자연파의 특색을 대성할 수 있었던 것과 비슷한 점이 있다.

한편 이 마네 일파는 1871년 살롱에 출품했지만 작품이 너무나 이전과 떨어져 있었기 때문에 다른 완고한 수구파 즉 아카데미 진영으로부터 맹렬한 반대를 받아 출품은 끝내 거절되었다. 때문에 어쩔 수 없이 특별히 따로 마네 등 일파만의 전람회를 열기에 이른 것은 근대 예술사상 가장 유명한 이야기이다.

원래 모든 예술상의 유파를 드러내는 이름은 처음에는 다른 이들로부터 조롱을 받으나 일반에서 행해진다거나 혹은 조롱당한 일파가 일부러 그 이름으로써 스스로를 칭한다거나 하는 것을 시작으로 한 예가 많은데, 인상파도 역시 그러하다. 즉 이 때 전람회에 나온 그림의 제목에는 '인상'이라는 단어를 이용한 것이 매우 많았다(예를 들면 〈걸어가는 고양이의 인상Impression d'un chat qui se promène〉 따위). 그것을 보고 당시의 비평가 줄 클라레티Jules Claretie 등이 인상주의자Impressioniste라는 명칭을 이 신파에 붙인 것이다. 인상Impression이란 이 경우 '눈에 비친 인상 그대로'의 의미이다. 이보다 이전에 영국의 러스킨이 터너를 논하여 이런 의미에서 '인상'이란 단어를 사용한 예는 있었지만 이것이 하나의 예술상의 유파의 이름으로서 사용되기에 이른 것은 위에서 말한 대로이다.

회화의 인상파, 문학의 자연파 양자는 거의 같은 연대에 성행했을 뿐 아니라 그 성질로 말해도 확실히 동일한 경향의 예술이기 때문에 지금 그 특징의 개략을 한 조목씩 서술하여 보자.

첫째 근대인은 어쨌든 인상이라는 것을 중시하는 경향이 있다. 정사靜思, 명상에 의해 깊게 사물의 근원을 철저히 하는 식의 관찰보다도 오히려 예민한 정신이나 관능을 통해 받아들인 매 순간의 인상이 강하고 명확한 것이 장점이다. 이것을 예의 노르다우 일파의 논법으로 병적이라고 말해 버리면 그만이지만 근대예술의 특색이 이 점에 적잖이 힘입은 바 있음은 말할 필요도 없다.

그런데 자연계의 사물은 일시일각이라 하더라도 정지하지 않고 따라서 거기에서 받은 인상도 끊임없이 변화하고 멈추지 않는 것이다. 빛과 색채의 관계에서부터 같은 한 그루의 나무라도 아침과 낮과 밤에는 그 인상에 대단한 차이가 있다. 특히 변화가 심한 하늘의 색 등에서는 혹은 몇 시 몇 분의 인상은 직접적으로 벌써 그 다음 순간의 인상과 현저하게 다르다는 식이다. 거기에서 어떤 찰나를 파악하고 그 순간의 인상을 있는 그대로 화폭 위에 재현하는 것, 환언하면 이 찰나의 뉘앙스를 화면에 드러내는 것이 이 파의 회화의 첫째 특색이다. 따라서 개성이나 특성을 명료하게 묘사해 낸다는 점에서 말하면 아마 이 정도로 극단 적인 부류는 없을 것이다. 그러므로 재래의 고전파의 그림과는 두드러지게 화면에 활기를 띠고 있다는 점에 있어서 매우 다르다.

인상파의 이러한 특색을 가장 잘 드러낸 실례로서는 모네의 작품에 열다섯 개의 건초더미meules를 그린 것이 있다. 이 건초더미라는 것은 들에 원뿔형으로 쌓은 것으로 똑같이 15장을 그린 것인데 아침, 저녁, 사계절, 밤, 안개 속, 눈 속 등 그때그때의 빛이나 색채의 상태를 일일이 구별하여 그린 것이다. 이것은 신파의 극단적인 일례로 고전파의 선이나 형태에만 무게를 둔 그림에서는 전혀 볼 수 없는 것이다.

자연현상을 있는 그대로 묘사하려면 반드시 색채의 연구를 우선으로 하지 않으면 안 되는데, 이를 위해서는 빛의 연구가 또한 빠질 수 없는 것이 된다. 그러나 근대에 있어서의 과학의 발달은 색이나 빛의 연구에 미증유의 진보를 이루었을 뿐만 아니라 또한 근대인의 예민한 신경은 그 색채감각에 있어서 도저히 옛사람이 미치지 않는 지경을 개척할 수 있었던 것이므로 인상파의 화풍은 온전히 이런 관계로부터 생긴 것이다.

위에서 말한 것처럼 인상파는 색채를 중시하기 위해 빛의 변화를 연구하는 것인데, 그것은 단순히 햇빛만이 아니라 가스의 광선, 램프빛, 화산 파열시의 빛 혹은 황혼 무렵의 가로등처럼 두 개의 빛이 혼합된 경우 등 모든 것을 정치하게 연구하였다. 인상파가 달리 외광파 곧 'Peintre en plein air', 'Freilichtsmalerei(Hellmalerei)' 등이라고 불리는 것은 곧 이 때문인데 빛이 강하고 밝은 그림을 그리기 때문이다. '한 폭의 그림 속에 주요한 인물은 빛이다(Le personnage principal d'un tableau, c'est la lumière)'라고 한 것은 마네의 유명한 말이다.

당시 우리나라의 회화, 특히 호쿠사이葛飾北齋[8]나 고린光琳[9], 히로시게歌川広重[10] 등의 작품이 왕성하게 프랑스의 예술계에서 극구 칭찬받

8) (역주) 가츠시카 호쿠사이. 에도시대 후기의 우키요에(浮世絵) 화가.
9) (역주) 오가타 고린(尾形光琳). 에도시대의 화가, 공예가.
10) (역주) 우타가와 히로시게. 우키요에(浮世絵) 화가.

는데, 인상파의 시조인 마네나 모네는 특히 열심히 하는 연구가였다. 따라서 일본화는 여러 가지 점에서 이 신파의 그림에 영향을 주고 있었는데, 색채에 있어서도 우키요에浮世画의 명확한 격조 곧 산뜻하고 생생한 색채 사용이 종래 구파의 다갈색으로 그린 어두운 격조에만 익숙해져 있던 화가의 눈에 적지 않은 감동을 야기하고 그들로 하여금 이것을 배우게 하기에 이르렀다.

이때 일본의 그림을 보고 감복한 것은 단지 화가뿐 아니라 문학에서 졸라나 콩쿠르 형제도 이 화풍을 대단히 추장推奬한 무리였다. 서두에서 말했지만 졸라는 인상파의 회화를 위한 가장 유력한 변호인이었으므로 1865년의 마네의 작품 〈올림피아Olimpia〉라는 나체화에 대해 구파의 공격이 가장 맹렬했던 때, 이 자연파문학의 용장은 몇 번이고 비평의 글을 써 인상주의를 위해 만장의 기를 토한 것이다. 또한 졸라의 소설 『대작』의 주인공인 화가는 마네를 모델로 한 것이라는 것은 예술계에서 숨길 수 없는 일화이다.

둘째 인상파의 그림은 선이나 윤곽이 아니라 색의 농담, 격조에 의해 찰나의 인상을 그대로 화폭에 드러내려고 한다. 따라서 형태는 정돈되지 않고 구조와 배치에 무게를 두지 않는 화법을 만든다. 다가가서 자세히 눈여겨보면 마치 그림 도구를 캔버스 위에 던진 것처럼 무엇이 무엇인지 알 수 없고, 붓 사용법도 상당히 난폭한 것이다. 그러나 그것을 적당한 거리에 두고 보면 거기에는 비로소 자연이 가장 생생하게vivid 활약하고 있는 것을 알 수 있다. 이런 점에서는 완전히 구파의 그림과는 정반대로 도리어 구조가 불규칙한 일본그림의 영향이 두드러진 것이다.

셋째 이 파의 그림은 화가의 눈에 비친 광경의 찰나의 인상을 그대로 무조건 재현하려고 시도한 것에 두드러진 특색이 있다. 화가가 자신의 머릿속에서 세공하여 점차로 만들어낸 꾸민 것이 아니라 오직 있는 그대로를 그린 것이다. 명암이든 형상이든 또 배치 구성이든 모두 자연을 있는 그대로, 조금도 변경하지 않은, 무조작적인 하나의 단편이다. 어디부터 어디까지의 경치를 뚝 끊어 이것을 화폭 위에 묘사했을 따름이다. 예컨대 집이 너무 지나치게 커서 화면의 조화가 나빠져도 그대로 둔다. 나뭇가지가 좋지 않아도 특별히 그것을 세공하지 않고 묘사해 낸다. 텅 비어 있으면 텅 빈 채로, 너저분하면 있는 그대로 조금도 상관하지 않는다. 옛날 이상파 화가처럼 조화symmetry나 미美라고 하여 자기 마음대로 그 나무를 자른다거나 이쪽의 돌을 없앤다거나 하지 않는다. 어떠한 수정이나 전재를 하지 않고 '자연의 한 단편'을 화폭에 드러낸 것이다.

이런 이유로 화제도 역시 특히 흥미 있는 것을 선택하지 않고 단지 일상의 평범한 광경을 그릴 뿐이다. 또한 취향을 담는다거나 어떤 사상을 그린다거나 하는 것도 아니다. 특히 옛날의 그림과 같이 이야기풍의 의미를 그리는 것도 결코 아니다. 예를 들면 여자의 풍속화라도 재래의 그림이라면 그 여자가 다른 남자에게 추파를 보내고 있는 장면이라든가 하는 것을 그렸지만 인상파는 단지 여자 그 자체를 실제 그대로 묘사할 뿐, 소설적 혹은 종교적, 철학적 의미나 정취는 전혀 없는 것이다. 온전히 '시각적 감각의 인상들impressions of the visual senses'을 무기교로 재현한 것이다. 색이나 빛이라는 회화의 감각적 방면에만 무게를 두고 오직 감각적인 지각sensuous perceptions, 시각적인 지각optical perceptions을 화폭 위에 드러낼 뿐이다.

단 여기에서 주의해야 할 것은 인상에는 화가 자신의 기분이 기초가 되고 근저가 되므로 그 무드mood가 자연과 화면에 암시적suggestive으로 드러나는 것이다. 이런 점에서 말하면 있는 그대로 라는 것은 곧 화가의 눈에 비친 대로라는 의미이므로 똑같이 순간의 인상을 그대로 옮긴 것이라고 해도 그것이 완전히 짧은 시간에 촬영한 사진과 같이 기계적이지 않은 것은 이 mood가 드러나 있기 때문이다.

넷째 인상에는 반드시 중심focus이 있다. 즉 사람이 어떤 하나의 사상事象을 대하는 순간 먼저 그 사상의 특징이 눈에 들어오는데 이 특징이야말로 곧 인상의 중심이 되는 것이다. 색의 상태라든가 혹은 형태라든가 특히 눈에 띠고 눈에 드는 점을 중심으로서 하나의 인상은 성립한다. 인상파 예술가는 더욱 교묘하게 이 중심, 이 특징을 잡아 그것의 개성을 작품에 활약시키는 것이다. 그리고 이 중심을 충분히 명확하게 두드러지게 그림과 동시에 다른 세세한 것은 일체 생략해 버리는 것이 보통이다. 소위 생필법Simplification이라는 예술상의 한 법칙을 극단적으로까지 응용한 것이다. 인상파가 일어나기 이전 밀레의 화풍은 이미 세부적인 것details을 생략하고 본질적인 점essential points만을 강하게 살려 그리는 생필법省筆法으로써 완전히 근대적 묘사법의 선구가 되었다. 이것과 동일한 화법은 자연파 문학의 경우에 대해서도 특히 주목해야할 것이다.

이 점에 있어서도 일본화가 끼친 영향은 적지 않았다. 즉 일말의 담채라는 성긴 붓놀림으로 쇄말한 점을 생략하고 나아가 훌륭하게 한 폭의 활화도活畫圖를 완성할 수 있다는 점에 일본화의 특징이 있기 때문이다. 서두에서 말했지만 옛날부터의 와카和歌[11]나 하이쿠俳句[12]의 서경법도 또한 이 부류로 단순화Simplification를 극도로 사용한 인상적 묘사라 불러 마땅한 것이 많다고 생각한다. 겨우 5구나 3구의 간단한 시형 속에 교묘하게 미美의 중심을 포착하고 번잡한 묘사를 피하고 찰나의 인상을 재현하는 기량에 이르러서는 확실히 서양인이 멀리 미치지 못할 바이다.

(이상은 인상주의를 간단히 회화 쪽에서만 설명한 것인데 조각에도

---

11) (역주) 일본 고유의 정형시. 특히 6~14세기의 궁정시를 말한다. 단카[短歌]·조카[長歌]·세도카[旋頭歌] 등을 포함하며 후세의 렌가[連歌]·하이카이[俳諧]·하이쿠[俳句] 등과는 구별된다. 와카라는 말은 일본의 기본적인 짧은 시 형태인 단카[短歌]라는 말과 동의어로 쓰인다. '짧은 노래'라는 의미의 단카는 일본시의 가장 기본적인 형태로 조카보다 더 오래되고 하이쿠에 선행한다. 현재까지 시의 역사 속에서 면면히 계승되고 있으며, 5·7·5/7·7음의 5토막으로, 전부 31음절로 구성되어 있다. 조카의 결구는 단카 형태이다. 단카가 상하로 분리되어서 렌가와 하이쿠의 선구가 되었다.

12) (역주) 홋쿠[癸句]라고도 한다. 3행 17음절로 구성되었으며 각 행은 5·7·5음절로 구성되어 있다. 전통적인 31음절의 단카[短歌]라는 시의 처음 3행에서 유래했다. 하이쿠는 도쿠가와 시대[德川時代: 1603~1867]에 단카와 더불어 유행하기 시작했는데 이 시대에 거장 마쓰오 바쇼[松尾芭蕉]가 이 시 형식을 매우 세련되고 의식 있는 예술로 승화시켰다.

이것이 근대의 현저한 하나의 경향이 되어 있다. 즉 20년 정도 이전에 한 이탈리아의 조각가가 인상주의를 작품에서 주장한 이래 지금은 프랑스의 로댕 등으로 대표되고 있다. 잠옷과 같은 것을 입고 서 있는 발작의 상像은 로댕의 유명한 걸작인데, 이 작품 이래 인상주의는 조소에 있어서도 크게 주목받게 되었다. 거짓 없고 꾸밈없이 자연으로부터 얻은 그대로의 인상을 드러내고 형체의 균형과 조화라든가 부분적인 세세한 사생寫生에는 의미를 두지 않는 방식은 회화의 인상파와 완전히 분위기를 같이 하고 있다. 따라서 선과 형태에 구차하게 속박되지 않고, 작품 전체에 생기가 가득한 것에 특색이 있다. 어디까지나 자유의 신예술의 면목을 발휘한 것으로 그 중에는 일부러 추한 형태나 눈에 거슬리는 선을 만든 것 같이 보이는 것조차 많다. 그리고 상당히 극단적인 예인 생략법을 사용하여 사소한 것을 생략했기 때문에 눈과 코조차도 분명하지 않은 상이 생길 정도이다.)

이상 서술한 것처럼 인상파는 재래의 아카데믹 관행academic convention을 파기하고 직접적으로 자연 그 자체로부터 얻은 인상을 있는 그대로 또 정확하게 재현하려고 하는 청신한 근대적 예술을 시작한 하나의 신파이다. 이제 그 주장을 문학의 자연주의의 경우와 비교하여 생각하면 인상파와 자연파는 거의 완전히 같은 궤도를 가는 예술상의 유파여서 마치 동일물에 붙인 두 개의 명칭이라는 시각이 있다. 즉 자연주의의 작가가 항상 움직이고 끊임없이 변천하는 인생의 한 단편을 포착하고 그것을 여실히 묘사하려고 하는 것은 인상파 화가가 눈앞의 자연현상으로부터 얻은 순간의 인상을 직사直寫하는 것과 완전히 같은 방식이다. 또 오로지 묘사의 감각적 방면만을 중시하고 줄거리도 없고 구성composition도 없고 제목을 취하지 않고 취향을 더하지 않고 오직 있는 그대로를 그리는 방법으로 말해도 양자는 완전히 동일하지 않은가. 다시 말해 상술한 특색 중 첫째와 둘째에 대해서는 특별히 회화의 경우와 문학의 경우를 비교할 것까지도 없지만 셋째와 넷째의 특질에 대해서는 여기서 잠깐 인상주의를 문학의 경우에 적용하여 설명할 필요가 있다고 생각한다.

우선 전술한 셋째, 즉 있는 그대로의 묘사라는 것을 문학 쪽에서 말하면 다음과 같이 된다.

자연파는 이미 실험-곧 직접경험을 기초로 하여 눈으로 보고 귀로 들은 감각을 그대로 쓰는 것이다. 노르다우의 말을 빌리면 작가의 신경 진동nerve vibrations을 충실히 종이 위에 묘사하는 것이다. 인상이란 필경 이 눈이나 귀의 감각으로 얻은 자극으로부터 성립하는 수동적이고 소극적인 성질의 것에 불과하므로 이것을 작자가 자신의 사상이나 머리로 세공하고 안배한 것이 아니고 또 적극적이고 능동적으로 자신의 비판, 추리, 평가, 개괄 등의 힘을 가한 것도 아니다. 세상에서 말하는 순객관적 묘사라는 것은 곧 이 의미일 것이다.

그러나 이 순객관이라는 것은 인간으로서 완전히 불가능한 것이고 어떠한 경우의 관찰이라 해도 그것이 다소 주관의 색채에 물들지 않은 경우는 결코 없는 것이다. 이것은 무엇도 새삼스럽게 장황한 인식론을 가지고 나오지 않아도 실제로 자명한 이야기이다. 하나의 사상事象을 관찰하고 그것을 문장으로 쓰면 과학적 기재가 아닌 이상, 반드시 십인십색의 글이 나온다. 만약 순객관이 가능한 것이라면 각 개인이 모두 동일한 문장이 나오지 않으면 안 되므로 십인십색이 되는 것에 개인의 주관의 힘이 드러나는 것은 말할 것도 없다. 다시 말해 현실의 객관적 관찰이라는 말은 여기에 이르러 다소 수정을 필요로 하는 것이 되므로 회화에서 생긴 인상주의라는 명칭이야말로 곧 이 결여를 보충하는 데 가장 적합한 말이었다.

인간은 아무리 냉정하게 충실하게 관찰하고 묘사하려고 노력해도 그것은 도저히 사진기계와 같이는 행할 수 없다. 인간의 감성sensibility이 살아 움직이고 있는 기능인 이상 또 사진의 원판과 같이 순수하게 수동적인passive 것이 아닌 이상 거기에 거의 필연적으로 들어가는 주관적 성분이 있는 것은 피할 수 없다. 아무리 제거하려고 해도 이 성분만은 이탈할 수 없으므로 모르는 사이에 사상을 선택하고select 수정하고modify

조절하려고adjust 하는 것이다. 즉 작자가 아무리 객관적이고 일반적impersonal이고, 무감각적impassible이 되려고 노력해도 그 사상은 저절로 주관의 색을 띠는 그림자를 그 사람의 뇌리에 남기므로 인상이란 필경 이 그림자에 이름 붙여진 말이라고 보는 것이 지당할 것이다. 작자의 사상이나 감정으로 변색되거나 세공되지 않는다는 점에서는 순객관적이라고 말할 수 있지만 그것은 결코 절대적으로 주관의 색을 띠지 않는다는 의미가 아닌 것이다. 객관적 묘사라는 것은 요컨대 이 정도의 문제이다.

그러면 이 피할 수 없는 주관적 성분은 무엇인가 하면 그것은 곧 작자의 기분, 혹은 감정이다. 인상이란 결코 순백무구한 면tabula rasa에 비친 것이 아니라 그 사람의 감각기관을 통해 이 기분이나 감정상에 사상이 던진 그림자이다. 자연주의 작가 중 프랑스의 콩쿠르 형제는 주장에 있어서도 작품에 있어서도 이런 의미의 인상주의를 가장 확실히 대표한 작가였다. 또한 가장 물질적이고 객관적이라고 간주되는 졸라조차도 이 자연주의론에서는 다음과 같이 말했다. 즉 "예술 작품이란 기질을 통해 보이는 자연의 일각이다(Un oeuvre d'art est un coin de la crèation(nature), vu à travers un tempérament)." 이 말은 잘 인용되는 유명한 것인데, 그 의미는 요컨대 회화에 있어서의 인상파가 기분을 중시하는 것과 같은 의미라고 볼 수 있을 것이다.

인상묘사란 요컨대 한정된 의미에 있어서의 객관묘사이다. 작자가 선악, 가부의 판단을 하지 않고 혹은 사상, 감정의 개변을 더하지 않는다는 의미에 있어서의 객관묘사이지 완전히 주관적 성분을 이탈했다는 의미는 아닌 것이다. 작자의 기분이나 감정이 근저가 되어 있는 것에 특히 주의해야한다.

인상주의는 객관적이고 물질적인 자연주의가 점차 변천하여 주관적인 인상주의에 이르려고 하는 그 사이의 과정이다. 졸라 일파의 문예로부터 최근의 신예술인 비물질주의로 이행하는 사이의 한 단계phase라고도 간주될 수 있는 것이다. 이 차이는 요컨대 더해진 주관의 양의 다소에 의해 생기는데, 졸라 일파의 객관적 묘사에서는 주관을 거의 무시하고, 인상파에서는 주관의 색채를 약간 증가시키고 뒤에서 설명할 최근의 신비, 상징의 문예에 이르러서는 주관의 권위를 다시 가장 많이 증대시킨 것이라고 볼 수 있다.

다음으로 인상묘사의 넷째의 특색인 생략법에 대해 한마디.

개체의 특성을 발탁하여bevorzugen 그것을 생생하게 묘사하는 것이 자연파 작품의 특징인 것을 앞에 서술했지만 이 점이 또한 인상파의 화풍에서 두드러지는 생필법과 일치한다. 즉 '환경'을 세밀하게 묘사하고 지방색을 드러내려고 할 때, 그것이 지나치게 번잡하면 도리어 목적을 달성할 수 없다. 오히려 중심이 되고 있는 요점만을 파악하여 다른 것은 과감히 생략하는 방식이 훨씬 유효한 경우가 많다. 사상 전체를 관통하고 있는 진실한 정신이 있는 곳을 간파하고 거기에 충분한 힘을 담아 그림과 동시에 다른 것을 생략하는 것이다. 털 하나라도 소홀히 하지 않는 묘사법보다는 오히려 초점focus만을 교묘히 포착하는 것이 훨씬 유효하다. 다시 말해 한편으로 말하면 이 묘사법은 완전히 암시suggestion이고 그것에 의해 전체의 분위기라든가 상태라든가 하는 것을 독자의 뇌리에 전하려고 하는 일종의 수단이다. 원래 묘사의 정확함exactness과 진실함truth 이 두 가지는 완전히 별개이고 중요한 사상事象의 정수인 특성을 빠뜨리는 것은 설령 아무리 정밀하게 묘사했다 해도 그 묘사는 실패로 끝날 수밖에 없다. 이것은 사진과 캐리커처를 비교하면 쉽게 이해될 것이다. 예를 들면 사람의 얼굴을 본 그 순간의 인상에는 눈이 크다거나 코가 높다거나 머리가 어떻다거나 하는, 눈에 띄는 특징이 반드시 먼저 인상의 중심이 된다. 따라서 이 특징적 형상들characteristic features만을 특별히 선택하여 그것을 가장 강하게 살려 묘사한 것이야말로 교묘한 캐리커처이다. 미세한 점은 생략하여 버리고 눈에 띄는 특징만을 묘사한 것이나 이것이 도리어 정밀한 사진보다 사물을 훨씬 잘 드러내는 경우가 많다. 아니 사진은 너무 기계적으로 어떠한 하찮은 점도 빠뜨리지 않고 묘사해 내기 때문에 도리어 실물과 닮지 않은 것이 종종 있으나 자연파의 작품에도 물론 이것과 같은 병폐가 결코 적지 않다고 생각한다.

어떤 사람은 이 점을 사실주의realism와 자연주의naturalism의 차이라 했다. 곧 전자는 하나에서 열까지 빠짐없이 오직 더욱 정치하고 엄밀하게 실제를 묘사한 것이지만 후자는 대상의 개인적 특징들individual characteristics만을 선택한 인상묘사법에 의한 것이라고 하는 것이다. 이것도 일설一說로서 참고로 말해 두자. 실제로 스트린드버그Strindberg가 쓴 논문에는 자연주의를 다음과 같이 설명하고 있다.

> 사진은 무엇이든지 거두어들인다. 렌즈 위의 먼지 하나 놓치지 않는다. 그런 것이 또한 사실주의의 정신이고 후에는 훌륭한 예술이 되었지만 그것은 개개의 나무를 보고 전체의 숲은 보지 않는 식의 예술에 불과하다. 즉 예술이란 자연의 한 단편을 취하여 그것을 자연스런 방법으로 묘사하는 것이라고 믿고 있으므로 잘못된 자연주의이다. 결코 진정한 자연주의가 아니다. 진실의, 그리고 또 위대한 자연주의라고 말하면 최대의 갈등을 만드는 그런 인생의 핵심(point)을 찾아내어 묘사한다. 항상 보이지 않는 것을 보는 것을 좋아한다. 그것이 사랑이든 증오이든 또 고상한 본능이든 혐오스런 본능이든 모든 근본적인 힘의 싸움을 기뻐하는 것이다. 두드러진 것이기만 하면 그것이 미(美)다, 추(醜)다 하는 것은 물을 필요가 없다. ……무서운 것을 보고는 감동하고 무언가 웃긴 것을 보고는 조롱할 수 있다. 또 지금까지는 신학이나 미학의 학설 뒤에 숨어 있던 것이 홀연히 눈앞에 폭로되어도 조금도 외축(畏縮)되지 않고 태연하게 인생 그대로를 볼 수 있는, 그런 연극을 원한다. 무능, 위선, 어리석음 이런 것 이외에는 무엇이나 수용할 수 있는 연극이 우리들이 바라는 바이다.

이것은 극작가인 스트린드버그가 그의 작품이 파리극장에서 상연되고 있을 때 쓴 논문의 한 부분이라 한다. 나는 아직 이 논문을 읽은 적이 없으므로 애슐리 듀크스Ashley Dukes라는 사람이 쓴 『근대극작가

Modern Dramatists』라는 책(이것은 3~4년 전 출판된 서적인데)13) 그 속에서 인용한 것을 재인용한 것이다. 처음에 자연주의 묘사와 사진의 차이를 들고, 인생의 현저하고 큰 특색을 묘사하는 것이 자연파라고 갈파한 것이 앞에서 서술한 나의 소견과 일치하고 있는 것과, 또 후반에는 근대 자연파의 특색을 잘 드러내고 있으므로 참고를 위해 여기에 인용한 것이다.

7. 단편소설 및 근대극

단편유행의 외적 원인 - 내적 원인 - 단편의 의의 - 단편소설의 특징은 곧 인상묘사 - 1. 순간현상의 포착 2. 줄거리 결여. 3. 무기교, 객관적 4. 생필법 - 암시 - 묘사의 초점

입센극 - 극계의 새로운 분위기 - 신극 상연의 곤란함 - 프랑스의 자유극장 - 혁신의 요점 - 독일의 자유극장 - 영국의 독립극장 - 사회극

이제 여기에서 자연파 문학에 대한 논의를 끝내기에 앞서, 근대의 극과 소설에 대해 한두 마디 보충해 두고자 한다. 즉 단편소설과 자유극장에 대해서이다.

소설계에 있어서의 단편의 유행은 확실히 근대문학의 하나의 특징이지만 그 원인으로서 들어야 하는 것은 첫째 신문, 잡지가 격증한 결과, 한 번에 독파할 수 있는 소설에 대한 수요가 많아진 것이다. 이것은 또 한편으로 근대의 몹시 바쁜 생활을 보내는 사람에게 있어서는 소설을 읽는 데 많은 시간을 소비하는 것이 불가능하기 때문에 자연히 한 번에 독파할 수 있는 단편을 요구하기에 이른 것이다. 『겐지모노가타리源氏物語』의 54첩을 펴서 즐기는 것은 한가로운 헤이안平安시대의 귀족

13) (역주) 필자가 이 글을 집필할 당시(1912년)로부터 3~4년 전이라는 의미이지만 실제로 이 저서는 1911년 런던에서 출판되었다.

이다. 리차드슨Richardson의 작품 『파멜라』나 『클라리사』 등에서 사람의 마음의 기미를 엿보고 흥을 느낀 것은 영국 18세기의 한인閑人일 것이다. 바쁜 근대에 히카루 겐지光源氏[14]나 가오루 다이쇼薰大将[15]의 긴 연애이야기는 조금도 적합하지 않다. 저 방대한 서간체 소설을 읽고 난 만한 난봉꾼Lovelace이 청순하고 아름다운 여주인공 클라리사를 괴롭게 하는 장황한 서술에 와서는 우리들처럼 이런 이야기를 읽는 것을 직업으로 하는 사람조차 질릴 것이다. 따라서 여유 없는 일반 독자는 모두 짧은 틈을 타서 단편의 묘미를 맛보려 한다.

그러나 이것만으로는 오히려 피상적인 관찰로, 외부만을 보고 한 이야기이지만 외에 단편의 유행이라는 것에는 근대인의 내부생활에서 오는 일종의 요구가 원천이 되었다. 그것은 곧 앞에서도 말한 그들의 끊임없는 흥분, 자극을 탐하는 마음이다. 물질적으로 주정酒精이다 향료다 하는 종류의 것을 구하는 것과 같은 의도로, 그들은 또한 문예에 대해서도 한가롭고 누긋한 여가를 좋은 기회 삼아 읽은 작품보다도 오히려 느낌이 강하고 날카로워서 선명한 인상을 드러내는 일종의 다른 형태의 문학을 요구하는 경향을 만들었다. 그러나 이러한 날카로운 자극을 부여하기에는 어떻게 해도 장편으로는 안 되고, 한숨에 읽고 끝나는 단편에 한한다. 미국의 시인 포Poe는 단편소설의 거두이기도 하고 또 시조라고도 할 사람인데 그가 쓴 『시의 원리The Poetic Principle』라는 논문 속에 이런 의미의 말이 있었다. 즉 시의 가치는 독자의 정신을 흥분시키는 정도라는 점에 존재한다. 그러나 이 정신의 흥분은 심리상 필연의 결과로서 극히 일시적으로 길게는 지속되기 어려운 성질의 것이다. 따라서 장편의 서사시(예를 들면 밀턴의 『실낙원Paradise Lost』과 같은 것)는 도저히 이 점에 있어서 짧은 서정시에 미치지 않는다고 말하고 있다. 또한 인용에 잘 나오는 그의 논문 『창작의 이치The Philosophy of Composition』 속에도 시가 인상의 통일unity of impression로부터 오는 효과를 얻으려 한다

14) (역주) 『겐지모노가타리』의 주인공.
15) (역주) 『겐지모노가타리』 10첩의 주요인물. 히카루의 아들.

면 길게 하지 말고 약 백 행으로써 적당히 하라고까지 말하고 있다. 이 말은 지금 단편소설의 경우에 가장 적합한 것으로 곧 장편을 읽는 사이에 우리들이 받는 자극, 환언하면 신경의 흥분은 항상 일앙일저一昂一低의 상태가 된다. 처음부터 마지막까지 동일한 높은 피치pitch는 도저히 지속해야 할 성질의 것이 아니다. 따라서 전체의 인상보다는 오히려 부분적 인상 쪽이 명료하게 떠오르는 경향이 있다. 그러나 단편소설에서는 읽는 시간이 짧기 때문에 고도의 자극과 흥분을 시종 지속하여 날카롭고 강한 인상을 뇌리에 깊게 각인할 수 있는 것이다.

한편 장편에서는 일이 되어가는 경위를 장황하게 서술해 간다든가 혹은 시종 독자의 흥미를 끌어내기 위해서 일부러 산을 만든다든가 하는 일이 있다. 예를 들면 새커리Thackeray의 『에스몬드』는 처음 7~80쪽을 읽는 동안이 너무나 지루하지만 이런 일은 단편의 경우에는 거의 없다. 매우 단도직입적으로 갑자기 주제로 들어가서 중심에 육박한다. 이것만 족하면 재빠르게 되어 간다. 이 점은 작자에게 매우 편리할 뿐만 아니라 또 근대인의 요구에 잘 투합되는 이유일 것이다.

그러나 그것이 단지 짧다고 하는 것만으로는 어떤 효과도 없다. 단순히 짧은 소설이라면 동서고금 어디나 있다. 먼 고대는 잠시 제쳐두고 중세의 『데카메론』이나 『게스타 로마노룸Gesta Romenoum』[16] 속의 여러 편 혹은 영국 18세기의 『스펙테이터The Spectator』[17] 속의 이야기 같은 것도 있고 혹은 우리나라 도쿠가와德川시대의 구사조시草双紙[18]와 같은 것도 있다. 그러나 이것들은 보통의 이야기나 소설과 비교해 짧다는

---

16) (역주) 14세기 초 잉글랜드의 프란체스코회 수사가 수집한 라틴어로 된 훈화적 이야기집.

17) (역주) 18세기 영국에서 발행된 일간지. '방관자'라는 뜻이다. ≪태틀러(The Tatler)≫지 폐간에 이어서 1711년 3월에 공동으로 편집 창간하여 1712년 12월 555호로 폐간하였다. 그 후 1714년에 애디슨이 복간하였으나 80호로 종간하고 말았다. 사회의 계몽적 역할을 다할 것을 표방하고 수상(essay)과 논설을 거의 둘이서 집필하여 매호 평균 1만 부가 팔릴 정도로 호평을 받았다. 두 사람은 전아하고 기지에 넘치는 문장을 구사해가며 풍자를 섞어서 당시 신흥중산계급 독자들을 매료시켰다. 그 결과 다음 시대의 소설을 발흥시키는 데 크게 기여하였으며, 영국 특유의 에세이 문학의 원류를 이룩하였다.

18) (역주) 에도시대의 그림이 들어 있는 대중적인 일본 소설의 통칭. 단순히 그림책이라는 견해도 있었으나, 점차 성인을 위한 요소도 등장하게 되었다.

것 외에 특별한 예술상의 의미를 전혀 가지고 있지 않다. 원래부터 근대인의 특수한 요구에 적합하지도 않은 것이다. 근대의 문예에서 말하는 단편소설은 온전히 일종의 특별한 의의를 가지고 다른 것과 뚜렷이 구별되고 문예상 독립된 하나의 장르를 이루고 있다. 영어에서 말하는 바 'short story', 프랑스어의 'conte'가 곧 그것이다. 단순히 'novel'에 대해 말하는 'novelette'와 같은 태평스런 것은 아닌 것이다.

그러나 근대문예에서 말하는바 단편소설이란 과연 어떤 성질의 것인가 하면 그것은 앞에서 서술한 인상주의의 특질을 가장 완전하게 구비한 일종의 작품인 것이다. 즉, 1. 순간의 현상을 포착하고 그것을 지상에 생생히 묘사하는 것, 곧 순간촬영Momentaufnahme의 문학이다. 구체적으로 말하면 작자가 그 정치하고 예민한 관찰력으로써 보통사람의 눈에는 종종 비치지 않는 인생의 찰나의 현상을 포착해 오고, 그것을 여실하게 재현한 것이다. 계속해서 움직이는 인생의 모습의 한 단편을 작자가 관찰한 그대로 묘사해낸 것이다. 2. 따라서 작품으로서는 극히 간단하고 줄거리도 없고 각색도 없는 것이다. 이 점은 앞에서 '인생의 단편'이라는 것을 설명할 때 서술한 대로이다. 3. 작자는 자신의 눈에 비친 그 때의 인상을 무기교로 무조건적으로 재현할 따름이며, 결코 그 사상이나 감정으로써 그것을 색칠하거나 변경하거나 하지 않는다. 주관적 태도가 전혀 없고 서정적 분자를 섞지 않은 인상묘사이다. 또 묘사해야 하는 것만 묘사하고, 작자는 그것에 대해 어떠한 해결도 하지 않는다. 흡사 입센의 희곡 작품에서 볼 수 있듯이 근대생활의 어두운 면을 생생히 묘사하여 독자의 눈앞에 내던진다. 그리고 '이것을 보라, 그리고 스스로 생각하라'라는 식으로 작자는 모르는 얼굴을 하고 있다. 이것은 앞서 '과학적 제작법' 항목에서 말한 대로이다. 4. 단편소설은 인상묘사의 최대 특색인 생필법을 극도로 응용한 것이다. 즉 묘사하려고 하는 사상事象의 특성이 되는 점을 기민하게 잡아내고 그것을 초점focus으로 하여 전력을 여기에 기울이고 다른 세세한 점은 모두 생략해 버리는 묘사법이다. 따라서 완성된 작품은 완전히 일종의 소묘적 제시sketchy suggestion에 불과하다. 그러므로 오직 작품의 표면에 나와 있는 것만을 그대로 받아들이는 것만으로는 진정으로 부족하고 어이없는 것이다. 독자스스로 머리를 써서 이 암시에 의해 전체의 인상을 받아들일 수 있을 때야말로 비로소 작품의 참맛을 알 수 있는 것이다. 즉 이 경우, 독자의 머리는 보통의 소설을 대할 때와 같이 완전히 수동적으로만 작용하고 있는 것이 아니라 능동적으로 어쩔 수 없이 작용하게 된다. 처음부터 사색, 사상을 넓힐 여지가 독자에게 부여되고 있기 때문이다. 예를 들면 하나의 결혼을 묘사한다 해도 장편이라면 이전부터 두 명 사이의 연애의 파란이라든가 혈통 따위도 쓰겠지만 단편에서는 이런 것은 일체 생략하고 독자가 맘대로 상상하도록 맡기는 것이다. 따라서 장편소설과 단편소설의 구별은 단순히 외형적인 피상의 문제가 아니라 그 내부의 본질에 있어서 단편은 이상과 같은 일종의 특별한 것이다. 그러므로 또 이러한 특성을 구비하고 있는 이상은 단편이라고 말하면서 100쪽이나 200쪽이 이르는 상당히 긴 작품도 있는 것이다.

또 앞 항목에서 서술한 서정적, 주관적 성분을 더하지 않은 묘사라고 한 것도 역시 이 생략법의 일면이다. 즉 작자는 단순히 A만을 묘사하므로 그것에 동반되어 일어나는 정서 a는 독자로 하여금 스스로 그것을 보충하게 하는 것이다. 환언하면 독자 측에서 마음대로 A+a라는 것으로 어쩔 수 없이 만들게 된다. 작자가 제공하지 않은 a라는 것을 독자가 스스로 보충하는 경우에 물론 독자에게는 일종의 수고를 필요로 한다. 이 수고가 곧 독자가 받는 깊은 감명이다. 읽고 생각하게 하는 만큼 그만큼 강하고 또 날카롭게 사람들의 가슴에 영향을 미칠 것이다.

그런데 이상 말한 것 같은 요건을 구비한 단편소설은 예컨대 재빨리 찍은 사진과 같은 것이다. 사진에는 렌즈의 초점을 하나로 정하는 것이 필요한데, 마찬가지로 단편소설의 묘사법에서도 하나의 초점이 무엇보다도 중요하다.

여기서 말하는 초점이란 곧 인상을 통일시키는 중심이다. 구체적으로 말하면 일개 인물이든 사건이든 거기에 묘사되는 대상의 특성을 중심으로 하여 인상 전부가 이 한 점으로 휘감기어 묶여져 있다. 이 급소까지 포착하면 다른 것은 생략하는 편이 오히려 전체의 인상을 잘 활약시킬 수 있는 요점要點과, 그것을 보고 취할 만큼의 날카로운 관찰력이 작자에게 있으므로 단편이 굉장한 천재의 힘을 필요로 하는 이유도 여기에 있다.

이것과 비교하여 말하면 장편소설은 그러한 초점을 가진 인상이 몇 개라도 순서를 따라 연속하여 드러나므로 활동사진과 비교하면 적당할 것이다. 그리고 그 대부분의 초점의 앞뒤 사이의 연결을 이루는 것은 곧 줄거리라든가 각색이라든가 혹은 주인공의 이력 또 전체의 분위기와 정취라는 것이다.

따라서 만약 묘사의 초점이 정해져 있지 않으면 강하고 선명한 인상은 줄 수 없다. 흡사 사진을 찍을 때 사진기계나 혹은 찍혀야 할 인물이나 경치가 움직여 초점이 고정되지 않은 것과 같다. 그렇기 때문에 전체의 묘사는 완전히 실패로 끝나고 몽롱하고 막연한 것이 될 수밖에 없는 것이다. 혹은 또 본래 장편이어야 할 성질의 것을 무리하게 줄인 단편도 있는데, 따라서 이것은 버거운 활동사진을 매우 짧게 줄여 낸 것과도 같은 양상으로 종종 잡다한 인물이나 동작이 불과 10쪽이나 20쪽 속에 분연, 잡연하게 혼란스럽게 되어 있거나 혹은 장편의 줄거리만을 적은 쪽수 속을 더듬어 가는 것인데 읽고 나면 매우 부족한 느낌이 든다. 필경 초점이 되어야 하는 것의 수가 많은데 그것이 무엇도 완전히 드러내고 있지 않다는 데서 기인한다. 또 졸작 단편 속에는 장편의 한 구절을 자른 것 같은 것도 있는데, 그 때문에 한 편의 중심에 그다지 관계가 없는 인물이나 사건이 뛰어 들어와 인상의 선명함을 방해한다. 마치 활동사진의 일부분을 무턱대고 자른 것과 같고, 인간이나 말의 얼굴 절반이 나와 있다거나 경치가 중도에서 절단되어 있다거나 하여 요령부득이다. 요컨대 이것들은 모두 하나의 초점을 인상의 중심으로서 정하지 않았기 때문에 실패로 귀결된 것이다.

단편소설은 이렇게 자연주의의 소위 '인생의 단편'이라는 이름에 가장 적합한 작품이다. 이야기의 통합concentration of story보다는 오히려 인상의 통일unity of impression이 중요한 요건이 되었다. 이런 종류의 작품은 거의 근대 문예의 특산물이라고 말할 수 있다. 러시아의 체홉, 프랑스의 모파상은 이런 종류의 작품으로써 오래토록 후세에 전해질 작가이다.

다음은 근대극 및 그것을 공연하는 극장에 대해서이다.

근세의 유럽문단을 회고하여 왕으로 칭해진 위인을 세어보면 18세기는 우선 볼테르Voltaire의 천하, 소위 볼테르 왕le roi Voltaire의 시대였다. 그것이 19세기 초반이 되어서는 우선 괴테가 패권을 장악하고 이어 프랑스의 위고가 중망을 한 몸에 모았다. 그 후로 머지않아 전 세기의 후반기에 이르러서는 노르웨이의 입센이 전유럽문학의 중심인물이었다. 찬란한 북쪽의 붉은 별the red star of the north로서 그의 작업은 말할 것도 없이 희곡 방면에 근대의 대혁명을 일으켰다. 근대극은 완전히 그의 희대의 천재성에 의해 대성되었을 뿐인가, 전유럽 극작가의 한 사람으로서 그의 영향을 받지 않을 수 없는 기세였다. 입센이야말로 진실로 구래의 극의 양식을 파기해 버린 첫 번째 사람이고 일례로 말하면 근대극에 독백이나 방백이 거의 없어지게 된 것 등도 역시 입센 즈음부터 시작된 것이다.

입센을 중심으로 혁신된 근대의 극단에는 고래의 문학에서 일찍이 보이지 않았던 여러 가지 신체희곡이 나왔다. 현대 생활의 여러 문제를 취급한 사회극 혹은 사상극 부류는 말할 것도 없고 사건이나 인물은 차치하고 단지 전체의 분위기라든가 기분이라는 것만을 주로 한 단막극, 그 외에 신비적인 상징극 등에 이르기까지 옛날부터 극단에 있었던 인습을 속시원하게도 파괴해버리고 무대 전통stage tradition을 무시한 새 시대의 예술로서의 극이 탄생했다. 원래 극은 다른 시가나 소설과 달라 항상 군중을 상대로 하는 예술이므로 그 때문에 저급한 세속취미에 좌우되기 쉽고, 자칫하면 옛 형태를 묵수하고, 전설을 답습하려는 경향을 가지고 있다. 따라서 극단만큼 새로운 분위기를 주입하기가 매우 곤란한 것은 아마 다른 예술에서 볼 수 없을 것이다. 이 곤란함을 물리치고 구습을 타파해서 혁신의 결실을 얻은 것은 이를 이룬 사람들의 비상한 천재적인 힘에 의한 것일 뿐 아니라 또 그 노력이 심상치 않음을 증명하는 것이다.

극예술계에 자연주의의 자유로운 새로운 예술을 일으키려고 했을 때 우선 첫 번째의 실제적인 곤란함은 흥행주 쪽에서 무턱대고 관객의 의향을 고려하여 소위 부르주아의 편견에 좌우되어 대담한 혁신을 감행하지 못했다는 점에 있는데 그 외에 또 하나의 유력한 속박은 당국의 검열이었다. 원래 사회극은 현대 생활의 결함이나 해악을 무대 위에 속속들이 드러내어 사람을 경성警醒하려고 하는, 결국은 일종의 이상극이므로 상당히 과감하게 인생의 추하고 부도덕한 방향을 폭로하려고 한다. 자연 검열자의 눈으로 보아 허락할 수 없는 혹은 또 미학의 원칙에도 적합하지 않은 연극이므로, 자연 그것을 금압禁壓하려고 하게 되는 것이다. 가장 심한 일례는 하우프트만의 〈직조공들〉일 것이다. 이 작품은 처음 한 번 금지되고, 그것이 독일 국내에 여러 가지 반대론이 나와 대소동이 되어 결국은 재판에 회부된 결과 가까스로 상연되기에 이르렀다. 이런 이유로 당시 극장에서 신극은 거의 무대에 올리지 못했던 것이다.

그러나 이러한 많은 곤란함을 물리치고 극단쇄신에 남보다 먼저 앞장선 것은 프랑스의 앙드레 앙투안André Antoine이 일으킨 자유극장théâtre libre이었다. 앙투안은 후에 제2국립극장 오데온Odéon의 좌장이 된 사람인데 1887년에 비로소 파리의 엘리제 데 보자르L'Elysée des beaux arts의 검소한 극장에서 근대적이고 자연주의적인 작품을 실연하고, 다른 무대에서는 도저히 상연되지도 않는 작품을 내놓았다. 흡사 지금까지 주신구라忠臣藏를 즐기는 관객에게 입센의 극을 들고 나간 것이므로 도저히 다수의 대중을 목표로 할 수 없기 때문에 물론 회원 조직, 마치 일본으로 말하면 아사나이小山內의 자유극장과 똑같은 방식이었다. 이전 식의 순연한 오락 본위의 것이 아닌, 인생을 위한 진지한 예술로서 절실하게 현대 생활 당면의 문제에 접한 자연주의의 주장을 극단에 적용한 것이기 때문에 무대에서는 가능한 한 충실하고 엄밀하게 또 정확하게 실제 인생의 생활을 모방하고 재래의 부자연스런 성분을 일체 배척하려고 했다. 배경 따위도 오로지 장식적이고 기려綺麗하게 하지 않고 보통의 실생활의 인상을 가능한 한 깊이 관객에게 주는 것을 목적으로 했다. 특히 구래의 연극처럼 오직 관객의 눈을 즐겁게 하는 것에서부터 별다른 의미가 없는 여러 가지 형식은 가능한 한 파기했다. 원래 극으로서 근본적으로 필요한 형식적 방면, 예를 들면 무대에서의 배우의 목소리가 일상에서보다도 커진다든가 캄캄한 밤이라고 해서 무대를 진짜 캄캄하게 할 수는 없는 것은 아무리 부자연스럽다 해도 어쩔 수 없지만 그 이외의 허위의 인습적 방식은 과감히 배척하고 모든 연기를 평이하게 그리고 자연스럽게 고치고, 재래의 보잘 것 없는 구속을 탈피한 자유로운 것으로 만들었다. 이 프랑스의 자유극장에서 자주 상연된 것은 예의 에르비유Dominique Hervieu나 브리외Eugène Brieux의 작품, 즉 가정, 교육, 결혼, 감옥, 군대, 재판 등의 현대사회의 문제를 취급한 극이 대부분이었다. 또 에밀 파브르Émile Fabre의 〈돈L'Argent〉, 톨스토이의 〈어둠의 힘〉, 스트린드버그August Strindberg의 〈아버지〉, 〈숙녀 줄리〉도 상연되는 등 이 자유극장은 8년간 지속되었다.

프랑스에 이어 프랑스를 모방하여 성립한 것은 독일의 자유극장 곧 프라이에 뷔네Die Freie Bühne였다. 이것은 오토 브람Otto Brahm의 지휘 아래 완성된 것인데 1889년에 베를린에서 입센의 〈유령〉과 하우프트만의 〈해뜨기 전Vor Sonnenaufgang〉을 상연했다. 전자는 차치하고, 후자를 상연했을 때에는 대단히 격하게 세상에 물의를 일으켰다.

영국에서도 독립극장The Independent Theatre이라는 것이 그라인J. A. Grein의 지휘 아래 생겨 1891년 3월 9일 입센의 〈유령〉을 실연하고 이어 졸라나 쇼의 작품을 상연하였다. 역시 회원 조직이며 메러디스, 하디, 피네로, 존스 등을 더하여 회원이 175명이었다. 이후 7년간 지속되다가 없어졌지만, 예의 속취미가 가장 심하게 설치던 영국의 극단에 청신한 분위기를 이끌었던 점으로 말하면 그 공로는 오래토록 지속되었다.

아울러 이 독립극장 이후에는 1899년에 무대협회The Stage Society가 생기고, 1904년부터 3년간 베드렌Vedrenne과 그랜빌바커Granville-Barker 두 명이 설립한 코트 극장Court Theatre이 개장되었다. 이것은 버나드 쇼Bernard Shaw의 작품을 주로 하여 존 골즈워디John Galsworthy나 그랜빌바커의 솜씨로 이루어진 신극을 왕성히 상연했다. 또한 지난 1910년에 이르러서는 찰스 프로먼Charles Frohman의 레퍼토리 극장Repertory Theatre이 생겼는데 이것들은 모두 영국 극단에 근대적인 분위기를 도입하려 한 점에서 동일한 계통에 속한다.

또 이들 여러 나라 이외에 러시아나 이탈리아 등에서는 특별히 자유극장과 같은 이름을 붙인 극장은 없었지만 그래도 입센극 등이 상연되면 당연히 그것은 모두 과거의 형태를 파기한 '자유극장'이지 않으면 안 되었으므로 이 점에 있어서 입센은 거의 전 유럽의 극장계에 큰 변화를 일으킨 중심인물이었던 것이다.

사회극이란 무엇인가 하는 문제에 관해서는 클레이턴 해밀튼Clayton Hamilton이라는 사람의 역사적인 설명 중 매우 요령 있게 잘 정리됐다고 생각되는 구절이 있어서 참고를 위해 소개한다. 물론 요점만을 골라낸 것이다.

> 근대의 사회극에는 희극적인 것도 상당히 있지만 우선 일반적으로 그 발전 경로로 말하면 가치 있고 엄숙한 것이 대부분이다. 즉 사회극이라고 말하나 실은 근대식 비극이라고도 말할 수 있는 성질의 것이다. 그런데 이 비극이라는 것은 원래 어떤 일반적인 성질을 가지고 있는가 하면 그것은 말할 것도 없이 '인간 의지의 투쟁의 역사이다.' 구체적으로 말하면 어떤 한 개인의 의지가 그것보다도 한층 강한 어떤 대항력과 싸운 결과 완전히 필연적으로 의지의 패배로 귀결되고 만다. 그 참담한 광경을 보이는 것이 비극이다. 도저히 극복할 수 없는 장애와 싸워 결국은 자신을 파멸시키고 마는 인간의 구경거리이다.

옛날부터의 비극 변천의 자취를 더듬어 생각해 보면 거기에는 세 가지의 다른 종류가 있는데, 이 구별은 완전히 인간의 의지에 대립하는 불가항력이라고도 말할 수 있는 것의 성질로 정해지는 것이다. 즉 이 힘과 싸우면 필연적으로 어떤 인간이라도 패배할 것이라고 예상된 힘은 고금의 극작가가 상상하여 보아 오직 세 종류밖에 없는 것이다. 곧 고대극에 있어서는 운명, 그 이후의 극에서는 개인의 성격 속에 있는 고유한 결점, 그리고 근대극에 이르러서는 사회적 상태, 이 세 종류의 힘이 곧 주인공을 파멸의 심연으로 떨어뜨리는 것이다.

우선 첫째 운명이라는 것은 주로 고대 그리스극에 드러난 것으로 아이스킬로스(Æschylus)에 의해 만들어졌으며 소포클레스(Sophocles)에 이르러서 완성된 것이다. 인간도 신도 모두 똑같이 지배하고 있는 어떤 거슬러서는 안 되는 운명의 힘이 있는데, 이에 대한 인간의 항쟁이 곧 비극을 구성한다. 이 운명의 힘에 대항하여 모든 것은 그 하인이요 도구가 되는 것인데, 비극의 주인공은 유일하고 가장 큰 운명의 신에게 불신하는 마음이거나 방만했기 때문에 결국 신이 만든 함정에 빠진다. 벗어나려고 도망치려고 생각하여 아무리 발버둥쳐도 보람도 없이 점점 깊은 고민에 끌려들어가는 것이다. 이 비극적인 항쟁이 자못 초자연적이고 초인간적인 음조를 띠고 있기 때문에 독자나 관객에게는 어쩐지 큰 공포를 느끼게 하고 경건한 마음을 일으키는 종교적 정취가 그리스 비극에는 있었다.

둘째는 희곡역사상 셰익스피어의 선구자로 평가되고 있는 크리스토퍼 말로(Christopher Marlowe)가 만들어 셰익스피어에 이르러 완성된 비극이다. 즉 개인 성격 속에 있는 고유한 결점 때문에 결국 필연적 파멸에 떨어지는 인물을 나타낸 것이다. 다시 말해 고대 그리스극에 있었던 운명의 힘이 이번에는 인간화되어 파멸하는 본인의 정신 그 자체 속에 놓여 있는 것이다. 쉽게 말하면 비극의 원인이 되는 힘이 외부 세계에 있는 것이 아니라 주인공 그 자신의 성질 안에 있는 것이다. 우선 처음으로 말로가 발견한 힘은 야심, 욕망이라는 종류의 것이었다. 즉 자신의 정신 속에 있는 타오르는 듯한 야심 때문에 영웅적 성격의 인간이 죽고 마는 것을 묘사한 것이 그의 작품이다.

예를 들면 그의 최대의 걸작인 〈탬벌레인 대왕(Tamburlaine the Great)〉에서는 승리와 주권에 대한 열망이 파멸의 원인이며, 〈포스터스 박사(Doctor Faustus)〉에서는 주인공의 무한한 지식욕, 〈말타섬의 유대인(The Jew of Malta)〉에서는 고리대의 황금욕이 비극의 원인을 이루고 있다. 모두 이런 식으로 말로의 작품에서는 아직 야심, 욕심 하나로 한정되고 있는데, 세익스피어에 이르러서 비로소 이것이 널리 인간 성격의 다양한 방면에서 찾아지게 된다. 즉 맥베스는 왕위를 노린 야심욕 때문에 죽고, 햄릿은 전적으로 회의, 우유부단함 때문에 죽기에 이르렀다. 그 외에 오셀로는 경솔한 과신에 의해, 리어왕은 자신의 늙음 때문에 모두 그 자신의 파멸을 부른 것이므로 원인이 다양한 형태로 나타나고 있는 것에 세익스피어극의 특색이 있다. 이 종류에 속하는 비극을 앞의 첫째 부류와 비교하면 전자는 후자만큼 숭고하지 않고 또 종교적 정취도 없는 만큼 인간적이어서 관객에게는 한층 절실하게 감명을 준다. '지옥도 극락도 모두 인간의 배 속에 있다. 인간은 자신을 스스로 파멸시킨다'고 마음속 깊이 느끼게 하는 것이 특징이다.

셋째 부류의 근대극은 우선 빅토르 위고를 시작으로 입센에 의해 대성된 것으로 여기에서 말하는 사회극이 곧 그것이다. 이 비극에서는 개인과 그 환경 곧 사회 상태의 투쟁이 묘사되고 있는 것이다. 그리스극의 주인공은 초인간적인 것과 싸우고 말로 이후 엘리자베스극의 주인공은 자기자신과 싸우고 고민하며 근대사회극에서는 곧 개인 대 사회의 싸움이 중심이 되고 있다. 다시 말해 한편에서는 개인으로서 다른 한편에서는 사회의 일원으로서 살아가는 생활의 고민, 이것이 곧 사회극이 이용하는 제재이다.

18세기의 사상에서는 사회가 가장 귀한 위치를 차지하고 개인은 거의 사회에 종속된 것이라고 생각되었다. 당시의 문학은 완전히 사회를 찬미하고 다수자를 구가하는 것이었다. 그것이 근대에 이르러 개인이라는 것의 가치가 크게 인식되게 되고 거기에서 비로소 개인 대 사회의 문제가 생긴 것이다. 따라서 근대의 사회극을 역사적으로 관찰하면 사회 본위의 구신앙과 개인 본위의 신사상, 이 둘 사이의 투쟁이 그 기초를 이루고 있다는 것을 알 수 있다. '개인'이 '사회'라는 강한 힘과 싸우고 결국 파멸한다. 그것을 묘사할 때야말로 비로소 현대를 충분히 드러낼 수 있는 것이다.

사회극이 대개 개인과 사회의 습속의 충돌을 터로 하여 생긴 이상 그 '개인'인 주인공이 우선 비습속적인 인간일 것을 필요조건으로 한다. 주인공이 만약 사회와 일치하고 무사히 살아가고 있는 인간이라면 거기에 힘과 힘의 충돌이 전혀 생기지 않고 그러면 연극이 되지 않는다. 아무리 해도 주인공이 사회의 무법자(outlaws) 혹은 부랑자(outcasts)가 아니면 안 된다. 따라서 근대사회극의 주인공이 된 자는 창부라든가 말괄량이 혹은 자유연애가, 사생아, 전과자 등 모두 사회의 습속과 양립하지 않는 약간 특이한 인물인 경우가 대부분이다. (Hamilton, *Theory of the Theatre*, chap. VIII)

제8강 최근 사조의 변천

1. 새로운 노력의 시대

사조의 변천과 인간의 일생 - 회의로부터 노력으로 - 일생의 정점과 원숙한 시기 - 현대 유럽의 대세 - 사상계의 신진대사 - 밀턴의 글 - 자연주의와 새로운 시대

최근 유럽의 문예사조에는 세 번의 변천이 현저하게 보인다. 이 변천은 대체로 개인의 사상 발달의 경로와 상당히 유사한 점이 있다고 여겨진다.

오늘날 인간의 일생이라고 하면 프랑스혁명 후의 낭만주의 시대는 정확히 20세 전후의 활기 발랄한 청년기로 소위 세상물정에 어두운 철부지 정열시기라고 할 수 있다. 오로지 공상과 환영에 끌려 아직 인생의 현실을 깊게 뒤돌아보는 데에 이르지 못한 때이다. 그것이 이전 세기의 중엽 즈음 자연과학만능의 시대에 들면서 실증론의 영향을 받아 인간의 마음에는 현실감이 풍성해졌다. 별안간 지금까지의 아름다운 꿈은 부서지고 여기에 추예醜穢하고 비참한 세태를 있는 그대로 살핀다. 동시에 구래의 이상이나 신앙 등의 모든 것은 파괴되어 버렸고

그것을 회의의 구렁에 던진 동시에 인간의 마음은 말할 수 없는 암울한 수심에 갇혀 번민하는 자연주의시대이다. 이것은 우선 인간의 일생으로 말하면 30세 전후쯤 될까. 비로소 남편이 되고, 아버지가 되어 생활의 압박으로 고뇌하고, 눈앞의 인생의 참담한 사실을 접해서는 청년시기의 이상도 희망도 모두 사라지고, 여기에 고독과 적막함이 절실히 느껴질 즈음인데, 사람의 마음은 원래 이 회의와 불안의 성에 오래토록 침체되고 고착된 채로 멈추어 있을 수는 없다. 쉽게 인생에 지쳐 무기력하게 되는 약자가 아닌 한, 이런 고민과 우수의 지경에서 벗어나려고 기필코 노력한다. 비록 절망할 것을 안다 해도 이 소비적, 파괴적 상태에서 한 걸음 내딛으려고 하는 적극적인 시기가 오지 않으면 안 된다. 즉 항상 무언가를 구하려는 노력의 시기, 낡은 인습이나 표준 권위를 버리고 다른 새로움을 건설하고자 하는 시기 또 절망인가 도달인가 하는 최후의 문제는 차치하고 오직 하나의 의지에 전념하여 노력하는 자는 마치 옛날 고블랭 직물[1)]을 만드는 기계가 짜 내는 것과 같이 향상, 정진의 노력 시기. 이것이 마침내 최근의 대세가 아닌가. 이것을 사람의 일생에 비유하면 흡사 40세 전후의 한창 일할 나이, 웬만한 인생의 쓴맛 단맛 다 알게 된 이후의 원숙한 시기이다. 청년기의 막연한 이상시대가 아니라 사려 깊고 착실한 활동의 시대이다. 인간 일생의 정점도 또한 대부분이 이 시기에 나타난다.

그러나 이 정점은 또 소위 노련하고 원숙한 시기와는 완전히 분위기를 달리한다는 점에도 주의해야 한다. 노년에 들어서 사람의 마음에 파괴적이고 반항적인 것이 전혀 없어지고 따라서 또한 모든 것이 고정되고 침체되고 만다. 노인에게는 미래가 없다. 단지 과거에서만 살아가고 있을 뿐인 골동품에 불과하다. 예로부터의 인습 그 자체를 받아, 그것에 안주하고 동요도 하지 않으며 진보도 하지 않는다. 그들의 육체에 신진대사의 기능이 둔해져 버린 것과 마찬가지로 정신생활상으

1) (역주) 파리국립고블랭(Gobelin)공장에서 제작한 벽걸이용 직물. 15C에 고블랭가가 창제. 후에 일반적으로 이와 비슷한 모양의 갖가지 색실로 무늬를 엮어 짠 유럽산 피륙을 칭한다.

로도 변화가 없다. 이것은 사상계에서는 일종의 종교, 신앙으로 굳어진 중세 유럽 혹은 무사도나 유교로 완성된 일본의 도쿠가와德川시대와 같은 하나의 변화 없는 시기stationary period 즉 노년기이다. 그러나 현대의 유럽은 이런 것들과는 전혀 분위기를 달리 한 시대이고 앞의 자연주의적 절대부정시대의 뒤를 이어 지금도 여전히 자아의 주장과 반항적 정신을 잃지 않았다. 다만 대세는 이미 결코 파괴 그 자체를 위한 파괴, 회의 그 자체를 위한 회의에 있지 않고 명확하게 건설의 일면을 갖추고 있다. 온전히 과거의 전습傳習이나 편견prejudice에 사로잡히지 않은 새로운fresh 마음으로써 직접 자연인생의 문제를 대하고 바닥의 바닥까지 갈 수 있는 만큼 가서 거기서 새로운 무언가를 잡으려고 하는 정진과 노력의 시대이다. 현대 유럽의 사상계의 불안과 동요는 앞 시기인 청년 시대의 방향이 보이지 않는 때의 그것이 아니다. 바라는 바 있으므로 혹은 계속해서 전진하고 있으므로 번민하고 유전流轉하고 있는, 일종의 모험adventure이다. 옛날 호머가 노래한 율리시스처럼 몸을 조각배에 싣고 인생의 거친 바다를 헤쳐 나가 어디까지나 '노력하고 욕망하고 찾아내고 나아가 굴복함 없는 굳센 마음(strong in will to strive, to seek, to find, and not to yield.-Tennyson)'을 가진 사람이다.

모든 물질계의 사물에는 그 자체로 남겨 둔다 해도 상태에 적합한 자연 도태가 있고 신진대사가 있지만, 정신계는 결코 그런 것이 없다. 하나의 사상이 세력을 얻어 일대 민중을 안내하고 통일하는 현상은 무엇보다 매우 훌륭하지만 세월이 흐르는 동안 머지않아 그것은 하수구와 똑같이 침체하고 부패하고 만다. 따라서 특별히 이것을 제거하고 쇄신하는 임무를 맡을 무언가가 반드시 필요한데 그 힘은 곧 회의사상이다. 누구나 옛날에 안주해 거기에 의지하는 편이 편하기 때문에 비겁한 약자는 자칫하면 그 쪽으로 가서 대부분의 일은 타협이나 양보로 끝내려 한다. 이런 때 일부러 괴로운 일을 만나 많은 적을 만들기까지 구사상에 반항하는 회의가인 용감한 자가 있기에 세상은 진보해 가는 것이다. 항상 불우하게 끝나는 사상가나 선각자로 불리는 사람은, 곧 제일 먼저 이러한 용맹심을 일으키는 노력을 하고 정진한 사람이다. 현대 유럽은 약간 앞선 머리를 가진 사람이 모든 개인으로서 각성한 결과, 일반 사람들이 이러한 식의 사상가가 된 것이다. 부단히 새로운 사상이 나타나고 설령 그것이 무엇도 능히 일대 민심을 통일하지 못한다고 말해도 그것은 또한 한편으로 정신계의 활동을 깨우는 실로 기뻐할 현상이 아닌가. 우선 문예부흥(르네상스)기 즈음에 발원한 유럽의 사상계가 점차 낡아 이미 각성의 시기에 들어가고, 앞서 말한 과학만능 사상이나 자연주의에 의해 한 때의 낡음을 타파한 끝에 최근 그것이 다시 진보하여 건설, 노력의 시대에 들었다고 보는 것이 지당할 것이다. 즉 현대 사상계의 유동성mobility, 부단함restlessness은 이미 늙은 사람이 젊어지고 새로워지려는 노력으로 독일인의 소위 '과도시대의 과도인Uebergsangmenschen einer Uebergangszeit'으로서 피할 수 없는 현상일 것이다. 이 불안과 동요를 보고 다시 말해 그것을 어제의 순파괴적 파괴시대와 동일시하고 불건전하다고 외치고 병적이라고 이르지만 이와 같은 것은 오히려 피상적 시각에 불과하다고 생각한다. 옛날 시성詩聖 밀턴이 언론의 자유를 논한 『아레오파기티카Areopagitica』 한 편을 기초하여 훌륭한 문장을 발휘하였지만 그 안에서 당시의 영국 국민의 발랄한 활기에 넘치는 논의가 구름과 같이 되는 것을 서술한 구절이 있다. 곧 권위에 굴하지 않고 습속을 따르지 않고 어디까지라도 자기의 힘으로써 진리를 구하고, 신앙에 도달하려고 하는 자유사상가의 대부분은 국민으로서 매우 축하할 현상이다. 이것은 결코 병적 퇴폐 현상이라고 보아야 할 것이 아니고 오히려 낡은 옷을 벗어 버리고 젊음으로 되돌아가려고 하는 것, 혹은 한층 더 위대하고 영광스런 진리의 길에 들어서려고 욕망하는 것이다. 마치 잠에서 깨어난 거인이 지금 막 일어난 모습 혹은 사나운 독수리가 오래된 깃털을 벗어 버리고 날카로운 눈빛을 빛내며 바야흐로 새로이 일대웅비를 시도하려는 각성의 상태라고 밀턴은 설명했다.

축어역으로는 도저히 이 문장의 장쾌한 어조를 반영할 수 없기 때문에 여기서는 원문만을 들겠다.

As in a body, when blood is fresh, the spirits pure and vigorous, not only to vital, but to rational faculties, and those in the acutest and the perfect operations of wit and subtlety, it argues in what good plight and constitution the body is, so when the cheerfulness of the people is so sprightly up, as that it has not only wherewith to guard well its own freedom and safety but to spare, and to bestow upon the solidest and subliment points of controversy and new invention, it betokens us not degenerated, nor drooping to a fatal decay, but casting off the old and wrinkled skin of corruption to outlive these pangs, and wax young again, entering the glorious ways of truth and prosperous virtue, destined to become great and honourable in these latter ages. Methinks I see in my mind a noble and puissant nation rousing herself like a strong man after sleep, and shaking her invincible locks. Methinks I see her as an eagle mewing her mighty youth, and kindling her undazzled eyes at the full midday beam, purging and unscaling her long-abused sight at the fountain itself of heavenly radiance, while the whole noise of timorous and flocking birds with those also that love the twilight, flutter about, amazed at what she means, and in their envious gabble would prognosticate a year of sects and schisms.

이 글은 그대로 옮겨 유럽 현대사상계에 넓게 퍼져 있는 생기를 형용한 것이라 할 수 있을 것이다. 각성한 현대인이 항상 열의와 노력으로써 새로운 무언가를 구하면서 끊임없이 동요하는 상태를 가장 장려하게 드러낸 글로서 매우 적절하다고 생각한다.

요컨대 자연주의의 사상은 확실히 일시의 문화파괴주의Vandalism였다. 구문예, 구사상을 파괴하고 혁신의 급선봉으로서 새로움을 세울 바탕을 만들었다는 점에야말로 그 공과가 있으며 파괴적이라는 점에서 영속적인 성질의 것이 아니라 오히려 과도기의 특수현상에 불과했다. 자연주의는 과거를 파기한 채, 새로운 인생관과 세계관을 불러오지 않았다. 일종의 형식이었으므로 일찍이 어떤 내용도 말할 수 없었다. 생기 있고 활기 있는 사람의 마음이 어떻게 이런 상태에 오래 만족하고 있으랴. 사상상의 이 결함을 메우고 이 욕구에 응하기 위해 이제야말로 노력, 분투의 시대에 들어선 것은 매우 당연한 결과이다. 커다란 파괴 후에는 커다란 건설이 따르므로 정말로 위대한 사상이나 문예가 나오는 시대이다. 그리고 새로운 이상이나 신념이나 로맨스romance, 정신적 요구의 어떤 지점에서야말로 진실로 거대한 예술이 생기는 것이다.

앞서의 자연주의적 인생관 즉 기계론, 물질론, 결정론은 모두 정말로 확고한 움직일 수 없는 진리임에는 틀림없다. 또한 인간이 유전과 주위의 필연적 소산인 것도 부정할 수 없는 사실이다. 그러나 이것은 단순히 우리들의 주지적 방면이 인정되어 그렇게 된 것이고, 정의情意의 측면 즉 자아를 주장하려는 마음은 도저히 이런 설에는 만족하지 않고 어디까지나 그것에 항의하고 분투하며 객관에 대항하는 주관의 위력을 확인하고 현실당면의 사실에 집착하면서 더욱 거기에 새로운 이상의 표방을 잊지 않으려고 하며 소극적 인종의 태도를 버리고 적극적 노력에 힘을 기울이므로 이것이 곧 최근 사조의 대세라고 보아야할 것이다.

2. 최근의 사조와 철학과학

인격적 유심론 - 제임스의 주장 - 베르그송의 철학 - 오이켄(Eucken Rudolf C.) 교수 - 과학만능의 풍조 쇠퇴 - 뒤부아 레이몽(Emil Heinrich Dubois -Reymond)의 말 '과학의 파산' - 자연과학의 형이상학적 경향 - 과학과 철학, 종교의 일치 - 그 실례 - 불가사의한 정신현상의 연구 - 최근의 신비적 직감적 경향 - (참고)

“자못 영혼이 조용히 잠자고 있는 것 같은 시대도 있지만 오늘날은 명확하게 그것이 크게 활동을 하고 있다. 도처에서 영혼은 출현하고 마치 이미 명령이 하달되어 잠시도 유예할 수 없는 것처럼 급박한 모습으로 또 위세로써 임하기까지 한다.”

–마테를링크 논집『가난한 자의 보물』중「영혼의 각성」에서

앞에서 갈 데까지 간 물질주의가 현재는 정신적으로 사물을 보게 되고, 객관적으로보다도 주관적으로, 경험보다도 직관을, 관찰보다도 사색을 중시하기에 이른 것이 최근 사상계에 현저하게 나타난 현상이다. 이 경향을 대표하는 것은 곧 현대의 철학으로 인격적 유심론personal idealism이라는 이름으로 불리고 있는 사상과 같은 것이 그것이다. 이것은 한편으로 심령의 내성을 중히 여기고 사람 마음의 내부의 요구에 무게를 둔다는 점에서 자연주의나 유물론과 다르며 동시에 또한 다른 한편으로는 절대적으로 막연한 견지를 버리고 도리어 착실하고 확고한 경험과 실감에 의존하려는 점에서는 예전의 낭만적 유심론과도 다른 것이다. 소위 현실감의 용로鎔爐 안에 한번 융해된 후의 유심론이라고도 말할 수 있을 것이다.

마치 이전의 헤겔 일파의 철학이 낭만적 사조를 대표한 것과 같이 또한 콩트와 스펜서가 과학 만능의 사조를 대표한 것처럼 최근 사조의 특색을 가장 잘 대표하는 것은 아마 고故 윌리엄 제임스William James나 헨리 베르그송Henri Bergson의 철학일 것이다. 지금 여기에서 이 두 사람의 학설의 일반을 논하려 하는 이유는 사조의 대세를 아는 데에 도움이 되기 때문이다.

제임스는 아는 바와 같이 실제주의pragmatism의 주창자이다. 그는 옛날 사람이 설파한 일정불변의 진리라는 것을 인정하지 않았다. 진리는 결코 그런 절대적이고 독립적인 또 기성적이고 정적인 성질의 것이 아니다. 진리는 변천도 발달도 있는 전적으로 동적인 것이다. 우리의 생활을 보다 훌륭하고 보다 좋은 것으로 만들기 위한 수단, 도구로서 실제

적으로 도움이 되는 것 그것이 곧 진리이므로 시대에 의해 차이도 있고, 또 사람들에 따라 다르다 해도 지장이 없다고 제임스는 주장했다. 이 학설은 요컨대 지력智力 상의 개인주의이며 보는 시각에 따라서는 일종의 회의설도 되며 또 사상 상의 진화론도 된다. 제임스의 이 주장은 이러한 점에서 가장 현대적이고 또 특히 최근 사상계의 부단한 동요의 일면을 대표하고 있다. 그는 옛날의 낭만적 철학에 있는 것 같은 추상적인 유심론을 배척하고 모든 도그마dogma나 전설을 파기하고 순수한 직접경험을 기초로 하여 거기에서부터 발족하고 있는 것이다. 즉 한편으로는 어디까지나 자연과학의 입각지를 버리지 않고 또한 인생의 실제에도 절실하려고 힘쓰고 있으나 그와 동시에 또 다른 한편으로는 과학만능의 유물론자와 완전히 관점을 달리하고 있다. 다시 말해 종교나 도덕상의 신앙을 전연 무시하고 부정하는 결정론determinism에는 극력 반대하고 일종 신비의 색까지도 띤 신앙의 깊이가 인정되는 것이 제임스의 특색이다(이런 식으로 과학을 출발점으로 하고 있는 신비가 최근 사조의 중요한 일면인 것은 뒤에서 다시 설명할 생각이다).

미국의 제임스가 죽은 오늘날, 세계 현존의 최대 철학자라고 간주되는 사상가는 아마 프랑스의 베르그송일 것인데 그의 주장이 또 제임스와 같이 현대사조의 특성을 대단히 잘 대표하고 있다고 생각한다. 그의 수많은 명저 중에서 『창조적 진화L'Evolution Céatrice』라는 제목의 책은 특히 명성이 높아 몇 해 전 출간된 영역英譯도 일본에 들어와 있는데 그 속에서 이렇게 논하고 있다. 즉 우리들이 실재라고 하는 것에 부여할 수 있는 궁극의 의미는 곧 동요이고 유전流轉이다. 우리의 생활은 필경 이 창조적 진화에 다름 아니다. 언뜻 생각하면 유類나 속屬이 있고, 일정한 시간, 일정한 모습을 가지고 거기서부터 후에 연속적으로 또 다른 유나 속으로 변하여 가는 것처럼 보이지만 그것은 필경 진화가 남긴 역사나 혹은 그것이 나타난 다양한 형식으로부터 생각한 주장으로 실제는 결코 그렇지 않다. 진화는 실로 부단히 변화한다. 모든 생활은 일시일각일지라도 결코 동일한 상태, 동일한 형식에 멈춰 있지 않는다. 모든 과거를 포용하면서 끊임없이 새로운 것을 창조하는 미래로 나아가므로 모든 것이 정적이지 않고 동적이라는 것이 그의 주장이다. 즉 이 변화로써 모든 실상을 보는 점은 명확하게 과학의 견지로부터 유래한 것이고, 이것이 또한 그의 주장이 현대적인 이유이지만 그러나 또한 베르그송은 결코 종래의 과학 만능의 연구법에는 만족하지 않는다. 원래가 자연과학은 시간, 공간의 범위에 있는 현상 외에는 세계를 인정하지 않지만 그래서는 단순히 실재의 한 부분을 설명하는 것에 지나지 않는다. 특별히 우리들의 정신생활 속에서는 자연의 법칙 이상의 창조적인 작용이 있는 것을 알지 않으면 안 된다. 즉 재래의 과학자가 하고 있는 분석적 방법만으로는 사물의 진상까지 도달하는 것은 도저히 불가능하다. 반드시 별도로 직감의 힘에 의하지 않으면 안 된다. 단 직감이라 해서 그것은 결코 막연한 의미의 신비적인 것이 아닌, 어디까지나 관찰이나 경험을 토대로 하고 있는 것은 말할 것도 없다. 다시 말해 종래의 과학적 방법과 같이 외부만을 관찰하는 것이 아니라 내부로부터 물物 자체가 되어 관찰하는 노력을 하는 것이야말로 비로소 진상을 알 수 있는 것이라고 말하고 있다. 즉 베르그송의 이 주장은 물질적 경험을 기초로 하면서 다른 한편에서는 또한 정신적 생활이라든가 직감이라든가 하는 것을 부정하지 않는 것뿐 아니라 도리어 그 방면에 무게를 두고 어디까지나 노력하려고 하는 태도이다. 유전, 동요의 세계에 처하여 우리들은 어디까지나 분투하고 맹진猛進하며 절대로 퇴군을 외치는 억압적인 세계의 목소리를 내서는 안 된다. 인간은 시간적으로나, 공간적으로 전후좌우로 분주하게 모든 저항을 물리치고 모든 장애를 배제하고 공동공격을 시도하는 대군大軍이다. 곧 이것이 인간생존의 최고의 이유라고 그는 외쳤다. 이 용감한 태도는 앞서 창조적 진화설과 함께 최근 사조의 특색을 가장 잘 대표하고 있는 것이 아닐까.

또한 이 외에 독일의 오이켄 교수가 재래의 유물적 결정론을 부정하고 특히 자유로운 정신생활의 실재를 인정한 학설 등도 역시 최근 사조의 변천을 보여주는 일례일 것이다. 한편 이런 식으로 철학 분야에서는 일반적으로 실험보다도 사색을, 물질matter보다도 정신spirit을 중히 여기는 것이 최근의 경향이 되어 있는데, 그렇다면 과학의 분야는 어떠한가. 이것도 역시 거의 동일한 방향을 취하게 되어 종전과는 완전히 모습을 달리 하기에 이르렀다.

처음 아직 과학만능의 미몽에서 깨어나지 않았던 때에는 종교나 철학은 자연과학과 완전히 상반되어 있었다. 즉 구래의 신앙도 철학 체계도 모두 자연과학 때문에 타파되었고, 그 근저조차도 위험에 처한 느낌이 있었다. 그러나 그로부터 후에 과학전성의 풍조가 점차 쇠할 즈음이 되어서는 유럽 일부의 학자 간에 이미 과학에 대하여 정나미가 떨어진 목소리가 들려 왔다. 즉 아무리 과학이 만능하다 해도 우주의 제일의the first cause는 도저히 알 수 없는 것이다. 이것은 스펜서가 칭한 '불가지the Unknowable'이다. 이 연구는 도저히 안 된다고 절망의 목소리를 낸 사람이 꽤 많이 나왔다. 그 중에도 유명한 사람은 독일의 생리학자 뒤부아 레이몽Dubois Reymond이다. 그는 『인식의 한계, 세계의 칠대 불가사의Uber die Grenzen des Naturerkentniss: Die Sieben Welträthsel』라는 유명한 논문을 써 과학자의 연구에도 결국은 제한이 있고, 어느 정도 이상의 것은 도저히 해석 불가능하다는 것을 훨씬 이전부터 주장하고 있었다. 예를 들면 운동의 기원, 생명의 기인, 감각을 아울러 의식의 발생, 물질 및 힘의 본질 이러한 근본적인 문제에 이르러서는 자연과학은 일찍이 조금도 손을 대지 못하는 것이 아닌가 하는 것이 그의 논지의 요지였다. 이러한 의미에서 자주 이용되는 라틴어 'Ignoramus et ignorabimus(우리들은 모른다. 장래도 모를 것이다).'라는 말은 실제로 뒤부아가 사용한 유명한 경구였다. 또 프랑스의 보수주의 비평가 브륀티에르와 같이 결국 과학의 파산bankruptcy of science(Revue des Deux Mondes, 1 Janvier, 1895)이라는 것을 제창하고 구 신앙의 부활을 제창한 것은 사람들이 알고 있는 대로이다. 그러나 이러한 모든 목소리는 전세기 말기부터 도처에서 들리게 되었으므로 필경 재래에 지나치게 자연과학을 존숭하고, 거의 미신적으로 그것을 과대평가한 것이 점차 미몽으로부터 깨어남과 함께 나타난 실망의 목소리에 불과했던 것이므로 진정한 과학자는 처음부터 과학의 절대성을 용인하지 않았다. 과학의 증명도 결국은 설명할 수 없는 것inexplicable 위에 기초를 두고 있다는 정도는 충분히 알고 있었다는 것이다. 따라서 최근 20세기에 있어서는 다만 과학이 신비적 정신적 방향을 취할 뿐 아니라 자연과학 그 자체가 도리어 형이상학적, 철학적 사색의 색조를 띠게 되었던 것이다.

조금 근본적으로 생각해 보면, 아무리 자연과학이라 해도 현미경과 씨름하는 것만이 능사도 아니다. 대단히 미세한 실험이나 관찰을 하는 것, 단순히 그것만이 할 일이 아니라 그것이 내부 깊숙한 곳까지 진행되어 간다면 그 탐구가 필경 지식전체와 관계를 맺게 되어 결국은 철학적 사색으로 끝날 것은 매우 명백한 순로順路일 것이라고 생각한다. 최근 위대한 과학자가 빈번히 형이상학적 방향을 취할 뿐만 아니라 어떤 자는 거의 종교가의 풍미조차 띠는 것은 조금도 이상한 현상이 아니다. 예컨대 프랑스의 수학물리학자 푸앵카레Jules Henri Poincare는 저서 『과학과 억설臆說Science et Hypothèse』(이 책은 확실히 일본어 번역이 이미 되어 있다고 생각한다)이나 『과학의 가치La Valueur de Science』 등에서 어디까지나 자연과학의 입장을 떠나지 않고 그것을 기초로 한 형이상학적인 사고를 주장하고 있다. 또한 영국의 버밍험대학의 현 총장인 올리버 로지Oliver Lodge도 유명한 생리학자이지만 과학과 종교의 일치를 매우 열심히 창도하는 사람으로 진리의 종교에 관한 부분과 완전한 과학에 관한 부분은 완전히 동일하다는 것이 그의 주장이다.(로지의 저서 『인간과 우주Man and the Universe』 47쪽에는 이런 말이 있다. "The region of true Religion and the region of a complete Science are one.")

최근 유럽의 과학사회에서 또 하나 두드러진 현상은 인간의 신비하고 불가사의한 정신현상을 연구하려는 소위 심리 연구psychical research의 유행이다. 우선 천리안(clairvoyance나 second sight라고 하는 것)을 비롯해 심령술automatism, 마법thaumaturgy, 유령사냥ghost-hunting, 텔레파시telepathy, 심령주의spiritualism(특히 magnetism이라든가 levitation같은 현상)과 같은, 모든 재래의 과학설로는 무엇이라고 해석할 수 없는 것을 조사한 결과 오늘날에는 오감 이외의 감각의 존재를 인정하거나 혹은 잠재의식 Sub-consciousness까지도 설명하게 되었다는 것이다. 종교에서 말하는 혼귀불멸이라든가 기적 혹은 부활 같은 것도 이제는 이전과 같이 그것을 부정하기는커녕 정면으로 그것에 적극적인 해석을 시도하는 사람조차 많아졌다. 즉 이 세계에는 물질 이외에 특별히 신비롭고 오묘한 정신계, 심령계가 있는데, 에른스트 헤켈Ernst Haeckel이 소위 존재의 법칙Law of Substance 등을 초월한 별세계가 있다고 생각하게 되었다. 앞에서 말한 올리버 로지는 말할 것도 없이 유명한 법의학자, 고故 롬브로소Cesare Lombroso도, 천문학자 플라마리옹Camile Flammarion도, 화학자 윌리엄 크룩스 William Crookes 등 최근 유럽의 학계에 명성 있는 사람들 대부분은 이 정신적 방면의 연구에 기여하고 있다.

요컨대 앞서의 자연주의 반동으로서 이제는 사상계에도 학계에도 물질적 방면의 연구에서는 한 발 나아간 정신이나 심령 등의 방면을 탐구하려고 하는 노력이 일어나서 과학은 종교나 예술과 서로 접근해 결국은 이것들 사이에 혼연한 융합, 조화를 찾아내려는 것이 최근의 사실이다. 이지理知와 현실의 세계에 그치지 않고 내부에 한층 더 깊게 들어가 신비의 미지경을 파헤쳐 "우리 속에 또 우리 주위에 있는 비밀을 탐색하고 인생을 이해하려는 열망", 이것이 곧 현대의 정신이 되었다. 이제 멀리 고대로부터의 철학 사조의 변천 경로에 대해서 살펴보아도 거기에는 역시 누차 같은 역사가 반복되고 있다는 것을 알 수 있다. 즉 지나치게 권위나 이상을 중시한 시대 뒤에는 반드시 번민과 파괴의 시대가 온다. 이 파괴의 시대는 즉 지적인 시대intellectual period이며 냉정한 이지나 경험이 편중되는 때이지만 그 풍조가 쇠하면 이어서 거기에는 반드시 정신적이고 직감적인 경향이 나타나는 것이 보통이다. 예를 들면 과거 그리스문화의 전성기 즉 아리스토텔레스 즈음에는 신비사상 등은 물론 보이지 않았으나 그것이 이윽고 변하여 회의시대가 되고 다시 변하여 알렉산드리아 시대가 되어서는 플로티누스Plotinus 일파와 같은 직감적 신비주의를 낳았던 것이다. 생각해 보면 근대 자연과학의 발흥 이후 오늘날에 이르기까지 유럽 사조의 변천도 대략 그것과 동일한 경로를 밟아 온 것은 아닐까. 옛날 플로티누스는 만물 속에 잠재하고 있는 위대한 어떤 것을 직각하려 하는 신비가였다. 또한 물질적 방면을 배척하고 심령의 생활에 무게를 두어 의식계 외에 초의식the superconscious이나 잠재의식the subconscious까지도 설명하였는데 현대의 가장 앞선 사상가도 아마 이런 종류의 인간일 것이라고 생각한다.

참고

재래의 과학의 이지만능설에 반대하는 점에 있어서 베르그송 등은 현대의 가장 현저한 반이지주의자anti-intellectualist라고 할 수 있다. 이것은 원래 베르그송만이 아니라 실용주의자pragmatist 쪽과 유명한 프랑스의 로이Le Roy, 이탈리아의 파피니Papini도 모두 이 태도로 재래의 과학을 공격하고 있다. 푸앵카레 교수의 저서『과학의 가치』속에도 이 파의 주장을 소개하고 비평한 부분에서 "과학은 단순히 인습으로부터 성립되었으므로 표면상의 확실함은 완전히 이 사정에 의한 것이다. 과학상의 사실, 또 특히 법칙이라는 것은 완전히 과학자의 인위적인 작품이다. 따라서 과학은 진리를 우리들에게 전혀 가르치지 않는다. 오직 행동action의 법칙으로서 유용할 뿐이다"라고 말하고 있다(하버드대학 페리Perry 교수의 저서『현대철학의 대세』제10장 참조).

제9강 비물질주의 문예 1

1. 신낭만파

신문예와 로맨스 - 신낭만파 - (문예상의 유파) - '영(靈)의 각성'과 신비, 몽환 - 구낭만주의에서 자연주의를 거쳐 신낭만파에 이른 경로 - 입센의 예 - '사실'보다도 한층 더 깊이 침잠하는 어떤 것 - 자연주의 이후의 낭만주의 - 자연파와 신낭만파의 비교 - 생각하는 문학과 느끼는 문학 - 부자연스러움 - 묘사의 제재 - 사실묘사의 불가능 - 낭만적인 셰익스피어극 - 과장, 확대 - 미추문제와 시의 미(美)의 새로운 경지

앞에서 서술한 사상 혹은 인생관의 변천을 더욱 구체적으로 최근 문예에서 보면 유물적 자연파 문학의 전성기는 이미 문학사상 과거의 사실이 되어 버렸다. 기세가 등등하면 반드시 그러하듯 한때는 그토록 성했던 현실주의 문학도 정체 상태에 빠진 끝에 현재는 이상파의 색조를 띠고 인생의 객관적 묘사에만 노력하는 이전의 경향은 바야흐로 다시 주관적 방면에만 중점을 두는 풍조로 변했다. 우선 2~30년 이래 즉 전前세기 말부터 과학만능의 미몽에서 점차 깨어남과 동시에 인간

의 천박하고 유한한 직접경험에만 의지하는 문예상의 경향은 오히려 시들해졌다. 눈앞의 인생, 현실의 생활보다는 계속해서 깊고 먼 그 내부에 잠재하는 불가지the unknowable에 닿으려는 노력이 시작되었다. 일찍이 자연주의 인생관의 각성disillusionment으로 한 차례 소멸해 버린 로맨스의 환영을 오늘날에는 다시 이전보다도 더욱 깊이 있고 의미 있는 것을 구하려고 초조해하고 있는 상황이다. 이미 자연과학의 힘으로 천명된 세계로부터 나아가 미지의 신비의 영역에서 그 의의를 찾으려 하는 직관적 오입悟入의 심경이야말로 이윽고 당대 사람들의 내부생활의 양식이 아닌가. 새로운 시대의 로맨스는 완전히 영혼의 영역에 존재하므로 결코 잃어버린 것이 아니다. 리얼리티와 로맨스 이 둘은 결코 정반대의 것이 아니며 오히려 전자의 내부 깊은 곳이야말로 진정한 로맨스나 경이로움wonder이 존재하는 것이다. 완전히 가공적인 옛날의 이상이나 로맨스가 아니라 현실감에 깊이 뿌리내린 이상이야말로 최근 문학의 진수이다.

또 한편 이전의 낭만파 시대로부터 암암리에 계통을 따라 일맥의 저류를 이루고 발달해 온 주관적 경향이 지금이야말로 시대사조의 추이를 타고 현실주의를 누르고 머리를 들어 맹렬한 기세를 얻기에 이르렀다고 말할 수 있다. 바꿔 말하면 현실주의 자연파문학의 전성기 동안 영국의 라파엘파나 심미파, 스티븐슨의 작품, 혹은 프랑스의 시 세계 등 은연히 세력을 양성하면서 면면綿綿한 전통을 이은 정서, 주관의 문학이 거대한 세력을 펼쳐 자연주의에서 한 걸음 나아간 신문예를 탄생시키기에 이른 것이다. 임시로 이 풍조를 신이상파라 명명하거나 혹은 신낭만파라고 부르는 것은 동일한 문예상의 경향을 단지 관찰점을 달리 해서 이르는 칭호에 불과하다.

(단 여기서 한마디 해 두어야 할 것은 이 신낭만주의라는 칭호는 결코 최근 문예 전부를 총괄한 것이 아니고 단지 유럽의 최근 문단에서 주요한 하나의 경향을 골라내어 그것에 붙인 이름에 불과하다는 것이다. 따라서 이밖에 신의고주의Neo-classicism, 본연주의Naturisme 등의 다양한

주의-ism도 있지만, 이것들은 현대문학 전체에서 볼 때 중요한 위치를 점하고 있지 않은, 오히려 작고 부분적인 것이므로 여기서는 논하지 않기로 한다. 원래 자연주의 전성시대에는 유럽문학 전체에 공통적인 경향이 세력을 점하고 있었지만 이 자연주의가 쇠퇴한 후 즉 최근 2~30년은 문예상 유파의 이름을 각별히 붙이는 것이 대단히 곤궁하여 말하자면 군웅할거群雄割據의 양상이며 그 색깔이 가지각색인데, 이것은 문예가 각 작가의 개성의 발현이고 어디까지나 개인본위individualistic의 것이라는 근본적 성질을 생각하면 극히 지당한 것이다. 이 자연주의는 최근 스스로 해방된 자유의 예술로 불리며 누구에게도 속박되지 않는 무구속주의를 표방했지만 실은 어느 사이엔지 부지불식간에 일종의 형태 즉 양식에 빠지고 말아 의외로 편협한 것이 되었다. 따라서 자연파 쇠멸 이후의 최근 문단은 옛날 방법을 배척함은 물론 적어도 종래 사람의 머리에서부터 머리로 전해져 온 주의에는 일절 의지하지 않고 새롭게 생각하는 머리, 새롭게 보는 눈으로써 바로 자연, 인생에 대해 작가 각자가 천부의 개성과 독창성을 충분히 발휘하고 자기의 강하고 청신한 주관으로써 진리眞와 아름다움美을 파악하려고 노력하는 것이 일반의 경향이 되었다. 따라서 더욱더 십인십색일 수밖에 없는 것이다. 또한 사고방식에 따라서는 어떤 선입관에 구속되지 않고, 주의에 구애받지 않는 점, 이것이 신낭만주의의 일면이라고도 해석할 수 있는 것이다.)

그런데 이 신낭만파 문학은 위에서 서술한 최근 사상계의 현저한 현상인 '영의 각성réveil de l'âme'에서 시작된 문학이다. 또한 어느 시인의 말을 빌려 말하면 물질계를 뛰어넘어 꿈의 나라에 가서 거기서 황금의 길을 걸어가며 호박 빛을 몸에 받으려고 하는 성질의 문학이다. 영국의 아서 시몬즈는 이 변천을 설명하여 다음과 같이 말했다.

(원문 생략)

사람들의 사상이 변함과 함께 문학은 또한 내면에서도 외형에서도 다같이 변화했다. 물질의 고찰과 조정에 세계는 오래도록 영적 방면에 굶주려 있었지만 이제는 그 영이 복귀했으므로 여기서 신문학이 일어났다. 즉 눈으로 볼 수 있는 세계가 이제는 현실이 아니며 보이지 않는 세계가 꿈이 아니라는 의미의 신문학이다.

–Arthur Symons, *The Symbolist Movement in Literature, 1899*, p. 4

지금 이 시몬즈의 말을 인용하면서 나는 이미 아나톨 프랑스의 문집에 신비, 몽환이 다음과 같이 써 있다는 것이 상기되었다.

(원문 생략)

우리들이 영을 느끼는 모든 묘취 속에 우리를 가장 잘 움직이는 것은 신비 그것이 아닌가. 적나라한 아름다움은 아름다움이 아니다. 우리들이 가장 사랑하는 것은 미지의 것. 우리들에게 만약 모든 몽환이 금지된다면 생존은 거의 매우 곤란한 지경에 이를 것이다. 생각건대 인생의 최상의 선물은 인생과 다른 어떤 것, 말로 할 수 없는 그 어떤 것에 대해서 우리들에게 부여된 감정이다.

–*Jardin d'Epicture* 중에서

최근의 신문예는 주로 이러한 인생의 신비적 몽환적 방면을 다루는 문학이다. 환언하면 인생의 숨겨진 일면을 암시하고 자연의 눈으로 볼 수 없는 진상을 구상적인 것으로써 나타내고 그것을 결정화結晶化crystallize하고 상징화symbolize한 것이다.

단 무릇 신비, 몽환의 문학이라 해도 그것은 결코 이전 세기초의 낭만파와 같이 오로지 몽환, 공상의 영역을 방황하는 이상, 동경 시대의 문학이 아니다. 왜냐하면 그것은 이미 중간에 한번 현실의 쓴 경험을 거쳐 왔고, 과학적 정신으로 도야된 후의 문학이기 때문이다. 그것은 자연주의, 회의 사조라는 통렬한 인생의 경험과 시련을 거친 후에 나타난 문학이다. 그러므로 동일하게 신비라고 해도 이전의 환영, 공상으로부터 나온 신비가 아니라 신낭만파의 신비는 근대의 회의에서 나와 다시 한 걸음 크게 나아간 것이다. 또 주관의 권위를 주장하는 것에 대해서도 이전의 바이러니즘Byronism의 광열이라고 하는 불기분방不羈奔放한 분화산 같은 것이 아니라 오히려 놀랄 만큼 침정沈靜한 태도로써 매우 냉정하고 엄숙하게 인생을 달관하고 나아가 그 이면에 있는 아직 알려지지 않은 미묘한 어떤 것에 닿으려 하는 노력이다. 특히 작가의 주관 그 자체가 이미 이전 사람에 비해 훨씬 관능적, 신경적이고 예민하게 되었다는 것이 동일한 낭만적인 사상에 새로움과 깊이를 한층 더한 것이다. 이런 모든 점에서 말하면 이전의 자연파 시대는 차라리 수업시대에 지나지 않았다. 그것은 보다 깊고 보다 큰 '인생의 비평'을 얻기 위한 준비시대였다고도 보인다. 전술한 인간의 삶과 비교해 말하면 삼십 세 전후의 비참한 경험 시대를 거친 후 거듭 노력해 생애의 절정에 닿으려는 때에 상당한다. 또 비유하면 위대한 사상가가 이미 얻은 신념이 한 번 부수어져 처참한 고민, 회의에 빠졌다가 이윽고 다시 위를 향해 정진의 노력을 거듭하여 결국에는 망설이지 않는 확고불발의 신앙에 도달하는 경로와 방불한 것이 아닐까.

이상은 극히 성근 논의이지만 이러한 변천은 일국의 문학 혹은 한 위대한 작가를 보아도 거의 살펴볼 수 있는 것이라고 생각한다. 우선 근대문예의 가장 뛰어난 대표자인 입센의 일생의 저작을 보아도 이러한 변화의 흔적을 더듬을 수 있다. 즉 그의 초기 작품은 물론 순수한 구낭만파의 풍격을 띠는데 실제로 어느 비평가는 당시 입센을 보고 욀렌슐레게르Oehlenschläger의 모방자라고 보았을 정도였다. 그것이 일변하여 〈사랑의 희극Kjærlighedens komedie〉 한 편으로 청춘의 아름다운 꿈이 파괴되고 결혼이 참담한 말로로 끝나는 것을 묘사한 이후 누구나 아는 것처럼 그는 오로지 현사회의 결함을 그리고 추잡하고 더러운 현실생활만을 묘사하는데 힘썼다. 〈사회의 기둥Samfundets Støtter〉이나 〈인형의 집Et Dukkehjem〉, 〈유령Gengangere〉 등은 말할 것도 없이 제2기의 대표 작품으로서 근대 유럽의 대작이지만 만약 입센이 이대로 죽었다면 우리는 이 위대한 문호에 대해 오히려 대단히 부족하다고 느꼈을 것이다. 그러나 대가 입센은 결코 여기서 멈추지 않고 다시 세 번째 일변하여 상징적이고 또 부자연스러운 〈바다에서 온 부인Fruen fra havet〉이나 〈건축가 솔네스Bygmester Solness〉를 쓴 때부터 최후의 작품 〈우리 죽은 자들이 깨어날 때Naar vi døde vaagner〉에 이르기까지는 작품에 신낭만파의 일면이라고도 볼 수 있는 신비적 경향이 두드러지게 나타난다. 원래 초기의 작품과 같은 전기적傳奇的 요소가 아니라, 현실의 생활을 통절하게 묘사하면서도 자연스럽게 거기에 신비의 색이 현저해지는 것이다. 우리 독자가 인생의 현실 속에 있는, 보다 깊이 잠재하는 것이 암시되고 있는 것처럼 느끼는 것은 곧 말기의 이런 많은 작품에서라고 확신한다.

자연파는 과학자와 같이 사실fact을 단순히 사실로서 우리에게 보여준다. 자연파는 오로지 환영과 공상에 환호하고 눈앞의 사실을 멀리한 낭만파 시대의 사람들을 불러 깨운 공은 있지만 이미 그것으로 끝이었다. 한발 더 나아가 그 사실이 어떠한 존재의 의의를 가지며 어떠한 성립 이유를 가지는가에 이르러서는 전혀 관계하지 않았다. 예를 들면 한 송이의 꽃을 꺾어 그것을 단지 아름답고 사랑스럽게만 바라보고 마는 것은 이전의 이상파, 낭만파의 시각이다. 자연파는 그것을 객관적, 과학적으로 관찰해서 그것이 식물의 생식기라는 조금도 시적詩的이지 않은 사실을 우리 앞에 보인 것이다. 그러나 이것이 최근 주관주의 문예에 들어와서는 역시 사실로부터 출발해 그것을 토대로 꽃 그 자체의 근본적인 의의를 한층 더 찾으려고 노력하는 것이다. 결국은 사실의 안쪽 깊은 곳에 잠재하는 신비적 방면까지도 찾아 예민하고 강렬한 주관의 힘으로써 사실의 중추, 정신을 직감하려고 시도하려는 데에 이르렀던 것이다.

자연주의는 현실에 대한 정치精緻하고 엄밀한 관찰과 연구를 가르쳤다는 점에서 누구도 그 위대한 공적을 의심할 수 없다. 앞에서도 말했듯이 최근의 신사조도 한 번 이미 자연주의, 현실주의의 가장 중요한 수련 시대를 거쳐 그 은혜를 입은 후의 낭만주의이다. 말하자면 자연주의를 거쳐 자연주의로부터 나온 초자연주의이다. 그것이 예전의 낭만주의와 다른 점은 소위 현실감이라든가 과학적 관찰이라는 공통분모를 자연주의와 함께 가지고 있다는 것이다. 따라서 최근의 신문예는 실제 인생의 어떤 것을 묘사하려고 하는데, 이미 실제 인생의 사실에 속박되어 있지 않음과 동시에 또한 초자연을 묘사하려고 하지만, 실제 인생을 벗어난 문예가 결코 아니다. 예전의 콜리지Coleridge나 키츠Keats와 같이 꿈을 위해 꿈을 추구하지 않고 환영의 아름다운 그림자를 동경하여 환영을 구하지 않는다. 재료상에서도 물론 경험에 기초한 실생활의 사실을 버리지 않으며 또한 심히 귀에 익지 않은 고사古史, 신화류 또는 만담류도 많이 이용한다. 키츠가 『엔디미온Endymion』과 『라미아Lamia』를 썼다는 것과는 완전히 풍취가 다를 뿐만 아니라 그 근본적인 착안에서도 이미 큰 차이가 있다. 신낭만파가 언제나 즐겨 신비의 색, 상징의 붓을 이용하는 것도 필경 실제 인생의 이면에 깊이 잠재한 것들을 암시하기 위한 방편 혹은 수단에 불과하다. 자연파의 물질적 묘사로는 도저히 이 목적을 이룰 수 없기 때문이다. 현실주의 문예가 주목한 실생활의 표면만을 묘사하여 할 일을 끝내려 함에 반해 신낭만파의 작가는 실생활 속에서 본인도 사람들도 듣지 못하고 보지 못하는 무언가를 느끼려 하고 더욱 한 단계 나아간 노력을 하는 것이다.

말할 것도 없이 문예의 본의는 느끼는 것에 있지 생각하는 것에 있지 않다. 자연파는 '생각하게 하는 문학'만으로 만족하고 있지만 그것은 아직 과학만능의 꿈에서 깨어나지 못한 사람들의 그릇된 생각에 불과했다. 오로지 '생각하게 하는' 것뿐이기 때문에 헛되고 투철하지 못한 것이다. 불가사의한 인생의 진상, 어째서 이것이 지력에 호소하여 생각할 수 있나. 오직 생각만 하는 것이야말로 회의의 고민에 침체되고 마는 것이다. 물론 '생각하게 하'는 요소가 전혀 없었던 이전의 낭만파는 근대인을 만족시키기에는 도무지 부족한 것이지만 '생각하게 하는' 것을 통과해 나아가 그 이상 '느끼게 하는', 한 단계 깊은 곳까지 나아가는 것이 곧 최근 신문예의 경향이라고 나는 생각한다. 예를 들면 인생의 비참한 사실 속에는 거기에 잠재하는 무서운 운명의 불가항력이 있고 그것은 항상 마음대로 우리들을 좌지우지하고 있다. 이런 점을 암시하고 생생히 독자에게 느끼게 하는 것은 일상의 평범한 생활을 있는 그대로 쓰는 것만으로는 도저히 불가능하다. 따라서 줄거리에 무리가 생긴다든지 부자연스런 부분이 생긴다든지 혹은 심하게 차이 나는 성격, 이상한 사건 등을 묘사할 필요도 생기는 것이다. 예컨대 인간 마음, 내부의 동정을 깊게 탐구하여 그것을 묘사하려고 한다고 하자. 이전의 엘리엇이나 혹은 메리디스, 프랑스의 브루제Bourget가 한 것처럼 심리적 묘사로는 아직 격화소양隔靴搔癢한 감을 면할 수 없다. 특히 근대인의 마음이 말하는 깊고 암울한 수심, 비애에 잠긴 은밀한 동향까지를 전하기 위해서는 당연히 신비와 상징을 이용하지 않으면 안 된다. 우선 독자를 공영空靈하고 어렴풋한 지경에 억지로 데려와 도취, 전율하게 하는 찰나, 바로 그것이 독자의 가슴 속에 감동을 주는 것이다. 또 특히 모든 관습도 권위도 이상도 신앙도 이것들을 완전히 파괴해 버리는 허무함의 지경에 들어서는 이미 떠들썩한 논의도 없고 관행도 없이 최후에 돌아갈 곳은 마테를링크M. Maeterlinck의 소위 '침묵'이며 거기에 다만 깊은 슬픔, 비애의 정조가 남을 뿐이다. 그리고 이러한 '침묵'에야말로 근대인의 마음의 가장 깊은 의의는 존재하는 것이라고 생각한다. 그런데 이러한 경지까지 들어서기에는 종래와 같은 직접 경험 등으로 말하는 것은 도저히 불가능하므로, 필연적으로 신비의 색채도 초자연의 재료도 빠져서는 안 되는 것이 된다.

최근의 작품에는 다분히 부자연스러운 것이나 이상한 경우를 묘사한 것이 많지만, 그러나 작자가 생각하는 대로 독자를 공영하고 어렴풋한 곳으로 데려가 그 부자연스러운 것을 부자연스럽다고 느끼게 하는 점에 낭만적 작품의 특색이 있는 것을 인정해야 한다.

극으로 말하면 예를 들어 옛날 셰익스피어의 작품 등은 대화의 대부분은 모두 무운시blank verse일 뿐만 아니라 언어 사용이 매우 과장적이고 시가적인 것이다. 단지 인물, 사건이 부자연스럽고 이상할 뿐만 아니라 대화가 이미 실제와 매우 거리가 먼 것이다. 근대의 산문극의 언어 그 자체가 이미 자연적이고 사실적임에 비하면 실로 천지 차이다. 그러나 또한 최근의 신비극, 예를 들면 마테를링크나 빌리에 드 릴라당Villiers de L'Isle-Adam 등의 작품에 오면 역시 대화도 인물도 모두 실제와는 매우 먼 서정시적이고 부자연스러운 것으로 되어 있으며, 도저히 일상에 이런 훌륭하고 아름다운 말을 하는 사람은 없다고 생각될 정도로 당당한 것이다. 특히 마테를링크의 극에서는 대화와 상응하고 조화하도록 무대도 매우 훌륭하고 정교하게 되어 있다. 배우와 그가 말하는 언어와 주위의 무대 이 세 가지가 조화를 잘 이루어 독자의 정서를 움직이는 점은 바그너의 오페라와 유사하다. 이들은 모두 요컨대 셰익스피어극의 경우와 똑같이 관객에게 완전히 강렬한 감동을 주어 때때로 그것을 전율하고 혹은 공포를 느끼거나 황홀함을 느끼며 환희를 느끼는 순간, 말할 수 없고 눈으로 볼 수 없는 인생의 어떤 것을 직각하게 하려는 작가의 수단이 아닌가?

새삼스럽게 말할 것까지도 없지만 문예의 대상은 인생이다. 그 인생의 무언가를 표현하기 위해 이용되는 재료의 종류는 물론 물을 것도 없다. 앞서의 자연주의처럼 소재를 현실생활의 사실에만 한정하는 것은, 건축의 재료를 돌에 한정하고 나무는 안 된다고 하는 것과 마찬가지로 완전히 무의미하고 편협한 말이다. 최근의 문예에서는 마테를링크의 어떤 작품처럼 재료를 순수하고 신비하고 몽환적인 고전의 이야기에서 취하든지 혹은 안드레예프A. Andreyev처럼 추악한 눈앞의 사실을 묘사하든지 일체 어떤 제한도 요구하지 않는다. 주가 되는 것은 재료를 어떻게 다루는가 어떻게 안배하는가 하는 문제이다. 묘사되는 것이 실제의 사실인가 아닌가가 문제가 아니라 완성된 것이 사실과 같이 생기 있게 약동적으로 독자의 눈앞에 드러나는가의 여부가 문제이다.

흔해 빠진 모델을 사용하여 작자의 이목을 끈 것을 묘사하지 않으면 실제 인생에서 의미 있는 문예가 아니라고 생각한 것은 완전히 근세의 현실주의, 과학만능주의에 사로잡힌 편견이었다. 요컨대 신낭만파는 현실에 집착하지 않음에도 불구하고 현실을 떠나지 않은 문예이다. 그들의 작품에 묘사된 것은 나아가 내면에 잠재하는 어떤 것을 암시하는 상징이다.

서序에서 말했지만 졸라 일파의 주장은 사실을 있는 그대로 쓰는 것을 근본으로 하고 있지만 이것은 실상 도저히 불가능한 것이다. 우선 그 사실이라는 것 속에는 물론 상상의 분자가 들어있다. 둘째로 원인에서 결과까지 사실을 조금도 누락하지 않고 또 틀림없이 묘사하는 것은 불가능하므로 많은 작가가 삭제하여 실제와는 다른 것이 되지 않을 수 없다(아나톨 프랑스Anatole France가 이 두 번째 이유로 인해 모든 역사적 기재를 믿을 수 없다는 회의설을 말한 것은 흥미롭다고 생각한다). 따라서 졸라 일파의 주장에는 이런 점에 모순과 결점이 있으므로 그의 실제 작품은 결코 그 주장대로는 만들어지지 않았다. 단 그 일파의 물질묘사론은 그 이전의 낭만파의 공허하고 실감에 충실하지 않은 문학을 일신하는 데에는 설득력이 있었다는 공적만은 인정해야 한다.

이상 서술한 관점에서 보아도 역시 셰익스피어는 위대했다. 그가 만약 지금 20세기 벽두의 유럽 문단에 존재한다면 그는 반드시 가장 위대한 신낭만파 작가로 평가될 것이라고 생각한다. 약간 역설적인 말이 되지만, 셰익스피어는 인생의 현실을 묘사하기 위해서 희곡의 소재를 고대 야사나 황당무계한 전설에서도 취했던 것이다. 그의 작품에는 상당히 부자연스러운 줄거리와 터무니없는 우발적인 사건이 많을 뿐만 아니라 유령이나 요괴 같은 초자연적인 것이 그대로 이용되었으며, 광란이라는 정신상의 변태도 자주 이용되었다. 『팔스타프Falstaff』나 『코리올라누스Coliolanus』, 『리차드 3세』, 『리어왕』 등 현실과 상당히 동떨어진 이상異常 인물을 묘사한다. 간단히 말하면 4대 비극 중에서도 『오델로』만은 약간 풍이 다르지만 나머지 3편에 와서는 상당히 과감하게 초현실적이라는 것은 독자가 아는 대로이다. 그러나 이것들은 모두 근대극으로 말하면 입센의 〈바다에서 온 여인〉 이후의 작품에 무리가 있다거나 엉뚱하고 부자연스러운 부분이 많은 것과 같은 이치로 결국 실생활의 알려지지 않은 부분, 인간 마음의 심오한 경지를 탐구하려는 필요에서 온 것이다. 특히 셰익스피어가 미치광이를 자주 극중에 사용한 것은 인간의 실제생활을 사실처럼 묘사하면서도verisimilitude 신비롭고 유현한 경지를 잘 암시할 수 있으므로 광란을 묘사하는 것을 유일한 편법便法이라고 믿었기 때문이다. 아울러 셰익스피어 희곡 중 초자연적인 것, 예를 들면 유령이나 요괴 같은 것에 대해서 많은 학자는 다양한 설명을 하고 있는데, 나는 평소에 이상과 같은 상징, 암시의 한 방편이라고 해석하고 있다. 생각건대 셰익스피어가 집필한 것, 그의 마음속에 있는 것은 물론 엘리자베스 여왕시대의 실생활이다. 고대 역사와 전설은 단순히 도구 혹은 방편으로서 차용한 것에 불과하다. 역시 고대 역사의 사건 속에 처녀 왕조라는 영국 풍속이 뛰어든 것처럼, 시대착오적인 실책도 자주 범했던 것이다. 보헤미아에 바다가 있다거나 하는 예와 함께 이것들을 하나하나 세어 일률적으로 셰익스피어의 무지함을 예증하는 것은 문예를 감상하는 눈이 없는 학구學究의 속된 이론이든가, 그렇지 않으면 한가한 인간들의 쓸데없는 천착에 지나지 않는다. 또한 톨스토이의 『셰익스피어론』에서는 시성詩聖의 작품의 부자연스러움을 심하게 비난하고 있다. 그러나 이것도 평소의 입장에서 말하면 당연히 나올 수 있는 논단이겠지만, 요컨대 엉뚱한 비난을 피할 수 없는 이유는 앞에서 서술한 문예상의 본의를 무시하고 있기 때문이다. 마테를링크M. Maeterlinck의 논집 『꽃의 지혜L'Inteligence des Fleurs』에도 수록된 『리어론』과 톨스토이의 논문 앞부분에 있는 비평 두 개를 비교해 보면 유럽 근대의 두 대사상가의 예술가로서의 식견이 어느 쪽이 한 발 앞서있는 사람인가 명확할 뿐만 아니라 또한 마테를링크 등으로 대표되는 이 신낭만파의 입장도 자연히 풀릴 것이라고 생각한다.

또한 여기에 하나 더 부언하고 싶은 것은 자연주의가 항상 평범한 경우만을 묘사한 반면 신낭만파는 매우 특이한 성격이나 사건을 묘사한다는 것은 주로 과장의 결과라고 생각한다. 원래 이 과장, 물론 사실처럼 보이는 것verisimilitude을 깨뜨리지 않는 범위에서의 과장은 모든 고급예술의 생명이라고도 말할 수 있는 것으로, 예를 들면 이전의 셰익스피어라든가 근대의 입센 모두 현저하게 인물의 성격을 과장했다. 즉 작중 인물은 과장, 확대해서 묘사되어 있어서 그대로 이상한 사람이 된 것이므로 소규모 혹은 축소된 자라면 우리가 일상에서 보통으로 보는 인간인 것이다. 그렇다면 무엇 때문에 이처럼 부자연스럽게 과장, 확대하여 묘사하였는가, 그 이유는 극히 간단하다. 한편 그것은 흡사 현미경의 작동과 같이, 즉 천재적인 기교라는 날카로운 메스에 의해 프레파라트präparat로 완성된 실인생의 한 단편을 취하고 그것을 확대경 아래에 비추어 그 진상을 드러내는 것, 또한 이렇게 하지 않으면 볼 수 없는 은밀한 모습을 독자의 육안에 비추려 한 것이다. 나아가 다른 한편, 과장은 상징과 일보 차이다. 즉 독자에게 심각한 인상을 주어 강렬한 감동을 일으킴으로써 인생의 진상을 암시하려는 수단에 불과하다. 이전의 자연주의는 현실에 충실한 나머지 단지 인생의 사실을 있는 그대로 묘사하는 것만 알고 과장이나 확대를 잊었다. 따라서 이미 인생의 깊은 곳까지 철저히 드러내지 못한 천박한 문예로 끝난 것이다.

자연파와 최근의 신문예의 비교에서 마지막으로 한마디하고 싶은 것은 미추의 문제에 대해서이다.

일찍이 자연과학의 발흥과 함께 시의 미美는 지상에서 없어져 버렸다고도 말할 수 있다. 또 자연주의 문예는 온전히 세계를 추하게 만들었다고 생각할 수도 있다. 그러나 그것이 최근에 와서 한층 더 깊은 내면을 관찰하기에 이르러 앞에서 추하다고 본 것을 내면에서부터 오히려 지금까지 전혀 알려지지 않았던 미를 발견하고 독이 있는 꽃 속에서 달콤한 꿀까지 얻을 수 있게 되었다. 단순히 외형의 물질적 방면에서 아무리 추한 것이라도 그 내면의 깊은 곳에 잠재하는 진정한 정신을 포착하면 거기에서 일종의 미를 느낄 수 있는 것이다. 이것이 곧 새로운 예술의 특색이다. 조각의 예를 들어 말하면 프랑스 현대의 거장 로댕의 명작인 발작의 잠자는 모습 상이나 늙은 창부La Vieille Heaumière 상[1]의 얼굴하며 피부 등 만약 이것들을 단순히 이전의 미술을 표준으로 하여 본다면 그야말로 무엇이라고도 말할 수 없는 추한 것, 불쾌한 것이 되지만, 추한 모습 속에야말로 아직 앞 시대 사람들이 드러내지 못했던, 말로 표현할 수 없는 일종의 미가 존재하고 또한 새로운 예술다운 면목이 드러나는 것이다. 따라서 현대의 예술은 옛날의 낭만파와 같이 완전히 추한 분자를 무시eliminate하고 제외해 버리고 모든 것을 미화해야 한다는 방식도 아니고 혹은 의고파와 같은 것 나아가 인공적 기교를 이용하여 추를 은폐하고 자연의 결점을 보완하여 냄새나는 것에 뚜껑을 덮어 둔 것 같은 예술도 아니다. 마치 자연파와 흡사하게 추를 추로서 있는 그대로 묘사하면서 작자가 예리하고 강렬한 주관의 힘으로써 거기에 섬세하고 매력적인charming 정취를 나타내므로 이런 점이 곧 현대 예술의 특색이다. 재래의 예술, 의고파, 낭만파 등은 모든 것을 철두철미하게 아름다운 것, 즐거운 것으로 묘사하든가 그렇지 않으면 자연파와 같이 완전히 추한 것, 불쾌한 것으로 간주해 버리든가 어느 한 쪽이었지만 현대의 예술은 결코 그렇지 않다. 자연의 현상에는 완전히 추한 것이 없는 것과 마찬가지로 또한 완전히 아름다운 것도 없다. 따라서 작자의 생기발랄한 감수성으로써 그것에 대해 자연을 자연 그대로 보면 추하게 보이는 것에서도 그 내면에 어떤 아름다움을 발견할 수 있다. 즉 'the inner beauty that lies deep at the heart of life'에야말로 곧 새로운 예술의 생명이 존재한다고 생각된다.

또 다른 방면에서 생각하면 이전의 낭만파는 미를 천상의 몽환에서만 구하고, 자연파는 오로지 지상의 현실생활을 관찰하고 그것을 추하다고만 보았다. 이에 반해 최근의 새로운 예술은 이미 자연과학이 부

1) (역주) 〈한때는 투구제작자의 아름다운 아내였던 여자〉라는 이름으로도 불리는 작품.

여한 정미한 관찰력과 힘차고 청신한 주관으로써 지금까지는 추하다고만 보아온 지상의 현실생활 속에서 새로운 낙원을 발견하려 하는 것이라고 말할 수 있을 것이다. 그들은 평범한 일상생활 속에서 시의 미美의 새로운 영역을 개척하려 하는 자이다.

2. 문예의 진화

문예사조의 본류인 정서, 주관 - 외부 세계의 영향에 의한 사조의 변천 - 진실로 위대한 문예 - 한편으로 기우는 문학 - 자연파의 뒤를 계승하는 정서, 주관의 문학

일찍이 텐은 생물진화의 이치를 문예 변천의 역사에 응용했는데 브륀티에르Ferdinand Bruntier도 역시 텐을 본떠 『종족의 진화』라는 논문을 썼다(본서 29쪽 참조). 한 종류의 문예는 하나의 생물이다. 그것이 처음 태어나서부터 발육하고 성숙하여 충분히 완전한 것이 될 때부터 당분간 그대로 지속되다 이윽고 쇠퇴, 사멸해 버린다. 사멸한다 해도 그것은 물론 통속적인 의미에서이므로 사실은 다른 형태로 변화하고 또 별종의 문예가 되어 순차적으로 진화해 간다. 간단히 말하면 우선 이것이 요점이었다.

반드시 브륀티에르를 따라야 하는 것은 아니지만 나는 유럽 근세 문학이 변천한 경로를 대략 다음과 같이 설명하고자 한다.

무릇 문예사조의 본류는 명확하게 정서, 주관에 있다. 이것은 내가 독단적으로 말하는 것이 아니다. 멀리 호머시대부터 오늘날에 이르기까지 수천 년 유럽 문운文運의 흐름의 궤적을 있는 그대로 더듬어 편견 없이 생각해 보면 곧 알 수 있는 것이다. 그러나 이 본류 속에는 때때로 시대에 응하고 정서, 주관 이외의 완전히 다른 성질의 것이 가로질러 흘러들어 온다. 그것이 곧 시대정신의 영향인데, 문예에 변천 혹은 진

화를 일으키는 것은 전적으로 외부 세계 때문이다. 가까이 18세기에는 냉정한 도리와 정의를 존중하고 형식을 중요시하는 시대의 경향이 유입되어 의고주의 문예가 생겼다. 머지않아 그것이 또 이전 세기 초두에 정서, 주관의 본류로 되돌아가 낭만주의의 발흥을 이루었다. 중엽이 되면 이번에는 또 옆에서 나온 과학만능설이 영향을 주어 직접 경험을 존중하는 현실주의 문예로 변한 것이다. 최근 신낭만파적인 경향에 이르러서는 곧 이 현실적인 자연주의가 그 본류인 정서, 주관을 향해 복귀하려 하는 것이라고 보아도 좋을 것이다. 요컨대 정서, 주관은 문예의 알파와 오메가이고 이것 이외의 이지理知라든가 과학, 경험 등에 지배를 받은 문예는 오히려 일시적인 변태의 현상으로 간주해야 할 것으로 그것은 아무리 해도 영속되지 않는다. 곧 정서, 주관의 본류로 되돌아가므로 자연주의가 쇠퇴하고 신낭만파가 그것을 대체하기에 이른 것은 진실로 자연의 기운이다.

그런데 세상에는 이런 문예사조의 변천을 보고 단순히 주마등이다, 별로 깊은 의미도 없이 단지 이전에 있었던 것이 빙빙 돌아 순차적으로 반복되어 가는 것에 지나지 않는다고 생각하는 사람이 많은 듯하다. 그러나 이것은 매우 커다란 오해라고 생각한다. 옆에서 튀어들어와 문예의 본류에 변화를 부여하는 것, 예컨대 형식주의, 순리주의, 객관주의, 현실주의, 경험주의 같은 것은 모두 (그 영향의 결과로부터 말하면) 정서주의를 조절하고 충실하게 하여 문예의 본류를 완전한 미의 영역으로 이끌기 때문에 없으면 안 되는 것이다. 환언하면 문예는 항상 이런 외부에 의해서 변조되고modulate 자극되어 일시적으로 의고주의, 자연주의 등의 변태문학의 시대를 생성한다. 이 변태시대를 통과함으로써 비로소 거기에 진보도 있고 발전도 있는 것이다. 형식과 열정과 실험과 명상, 그리고 주관과 객관과, 사실寫實과 시정詩情, 일견 모순된 것 같은 두 가지가 잘 융합, 조화됨으로써 진실로 위대한 문학이 나타난다. 그러나 모든 문예상의 하나의 주의, 유파는 항상 무엇인가 한 편으로 기울어 있다. 스스로 예술의 세계를 좁히고 한편으로 제한하고 흔히 인생의 한 방면 한 부분에만 중점을 두어 다른 방면은 등한히 하는 경향이 되기 쉽다. 따라서 하나의 주의가 번창한 시대가 끝나면 다음 시대에는 이전의 주의가 등한히 한 결함을 보충하여 융합, 조화를 이루기 때문에 이전의 것과 내용을 완전히 달리한 주의가 나타나는 것이다. 따라서 문예 진화의 역사는 곧 서로 상반하는 다양한 주의의 변천을 연결한 것이다. 고로 그것이 정서, 주관의 본류를 따르는 시대와 그렇지 않은 변태의 시대, 이 두 방향이 앞뒤로 서로 교착되어 순환적으로 나타나는 것이다. 설령 본류 쪽이라 해도 (혹은 변태 쪽도 물론) 만약 한 방향에만 치우친 채 전진해 간다면 결국에는 폐해가 많이 나타나 그 문학은 스스로 쇠퇴, 자멸을 부르고 이와 반대되는 주의가 다음 시대에 나타나는 것이다.

이상은 예로부터의 문예 진화의 역사가 명확하게 증명하는바 사실이며 자연파의 쇠퇴도 완전히 이 이치에 말미암은 것이다. 또 최근의 신낭만파에 이르러서는 확실히 문예의 본류에 복귀하려는 경향이 있지만 이것은 이전의 낭만파에 비하여 이미 완전히 성질이 변화된 것이다. 이미 한 번 현실주의라는 변태시대를 통과하고 여기에 내용을 풍부하고 충실하게 한 낭만파이다. 인생현실의 사실에 각성한 후의 낭만파이다. 단지 낭만파의 이름을 듣고 바로 주마등처럼 느끼는 자는 아직 사조변천의 진상을 이해하지 못한 것이다. 정서, 주관의 본류는 옆에서부터 주입된 현실주의의 흐름에 의해 일시적으로 변태를 나타내는 때까지이기 때문에 오히려 흐름의 질과 기세와 양이 증대한 것, 이것이 곧 최근의 문예사조이다. 같은 낭만적인 물줄기라도 그것은 결코 원래 그대로의 물줄기는 아니라는 것을 알아야 한다.

3. 최근 문예사상의 사실

최근 문예의 변천 - 작품을 떠난 문학론 - 최근 유럽문단의 실례 - 입센 - 독일문학의 예- 졸라의 변천 - 로스탕 등 - 프랑스에서의 반자연주의운동 - 로드, 로스탕, 위스망스 - 시몬즈의 비평 -프랑스의 새로운 시 - 러시아, 이탈리아, 영국의 문학 - 벨기에문학과 2대 명성

시인 철학자 마테를링크 - 초기의 염세, 숙명론 - 죽음과 연애 - 심령의 직감 - 그의 사상의 변천 - 노력 정진 - 그의 도덕설 - 밀봉(蜜蜂) 연구 - 그의 희곡, 특히 <몬나 반나(Monna Vanna)> - 베르하렌 - 초기의 우수시대 - 새로운 인생관 - 『성(聖) 조르지』, 『뱃사공』, 『그물만들기』 - 최근의 회화 - 프랑스의 회화 - 독일의 화단 - 후기인상파 - 최근 문예의 유파 - 바텔스의 주장

앞에서 서술한 것처럼 최근 유럽의 일반적인 사상계의 대세는 회의로부터 동경으로, 절망으로부터 노력으로 향함과 함께 신비적인 경향의 색까지 띠기에 이르렀다. 동시에 문예는 앞의 변태시대를 통과하여 지금 다시 그 본류로 복귀하여 물질적, 객관적 자연주의가 쇠퇴하고 정서, 주관을 중시하는 경향이 되었다. 앞에서는 단 하나의 방법으로만 현실의 진리를 폭로하려고 노력한 것이 지금은 오히려 일종의 로맨스의 후광halo을 인생 속에서 발견하려고 하기에 이른 것이다.

그러나 가장 중요한 작가와 작품을 분리하고 오직 사조나 인생관 같은 것만을 수다스럽게 논하는 것은 우리나라 문단에서는 자주 유행하고 있음에도 불구하고 실은 문학론으로서 매우 온당하지 않은 위험한 것일 뿐만 아니라 또한 별로 가치 없는 것이라고 생각한다. 단지 사상이라든가 인생관이라든가 하는 것을 논하는 것뿐이라면 그것은 시문의 연구자가 아니라도 따로 전문가가 있을 터이고 또한 원래 그러한 추상적인 사상이나 인생관을 구상화하는 것에야말로 문예 본래의 임무가 있는 것이므로 작가와 작품을 떼어낸 공막한 문학론은 요컨대 달갑지 않은 것이 된다. 여기서 나도 이상의 주장을 확실히 증거를 세우기 위해서는 각국의 최근 문단의 실제 사실을 말하고 작가와 작품을 들어 증명하지 않으면 안 된다. 그러나 그것을 총망라하여exhaustive 서술하는 것은 도저히 불가능한 일이므로 여기서는 단지 두드러지는 예증

두, 세 가지를 드는 데 그치려 한다.

우선 근대 문예의 스타로 우러러지고 있는 입센의 작품이 만년이 되어 현저하게 신비, 상징의 풍격을 띠는 것은 이미 앞에서 서술한 대로이다. 독일의 하우프트만의 작품도 『하넬레의 승천Hanneles Himmelfahrt』이나 『가라앉은 종』 이후의 작품에 이르러서는 어떻게 보아도 현실주의 문예라고는 말할 수 없다. 뒤이어 또 슈데르만도 똑같이 자연주의를 버리고 다음과 같은 소신을 고백하기에 이르렀다. 즉 물질묘사의 문학은 이미 그 임무를 다했다. 미래의 작가는 한층 더 깊은 표현에 들어맞고 게다가 자기의 이상을 인생의 모습 속에 구체화할embody 수 있는 사람이어야 한다고 그는 말하고 있다. 그 외에 슈니츨러Schnitzler나 호프만슈탈Hofmannsthal 혹은 데멜Dehmel의 작품이 그 나라에서 왕성하게 격찬되는 것은 무엇을 의미하는 것일까. 특히 데멜은 사실적 이상주의Realistischer Idealismus 시인으로서 이미 수차례 일본에도 소개된 사람이다. 리차드 우반Richard Urban이 쓴 『현대문학Die Literarische Gegenwart』에서 그 시인의 특징을 잘 대표한 명작으로서 다음 두 작품을 들고 있었다(275쪽). 짧게 그리고 잘 그의 득의의 경지가 어디에 있는지를 나타내고 있다고 생각하기 때문에 그대로 인용하겠다. 그의 창작의 세계Dichtertum가 얼마나 자연주의와 거리를 둔, 먼 곳에 있는 것인가는 언뜻 보아도 명확할 것이다.

Aufblick

Ueber unsre Liebe hängt
Eine tiefe Trauerweide.
Nacht und Schatten um uns beide,
Unsre Stirnen sind gesenkt.
Wortlos sitzen wir im Dunkeln,
Einstmals sahn wir Sterne funkeln.

Ist denn alles tot und trübe?
Horch-: eín ferner Mund-: von Dom-:
Glockenchöre……Nach……Und Liebe……

우러러 봄

비애의 수양버들은
우리들의 사랑 위에 걸려 있네.
밤과 그림자는 두 사람을 둘러싸고.
우리들의 이마에 드리워지고.
어둠 속에서 아무 말 없이 앉아
일찍이 여기에서 흐르는 물소리를 듣고,
일찍이 별이 빛나는 모습을 바라보았다.
그러면 이제 모든 것은 죽고 희미해졌는가?
귀기울여라 - 저기 아득한 입 - 대성당으로부터.
종소리……밤……그리고 사랑……

Die Stille Stadt

Lieght eine Stadt im Tale,
    ein blasser Tag vergeht;
es wird nicht lange dauern mehr,
    bis weder Mond noch Sterne,
    nur Nacht am Himmel steht.
Von allen Bergen drücken
    Nebel auf die Stadt;
es dringt kein Dach, nicht Hof noch Haus,
    kein Laut aus dem Rauch heraus,

kaum Türme noch und Brücken.
Doch als der Wandrer graute,
da ging ein Lichtleim auf in Grund;
und durch den Rauch und Nebel
begann ein leiser Lobgesang,
aus Kindermund.

고요한 마을

마을 하나, 계곡 속에 있고.
창백한 햇빛도 사라지네.
이윽고 달도 별도 빛나지 않고
하늘은 어둠에 뒤덮인다.
머지않아.
모든 산들로부터
안개가 밀려와 마을 위에 머무른다.
지붕도 정원도 집도 또 어떤
소리도 이 안개를 막지 못한다,
탑도 또 다리도.
그렇기는 하지만 나그네가 무서움에 전율할 때, 갑자기
희미한 빛이 저 깊은 곳에서 나타나고,
또 연무 속으로부터
아이들의 온화한 찬가의
노래소리 들려온다.

한편 프랑스는 항상 유럽 신사조의 발원지이므로 말할 것도 없다. 우선 자연파의 창시자인 졸라부터 이미 『세 도시Les Trois Villes』(루르드, 로마, 파리) 이후의 작품은 상당히 이전과 풍격을 달리하지만 특히 이후의 『네 복음서Les Quatre Évangiles』(즉 1. 풍요Fécondité 2. 노동Travail 3. 정의Justice 4. 진리Vérité) 소설 네 권에 이르러서는 물질주의의 경향을 버리고, 거기에서 점점 멀어져, 거의 순수한 이상파의 작풍이라고 말할 수 있다. 또한 처음에는 졸라의 사상을 이어받아 논문과 소설에서 가장 근대적인 작가의 면목을 가지고 있었던 스위스의 고故 에두아르 로드Edouard Rod도 예컨대 일생의 역사가 자연주의로부터 이상주의로 바뀐 궤적이 선명하게 보인다. 또 『샹트클레르Chantecler』로 널리 일본에도 알려진 로스탕도 걸작 〈시라노 드 베르주라크Cyrano de Bergerac〉 이후의 여러 작품은 모두 명확하게 로맨스에 속하는 것이리라.

프랑스문학에서는 자연주의에 대한 반동이 그 후 여러 가지 사실로 드러났다. 우선 1887년 즈음부터 2~3년간은 평단 쪽에서 자주 자연파 공격의 목소리가 있었다. 예의 보수론의 기두 브륀티에르를 선두로 쥘스 르메테Jules Lemaître, 폴 부르제 그리고 처음부터 자연주의에 반대한 아나톨 프랑스 등은 모두 붓을 모아 혹독하게 공격을 가했다. 그 외에 최근 프랑스 문단에서 명성있는 작가 로스니Rosny, 로티Loti 모두 결코 자연파는 아니다. 특히 후자는 완전히 평범한 생활의 묘사를 떠나 매우 이국적인 풍경, 특히 우리 일본이라든가 인도 혹은 아이슬란드 부근의 진기한 사물만을 주로 묘사하는 예의 엑조티즘exotisme으로 보아, 또 그 주관적인 서술방식으로 보아도 오히려 낭만파 작가로 열거해야 한다고 생각한다. 또 일찍이 명성 높은 『메단야화Les Soirées de Médan』(1880년)라는 한 권의 단편집으로, 우선 졸라의 작품을 권두로 하고 거기에 자연주의 작품을 실어 명성을 이룬 여러 작가는 그 후 과연 어떻게 변했을까? 이들 졸라 문하 대부분은 1887년경 폴 마거릿Paul Marguerite 등의 격문에 응해 명확히 자연파에 대한 반기를 든 것이 아닐까. 그 중 위스망스Huysmans는 초기에는 극단적인 사실가寫實家로 『메단야화』 속에도 졸라 스타일의 단편을 써 처음으로 세상의 인정을 받은 사람이다. 그것이 후에 완전히 신비, 상징주의의 작가가 되어 극단적으로 주관적인 작품을 쓰기에 이른 것이다. 『거꾸로A Rebours』나 『출발En Route』,

또 그 후의 『대성당La Cathédrale』 등의 명작은 예의 신비적인 데카당티즘의 대표적 작품으로서 최근의 예술계에서 중요한 위치를 차지하고 있는 것이다. 또 위스망스의 전후 작풍의 변화에 대해서는 내가 여기에서 논하기보다도 영국의 시몬즈가 저술한 『문예에서의 상징파 운동』 속에 이해하기 쉽게 써 놓았으므로 그것을 여기에 인용해 둔다.

> 위스망스는 대략 30년 전, 최초의 작품 『마르트, 어느 소녀의 이야기(Marthe: histoire d'une fille)』 서문에서 다음과 같은 오만한 말로써 자신의 예술론을 발표했다. 왈 "본인은 자신이 보는 것, 느끼는 것, 경험한 것을 쓰는 것, 그리고 그것을 가능한 한 잘 쓰는 것 단순히 그것뿐이다" 라고. 또 자연주의에 관한 그의 의견을 들으러 온 방문기자에게 그는 다음과 같이 대답했다. "소위 재능을 가진 작가와 그렇지 않은 작가가 있는 것이다. 그것이 자연파라든가 낭만파라든가 데카당이라든가 무엇이든지 좋을 대로, 나는 조금도 상관없다. 단 그 작가가 재능(talent)을 가지고 있다고 하는 것만 알면 된다."(중략)
> "씌어진 것의 진실, 세세한 부분의 정확함, 사실주의의 섬세함과 같은 신경적인 언어, 이 모든 것들을 잃지 않는 것은 굉장히 중요한 일이다. 그러나 그것과 동등하게 또한 중요한 것은 심령의 개척자가 되는 것이다. 불가사의함을 정신병으로 설명할 수 없는 것이다. …… 한 마디로 말하면 졸라에 의해 깊이 파헤쳐진 큰 길을 따라 가는 것은 중요한 일이나 그럼에도 불구하고 또한 공중에 있는 평행한 길을 따라 그 내부와 뒤를 파악하는 것, 환언하면 정신적 자연주의를 창시하는 것도 역시 매우 중요하다." 라고. 이것은 『출발』의 예술의 정의인데, 거기에는 이 정신적 자연주의가 심령, 양심의 역사에 적용되고 있다. 『대성당』에 이르러서 그 수법은 한 걸음 더 나아가 위스망스는 그만의 독특한 방법으로 일개의 상징주의자가 되었다. ……"
>
> –『문예에서의 상징파 운동』, 136~137쪽

프랑스 문단에서 자연주의에 반대한 가장 눈에 띄는 운동은 서정시에서부터 일어났다. 이것에 대해서는 다음, 시가를 설명할 때 좀 더 자세하게 서술할 생각이지만 원래 소설 부문의 자연파와 시 부문의 고답파 사이에는 정서, 주관에 무게를 두지 않는 냉정한 태도라는, 상당히 유사한 점이 있었다. 따라서 고답파에 반대해 일어난 상징파의 새로운 시인은 곧 일반 자연주의에 대한 반항자였다고 보아도 무리가 없는 것이다. 즉 외부적이고 물질적인 형상을 묘사하지 않고 그 내부에 깊이 숨은 정신을 표현하고 사물을 해부, 분석하는 대신 그것을 상징화, 신비화해서 취급하려고 하는 것이 신파 시인이 결심한 것이었다.

또한 러시아문학에 대해서도 최근 세력 있는 안드레예프Leonid N. Andreev의 작품 역시 명확하게 신비적이고 상징적인 것이 아닐까. 또 일개 작가의 변천을 보아도 예를 들면 고리끼의 후기의 작품 『별장의 사람들』처럼 그것이 의연하게 자연주의적 작품임에도 불구하고 앞의 『포마 고르제예프』나 혹은 초기의 단편에 비하면 훨씬 정서적인 요소가 강할 뿐 아니라 작자가 상당히 이상주의적idealistic으로 변화한 것이 명확하게 간취된다고 생각한다. 한편 이탈리아에서는 마틸데 세라오Matilde Serao나 단눈치오와 대립하여 종교, 신앙에 기초를 둔 이상주의 작가 안토니오 포가차로Antonio Fogazzaro가 몇 해 전 운명할 때까지 문단에 비상한 세력을 가지고 있었던 사실을 간과할 수 없다. 또 단순히 대륙만이 아니라 바다 건너 영국에서도 아일랜드에서 일어난 신운동 '켈트문예부흥' 또한 예술에 신비롭고 몽환적인 경향을 주장하는 일파로 특히 선봉인 예이츠의 문학에 이르러서는 앞에서도 언급한 것처럼 그 특색은 어떻게 보아도 대륙의 신파에 가까운 것이다.(본서 166쪽 참조)

이런 모든 사실이 증명하는 것처럼 최근의 유럽에서는 문학 부문에서 보아 자연파는 이미 과거의 것이 되었고 물질보다도 심령을, 객관보다도 주관을, 경험보다도 직감을 중시하는 것이 일반적인 경향이 되었다. 그것을 사상에서 말하면 파괴라든가 회의라든가 하는 시대를 거쳐 지금은 노력, 정진의 시대에 들어선 것이지만 한편 이러한 현상을 모든 면에서 가장 강력하고 가장 두드러지게 나타내고 있는 것은 최근에 이르러서 돌연 세력을 얻은 벨기에 신파의 문예일 것이라 생각한다. 원래 벨기에인, 특히 플랑드르Flandre인은 남유럽이나 북유럽 어느 나라와도 다른 일종의 특별한 민족성을 가지고 있는데 이는 이 지방 사람들이 원래부터 혼혈인종인 것이 주요한 원인일 것이다. 최상급의 순수한 프랑스풍이 또한 가장 강렬한 야생성을 띤 야만적인 풍습과 잘 혼교하여 일종의 신기한 특색을 나타내고 있다. 육체의 환락을 탐하고 바람이 매우 성한 곳, 예컨대 이 지방의 축제는 놀라울 정도로 떠들썩한 것이고, 또 민가 두 채에 한 채는 반드시 술집으로 주류 소비고는 통계상 유럽 제1위라고 할 정도이다. 환락을 따르지 않을 수 없는 현대의 무성한 도락적인 예술취미dilettantism나 데카당티즘의 신문예가 이 지역에 생긴 것은 결코 우연이 아니다. 시인 베르하렌은 스스로 이렇게 노래하고 있다.

Je suis le fils de cette race
Dont les cerveaux plus que les dents
Sont solides et sont ardents
                Et sont voraces.
Je suis le fils de cette race
                Tenace,
Qui veut, après avoir voulu,
Encore, encore et encore plus.
                                "Ma Race"

[대의] 이 종족의 사람들은 정신이 이(齒)보다도 견고하고, 정열적이고 또한 탐욕적이다. 바라던 것을 구한 후 또 다시, 또 다시 많은 것을 구하면서 만족할 줄을 모르네, 나는 이러한 종족의 아이. "나의 종족"

이 벨기에문예에 속하는 일군의 작가 가운데 가장 빛나는 자가 누구냐 하면 첫째로 마테를링크, 다음으로는 방금 말한 베르하렌이리라. 입센이 죽고, 톨스토이도 이미 세상을 떠난 오늘날, 만약 세계 최대 문호가 누구냐고 묻는다면 모두 먼저 이 두 대시성을 꼽을 것이다. 실제로 독일의 어떤 명성 높은 평론가는 벨기에문학의 이 두 대명성을 유럽의 대표적인 신인新人이라고까지 일컫고 있다. 베르하렌과 마테를링크는 모두 신비, 상징주의 작가인데 여기에서 현저한 특성 일반을 서술하여 어째서 그들이 최근 사조의 대표자인가를 보이고자 한다.

마테를링크는 시인이고 작가임과 동시에 또한 사상가로서 족히 일가를 이룬 사람이다. 원래 입센이나 톨스토이 등의 근대 문호는 모두 사상가의 일면을 구비하고 있지만 마테를링크가 특히 그러하므로 보통 시인철학자라고까지 불리고 있다. 그의 인생관은 흡사 자연주의 소멸 이후의 사상계를 대표하는 면이 있지만, 지금 우선 그 사상 발전의 경로부터 서술하자.

마테를링크는 초기에 역시 일종의 염세적 숙명론자pessimistic fatalism였다. 원래 그것은 물질적 세계관에서 온 자연파의 염세관과는 다르고, 처음부터 심령이나 신비의 힘 같은 것에 기초를 둔 숙명론이었다. 즉 우주에는 절대적이고 무한한 불가항력이 있어, 모든 인류 모든 생물을 지배하고 있는데, 무엇도 이 힘을 벗어날 수는 없다. 그러나 이 힘은 결코 과학자가 설명하는 물질적 법칙과 같은 것이 아니라 완전히 일종의 신비적인 힘이라고 그는 생각했다. 실제로 마테를링크가 초기에 쓴 여러 편의 비극은 곧 이 신비의 힘으로서 나타난 것으로 두 개의 제목을 잡았는데 그 하나는 곧 죽음 혹은 운명이다. 〈왕녀 말렌La Princess Maleine〉, 〈맹인들Les Aveugles〉, 〈침입자L'Intruse〉, 〈탄타질르의 죽음La Mort de Tintagiles〉 등의 작품에 나타난 중심 사상은 요컨대 모두 '죽음'이라는 문제이다. 두 번째는 연애의 불가항력을 주제로 한 것으로 〈알라딘과 팔로미드Alladine et Palomides〉, 〈펠리아스와 멜리장드Pelléas et Mélisande〉 두 작품은 연애가 어떻게 신비적인 대마력으로써 인간을 좌지우지하는가를 드러낸 것이다. 펠리아스와 멜리장드, 서로 사모하는 두 사람은 온전히 스스로의 자유의지에 의해 어떻게도 할 수 없는 연애라는 일종의 운명의 위력 때문에 자유자재로 여기저기 끌려 다니게 되고 완전히 맹목적 복종을 해 가는 것이다. 이들 두 사람이 빠져든 비참한 최후도 결코 자초한 것이 아니며 원래부터 연모하는 자에게 죄가 있는 것이 아닌 완전히 맹목적인 정렬의 앙분昻奮으로 그렇게 된 불가항력의 운명이라는 것이 작가의 의도였다.

한편 또 이런 불가사의한 운명의 비극은 끊임없이 우리들의 평범한 일상생활 속에서 반복되고 있다. 세상에서 말하는 이변, 비애, 위험 등 그런 모든 것이 없어진 곳에 진실한 인생의 비극은 시작되므로 오직 우리의 몽매한 이 '일상의 비극Le Tragique Quotidien'을 깨닫지 못하고 있는 것뿐이라는 것이다. 이 절대적인 불가항력은 이지의 영향력이나 경험에 의해 알려진 것이 아니라 완전히 심령의 직감에 의한 것이다. 즉 현실생활의 평범함 속에서야말로 오히려 그러한 직감의 기회가 찾아지는 것이다. 외부에서부터 말하면 단순히 뜨거운 키스나, 열정에 사로잡힌 눈물이라든가 불시에 사람이 이상한 얼굴을 한다든가 하는 것 등의 찰나야말로 심령을 묵회默會하고 직감할 기회가 있는 것인데 이런 찰나가 연속하고 모여든 것이 바로 인간의 진정한 생활이다. 외부 세계에 나타난 현상보다도 한층 더 깊은 곳에 그러한 참된 의의가 있는 생명이 존재하는 것이다. 또 이 의의 있는 생명을 맛볼 수 있는 자야말로 비로소 운명의 절대적인 위력도 깨달을 수 있는 것이다. 이러한 것이 우선 대저 마테를링크의 초기 신비적 운명설인데 이것은 명확하게 절망적이고 염세적인 어두운 그림자에 뒤덮인 것이었다.

유물설이나 신비설 등 여러 가지 다른 형태가 되어 나타난 염세사상의 어두운 그림자가 지금은 점차 사라지려고 하는 추세와 함께 마테를링크 초기의 이 사상도 스스로 변화되지 않으면 안 되었다. 초기에 염세적이었던 그의 인생관도 변하여 강건한 낙천관이 되고, 숙명성은 폐기되어 인간의지의 자유가 인정되기에 이르렀다. 단 그 근저에 그 특유의 신비사상에 이르러서는 의연하게 이전과 다를 것 없이 또한 심령이 만능함을 믿고 이로써 사람을 절대적이고 무한한 세계와 서로 통하는 것이라는 초기부터의 확신에도 조금의 변화는 없었던 것이다. 이제 그의 낙천적인 신인생관 일반을 설명함으로써 최근 사조의 경향을 살피고자 한다.

앞의 염세적 세계관에 의하면 사람은 단지 운명의 절대적인 위력에 대부분 희생되고 꼭두각시가 되어 오직 수동적으로 운명에 따를 뿐이라고 믿어졌다. 그것이 요즘에 일변하여 자아의 존위를 인정하기에 이르러 운명은 결코 우리들 밖에 있는 것이 아니고 오히려 우리들 안에 존재하는 것이다. 환언하면 운명에 대한 우리들의 관계는 결코 수동적이 아니라 능동적이다. 노예적으로 운명에 복종하지 않으며 오히려 나아가 운명을 좌우해야 한다. 절망하고 비관할 것이 아니라 용맹심을 분기하여 노력하고 정진하면 인간은 지상의 행복을 향유할 수 있다. 사람은 이 행복을 향락하기 위해서야말로 현세에 태어났으므로 선천적으로 이미 사랑과 선이라는 위대한 두 개의 힘을 부여받아 도덕적인 감정이 갖추어져 있는데 곧 이것은 원만하고 부족함이 없는 지경인 행복을 이루는 기초인 것이다. 또 노력으로써 결국 인생의 의의를 잘 감득하기에 이른 것은 곧 최상의 지혜를 얻은 자이다. 이상이라 해도 공허하고 추상적인 것이 아니라 그러한 지혜로써 얻어진 견실한 현실에 뿌리내린 이상이야말로 곧 진실로 인간을 행복으로 이끄는 유일한 것이다. 인간은 본래 결코 운명의 쇠사슬에 얽매어 신음하고 오뇌하는 인간이 아니라 도덕적인 자유와 현세의 행복을 향락할 수 있는 자이지만 슬프게도 그들은 노력이 부족하고 사색에 깊이 빠지지 않아 나아가 그 곳에 이를 수 없다. 행복은 하늘이 명하는 것, 그것을 완수하기 위해 노력하는 것은 곧 인간의 의무라고까지 마테를링크는 설명했다.

이런 식으로 그의 사상은 자연주의자가 오직 산만하게 이상이나 도덕을 조롱하고 모든 것을 부정하려 하는 태도와는 다르며 어디까지나 긍정적이고 또 노력을 추구하는 태도이다. 특히 그의 도덕설은 결코 구래의 몰아주의도 아님과 동시에 또 니체 일파의 극단적인 개인주의도 아니다. 공동생활을 주장하면서 그것이 어디까지나 자아의 발전에 기초를 둔 설이라는 점에서 특히 오늘날 인간의 가슴속에 깊이 영향을 주는 것이다. 세간을 위하여, 타인을 위하여 진력하려 한다면 우선 너 자신을 구하라, 자신을 높고 깊게 하고 또 크게 하라, 하늘이 너에게 삶을 부여한 것은 너를 깨뜨리고 부수기 위해서가 아님을 알라고 설명했다. '힘없는 눈먼 자의 헌신보다는, 용감하고 달관한 자의 에고이즘 egoism에 오히려 큰 자비는 있다. 네가 타인을 위해 존재하기에 앞서 우선 너 자신을 위해 존재하는 것이야말로 잘 인지하라, 너는 주기에 앞서 먼저 스스로 할 수 있는 것이 없으면 안 된다'고 그는 말했는데 장쾌한 이 도덕관은 이들 몇 마디 속에서도 그 일단을 엿볼 수 있지 않은가.

앞에서 서술한 사상은 그의 논집 우선 『가난한 자의 보물La Trésor des Humbles』을 제1권으로 이하 『지혜와 운명La Sagesse et la Destinée』, 『복원復園 Le Double Jardin』 등에 수록된 장, 단편을 아울러 열 몇 편의 감상록에 드러나 있다. 또 외에 그가 꿀벌의 생활을 연구하여 상세히 쓴 『벌의 생활La Vie des Abeilles』이란 유명한 책이 있다. 이것은 꿀벌의 노동, 분업, 공동생활의 실상을 찬미한 것으로 말하자면 벌의 로맨스를 쓰고 작자 자신의 사회관과 도덕관을 드러낸 것이다. 그러나 이 한 권의 책에서 특히 주의해야 할 것은 작자가 벌의 생활에 대해 정치精緻하고 엄밀한 과학적 관찰을 하고, 그에 따라 도리어 새로운 시의 경지를 찾아내고, 새로운 철학을 얻었다는 점이다. 이미 과학 때문에 시는 지상에서 사라져 가고 해부되고 분석되어 모든 것은 추해졌다고 탄식한 것은 이전의 자연주의이고, 이제부터는 과학적 관찰이 전제된, 나아가 깊은 지식 안에서 의미 있는 로맨스를 요구하고, 앞 사람들은 맛보지 못한 새로운 시의 경지를 개척하고 미지의 세계에서 아름다움을 찾아내려고 하는데 마테를링크의 저술은 이 경향을 대표하는 것이다.

(서序에서 언급했지만 마테를링크가 신비시인임과 동시에 또한 극히 정치한 관찰자라는 사실은 현대인의 특색을 대표하는 것이다. 그는 결

코 과거의 신비가처럼 공허한 몽상가가 아니며, 그가 얼마나 과학적 정확성을 중시하는 사람인가는 다음 일화에서도 알 수 있을 것이다. 유진 디몰더Eugène Demolder가 『퐁파두르의 정원사Jardinier de la Pompadour』라는 책을 썼는데, 우선 한 권을 마테를링크에게 주었다. 다음날 그는 아침 일찍 자신의 자동차를 전속력으로 달려 허둥지둥 저자의 집에 갔다. 무슨 일인가 하면 이렇다. 루이 15세의 황후 퐁파두르시대의 아름다운 꽃 이야기 속에 달리아가 나오는데, 이것은 커다란 착각이다. 루이 15세 시대에는 달리아라는 꽃은 아직 알려져 있지 않았던 것이다. 이것은 재빨리 정정할 필요가 있는 것이었다. 본인이었다면 이 잘못 하나 때문에 즉시 전부를 개판까지 했을 것이라고 마테를링크는 말했을 것이다. 꽤 극단적인 이야기이지만 실제 이 정도로 정밀한 머리로써 면밀한 사상사, 그리고 그러한 머리로 또 신비, 몽환의 세계도 잘 직감할 수 있는, 말하자면 과학적 몽상가가 진정한 현대의 달인일 것이다.)

또 그가 염세적 숙명론으로부터 변하여 정진, 노력을 주장하는 낙천관을 가지게 된 것은 스스로 시운時運의 대세를 따른 것이므로 (물론 이면에는 일신의 가정 사정도 한 원인일 것이나) 그의 세계관의 변천은 논문뿐만 아니라 희곡 속에도 현저하게 드러나 있다. 즉 초기 작품, 〈왕녀 말렌〉, 〈맹인들〉, 〈펠리아스와 멜리장드〉 등은 말할 것도 없이 후의 〈아구라베인과 셀리세트Aglavaine et Sélysette〉 등에 이르러서도 아직 운명이 인간 위에서 휘두르는 절대무한의 위력을 드러낸 필적이 있다. 그러나 그것이 시간이 지나 〈몬나 반나〉 즉 우리 일본의 무대에서도 이미 공연된 작품이 되면 다소 취향을 달리 하여 점차 인간 그 자체의 위력을 인정하기에 이른 흔적이 보인다. 비록 인류는 아무리 힘없는 자라 하더라도 자신을 위해 자신의 길을 개척해 갈 수 있다. 그는 사회적 생활에서 도덕적 행위에서 자기를 주장하는 것의 가능성을 명확하게 드러내고 있다. 여주인공 몬나 반나와 장군 프린치발Prinzivalle 사이의 연애의 힘은 자주 이 두 사람으로 하여금 외부 세계의 사정을 지배하게 하고, 또한 대단한 각오로 행위하게 하는 것이 아닐까. 늙은 도학선생을 놀라게 하기에 충분할 정도로 상당히 대담한 방법으로 그들의 자아를 주장하는 결말은 특히 의미 깊은 것이라고 나는 생각한다. 이 연극은 영국에서는 검열관이 흥행을 금지하고, 이에 대해 다시 스윈번 Algernon Charles Swinburne이나 예이츠, 메리디스 등의 여러 시인이 연서連署로 항의를 하는 등의 소동을 벌였지만 그것도 필경 저 대담한 결말이 있기 때문이므로 거기가 또한 이 작품의 진정 의미 있는 지점이라고 생각한다.

새 시대의 사상가로서 마테를링크는 일반적으로 선두에 선 자연주의에 대한 제일의 항의자였다고 간주되지만 그것은 단순히 이상에서 서술한 것과 같은 점에서뿐만 아니라 또 다른 그의 독특한 신비설, 심령만능론이 있기 때문이므로 실제는 이 부분이 절실하고 긴요한 점이지만 이것은 별도로 제10강에서 서술하고자 하기 때문에 여기서는 생략하기로 한다. 다음으로 현대 유럽 최대의 시인으로 여겨지는 벨기에의 베르하렌에 대해 한 마디 해두자.

베르하렌도 역시 현대 사조의 대표자인 이상, 그가 걸어온 경로는 역시 마테를링크와 거의 같다. 즉 처음에는 현실주의자로 그 세계관은 두드러지게 염세의 비조悲調를 띠고 있었던 것이나, 후에는 점차 변하여 정진, 노력을 주장하는 낙천관이 되고 물질적 사실의 작풍은 이윽고 신비, 상징의 시단으로 이동한 것이다. 예를 들면 초기의 시집 『플랑드르Les Flamandes』에 수록된 시편 등은 플랑드르 지방 사람들의 불기, 방종한 생활을 극히 사실적으로 노래한 것으로 그 속에는 졸라 소설에도 있을 법한 상당히 추접하고 더러운 묘사도 있어 일부의 비평가로부터 심하게 공격받은 정도였다. 그로부터 후에 베르하렌은 꽤 심한 위장병으로 고통 받았는데 이때가 소위 병적 시대이다. 예컨대 『저녁Les Soirs』, 『몰락Les Débacles』 등의 시집에 드러난 작품은 모두 매우 음울한 절망, 염세의 비조를 띠고 있다. 그가 '병적 발작의 시인poète du parouxysme' 등으로 불린 것도 전적으로 이 당시의 시 때문이었다. 또 특히 그가 영국에 건너가 런던의 객사에서 방랑의 생활을 보낸 것도 이즈음으로 영어를 할 수 없어서 자연스럽게 사람과의 교류도 소원해지고, 그렇지 않아도 고독한데 안개 자욱하고 울적한 런던에서 외로운 나날을 보냈다. 멀리 방랑병 시인이 노래하는 목소리는 참으로 슬펐다. 그러나 그 후 얼마 안 가서 그는 이 비수에서 벗어나 강인해져 병고와 싸워 맹렬하게 분기하였다. 1891년에 나온 시집 『내 삶의 회고Les Apparus dans mes Chemins』 즈음부터 이후의 작품에는 이미 활기 넘치는 새로운 인생관이 살짝 엿보이기에 이르렀다. 우수가 깊게 싸여 고독하고 어두운 나날을 보내기보다는 동요가 그칠 새도 없는 이 소요의 세계에 몸을 던지고 생각하여 분투하고 노력하자, 설령 끝내 무엇인가 얻는 바가 없다 해도, 또 절망할 것을 알아도, 어디까지나 위를 향한 일로一路를 찾아 앞으로 앞으로 나아가는 것, 거기에야말로 인생의 참의미는 있는 것이라고 그는 깨달았다. 이 때문일까, 앞서의 우울시인은 이제 인생의 찬탄자가 되어 눈먼 반란자blind revolt로 변하고 신비의 신뢰자mystical faith가 되었던 것이다. 베르하렌이 이렇게 심기일전한 소식은 방금 말한 『내 삶의 회고』에 실린 「생 조르지Saint Georges」라는 시편에 가장 잘 드러나 있다. 이 시에는 우선 운무를 뚫고 나온 생 조르지의 말 위의 씩씩한 모습을 묘사한 다음 "그야말로 새하얀 나라에서 온 사자, 거기는 대리석 빛이 눈부시고 정원에도 바닷가에도 또 '선善'의 나무 끝에도 자애가 널리 펴지는 나라가 되어" 라고 노래하고 있다. 이 생 조르지는 바야흐로 우리의 마음 속 고민을 알고 그것을 덜어 주기 위해 왔으며, 우리를 위해 광명과 희망을 가져왔다. 이것은 즉 시인 스스로의 내부생활의 고백이나 다름없으므로 그 결말 몇 행을 여기에 인용해 시의 주지를 드러내자.

Le Saint Georges, cuirassé clair
A traversé par bonds de flamme,
Le frais matin, jusqu' à mon âme;

Il était jeune et beau de foi;
Il se pencha d'autant plus bas vers moi
Qu' il me voyait plus à genoux;
Comme un intime et pur cordial d'or
Il m'a rempli de son essor
Et tendrement d'un effroi doux;
Devant sa vision altière
J'ai mis en sa pâle main fière,
Les fleurs tristes de ma douleur;
Et lui, s'en est allé, m'imposant la vaillance
Et sur le front la marque en croix d'or de sa lance,
Droit vers son Dieu, avec mon cœur.

[대의] 쌀쌀한 아침, 갑옷을 입은 성 조르지는 넘실거리는 불길을 건너 내 영혼 속에 뛰어 들어오네. 그는 젊고 신앙심이 넘치는 잘생긴 청년. 마치 무릎을 꿇고 나를 바라보듯이 그는 나를 향해 몸을 아주 낮게 기울였다. 마치 은밀하고 순수한 값비싼 흥분제처럼, 그는 나에게 비상의 기분으로 나의 마음을 가득 채우고, 또 부드럽게 달콤한 공포로 나의 마음을 가득 채웠네. 그의 오만한 자세 앞에서, 나는 나의 고뇌라는 우수의 슬픈 꽃을 그의 오만하고 창백한 손에 놓았다. 그는 나에게 용기를 주면서, 또 창 모양의 황금의 십자가로 나의 이마에 표시를 하면서, 신을 향하여 곧장 떠나가네, 나의 마음과 함께.

『내 삶의 회고』에는 낙천적인 작품이 현저하게 많아졌으므로 세계가 무언가 급격하게 밝아지고 맑아진 느낌이다. 믿음, 희망, 사랑, 덕 모든 것이 책 한 권 속에 드러나 전체가 마치 짙은 신비의 색에 둘러싸인 분위기이다. 이제 그의 후기의 작품 중에서 특히 명성 높은 12편을 골라 그 내용을 소개하고, 현대문학 사조가 향하는 바가 어디에 있는지를 예증하고자 한다. 『내 삶의 회고』 이후의 작품을 모은 시집 『환상의 마을Les Villages Illusoires』 권두에 「뱃사공Le Passeur d'Eau」이라는, 겨우 60행이지만 매우 유명한 한 편의 시가 있다. 급류에 편승하여 용왕매진하는 뱃사공 하나, 입에는 녹색 갈대피리를 머금은 것은 위를 향한 일로一路를 찾아 설령 절망하리라는 것을 알아도, 더욱 고통스러운 노력을 이어나갈 이상주의 시인을 상징화한 것이다.

Le passeur d'eau, les mains aux rames,
A contre flot, depuis longtemps,
Luttant, un roseau vert entre les dents.
Mais celle hélas! qui la hélait
Au delà dans vagues, là-bas,
Toujours plus loin, par au delà des vagues,
Parmi les brumes reculait.

[대의] 뱃사공은 오래 전부터 노를 쥐고 역류에 맞서 싸우며 입에는 갈대피리를 물고 있네.
그러나 파도 저편에서 그를 부르는 여인의 모습은 점점 아득히 안개 속 파도 저쪽으로 멀어져 가네.

쫓아가도 바라도 저쪽으로 멀어져가는 것은 이상의 그림자이다. 뱃사공은 더욱 뼈가 부서지도록 배를 젓는다.

Une rame soudain cassa
Que le courant chassa,
A vagues lourdes vers la mer.

[대의] 순식간에 노를 부러뜨린 급류는 멀리 넓은 바다를 향하여 물결 사이

로 흘러가네.

저쪽 여인이 부르는 목소리는 점점 급격해지고 뱃사공은 또한 남은 힘에 의지하여 힘을 다하여 노를 젓는다. 이번에는 노가 부러져 배는 결국 자유를 잃었지만 언덕을 바라보니 많은 사람들이 뱃사공의 분진奮進, 노력하는 모습에 눈이 휘둥그레져 있었다. 그녀가 부르는 목소리는 멀리 안개 속을 울리며 들린다. 뱃사공은 벌떡 몸을 일으켜 남은 한 자루의 노를 집어 힘껏 저었지만 결국에는 한 자루의 노조차도 부러지고 '지푸라기처럼' 바다로 흘러간다. 그도 당장 숨이 끊어질 듯이 이제는 쓰러졌다. 원하면 자신의 바로 뒤에는 또 언덕이 있다. 지금까지 이상을 향해 전진하고 노력했지만 그럼에도 불구하고 지상의 현실을 전혀 떠나지 못했던 것이다. 온전히 진이 빠져 지금은 어쩔 수도 없는 데에 이르러 이 늙은 뱃사공은 더욱 완고하게 움직이지 않는다. 입 속에 아직 갈대피리를 물고 있었다.

나의 성근 설명으로는 매우 부족하지만, 원시原詩는 비장함의 고조에 달하여 현대인이 내부 생활의 고민과 노력을 유감없이 묘사해 내고 있다.

또 「그물 만들기Les Cordiers」라는 유명한 작품에는 과거와 현재를 서술하는 한편 마지막에 미래를 다음과 같이 노래한 구절이 있다.

Là-haut—parmi les loíns sereins et harmoníques,
Un double escalier d'or suspend ses degrés bleus,
Le rêve et le savoir le gravissent tous deux,
Séparément partis vers un palier unique.

Là-haut—l'éclair s'étant des choes et des contraires.
Le poing morne de doute entr'ouvre enfin ses doigts.
L'œil regarde s'unir, dans l'essence, les lois

Qui fragmentaient leur feux en doctrines horaires

Là-haut—l'esprit plus fin darde sa violence
Plus loin que l'apparence et que la mort. Le cœur
Se tranquillise et l'on dirait que la douceur
Tient en sa main, les clefs du colossal silence.

[대의] 저 위 높은 곳 - 조용하고 조화로운 하늘에, 이중의 황금 계단이 청색 단들을 걸어 놓았네. '꿈'과 '지(智)' 서로 나란히 계단을 오른다. 서로 따로 올라도 하나밖에 없는 층계참을 향해 오르네.
저 위 높은 곳 - 격동하고 충돌하는 불꽃은 이미 사라졌네. 깨나른한 '의심'의 주먹은 해이해져 마침내 그 손가락을 반쯤 펴네. 일찍이 그때그때의 학설에 애석하게도 그 열의를 분열하는 것이 보통인, 대법칙들이 이제는 그 본질에 있어 하나로 합해지는 것을 저 높은 곳의 눈은 바라본다.
저 위 높은 곳 - 위대한 심령은 현상계보다도 죽음보다도 더욱 먼 곳에 그 힘을 기울이고, 마음은 평온해졌네. 손으로 쥔 '평온함'에야말로 광대한 침묵의 비밀의 열쇠가 있네.

시는 시어를 해석하는 것뿐만 아니라 혹은 그 의미도 이해하기 어려운 것일지도 모르나 이 한 구절은 요약하면 '환상'과 '과학'은 출발점을 달리하는 두 개의 서로 평행한 계단을 올라가는 것이지만, 귀착되는 곳은 곧 같은 곳이다. 거기서는 지금까지의 번민, 동요는 그쳐 버리고 품고 있던 '회의'의 주먹도 그 손가락을 펴는 것이다. 자연주의 시대의 암흑의 고민, 회의 뒤를 이어, 현재 점차 저쪽에서 광명을 인지하는 최근의 대세를 노래한 것이다.

이상은 현대사조의 추세를 시문예계의 실제에서 확인해 보았는데, 이 외에 자매예술 부분을 살펴보아도 역시 같은 양상이다. 즉 앞서 회화 쪽에서도 자연주의적인 경향이 인상파가 된 것을 설명했으므로 이

번에도 현대예술, 특히 회화 속에 나타난 경향에 대해 한 마디 해보자.

관능을 통해 수입된 인상을 그대로 기교를 이용하지 않고 캔버스 위에 재현하고, 될 수 있는 한 충실하게 진실을 묘사하려고 하는 인상파는 화단에서도 이미 점차 과거의 것으로 만족하지 않는 실정으로, 이 현상은 시문예계와 거의 다르지 않다. 이제 그것을 19세기말부터 이후 가장 명성 높은 두, 세 명의 대가에 관해서 살펴보면 우선 프랑스의 카쟁Cazin의 풍경화, 이것은 비애와 침통의 색이 짙고 신비적이고 몽롱한 호젓함이 화폭에 가득한 것이 특색이다. 어떻게 보아도 낭만적 취미의 이상파 화풍이다. 이것을 인상파의 그림과 비교하면 그 차이가 한눈에 명확하게 보일 뿐 아니라 또한 그것을 문예상의 비유로서 보는 것도 흥미롭다. 즉 구석구석 햇빛에 비친 밝은 풍경을 정확하게 묘사하는 것이 자연파, 인상파라고 한다면 신낭만파는 달밤의 어둑한 광선에 비친 몽롱한 풍경을 묘사하는 것이다. 또 그림의 제재 자체도 카쟁이 선택한 것은 성서에서 뽑은 울적한 애가체의 것이 많으므로 조셉Joseph과 마리Marie가 그리스도를 따라 애굽에 가는 장면이라든가 아가와 이스마엘 모자母子를 묘사한 작품 등이 그의 걸작으로 꼽히고 있다. 또 카리에르Carrière의 화풍도 카쟁과 같이 몽롱체 쪽이며 암담한 정조를 화폭에 나타내려 노력한 것, 색의 변화가 단조로운 단색풍monochromatique이 많다. 베를렌Verlaine의 시집 권두에 있는 시인의 초상은 곧 카리에르의 명작으로 그 외에 소설가 도데의 초상, 모자가 서로 껴안고 있는 장면을 그린 〈모성Maternité〉, 의좋은 형제를 묘사한 〈친밀함Intimité〉 등은 모두 불후의 명작이지만 인물의 얼굴은 모두 망막하고 어디까지나 정서를 주로 한 온화한tender 화풍이다.

그러나 카쟁이나 카리에르의 그림에는 아직 어딘가 자연파의 모습이 있다. 온전히 상징적인 이상파 그림을 그리는 사람들을 든다면 우선 코테Cottet일 것이다. 앞 못 보는 늙은 여인을 그려 비애를 상징화한 작품 등이 그의 특기로, 신비로운 애수가 화폭에 잘 드러나 있다. 또 다냥 부브레Dagnan-Bouveret는 처음에는 순수한 자연파로 실제의 풍속을 사실적으로 그린 사람이었지만 뒤에 가서 극히 신비로운 종교화만을 그리고 수도사나 수녀를 항상 제재로 하게 되었다. 이것은 때마침 문학 쪽에서 위스망스가 졸라를 모방해 물질묘사에서 시작하여 결국 『대성당』등을 쓰기에 이른 경로와 완전히 똑같지 아니한가. 특히 사원의 내부나 의식 등을 묘사하는데 뭔가 사람을 매혹하는 색채를 고안함으로써 능란하게 종교적 감정을 감동시킬 만큼의 영향을 내고 있는 것이 그 제일의 특색이다.

이상은 프랑스에 관한 것이었고, 독일에는 이미 자주 일본에도 소개된 아놀드 뵈클린Arnold Böcklin의 신비적인 화풍이 있다. 작품 〈죽음의 섬Der Toteninsel〉, 〈숲의 침묵Das Schweigen im Walde〉, 〈파도Meeresbran-dung〉 등은 특히 현실과 먼 비물질적인 화풍을 드러내고 있다. 또 사상을 정교한 솜씨로 화폭에 나타내는 것으로 유명한 막스 클링게르Max Klinger의 작품도 역시 최근 문예계 사조를 대표하는 것이리라. 또 영국에도 휘슬러Whistler의 신비적인 '색채의 음악'이라고도 하는 화풍이 한때 있었던 것이 아닌가. 이 후기인상주의는 1880년경부터 윤곽이 드러났으므로 기교만은 앞의 자연파·인상파에서 취한 것임에도 불구하고 오직 본 그대로의 인상을 재현하는 것이 아니라 사실寫實을 피하고 주로 사상이나 정서를 표현하고 주관과 객관을 잘 융합하고 조화하는 새로운 주의를 표방하고 있다. 특히 우주와 자연에 있는 리듬을 화면에 잘 나타내려고 하는 것이 주된 주장이다. 프랑스로 말하면 고故 세잔느Cézanne나 고갱Gauguin의 화풍도 근원은 극단적인 사실로부터 나온 것이지만 역시 이 후기인상파에 속하게 되고 만다.

유럽 문예계의 사조가 자연주의를 거친 뒤 최근에 어떠한 방향으로 변했는가는 이상 서술한 바와 같은 많은 뚜렷한 사실에서 이미 명백한 것이다.

구문예의 틀을 붕괴하고 진부함을 배척하는 자연주의가 어느새 또 물질주의, 염세주의, 현실주의의 틀에 빠져 결국은 스스로 일종의 새로운 진부함에 빠지고 말았다. 여기서 그것을 대신해 나타난 최근의 문학은 기세를 얻어 완전히 자유로이 해방되어 하등의 주의나 주장에 구속되지 않는 진정한 의미의 신예술이며, 진정한 모더니즘 문학이다. 이것을 지칭하여 임시로 신낭만파라는 총괄적 명칭을 붙인 것은 단순히 그 기초인 비물질적 이상주의에 있어서 또 정서나 주관을 중시하는 점에 있어서 자연주의와 완전히 상반되는 점이 있다는 것에 불과하다. 만약 이 신낭만주의의 내용을 세밀하게 분석한다면 그야말로 거의 십인십색十人十色, 재인 각각이 그 재능을 경쟁하는 양상으로 주의나 유파의 분류는 도저히 불가능할 것이다. 어떤 사람은 자연파가 인간의 육적肉的 방면을 해부하는 데에 반해 거듭 정밀한 심리해부에 전념하고, 어떤 사람은 신비를 노래함에 상징을 이용하기도 하고 또 매우 극단적으로 열정만을 주로 하는 일파도 있다. 또 이들 외에 약간 거슬러 올라가 영국의 스티븐슨 등을 열거하거나 혹은 라파엘 이전의 파로부터 심미파까지도 추가하게 된다면 신낭만파의 범위는 점점 넓어져 매우 망막茫漠한 것이 되어 버린다. 최근에는 더욱 특별히 신클래식파의 본연주의까지 더해져 점점 혼란이 심해지고 있다. 그러나 요컨대 모두 재래의 진부함에 빠진 물질주의를 버리고 이전 사람들이 아직 많이 미치지 않은, 한 단계 깊은 곳에서 인생의 새로운 의미를 발견하려고 하는 것이 최근의 양상이다.

무언가에 한정되지 않은 분류를 좋아하는 독일인 중에서도 특히 그것에 능숙한 아돌프 바텔스Adolf Bartels는 신낭만파를 다음과 같이 세별하고 있다. 문학사에 있는 그대로의 문구를 인용하여 참고하려 한다. 이것은 신낭만파를 모두 데카당스의 이름아래 총괄한 것이다.

> 자연주의 쪽에서는 '심령'은 돌아보지 않고 시정(詩情)도 잃어버리려 하고 있지만 이에 반대하여 일어난 반동이 곧 상징주의였다. 후에 그것을 총칭하여 신낭만파라고 부르게 되었지만 실제로는 구낭만파, 예를 들면 노발리스(Novalis) 등을 상기시키는 데가 있다. 양자의 구별을 말하면 구낭만파 쪽은 건전한 민심으로부터 탄생한 것이지만 상징파 쪽은 완전히 문화난숙(爛熟)

의 소산으로 순수하게 미적인 것이다. 그 속을 또 여러 방면으로 나누어 첫째 데카당적이고 여성적인 경향(보들레르, 베를렌 등의 시풍), 둘째 디오니소스적이고 초인적인 경향(니체의 '짜라투스투라' 및 서정시), 셋째 자연과학적인 자유정신의 방향(자연주의의 나머지 예술가) 넷째 신비적이고 원시적인 방향(곧 마테를링크 등의 경향)으로 구별하였다.

–바텔스 저, 『독일문학사』, 제2권, 522쪽

나는 이 분류를 시도하는 것은 아니다. 다만 자연파 이외에 최근의 문학에 나타난 두드러진 특성을 네, 다섯 항목으로 나누어서 다음 장에서 논하고자 한다.

제10강 비물질주의 문예 2

1. 심리해부

인간 내부의 해부 - 자연파와 심리파 - 심리의 과학적 연구 - 러시아, 영국, 프랑스, 이탈리아 등의 명가(名家)와 그들의 결점 - 한층 더 깊은 의미의 심리체(心理體) - 신비적 작품

이전의 자연파의 작품은 항상 인간의 본능이라든가 성욕이라든가 하는 외부에 드러나는 육적이고 물질적인 측면의 묘사에 전력을 기울이므로 인간 내부의 현상을 묘사하기에는 충분하지 않았다. 복잡한 인간 심리의 기미를 찾고 그것을 해부하고 분석하는 방면은 오히려 무심하게 내버려 두었다. 그러나 최근 문학의 경향은 무엇보다도 우선 현상의 내부를 철저히 파헤쳐 숨은 진리를 분명히 밝히고 그 근저인 마음속의 중추, 정신을 파악하는 식이 되었기 때문에, 따라서 인간 생활을 묘사하는 데에도 외면적이고 물질적인 방면만으로는 만족하지 않고 깊이 들어가 심리적인 분석을 시도하는 방식이 된 것이다.

자연파가 항상 인생 외면의 사실을 묘사하고 외부보다 내부를 묘사

하려 하는 것에 반해, 심리파는 오히려 내부보다 외부를 묘사하려고 하는 것, 혹은 자기 성찰introspection의 문학이라고도 말할 수 있다. 일찍이 프랑스의 파게Faguet는, 회화라면 화가의 시야vision에 비친 것만을 있는 그대로 묘사하면 그것으로 좋지만, 소설에서는 외부와 함께 내부 생활도 묘사하여 모든 행위의 동기나 근본을 명확하게 하지 않으면 안 된다. 따라서 심리묘사 없이는 소설도 없다고 말할 수도 있는 것이라고 말하고 있는데 원래 심리파의 작품에는 장면scene이든 인물의 동작이든 그것들은 외부 세계의 사정에 의해 움직이고 생겨나는 것이 아니라 오히려 내부에서 만들어진다. 환언하면 심리 현상을 외부 세계의 사상事象으로 나타내어 그것을 독자의 눈앞에 드러낸 것이다. 심적 작용이라는 무형의 것을 구체적인 사상事象으로 바꿔 독자의 감각의 세계로 들고 나간 것이다. 따라서 작중 인물의 언어와 동작의 묘사는 매우 허술하고 전체가 모두 개인의 사상이나 감정의 해부이고 기술인 것이 적지 않다.

일찍이 졸라 일파의 물질적 자연주의에, 인간의 육적 측면의 연구인 생리학 특히 클로드 베르나르Claude Bernard의 학설이 크게 영향을 끼쳤음을 서술했지만 그것과 마찬가지로 최근의 이 심리묘사에 근 4~50년간 현저하게 발달한 실험심리학이 이바지한 것은 물론이다. 특히 최근에 이르러서는 과학자들 쪽에서 병적 변태심리의 연구가 진전되었기 때문에 문학에서도 그 방면의 심리묘사에 대한 시도가 차츰 많아지고 게 중에는 정신병자의 증상을 쓴 것 같은 소설조차도 적지 않다. 보통은 볼 수 없는, 우리에게는 상상으로도 미칠 수 없는 병적 심리상태를 묘사한 것이 있는데 이런 작품들은 특히 러시아 소설에 많은 듯하다.

심리작용의 정치한 묘사는 이전부터 영국의 엘리엇이나 스티븐슨의 소설에서 발달하였고 아울러 브라우닝의 희곡도 이 방면의 날카로운 통찰이 있는 것으로 유명하였다. 그 밖에 헨리 제임스나 메리디스 등도 물론 심리소설의 거장이다. 프랑스에서는 외젠 프로망탱Eugène Fromentin의 작품 『도미니크Dominique』가 우선 이 분야의 묘사의 선구이며 한편으로는 방금 말한 영국 및 러시아 소설의 영향을 받아 브루제Bourget 일파의 심리소설이 대단한 세력이 되어 마침내 자연파의 물질 묘사에 반항도 하게 되었던 것이다. 최근에는 앞서 말한 마르셀 프레보Marcel Prévost가 특히 여성의 심리해부에 대한 관찰과 묘사에 빼어나다. 또 이탈리아의 단눈치오라든지 러시아의 투르게네프, 도스토예프스키라든가, 안드레이예프 등의 작품에는 모두 놀랄 만큼 정교한 심리묘사가 시도되어 있다. 그 중에서도 광인이나 죄인의 병적 심리를 해부한 것에 이르러서는 인간을 심히 전율하게 하는 작품이 많다.

그러나 일괄해서 '심리적'이라고 말해도 그 속에는 단순히 심적 사실psychical facts이나 정신작용mental processes을 기계적으로 묘사하고 그것을 해부하려고 한 것이 있다. 이것들은 자칫하면 묘사가 본질에서 너무 멀어져 짐짓 꾸민 듯하여 무언가 지나치게 교묘한over-cleverness 것 같은 기분이 든다. 인물의 동작이나 성격이 자칫 인형이 움직이고 있는 것 같은 느낌이 드는 것이다. 메리디스나 헨리 제임스의 빼어난 작품조차 이러한 비난을 면할 수 없다. 심리소설로서 정말로 치밀subtlety하지만 독자에게 깊은 감동을 주는 측면에서 말하면 부족한 점이 있다. 마치 정치함이 매우 극에 달한 세공품을 보고 우리가 감탄할 때와 같이 용케도 이렇게까지 해부하고 분석할 수 있었구나 하고 감복하고 경복할 수는 있으나 문예 작품으로서 그것이 곧 독자의 마음에 와 닿는 깊은 감명을 주는 것은 오히려 드물다고 생각한다.

그러나 또 이러한 기계적인 심리현상의 묘사에 그치지 않고 한층 더 진전된 초자연적인 심리학transcendental psychology의 문학이 있다. 즉 인간의 마음 속 깊은 곳에 잠재하는 신비한 곳을 찾아 심령의 목소리를 직접적으로 독자에게 전하려 하는 문학이다. 심리학으로 말하면 의식의 영역보다 아래에 있는 정신 활동 즉 명확하게 인식되지 않지만 오히려 중대한 힘을 가지고 있는 잠재의식sub-consciousness 또 심령주의spiritualism쪽에서 말하는 잠재 자아subliminal self의 불가사의한 영역까지를 문예 작품으로 암시하려고 하는 한층 깊은 의미의 심리체이다. 입센의 만년 작품 또는 마테를링크의 신비적 희곡은 이런 종류의 문학의 가장 두드러진 예이리라. 어쨌든 평면적으로 되기 쉬운 소설에서는 이러한 인간 마음의 신비한 내면의 소식을 암시하기에는 오히려 부적당하고 문예의 형식으로서는 가장 복잡한 희곡이 그에 적당한 것은 말할 필요도 없다. 물론 이런 작품은 앞서의 기계적인 심리작용을 묘사한 작품보다도 한층 더 감각의 세계를 떠나 비물질적이니만큼 인물의 성격이나 동작도 거의 분명하게 드러나지 않는다. 완전히 시공을 초월한 별천지에서 움직이고 있는 남녀를 보고 있는 것 같은 느낌이 든다. 이런 작품의 가장 좋은 예는 마테를링크의 〈아글라벤느와 셀리셋Aglavaine et Sélysette〉 같은 작품으로, 이 작품을 보고 있으면 우리 자신도 어느 사이엔가 정신적인 영역에 끌려 들어가 거기에 몸을 두고 심령의 교섭을 보고 있는 느낌이 든다. 물론 작자는 하나의 사상을 우리들에게 시사하려고 하는 것이 아니라 오히려 직감적으로 인간 마음의 신비한 내면의 영역을 암시하려고 하는 것이다. 환언하면 이전의 기계적인 심리해부보다도 더욱 깊은 곳으로 전진하여 완전히 신비적이고 상징적인 문예가 되어 버린 것이다. 이것은 다음 장에서 논할 마테를링크의 정극靜劇Static theatre에서 온전히 유래한 것이다.

이렇게 인간 심리의 해부도 안으로 안으로 진전되면 곧 신비의 영역으로 들어가 버린다. 여기서 다음에 살펴볼 신비주의의 문제가 생겨난다.

2. 최근 문예의 신비적 경향

자연과 인생의 신비 - 신비설이란 무엇인가 - 노르다우의 주장 - 헤일의 주장 - 자우엣의 주장 - 근대적 신비 - 과학과 신비 - 현실의 신비 - 최근 문학의 실례 - 제라르 드 네르발 - 마테를링크의 신비설 - 그의 희곡론 및 실제의 작품 - 신비적 직감 - 하우프트만 및 그 외

로마 구교의 부활 - 영국의 옥스퍼드 종교운동 - 법왕 피우스 9세의 선언 - 구교

와 최근의 사조 - 휴이스만과 사원생활 - 그 밖의 실례 - 영적 신앙과 육적 욕망 - 시인 베를렌과 그리스정교 - 영과 육의 모순

'사랑의 신비는 죽음의 신비보다도 더욱 크네'는 오스카 와일드의 경구인데, 반드시 사랑과 죽음만 그런 것이 아니다. 외면으로부터 아래로 깊이 들어가 찾으면 인생의 모든 것이 신비롭다. 어떠한 물줄기도 그 아래의 아래까지를 밝혀내면 모두 커다란 망막한 해양에 이르는 것과 마찬가지로 자연과 인생 모든 사상事象 속에는 불가사의하게도 광대무변한 신비의 영역이 가로놓여 있다. 최근 유럽에 물질적 자연과학의 탐구가 점차로 깊어짐에 따라 이미 '심령의 각성'이 현상이 되고 새로운 신비설이 일반인의 마음에 위대한 영향을 끼치기에 이르렀다는 것은 오히려 당연한 결과이다.

이제 신비설 또는 신비사상가란 어떠한 문제로부터 생겨났는가를 다룰 순서이겠지만 이것은 대체로 지루한 이야기가 되므로 여기서는 두세 명의 평론가가 내린 통속적인 해석을 차용해 나의 설명을 대신하려 한다.

무엇보다도 근대하면 일부분에서 나쁘게 말해야 만족하는 예의 노르다우는 다음과 같이 말했다. '신비주의Mysticism란 무엇인가, 막연한 이 명칭은 실은 어떤 의미인가 하면 우선 이러한 마음의 상태를 가리켜 이르는 것이다. 즉 본인 자신은 어엿한 여러 가지 현상의 불가지 불가해의 관계를 밝히고 사물 속에 '불가사의'의 암시를 의도하고 그것을 상징이라고 보고 있다. 즉 자신이 추정하려고 생각하는 (단지 그것은 대체로 헛된 수고로 끝나지만) 모든 기괴한 것을 일종의 불가사의한 힘이 이 상징에 의해 천명되고, 혹은 적어도 표시되는 것이라고 당대인은 생각하고 있는 것이다.' 이 예에서 노르다우의 말투는 조소적이다.

"추론에 의하지 않고 오히려 직감에 의해서야말로 진리는 깨달을 수 있다고 믿는 자, 그를 신비가라고 나는 생각하고 있다. 따라서 환영을 인정하는 사람, 예감을 믿는 사람, 무엇인가를 눈치 채는 사람, 이들

은 모두 신비가이다. 보통의 합리적인 사상에 의하지 않고 더욱 직접적인 어떤 방법으로 진리를 얻을 수 있다고 믿는 사람은 그만큼 이미 일종의 신비가라고 말할 수 있는, 기독교적 신비가도 있다면, 그렇지 않은 자도 있다. 이 말은 상당히 애매하게 사용되었다." 이것은 미국의 학자 에드워드 에베렛 헤일Edward Everett Hale이 그의 저작 『현대희곡작가Dramatists of Today』 속에서 한 말이다. 평범한 주장이지만 온당한 말이라고 생각한다. 후네커Huneker가 근대의 문호를 평가한 글을 모은 『우상파괴자Iconoclasts』 속에 씌어 있는 벤자민 자우엣Benjamin Jowett의 말을 여기에 인용한다.

> 신비주의란 길 잃은 공상의 분방함이 아니라 감정 속에 이성을 집중시키는 것, 선(善)과 진(眞)과 유일신의 열애이다. 지식의 무한함을 느끼고 인간 능력의 불가사의함을 느끼는 것이다. 그리고 이러한 사상에 익숙해지면 '영혼의 날개는 순식간에 새로운 세력을 얻어 지상의 군소배를 능가하여 높이 비상한다…….'

한편 이러한 세 가지 설명에서도 알 수 있듯이 신비 사상은 이지나 경험의 힘에 의하지 않고 환상과 열정을 기반으로 하는 것이다. 그 경지는 태양빛이 눈부신 한낮이 아니라 어둑어둑한 석양 무렵 베를렌의 소위 신비한 저녁 무렵의 땅거미Crépuscule du soir mystique에 있다. 그러므로 그것은 당연히 낭만주의와 상즉불리의 관계를 가지고 있다. 아니 오히려 그 중요한 일면을 이루는 것이다. 그러나 단 옛날의 낭만주의 즉 중세라든가 혹은 이전 세기 초기에 있어서의 신비 사상과 최근 문예의 그것을 비교하면 그 사이에는 현저한 차별이 있는 것은 특히 주의하지 않으면 안 된다.

우선 이전의 신비 사상은 처음부터 몽환적인 공상에서 발족하여 그저 더 막연한 동경이나 맹신에서 나온 것이지만 최근의 그것은 한 차례 자연주의의 회의 시대를 통과한 후에 나온 것인 만큼 조금도 들뜨지 않고 전체의 어조가 긴장된 침통한 색을 띠고 있다. 스트린드베리 만년의 작품이나 위스망스의 작품에 나타난 신비적 경향은 누가 보아도 이러한 특색이 두드러진다. 이전의 낭만파의 신비주의는 단지 이상에 끌려 천상의 광명을 따르고 발밑에 있는 땅을 잊고 있지만 근대의 그것은 어디까지나 지상의 현실 생활의 고통을 다 맛보고 거기에 확고한 입각지를 둔 것이다. 나아가 그것을 다른 방면에서 말하면 옛날의 신비는 마치 무지하고 문맹인 무리가 무엇이든지 놀라움에 눈이 휘둥그레지고 불가사의한 감정을 느끼는 종류의 것이었지만 근대의 신비는 그것과는 전혀 맛을 달리한다. 그것은 과학적 관찰이 대단히 정치해진 결과 이미 경험한 세계보다도 더욱더 깊은 곳에서 찾아낸 신비의 영역이다. 생각하기에 불가해나 불가사의라는 것은 완전히 무지와 무식의 것이든가 아니면 깊이 탐구하고 통찰하여 구명할 수 있는 만큼을 구명한 자가 내는 목소리이다. 불가사의함 없이 신비도 없다는 말은 필경 아는 것이 얕은 자가 하는 말이 아닐까. 앞서의 과학만능시대에는, 이전 사람이 말한 신비의 세계는 사라져 버리고 천지간의 모든 도리와 법칙을 해득했다고 인간은 생각했지만 과학적 연구가 보다 더 깊어진 오늘날, 불가사의한 세계가 이전에 상상한 것보다도 한층 더 깊은 곳에 있는 것을 알고 인간의 지혜가 미치기 어려운 세계의 광대무변함에 새삼스럽게 놀란 것이다. 이렇게 옛날의 신비는 처음부터 공상에 빠진 신비이고 오늘날의 신비는 과학이 제시한 신비인 만큼 더욱 깊이가 있다.

신비라고 하면 바로 눈앞의 생활을 떠난 신이라든가 천국이라고 하는 것만이 떠오르지만 근대에 말하는바 신비는 일상의 평범한 현실 생활 그 자체 속에 있는 신비이다. 일찍이 영국의 칼라일은 『의복철학 Sartor Resartus』의 뒷부분 한 장에서 자연스런 초자연주의라는 것을 설명했는데 이것은 자연의 사물 안에 잠재하는 초자연 또는 신비를 지칭한 것이다. 마침 그것과 똑같이 일견 어떤 신기함도 없고 어떤 불가사의함도 없어 보이는 우리들의 현재의 생활도 조금 깊이 들어가 생각하면 어떤 경험이나 관찰의 힘으로는 측량할 수 없는 신비가 그 속에 잠재한다. 비유하면 옛날의 낭만파는 마치 으스름달밤이나 혹은 어둠 속에서 불가사의한 환영을 본 사람이다. 자연파는 밝은 빛의 힘으로 이 환영을 쫓아 버리고 한편 신비도 로맨스도 사라지게 하겠다고 한번 기를 써 보기도 했지만 그것은 결국 아직 관찰이 되지 않았기 때문에 실은 이 태양이 비추는 곳에 어쩐지 느낌이 꺼림칙한 어떤 것이 잠재해서 항상 우리들을 위협하고 압박하고 있는 것이다. 빛이 샅샅이 비친다고 보이는 곳에 실은 앞서 말한 어둠 속에서 느낀 것보다도 더욱 광대하고 보다 심원한 신비가 있다는 것을 이제야 점차 깨달은 것이다. 삼라만상 모든 사물 속 깊은 곳에는 영적 의의와 큰 마력을 가진 무언가가 잠재한다. 모든 물질계의 현상은 단순히 영적인 것spirituality이 밖으로 드러난 것에 지나지 않는다고 본다. 베를렌이나 마테를링크의 사상도 이런 신비설이다. 포착하거나 생각하여 논할 수 없는 어떤 영적인 기운을 인생의 정수라고 본 오스트리아 시인 호프만슈탈의 세계관도 이에 거의 가까운 것이리라. 우주에는 커다란 정령이 있고 불사불멸의 힘도 우리를 지배하고 있지만 이 '정서라는 것은 곧 정령이 우리의 가슴 위를 걸어가는 발소리이다(Disembodied powers whose footsteps over our hearts we call emotions.)'라고 한 아일랜드의 예이츠도 역시 이런 신비시인이다. 비참한 인생의 사실 속에 잠재하는 무서운 운명이라는 일대 불가항력을 인정하고 우리들은 그것에 의해 자유자재로 좌우되고 결국에는 '죽음'으로 이끌려 가는 것이라고 본 러시아의 안드레에프도 또한 이러한 시각을 가진 사람이다. 이 커다란 마력, 측량할 수 없는 '무궁'의 힘을 가장 구체적으로 절실하게 우리 앞에 방불케 하는 것, 이것이 바로 최근 문예가 목표하는 바가 아닐까. 예술이란 요컨대 볼 수 없고 들을 수 없는 이 정수를 상징화하고 암시하는 것의 임시적인 모습이다. 종교상의 단어로 말하면 이 문예는 마치 일종의 계시revelation이고 기도invocation이다. 자연파와 같이 현실의 생활, 물질계, 사회 상태 등 좁은 범위에 한하지 않고 보다 깊고 근본적인 방면에 착안하여 여기에서 신비를 보고 시의 미美를 보고 새로운 로맨스의 영역을 찾으려고 하는 것이다. 우리의 감각을 버리는 것, 가장 먼 곳에 있고, 자연과 인생의 중심이 되는 어떤 것을 직감적으로 파악하려고 하는 노력이 최근 문예의 신비적 경향에서 보이는 것이다.

이렇게 해서 신비가는 모든 감각의 세계가 재래의 유물관을 가지고 있는 사람의 눈에 비친 것과는 완전히 다른 분위기를 드러낸 것이다. '자연계의 모든 것은 새로운 모습을 드러내고 초목과 금수에서부터 극히 작은 벌레에 이르기까지 모두 신비의 목소리를 내어 우리를 격려하고 우리를 놀라게 한다. 우리가 교제하는 사람들의 말은 신비의 사령을 초래하여 우리는 그 의미를 잘 이해할 수 있다. 그리하여 형태 없고 생명 없는 것도 또한 우리 마음의 작용에 힘을 더한다. 암석의 배치나 굴곡, 갈라진 틈의 모양, 나뭇잎의 형태 또 색, 냄새, 소리 등 모든 것의 내부에서부터 아직 알려지지 않은 화목한 가락이 떠오르는 것을 우리는 느낀다.'라는 말은 근대 신비시인의 시조라고도 할 수 있는 프랑스의 제라르 드 네르발Gérad de Nerval이 남긴 『꿈과 인생Le Rêve et la Vie』 속에 나오는 것이다(나는 시몬즈의 저서로부터 재인용했다. 노르다우의 『퇴보Degeneration』 영문판 62쪽에도 예의 신비파 조소의 한 예증으로서 이 말이 인용되어 있다). 또 그의 명성 높은 소네트 「금빛시Vers Dorés」는 가장 명확하게 이 신비관을 고백한 것인데 특히 제9행에 "장님인 벽 속에도 너를 훔쳐보는 눈동자 있음을 두려워하라!(Crains, dans le mur aveugle, un regard qui t'épie!)"라는 구절은 이 신비시인이 모든 물질과 현상의 배후에 잠재된 영靈의 큰 마력을 인정한다는 의미이다.

한편 위의 신비적 경향의 가장 현저한 대표자로서 마테를링크에 대하여 앞에서 못다 한 말을 여기에서 하고자 한다(본서 315쪽 이하 참조).

마테를링크는 미국의 에머슨Emerson, 독일의 노발리스Novalis 및 중세 신비가 뤼스브르크Ruysbroeck 세 대가에게 현저히 감화되었는데 그는 우선 이렇게 생각했다. 우리에게 가장 중요한 것은 외부 세계의 사실이 아니라 감각을 초월한 세계supersensuous world이고, 눈으로 보고 귀로 들을 수 없는, 오직 느끼고 추측할 수만 있는 세계이다. 우리의 의식계와 무의식계 중간에 존재하는 것, 마치 낮과 밤의 경계인 황혼 때와 같은 희미한 잠재의식의 세계가 있는데, 이것이 곧 인생의 참된 의미가 있는 부분이다. 자연파가 중시하는 물질계나 육적 생활의 사실은 오히려 허공의 빈 것으로 결코 리얼리티라고는 말할 수 없다. 최고 절대의 참된 생명이 존재하는 곳은 밖으로 드러난 생활이 아니라 도리어 눈에 보이지 않는 신비의 영역에 있는 것이다.

그러나 이러한 신비 영역은 우리들의 오감으로는 전혀 느껴지지 않는데, 그렇다고 해서 또 결코 우리들과 몰교섭적인 세계도 아니다. 아니 오히려 우리의 심령적인 생활과는 밀접한 관계가 있고 양자 사이에 상통하는 바가 있는 것이다. 단 이 영적 세계의 교통은 결코 언어나 사상의 힘으로 이루어지는 것이 아니라 온전히 '침묵'의 힘에 의한 것이다. 마테를링크의 희곡 중 인물의 대사로 말하면 "심령이 서로 만날 때 입술을 전혀 움직이지 않고 모든 것은 알 수 있다.(Il y a un moment où les âmes se touchent et savent tout sans que l'on ait besoin de remuer les lèvres)"(*Alladine et Falomides*, Acte III. Sc. 1.) 인간의 진정한 심령은 침묵할 때에야말로 드러나므로 죽음은 실로 이 침묵이 가장 커지는 것이다. 지금까지 말하고 있다가 갑자기 침묵할 때, 그 때 이 심령이 깊은 곳까지 드러날 때가 있다. 그 증거로 사람은 무엇보다도 침묵을 두려워하고 싫어하는 경향이 있는 것은 아닐까. 또 예컨대 사람과 사람 사이에 동정심이 있다거나 반감이 있다거나 하는 것도 도저히 논리로는 설명 불가능한 현상이다. 어디가 마음에 드는가, 들지 않는가 흔히 말해 '마음'이 맞는가 안 맞는가 하는 이 '마음'이란 무엇인가 온전히 설명할 방법이 없다. 여기에서 말로 할 수 없는 심령의 작용이 나타나는 것이리라. 이런 식으로 모든 심령은 현 세계와 일종의 관계를 유지하고 있는데 그것은 일체 신비한 것이며 이것이 곧 운명이고 그리고 이 운명을 느낄 수 있는 힘이 진정한 지智이다.

그는 또한 이렇게 말했다. 우리에게는 성격보다도 위대한 것이 있다.

보통 말하는 인격보다도 한층 커다란, 그리고 그 근저가 되는 불가해한 어떤 것이 있는 것이다. 일례를 들면 세계 속에는 무능한 자가 번성하고 힘있는 자가 오히려 실패하는 일견 매우 기이한 현상이 있으나 이것은 우리의 관찰이나 경험으로는 도저히 설명할 수 없는 사실이다. 그러나 그것은 필경 인격의 기초이고 또 지정의知情意의 의식적 생활의 하나 아래 잠재하는 무의식의 상태가 그렇게 만든 것이다. 진정한 자기ego는 보통 말하는 인격에 없으며 이 무한하고 불가사의한 것 속에야말로 존재하는 것이다. 외부 세계에 나타난 생활은 단순히 깊은 바다의 표면에 떠다니는 포말이나 혹은 인광phosphorescence과 같은 것에 지나지 않는다. 시간과 공간을 초월한 이 내부 생명이 모든 외부적인 사실의 진정한 원인이다. 따라서 이 생명만 지향한다면 인간은 행복하지만 그것이 둔감하거나 잠자고 있다면 불행은 연신 잇따라 덮쳐 온다. 이것은 그가 논집『파묻힌 신전Le temple enseveli』 속에서 한 말이다.

위에 서술한 것은 대체로 마테를링크의 신비설의 근저인데 그의 희곡 작품 또한 온전히 이러한 신비사상에 기초를 둔 것이다.

그의 희곡은 인물의 성격이나 사건을 묘사하거나 자연파와 같이 오직 인생의 있는 그대로를 보여주는 것이 아니다. 온전히 외부 세계의 동작에 드러나는 초자연적인transcendental 신비의 세계를 암시하기 위한 것이다. 당연히 재래의 극에서 보는 것과 같은 양식은 완전히 파기하여 버리고 별도로 새로운 독창적인 시도를 하지 않으면 안 되었다. 실제 그는 과거부터 있었던 극의 기술을 완전히 바꾸어 버린 점에 있어서 입센 이상으로 파괴적이고 혁신적이었다고도 일컬어지고 있다. 그렇다면 그 독창성이란 무엇인가. 그것은 곧 '정극static theatre'이다. 지금까지 극의 최대 요소라고 믿고 있었던 동작이란 것을 완전히 없애고 정조mood만으로 이루어진 연극이다. 물질적 요소가 극히 부족한 빈 영혼의 희미한 극으로, 보는 연극이 아니라 느끼는 연극이다. 따라서 자르거나 붙이는 것을 일상다반사로 무대에서 연기하는 과거 풍의 연극이 아니라 오직 단순한 일상생활 속에서 주제를 취한 것. 대화도 무용의 언어라고 보는 것에 오히려 진정한 깊이 있는 의미가 포함되어 있다. 특히 그 단조롭고 평범한 단편적인 문구가 어느 사이에 독자와 관객의 마음을 교묘히 유원한 신비의 영역에 불러들여 일종의 암시가 되는 불가사의한 힘을 지니고 있다. 그것을 입센의 극과 비교하면 동작이 모자라는 점은 양자가 혹 닮았을지도 모르지만 입센 극은 인생의 모습을 그대로 묘사한, 오히려 사진적 사실주의photographic realism로 수행한 것이고, 마테를링크의 극은 그것에 반해 초감각적 사실주의clairvoyante realism라고도 말할 수 있을 것이다. 전체가 초자연적이고 상징적인 일종의 암시이고, 극이라고 말하면서 보통 의미의 극이 아니다. 회화에서도 시가에서도 또 음악에서도 없는 일종의 새로운 예술이다.

이상은 주로 마테를링크의 논문에 드러난 것을 논한 것이다. 아울러 그것을 작품의 실제에 있어서 살펴보면 이런 특색은 초기의 작품에 가장 뚜렷하다. 〈맹인〉이나 〈아내〉 혹은 〈침입자〉 등의 이 시기의 작품은 작중의 인물도 배경도 모두 막연하여 완전히 포착하기 어려운 것이다. 인물의 성격은 전혀 명료하지 않고 무언가 몽롱한 수수께끼 같고, 현세와 몽환계 사이를 헤매는 그림자를 보는 것 같은 것이 많다. 등장인물도 때로는 이름조차 없고 오직 '노인'이나 '하인', '왕', '여왕' 등으로 써 있을 뿐이다. 이런 식이기 때문에 거의 시각에 호소하는 연극이 아니다. 한 독일인이 이것을 평하여 말했듯이 "육안은 감고, 영의 눈만을 열어 보는(Das Körperliche Auge schliesst sich, und weit offen stehen die Augen der Seele)" 것이라고 해도 좋다. 철두철미하게 명상적인 성질의 것이고 보통의 연극과는 반대로 일부러 관객의 마음을 긴장시키는 것조차 피한다. 어떤 작품에 짐짓 인형연극(마리오네트)이라고 명목을 내건 수수께끼는 작자 마테를링크의 본의를 잘 드러내고 있다.

나는 이제 그의 희곡의 대강의 줄거리를 서술하고, 이상의 그의 주장을 각 작품으로 확인하고자 생각했지만 생각해 보면 〈몬나 반나〉는 현재 일본의 무대에서도 상연되었고 그 외의 초기 작품은 물론, 후의 〈파랑새L'Oiseau Bleu〉에 이르기까지 대체로 일본어역도 나와 있으므로 여기서는 그 개요와 비평을 소략하게 살펴보았다.

서序에서 말하였지만 단 하나, 신비가는 이미 이지理智를 배척하고 또한 경험을 중시하지 않고 오직 풍부한 감정이나 예민한 직감력만을 귀히 여긴다. 따라서 학자나 현인보다도 어리석은 자나 미치광이 쪽이 도리어 심령계의 소식에 밝다. 보통 현재의 물질적 생활에서는 이지력이 부족한 저능자와 같이 간주되고 있는 여자나 노인이 오히려 무형의 신비적 운명을 빨리 감득하는 경우가 있다고까지 생각되고 있다. 이 생각은 마테를링크의 여러 희곡에 나오기도 하고 또 논집 『가난한 자의 보물』 속에 「여자」라는 글에서도 논의되고 있다. 또 예이츠의 〈시계The Hour Glass〉라는 매우 잘 쓴 일막극에도 어리석인 사람이 도리어 현명한 학자들보다는 직각력이 예리한 자라는 생각을 비유하고 있는 것이 떠오른다.

이상 서술한 것 외에 자연주의시대에서 계승된 정치한 사실적 수법에 더하여 이 신비주의 경향과 유사하며 양자의 조화를 잘 이룬, 소위 사실적 이상주의realistic idealism라고도 불리는 작품의 예는 전세기말 이후 최근에 있어서 매우 많다. 예컨대 독일의 하우프트만의 〈하넬레Hannele〉[1] 등도 동작이 부족한 고대풍의 신비극에 더하여 근대의 사실적 수법을 사용한 것. 입센의 〈바다에서 온 여인〉 등도 그 됨됨이는 완전히 이 양자의 조화에 기초하고 있다. 그 외에 위스망스의 소설은 물론이고 빌리에 드 릴라당이 파리생활을 자세히 묘사한 데에 신비적 색채를 더한 여러 작품 모두 이 경향을 잘 대표하는 작품이다.

마지막으로 나는 이 신비적 경향이 유럽 중세의 기독교 즉 로마 가톨릭의 부활을 촉진했다는 사실에 대해서 한마디 하고자 한다. 원래 낭만주의와 신비주의와 중세의 종교, 신앙 이 세 가지는 그 성질상 거의 떨어질 수 없는 관계이므로 최근의 신낭만주의의 사상계에 있어서도 중세교의 부활 즉 신가톨릭주의Neo-catholicism는 역시 자연스럽게 기세

1) (역주) 하우프트만의 작품 〈하넬레의 승천(Hanneles Himmelfahrt)〉(1894)을 말한다.

에 따라 일어난 두드러진 현상이다.

얼마 전으로 거슬러 올라가 말하면 과학만능사상의 영향으로서 종교계에 대변란을 가져와 논리적인 자유신학과 구신앙파괴설 등이 무성히 나온 그 당시, 한편으로는 그에 대한 반항운동이 있었다. 그리고 최근의 구교부활도 역시 이전에 있었던 그 운동과 일맥 관계가 있다고 볼 수 있는 것이다. 우선 첫째 영국에서 옥스퍼드대학을 중심으로 한 뉴먼Newman 등의 종교운동 즉 옥스퍼드운동Oxford Movement이 있었다. 원래 영국신교에 속해 있었던 사람들 속에서 보수적인 사람들이 점차 구교적 정신에 가까워져 회의의 풍조를 배척하고 비평적 자유신앙을 옳지 않다고 여겨 일으켰던 것이 곧 이 옥스퍼드운동이다. 요컨대 그것은 하느님을 믿고 천당을 동경하고 로마교회의 교의를 원천으로 한 중세신앙의 부활의 다름 아니었다. 즉 시대의 신조류에 반항하고 열정의 신념을 고취하고 교회의 권위를 중시하는 일파로, 이 운동은 현저하게 영국의 정치, 문예상 영향을 미쳤다. 시가와 회화 양쪽에 걸쳐 영국 근세예술사상의 장관을 이룬 이 라파엘 전파 곧 로제티를 중심으로 한 신비적인 중세적 정신mediaevalism과 자연적인 열정의 아름다움을 유감없이 발휘한 이 일파의 예술은 직접, 간접으로 이 종교운동의 영향으로부터 탄생한 것이다. 또 영국의 이 운동으로부터 조금 후, 1864년 원조 로마교황 피우스Pius 9세는 분연히 회칙요목Syllabus(우선 조항별로 쓴 것이라고도 번역할 수 있다) 80개 조를 천하에 공표했다. 그 내용은 근대신앙이 퇴폐적으로 된 것, 교회가 정부에 지배되는 것 등 모든 이러한 유럽 사상계의 근황을 비난하고 구교도를 위해 모든 기염을 토한 것이다. 이 선언서는 당시 세력을 얻고 있었던 유물적이고 과학적인 신사조에 대한 상당히 열렬한 반항의 목소리였던 만큼 확실히 유럽의 이목을 놀라게 한 것이다.

한편 위에서 말한 것은 이전 자연주의시대에 있어서 겨우 일부분에서 일어난 반항운동이지만 최근 유럽 일반의 대세가 점차 유물사조를 멀리하고 심령의 생활을 중시하는 신비의 경향을 띠기에 이르렀고 여기에서 구교신앙부활의 현상이 일반에까지 걸쳐 나타나기에 이르렀다. 종교에 대한 과학만능시대의 자유로운 비평적 태도는 바야흐로 변하여 신비적 신앙의 풍조를 낳았다. 사람들은 그것을 일러 신기독교 Neo-christianity라고 하고 이 반동 현상을 평가하여 이미 기독교부활의 서曙 the dawn of a Christian Renaissance라고까지 말하는 사람도 있다. 즉 이전의 유물적 인생관에 만족하지 않고 한층 더 깊게 파고들어 자연과 인생을 보려고 하는 최근 사상계의 대세가 이윽고 일종의 종교적 정취와 만나 신비적 신앙과 결합되기에 이르렀으므로 이것은 매우 흥미로운 현상이라고 생각한다.

최근 문예의 신비적 경향의 일부분을 이루는 것은 곧 이 구교신앙이다. 물론 마테를링크의 신비설만은 이 기독교 색채를 전혀 띠고 있지 않으므로 이 점에 대해서 그는 신비주의를 세속화한secularize 사람이라고까지 불리고 있는 정도이므로 이것은 예외로 하고 다른 여러 작가 속에서 현저하게 드러나는 것에 대해서 생각해 보면 우선 첫째로 모두의 마음에 떠오르는 것은 위스망스의 소설일 것이다.

신비적인 중세교의 정신을 드러낸 위스망스는 우선 가장 정치하게 가장 교묘하게 사원생활을 묘사했다. 이미 한편에서는 복잡한 사상에 지치고 다른 한편에서는 면도날보다도 날카로운 신경을 가지고 있는 현대인에게는 중세교의 교의 그 자체보다는 신비로운 분위기에 만연된 사원생활이야말로 그들의 마음을 가장 많이 감동시키는 것이었다. 우선 저 장엄한 수도원의 고딕건축이나 조각이 이 종교적 정조를 잘 나타내고 있는 것은 말할 것도 없다. 채색된 창을 통해 들어오는 옅고 어두운 광선(이전의 밀턴의 시에 소위 종교적 분위기의 희미한 빛dim religious light), 그리고 묘하게 사람의 마음을 끄는 힘이 있는 종교적 창가(plain-chant 또는 canto fermo라고도 함), 향의 연기, 오르간의 음향, 신부의 법의, 엄숙한 예배liturgy 이 모든 것은 모두 최근 작가의 예민한 관능을 자극하였고 신비적인 정조를 내기에 가장 영향력 있는 것이었다. 그럼에도 불구하고 한편에서는 또 수도원 생활monasticism과 고행asceticism의 금욕생활에도 말할 수 없는 신비 취미의 그윽함이 보였다. 위스망스가 작품 「출발」이나 「대성당」(본서 310쪽 참조)에서 자연파시대에 다듬어 완성시킨 정치한 묘사법을 이용하여 묘사해낸 것은 곧 이 수도원의 주위였다. 「출발」은 중세풍의 한 오래된 성당에 들어가 기원에 열중하는 사람의 참회일지와 같은 작품이고 후자는 샤르트르 대성당, 소위 「돌로 된 시가 poem in stone」를 극히 정치하게 묘사한 작품. 두 작품 모두 수도원이라는 상징에 의해 농후한 신비적 색조를 낸 것이다. 소설로 말하면 실로 줄거리가 있지도 않고 또한 성격 묘사가 있지도 않다. 완전히 종교적 정취를 중심으로 하고 생명으로 하는 작품이다. 이미 한번은 자연주의의 회의자였던 작자가 번연히 깨달음의 길에 들어서고 신앙을 얻어 마침내 "신비와 예배 이외에 마음을 이용하고 또 신으로부터 외부의 것을 생각하는 것은 모두 쓸모없는 것이다(l'inutilité de se soucier d'autre chose quĕde la mystique et de la liturgie, de penser à autre chose qu'à Dieu)."라고까지 도파道破하기에 이른 그 내부생활이 작품의 근저를 이루고 있다.

그러나 이러한 신앙부활의 기운의 진정한 선구를 이룬 작가로서는 빌리에 드 릴라당을 들지 않으면 안 된다. 시몬즈는 이 사람에 대해 다음과 같이 말했다. "그는 새 시대의 영적 분위기를 만들고 있었다. 유물론자 사이에 처하여 그는 심령계의 확신을 종종 선언했는데 그것은 결코 헛되지 않았다. 사실가나 고답파 사이에서 그는 신예술을 창조하고 희곡과 소설에서 상징파를 일으킨 사람이다. ……빌리에의 마지막 말은 신앙이다. 오관이 드러내는 것에 반하여 물질적 과학론의 반증을 호소하고 그는 영을 믿고 신을 믿는다고 단언하였다. 몸은 지금 영계에 있고 무엇인가 그것이 변증을 요구한다고 그는 말한 것이다."

또 고故 프랑수와 코페François Coppée나 브륀티에르, 부르제 모두 구교인이었다고 하는 사실은 주목해야 할 것이다. 특히 벨기에 신파 시인 대다수는 구교신앙과 적지 않은 관계가 있다. 베르하렌은 차치하고 토마스 브라운Thomas Braun, 조르쥬 라마켈스Georges Ramaekers, 빅터 키논Victor Kinon과 같은 새로운 시인은 모두 열렬한 구교신자이다.

그러나 신비적 신앙이라고 해도, 근대인에게 있어서는 이전처럼 그렇게 단순하지 않다. 현실 생활을 완전히 잊어버리고 오로지 몽환과 공상의 영역에만 안주하여 신을 믿고 천국을 동경하고 어떤 고민도 몰랐던 것은 중세인이다. 근대인에게는 이것이 도저히 불가능하다. 그들에게는 심령의 신앙은 있으면서도 그것에 생활 전부를 던질 수 없는 것은 한편 육적 생활에 대한 집착이 너무도 강하기 때문이다. 그들은 영적 방면에서 구하는 바가 있음과 동시에 별도로 또한 강렬한 육적 욕망이 계속해서 뒤이어 따라온다. 데카당의 예리하고 만족할 줄 모르는 관능과 강한 현실감은 도저히 그들로 하여금 영적 생활에 안주할 수 없도록 할 뿐인가, 이 두 방면의 생활이 모순되고 충돌하는 곳에 또한 말할 수 없는 고민도 생기는 것이다. 육체flesh와 영혼spirit의 싸움 또 영성spirituality과 육욕주의carnalism, 영적 욕구와 육적 욕구 이 양자의 부조화야말로 실로 근대 데카당티즘의 참담한 일면일 것이다. 특히 벨기에는 인종의 특성에서도 그렇고 베르하렌이나 로덴바흐Rodenbach 이하 여러 시인은 모두 신비가임과 동시에 또 성한 애니멀리스트animalists인 일면을 그 작품에 드러내고 있다.

그러나 이 영육 양방면의 부조화에 기초한 번민을 가장 잘 드러낸 것은 베를렌의 작품이다. 흔히 알고 있듯이 그는 상징파 시인의 교초翹楚이고 또 삭막한 방랑의 생활에 일생을 보낸 주객이다. 근대의 퇴폐적 경향의 가장 완전한 대표자이다. 그러나 그의 시집 『예지Sagesse』 한 권에 수록된 시편을 본 사람은 그가 얼마나 한편으로 열렬한 가톨릭교 신앙을 가지고 있었는지 놀랄 것이다. 앞서 그는 젊은 시인 랭보의 미모에 매혹되어 동성애에 빠지고 결국에는 그것이 권총 소동까지 나서 감옥에 가게 되었는데, 그의 시집이야말로 곧 당시 감옥 속의 작품이다. 온갖 죄를 범하고 육체의 욕망으로 거칠어진 사람의 회오悔悟와 참회의 일기라고 보아도 좋을 것이다. 그의 성모마리아에 대한 열렬한 존경과 믿음, 사랑과 연모의 정은 이 시집 속에 나타나는데, 이는 중세인의 신앙과 조금도 다르지 않다. 참고로 일례를 들면 다음과 같다.

'Je ne veux plus aimer que ma mère Marie.
Tout les autres amours sont de commandement,
Nécessaires qu'ils sont, ma mère seulement
Pourra les allumer aux coeurs qui l'ont chérie.

나는 나의 어머니 성모마리아 이상으로 사랑하고 싶지 않네.
다른 모든 사랑은 단지 명령에 따른 사랑.
설령 다른 사랑이 필요하다 해도, 나의 어머니 성모 마리아만이
성모 마리아를 소중히 여기는 가슴에 불을 붙일 수 있네.

'C'est pour Elle qu'il faut chérir mes ennemis,
C'est pour Elle que j'ai voué ce sacrifice,
Et la douceur de coeur et zèle au service,
Comme je la priais, Elle les a permis.

적을 사랑해야만 하는 것도 성모 마리아를 위한 것.
내가 이 희생을 바치는 것도 마리아를 위한 것.
온화한 마음과 열성적인 근행(勤行),
내가 마리아에게 기도하자, 마리아는 나에게 그런 마음들을 허락하네.

'Et comme j'étais faible et bien méchant encore,
Aux mains lâches, les yeux éblouis des chemins,
Elle baissa mes jeux et me joignit les mains,
Et m'enseigna les mots par lesquels on adore'.

그런데 나는 여전히 약하고, 여전히 심악(心惡)하네,
두 손은 축 늘어지고, 두 눈은 길 위에서 현혹되네.
이것을 보고 마리아는 나의 눈에 입맞추고 나의 두 손을 잡았네.

그리고 사람들에게 사랑받는 말들을 나에게 가르쳐 주네.

성모마리아에 봉헌된 이러한 말은 설령 그것이 중세 수도원에서 단정하게 수행한 사람의 가슴 속에서부터 흘러나오는 목소리가 아니라 해도 누가 보아도 적어도 신앙이 독실한 가톨릭교도의 거짓 없는 고백이라고 할 것이다. 어찌 생각이나 했을까, 이것이 육체의 환락에 빠져 강렬한 독주 압생트Absente에 취하여 파리의 밤을 헤맨 데카당시인의 목소리라고 하면 누구나 이 굉장한 모순에 놀라지 않을 수 없다. 일면 경건한 그는 다른 한편 순수한 이단자이고 쾌락주의자pagan이다. 아나톨 프랑스는 이 시인을 평하여 정통파orthodoxe이면서 동시에 또 신성모독sacrilège이라고 하였지만 실제로 그는 죄를 범하고 그 후 즉시 참회를 한 것이었다. 언제나 영과 육體 양방면의 생활 사이에 가로놓인 강렬한 모순에 번민한 사람이다.

신비적인 중세교의 부활에 따른 영적 신앙과 한편으로는 만족을 모르는 관능의 자극욕과 그 둘 사이에 일어나는 이상과 같은 모순은 최근 문학에서 특히 주목해야 하는 하나의 현상이라고 생각한다.

3. 상징주의

상징과 문학 - 연상과 상징 - (A) 본래의 상징 - (B) 풍유 - (C) 고급상징 - (D) 정조상징 - 신비와 상징 - 찰나의 정조 - 신경작용에 기초한 시가 - 내용 즉 외형 - 상징시와 음악의 관계 - 베를렌의 『시작법』 - 관능의 교착, 특히 음과 색의 혼효 - 예술 각 부문의 혼동 - 그 예 - 말라르메의 암시설 - 신경작용과 암시 - 상징시의 새로운 기교 - 언어의 새로운 작용 - 상징시가 난해한 이유 - 말라르메 작시의 순서 - 단시형 - 상징시의 예, 베르하렌, 예이츠, 딜레머, 베를렌 등의 시편 인용이상 서술한 신비적 경향은 근대인의 신경과민의 병적 현상과 연결되는데, 여기에서 최근 문예의 특유한 하나의 새로운 체재를 생성하기에 이르렀다. 그것이 곧 상징주의이다.

원래 시에 상징을 사용하는 것은 결코 어제 오늘 시작된 것이 아니다. 수사학에서 말하는 암유metaphor의 하나의 변체變體인 상징 그 자체는 고대에서부터 중세는 물론, 그 이후 모든 시대의 문예에 사용되고 있다. 단 옛날과는 달리 일부러 노력하여 상징을 사용한 것은 아니지만 근대 상징파의 이름을 건 자는 작가가 처음부터 의식하고 그것을 작품의 중심, 근본으로 생각했다는 점에 특색이 있는 것이다. 실제로 근대 문학 속에도 상징파의 시조라고 볼 수 있는 제라르 드 네르빌의 경우는 상징이 아직 무의식적으로 사용되고 있었던 것에 지나지 않았다. 명확하게 그것을 시창작상의 주장으로서 특히 표방하기에 이른 것은 실제로 말라르메나 베를렌에 와서이다.

그러면 상징이란 무엇인가, 우선 이 문제부터 매달려 결정해야 한다.

상징이란 표현법expression의 하나인 것은 말할 것도 없지만 그것은 또한 광의로 말하면 연상association의 한 종류이다. 지금 눈앞에 보이거나 들리거나 하는 것에 전에 경험한 사물을 재현하여 신구新舊 두 개의 사실factors이 결합하는 곳에 새로운 사상과 감정을 일으키는 것이다. 단 보통 연상에서는 이 두 개 사실의 결합이 느슨하고 양자 사이에는 필연적인 관계가 없다. 예컨대 벚꽃을 보면 우리는 아라시야마嵐山[2]를 생각한다. 그러나 벚꽃과 아라시야마 사이에 어떤 필연적인 관계가 있는 것이 아니므로 만약 외국인이 벚꽃을 보았다면 아라시야마나 요시노吉野[3]를 연상할 수 없다. 그러나 이 두 사실, 즉 앞과 뒤 혹은 외형과 내용, 또는 직접과 간접이 지금 말한 벚꽃과 아라시야마의 관계보다도 훨씬 긴밀히 필연적으로, 사람들에 의해 차별 없이 일반 사람들에게도

---

2) (역주) 교토(京都)시 서부에 있는 산. 벚꽃, 단풍의 명소.
3) (역주) 나라(奈良)현 남부의 지명. 요시노가와(吉野川) 유역의 총칭. 예부터 벚꽃의 명소이며 난초(南朝)의 사적이 많다.

적용될 때 그것이 곧 상징symbol이 되는 것이다. 예를 들면 꽃으로써 미인을, 붓으로 글을, 검으로 무력을 드러내는 것은 이미 훌륭한 상징이고, 이 경우 두 가지의 사실은 서로 관계가 있다beziehen.

그러나 상징의 다른 특색은 외형과 내용 사이에 가치의 차이가 있다는 점이다. 즉 상징 그 자체와 그것에 의해 표현되는 사물 사이에 존재하는 경중의 차가 매우 심하다. 여기서 외형과 내용의 가치의 차이에 의해 상징은 여러 가지로 나뉜다. 어떤 것은 의미나 내용만이 아니라 외형도 매우 중요한 것이 있고, 또 어떤 것은 외형 그 자체에는 어떤 가치도 없는 것이 있다. 이에 따라 상징을 분류하면 다음과 같다.

(A) 본래의 상징Eigentliches Symbol. 이것은 내용과 외형 사이에 본질적인 관계가 있는 것이 아니며 또 쌍방의 가치의 차이가 가장 심한 것이다. 즉 내용인 의미가 매우 중요하고 외형은 단순히 그 부호에 지나지 않는 것이다. 이 외형이 색인 경우는 색채상징farbensymbolik인데 예를 들면 하얀색이 순결, 청정을, 검은색은 비애나 죽음을, 황금색이 광영이나 권력을 나타내는 것이다. 그 밖에 외형이 소리인 경우는 음의 상징Tonsymbolik이 되는데, 물체의 형태로 이루어졌을 때는 형태상징Formensymbolik이라는 식으로, 분류하면 끝이 없다. 원래 이런 종류의 상징은 종교 쪽에 매우 많으므로 나는 잘 알지 못하지만 불교 쪽에서도 상당히 많이 있는 듯하고 현재 기독교에서의 세례나 성찬식 혹은 십자가 등도 완전히 그러하다. 또 근대 문학 쪽에서 말하면 예를 들어 입센의 희곡 〈유령〉 속에 나오는 유명한 태양은 개인주의의 이상인 자유와 미美를 드러내고 〈건축가 솔네스〉의 주인공이 높은 탑 위에 걸려고 한 깃발도 또한 이상을 상징화한 것이었다. 모두 간단한 외형을 빌려 그 내용에는 정신적이고 고상한 것, 이상적인 것, 혹은 사상이나 관념과 같은 모든 추상적인 것을 드러내는 것이다. 환언하면 볼 수 없고 들을 수 없는 무형무상의 것을 유형의 것, 구체적인 것에 의지하여 표현하는 것이다.

(B) 풍유Allegory, 우의담Fable. 이것은 앞의 것보다도 부호나 외형이 복잡하고, 풍부하게 되어 있는 것이다. 즉 의미, 내용과 평행하게 외형도

매우 복잡한 것이다. 풍유는 인간을 외형으로 사용하여 복잡한 사상 곧 우주, 인생에 관한 진리 같은 것을 드러낸 것, 누구나 알고 있는 번연의 『천로역정Pilgrim's Progress』은 그 적당한 예이다. 바킨馬琴[4]의 『핫켄덴八犬傳』에서 인의예지충신효제를 핫켄시八犬士로 배치한 구상은 확실히 풍유에 속한다. 또 우의담은 동물을 이용하여 진리나 교훈을 빗대어 말한 것인데 이숍이야기가 널리 알려져 있으므로 여기서 더 말할 것도 없을 것이다.

한편 위에서 말한 A에 속하는 상징은 그것만으로는 예술품으로서의 가치가 적으므로, 예를 들면 기독교의 십자가만으로는 한 개의 예술품이 될 수 없는 것이다. 이것은 오히려 예술의 보조품에 지나지 않는다. B부류에 속하는 것도 아직 위대한 예술이라고 말할 수 없는 것 또한 논할 필요가 없을 것이다. 여기서 예술상 가장 중요한 상징은 곧 다음에서 언급할 고급상징이다.

(C) 고급상징Das Hoch-symbolische이라는 명칭은 독일의 학자 피셔Vischer가 붙인 것이다. 이것은 외형 속에 이미 어떤 의미나 내용을 드러내고 있는 것으로, 자세히 말하면 외형만으로도 이미 의미를 이루고 있으나 이보다도 한층 더 깊은, 인생 일반의 문제, 철학, 종교, 도덕 등에 관한 진리를 드러내는 데 자극적 성질을 가진 외형을 이용한 것이다. 고금의 문학 중 상징적이라는 것은 대부분 이 부문에 속하는 것으로 단테의 『신곡Divina Commedia』이 중세 기독교 사상을 드러내고, 셰익스피어의 『햄릿』이 회의와 고민을, 『리어왕』이 감정일로의 인간과 운명의 관계를, 『맥베스』가 큰 야심을 드러내고, 또한 괴테의 『파우스트Faust』가 번민으로부터 해탈에 이르기까지의 행로를 드러내는 등 이는 모두 고급상징이며, 예술상 가장 중요한 것은 이런 부류이다.

이 부문에 속하는 상징에는 직접 거기에 묘사된 인물이나 사건이 그것만으로 이미 충분한 가치를 가지고 있음에 틀림없으나, 이것은 단

4) (역주) 교쿠테이 바킨(曲亭馬琴). 에도시대의 극작가.

순히 인간의 영혼 깊숙한 곳의 은밀한 소식을 암시하는 상징에 불과하다. 즉 볼 수 있고 들을 수 있는 감각적인 재료인 사상事象을 빌려와 그것으로써 독자에게 무한을 암시하고 살짝 엿보기glimpse를 촉구하려고 하는 것이다. 칼라일도 『의복철학』 제3장에서 상징에 대해서 다음과 같이 말했다.

> In the symbol proper, what we call a Symbol, there is ever, more or less distinctly and directle, some embodiment and revelation of the Infinite; the Infinite is made to blend itself with the Finite, to stand visible, and as it were, attainable there.
>
> -Sartor Resartus Bk. Ⅲ. Chap. Ⅲ

> 우리가 부르는 상징이라는 것 속에는 다소 명확하게 또 직접적으로 무한을 체현하고 계시하는 것이 있다. 무한은 유한과 상호교류하며, 볼 수 있는 것이 되고 마치 도달할 수 있는 것처럼 된다.

한편 이상 언급한 각종의 상징은 모두 추상적이고 비감각적인 것을 내용으로 그것을 구체적이고 감각적인 것에 기대어 표현한 것인데 다음에 서술할 것은 예민한 신경과 관능의 작용을 기초로 하는 기분 즉 정조(stimmung 혹은 mood)를 표현하는 것이다. 최근 데카당의 예술인 상징파의 작품은 대부분이 이 부류에 속하는 것으로 넓게 정조예술stimmnugskunst이라는 이름으로 부르고 있는데, 현재 그것을 편의상 앞의 세 부류와 나란히 하여 (D) 정조상징이라는 항목을 설정하여 설명하려 한다.

우선 이 정조상징과 같은 예술을 일으킨 이유를 생각해 보면 첫째 그것은 앞 단계에서 서술한 최근 유럽에서의 신비적 경향이 기초를 이루고 있다. 그윽하고 몽롱한 신비적 경지에 들어가서는 이미 보통의 사상이나 감정에 얽힌 것이 아니라 완전히 생각하고 포착해야 하는 것이다. 현대인의 내부 생활 속 깊은 곳에는 이러한 경지가 잠재하므로 그것을 노골적인 언어로 기재하거나 서술하는 것은 도저히 불가능하다. 당연히 상징의 수단을 빌려 이것으로써 암시suggest해야 하는 것이다. 어떤 사람이 상징은 신비의 패러디Symbolism is to some extent a parody of mysticism라고 말한 것은 곧 이 의미인데, 언제나 신비와 상징 사이에는 뗄 수 없는 관계가 있다. 특히 최근 프랑스의 신비시인이 말한 바에 의하면 눈으로 볼 수 있는 세계와 눈으로 볼 수 없는 세계, 물질계와 영계 또 유한의 세계와 무한의 세계 사이에는 서로 상응하고 상통하는 것 곧 일치correspondence가 있으며 상징은 곧 이 양자를 중개하는 것이다. 문예의 임무는 재래의 자연파와 같이 만상을 사색하고 비평하는 것에 있지 않고 도리어 그 만물을 통해 신비와 무한의 세계를 암시하는 것이다. 기원invocation 혹은 계시revelation야말로 진정한 예술이 기할 바라는 것이 그들의 주장이었다(본서 382쪽 참조).

둘째, 우리가 생활의 찰나에 조우하는 다양하고 잡다한 사상事象은 모두 일종의 정조를 낳는다. 예를 들면 어떤 색이나 소리에 의해 관능의 일부가 자극되면 그것이 중추 신경에 영향을 주고, 파동은 나아가 전신에 전달되어 여기서 기분이라든가 정조라든가 하는 것이 형성된다. 그러나 근대의 신경과민한 사람의 경우에 있어서는 외부 세계의 인상에 응하는 관능의 작용이 특히 예민한 만큼 정조가 극히 복잡하고 강하게 나타난다. 따라서 이 감각을 통해 깊숙이 들어가 있는 정신생활의 내부를 찾으려 하는 것이 새로운 상징주의 문예이다. 보통 이용되는 감정이라는 단어는 오히려 매우 대략적인 단어인데, 그것이 의미하는 내용을 세밀하게 검토해 보면, 요컨대 지금 말한 감각 내지 신경으로부터 온 정조가 집적된 결과이다. 그러나 이전의 낭만파 시대의 문학에서는 아직 신경이 그 정도까지 예리해지지 않았기 때문에 단지 감정만을 노래하는 데 만족하고 있었지만 최근 데카당이라고 부르는 신경과민 일파는 아직 얽힌 감정이라 할 수 없는 이전의 정조 곧 자극에 응하여 환기된 찰나의 기분 그 자체를 노래하려고 한다. 오스트리아의 시인 호프만슈탈 등의 청년빈파Jung-Wiener가 말하는 바가 곧 이것으로, 세계는 결코 항구적 존재가 아니고 찰나의 감각이 다음에서 다음으로 연속하여 생기는 것에 불과하다. 현대의 신예술이 목표하는 바는 구문예에서 말한 것 같은 사상이나 감정이 아니라 이 찰나의 감각 그 자체를 취급하는 것이라는 것이 그들 일파의 주장이다.

앞의 자연파 작가는 단지 객관의 현상을 보고 그것을 있는 그대로 묘사하는 데 불과했지만, 최근 작가가 자기주관의 내면을 성찰하기에 이르렀으며, 비로소 정조 혹은 기분이라는 것이 문예의 중심이 되기에 이른 것이다. 오직 객관의 사실만을 묘사한 것은 문서document이지 예술품이 아니다. 또 철학자나 윤리학자와 같이 사실을 비판하고, 그렇게 함으로써 얻은 사상을 드러내는 것, 이것은 또한 문예의 범위 밖의 것이다. 사상事象이 환기하는 감정 나아가 근원까지 거슬러 올라가 감각으로부터 온 그 순간의 정조를 표현할 수 있는 것이야말로 진정한 문예라고 생각하기에 이르렀다. 객관의 사상事象은 단순히 이 정조를 전하기 위한 매개로서 이용하는 것에 불과한 것이 이 파의 문예의 특색이다.

감정을 재현하기 위해서 이용하는 수단, 환언하면 기교가 곧 상징이다. 우선 관능적인 수단에 의해 신경을 자극하고, 거기에 일종의 정조를 일으키고 그것에 의해 어떤 비관능적인 것을 암시하는 것이다. 즉 시인의 가슴 속 심금에 생긴 리듬 혹은 신경의 진동이 정조라고 한다면, 그것을 그대로 직접 독자에게 전하여 똑같이 공명resonance을 일으키려고 하는 것이다. 곧 상징의 수단을 빌려 독자의 마음에도 시인의 그것과 동일한 혹은 유사한 정조를 일으키는 것이다. 이와 같이 신경작용을 기초로 한 시가가 근대에 특유한 서정시의 하나의 새로운 형식이 되었다.

예를 들어 말하면 멀리 떨어져 있는 연인이 불의에 죽었다고 하자. 이것을 취해 깊은 비애의 감정을 노래하는 것은 낭만파이다. 그들은 흔히 이 감정을 과장하거나 혹은 그럼으로써 자신의 사상을 노래하려

한다. 또 연인이 죽은 전후의 사정과 그 정보를 얻은 때의 상황 등 모든 외부의 객관적 현상을 있는 그대로 세밀히 묘사하는 것은 자연파이다. 그러나 상징파 시인이라면 우선 이런 때의 정조를 재현하기 위해 연인의 죽음과는 전혀 관계도 없는 몰교섭적인 다른 사상事象을 묘사하고 그럼으로써 독자에게도 동일한 혹은 유사한 감정을 일으키려 한다. 예컨대 구름 낀 어느 날 해질녘 쓸쓸한 길을 홀로 걷고 있을 때, 멀리 숲 속에서 바람도 없는데 나무가 부러지는 소리를 들었다. 오직 이것만을 서술하여 연인의 죽음 소식을 들은 그 때의 감정과 유사한 것을 독자에게 암시하려고 한다면 이는 곧 상징파의 기교이다. 구문예에서 말한 상징과 같이 내용과 외형이라는 두 개의 사실이 있는 것이 아니라 외형이 곧 내용이다. 거기에서 묘사되고 노래되는 외형 그 자체의 신경에 부여되는 자극이 바로 시를 이루는 것이다. 따라서 이 찰나의 정조를 재현할 수 있다면 시구의 의미의 해석 따위는 어떻게 되든지 읽는 이에게 맡겨두어도 전혀 상관없다고 하는 것이다.

내용과 외형이 딱 맞아 떨어져 쌍방을 나눌 수 없다는 점에 상징시와 음악의 결합이 있다. 원래 음의 선율이 직접적으로 신경을 자극하고 그 음파의 오르내림이 곧 일종의 정조를 표현하는 것에 음악의 특질이 있으므로 다른 복잡한 심리 작용의 힘은 빌리지 않고 어떤 설명도, 조건도 없이 음 그 자체가 직접적으로 사람을 감동시키기 때문이다. 구문예에서 말하는 시가와 같은 사상, 감정이라는 것이 근본 내용이 되는 것이 아니라 신경에 부여되는 음의 자극, 그 자체가 이미 시가를 이루는 것이므로 이 점에서 상징시는 음악과 완전히 일치하는 것이다. 따라서 극단적으로 말하면 말이 완전히 의미를 이루지 않아도 그 음율만으로 일종의 정조를 전할 수 있다면 그것으로 충분한 것이다. 환언하면 언어가 나타내는 의미나 사상에 의해 시를 이루는 것이 아니라 언어의 음향 그 자체가 이미 시를 이루는 것이다. 상징시가 관능의 예술이라고 칭해지는 이유는 곧 이와 같은 점에 있다.

정조라는 것은 본래 이미 종잡을 수 없는 것으로써 포착해야하는 깊은 것이다. 그것은 형언할 수 없고ineffable 규정할 수 없는unbestimmbar 것이므로 이것을 언어의 의미에 의해 전하려 하는 것은 거의 불가능한 것이다. 심적 활동의 이러한 은밀한 동정은 이것을 전하기 위해 반드시 음악이 부여한 신경의 진동에 기대하지 않으면 안 된다. 다시 말해 시인이 느끼는 정조의 리듬 그 자체를 곧바로 상징의 리듬으로 옮긴 것이다. 상징시와 음악의 일치는 전적으로 이 점에서 유래한다. 상징 시인이 시에 무턱대고 같은 어구를 중언부언rabâchage하는 등의 고안을 한 것도 필경 모두 음률에 고심하기 때문이다.

빼어난 상징시인 베를렌의 작품 중 『시작법Art Poétique』은 마치 이 시파의 강령을 선언한 것 같은 시각이 나타나므로 특히 유명해졌다. 원래 표제명을 '시작법'이라고 하였는데, 옛날 17세기 부알로Boileau의 시학에 붙여진 제목과 일부러 같은 제목을 붙인 것부터가 이미 충분히 의미 있는 것이다. 원래 부알로는 당연 의고파의 지도자로서 주목받은 자이며 프랑스뿐 아니라 영국의 드라이든Dryden, 포프Pope 등의 시가까지 모두 부알로의 영향을 받은 것이었다. 현재 베를렌이 고의로 이들 시인과는 완전히 정반대 극단에 있는 근대적인 새로운 시인을 위해 작시의 주의를 선언하고 스스로 새로운 시대의 지도자 부알로를 자처한 것이다. 시 전부를 인용하면 지나치게 길어지므로 가장 중요한 몇 구절을 여기에 인용하여 앞에 서술한 상징시에 대한 설명을 보충하려 한다. 첫머리에서 우선 시와 음악의 합치를 주창했다.

De la musique avant toute chose,
　Et pour cela préfère l'Impair
　Plus vague et plus soluble dans l'air
Sans rien en lui qui pèse ou qui pose.

무엇보다도 우선 음악으로부터.
그리고 음악을 위해 기수각 음률을 좋아하라,

공기 속에서 좀더 모호하고 좀더 녹는,
공기를 무겁게 누르는 것이 아니라.

재래의 구파의 시형을 답습하고 있어서는 도저히 이 파의 시인이 말하는 것과 같은 음악은 불가능하다. 따라서 여기에 "음률을 고르지 않는 것"이라는 것은 곧 종래의 시형이나 구속을 파기한 자유로운 새로운 시의 체재를 말하므로 부정형의 시vers amorphes라 하여, 자유시vers libre라는 부류는 모두 이 신파가 주창하는 것인데, 이는 뒤에 서술하자.

Il faut aussi que tu n'aillas point
　Choisir tes mots sans quelque méprise.
　Rien de plus cher que la chanson grise
Où l'Indécis au Précis se joint.

잘못 없이 말을 선택해서
마음을 지치게 하지 말라.
취하게 만드는 노래보다 더 소중한 것은 없다.
그 노래에서 몽롱함과 정확함이 서로 연결된다.

신비의 분위기는 처음부터 막연한 것이므로 구파의 시가에서 보이는 사상이나 감정에 얽힌 것이 아니다. 직절하고 명석함은 오히려 이들 새로운 시인이 꺼리는 바이고, 언어를 선택하고 수사에 의미를 두는 구파와는 정반대 방법을 사용한다. 구파의 수사법을 버리고 새로운 기교에 의하지 않으면 안 된다고 베를렌은 주장하는데, 그가 근대시의 혁신자인 이유는 여기에 있다.

C'est des beaux yeux derrière des voiles,
　C'est le grand jour tremblant de midi,

C'est, par un ciel d'automme attiédi,
Le bleu fouillis des claires étoiles!

그것은 복면 뒤에 있는 아름다운 눈,
그것은 정오에 동요하는 대낮,
그것은 차분한 가을 하늘에서
뒤죽박죽한 모습의 푸르게 빛나는 수많은 별들.

Car nous voulons la Nuance encore,
Pas la Couleur, rien que la nuance!
Oh! la nuance seule fiance
Le rêve au rêve et la flûte au cor!

우리들이 바라는 것은 뉘앙스,
색이 아니라 오로지 뉘앙스!
아, 뉘앙스만이 연결하네,
꿈에 꿈을, 뿔피리에 플루트를.

새로운 시인이 기하는 것은 재래의 시가, 특히 프랑스의 고답파parnassiens의 작품과 같이 가소성의plastic, 형태가 분명한 대리석 조각을 보는 것 같은 요령있는 것이 아니다. 오히려 그 반대로 신비스러운 깊은 정취와 환영을 포착하려 하는 것이다. 바라는 것은 색깔 없는 그림자이다. 명확한 사상이 없는 몽롱한 꿈이다.

또한 이 시의 마지막 두 연은 이렇다.

De la musique encore et toujours!
Que ton vers soit la chose envolée
Qu'on sent qui fuit d'une âme en allée

Vers d'autres cieux, à d'autres amours.

다시 그리고 언제나 음악으로부터!
그대의 노래가 고양하는 그 무엇이 되게 하자.
그대의 노래 어디론가 가는 영혼이 되네
다른 하늘의 노래, 다른 사랑의 노래를 향하여.

Que ton vers soit la bonne aventure
Éparse au vent crispé du matin
Qui va fleurant la menthe et le thym……
Et tout le reste est littérature.

그대의 노래가 행복한 탐험이 되게 하자
아침의 수축된 바람에 흩어져 날리네
박하와 사향초 향기를 풍기면서 가는 그대의 노래……
그리고 다른 것은 모두 쓸데없는 문자일 뿐.

마지막 결구는 구문예에 대한 통쾌한 냉매冷罵이다.

한편 이러한 상징시인의 심리를 설명하고 또 시와 음악의 접근이 어째서 가능했는가 하는 유래를 해석하기 위해서 시인의 신경과민에서 오는 병적 현상의 하나인 관능의 교착이라는 것이 항상 논의된다.

본서 제2강에서 신경의 병적 상태를 말할 때 시인 랭보가 모음에는 색이 있다고 노래한 구절을 인용했다(본서 66쪽 참조). A는 검은색, E는 흰색, I는 빨간색, U는 초록색, O는 파란색이라고 했다. 그러나 최근의 문예에 이러한 예는 결코 드문 것이 아닌데, 보들레르가 “향기와 색과 소리는 일치한다(Les parfums, les aouleurs, et les sons se répondent.-Correspondances)”고 말한 것도 그 한 예이다. 러시아의 안드레에프의 작품에서 후타바테이 시메이二葉亭四迷[5])가 번역한 『겟쇼키血笑記』(영역은 『붉은 웃음Red Laugh』)도 전쟁의 참극을 묘사하고, 유혈의 섬뜩한 광경으로 사람들을 전율케 하는 작품인데, 그 표제인 붉은 웃음이라는 것이 상징적이지 않은가. 또 악기 종류에 의하여 그 소리와 색을 연상하여 하프를 하얀색, 바이올린을 파란색, 플루트는 노란색, 오르간은 검은색이라고 말한 시인도 있고 혹은 모음을 여러 가지 느낌에 맞춰 아(A)는 위대함, 에(E)는 괴로움, 이(I)는 예리함, 오(O)는 열정, 우(U)는 어리석음이라고 말한 사람도 있다. 또 조금 극단적인 예를 들면 위스망스의 「거꾸로」(본서 310쪽 참조)라는 작품의 주인공 제셍트Esseintes 후작이야말로 실로 데카당의 대표적인 인물인데 그는 문 밖으로 한 발짝도 나가지 않고 낮에 자고 밤에 일어나는 등 완전히 부자연스럽고 인공적인 생활만을 보내고 있는 남자이다. 이 사람은 각종 술을 담은 작은 파이프를 몇 개 나열하고 그것을 악기처럼 만들어 멈춤stop을 누르면 원하는 여러 가지 술이 나오고 그 맛이 모두 하나하나의 각종 악기의 소리가 된다. 예를 들어 퀴라소curaÇcao[6]의 맛은 클라리넷의 소리에, 아니스anise의 맛은 플루트에, 퀴멜주kümmel-brandy[7]는 오보에의 코먹은 소리에, 진jin[8]이나 위스키는 코넷과 트롬본의 소리가 된다. 따라서 그것을 조합하여 마시면 미각은 이들 악기의 합주를 듣는 것과 동일한 느낌을 낳는 것이다. 또 주인공은 후각과 색채를 혼동하여 향료를 맡음으로써 아름다운 경치나 모습을 잘 연상할 수 있다고 하는 이야기도 씌어 있다.

그런데 이 색과 소리의 감각의 교착은 심리학 쪽에서 색채청각audition colorée(영어로 chromatic audition)이라 불리고 있는데, 드문 예로서는 일본에서 말하는 '노란 목소리' 등도 이 부류에 속하는 것이리라. 데카당적

5) (역주) 말과 글이 일치되게 하는 언문일치체와 사실주의를 바탕으로 『부운(浮雲)』을 발표하였고, 투르게네프의 『밀회』, 『해후(邂逅)』를 번역하는 등 근대 일본문학의 선구가 되었다.

6) (역주) 혼성주(混成酒)의 하나. 알코올에 쓴 맛이 나는 오렌지 껍질을 넣어 조미한 단맛이 나는 양주로, 알코올의 농도는 30~40%이하이며 무색, 갈색, 녹색의 것이 있다. 서인도 제도의 퀴라소 섬에서 생산된다.

7) (역주) 파슬리 열매 등으로 조미한 술. 발트해 동해안 지방에서 생산된다.

8) (역주) 증류수의 하나. 옥수수, 보리, 밀을 원료로 하여 만들며 노간주나무 열매로 향기를 낸 무색투명한 술이다.

인 천재의 신경에는 특히 이것이 극단적이 되어 이상 다양한 예를 든 것처럼 미각도 청각도 시각도 혹은 관념, 감정도 모두 뒤섞어 혼동, 착종해 버린다. 파란색의 감정이 있다면 초록색의 소리도 있고, 붉은 웃음이 있다면 자하색의 향기도 있다는 식이다. 예의 노르다우 일파의 주장에 따르면 이들은 모두 대뇌의 장애cerebral lesion에 기인하는 것인데, 그것은 어쨌든 신경이 면도날보다도 날카로운 근대인의 감수성sensibility이 아니면 도저히 볼 수 없는 현상이다.

한편 이 관능과 교착의 현상이 새로운 예술에 나타나고, 앞서 말한 베를렌 및 그 일파의 상징시인의 경우에 있어서 시가와 음악의 접근이 되었다. 그들은 소리로써 그리고, 색으로써 노래하는 자이다. 다시 말해 문자로써 드러난 언어로 음악이나 혹은 회화와 같은 효과를 얻으려고 노력하는 자들로, 소위 '음화音畵 Klangmalerei'의 기교를 극한까지 가지고 간 것이다. 이 각종 예술의 경계가 혼란해져 시도 음악도 회화도 조각도 모두 뒤섞이게 된 것은 일반 근대예술의 특색이라는 점에 특히 주의해야 한다. 프랑스의 고티에는 그것을 일러 '예술의 전환transposition of art'이라고 칭했다. 화가이면서 시인인 로제티가 시를 그리고 그림을 노래한 것은 말할 것도 없다. 호세-마리아 드 헤레디아José-Maria de Heredia의 시가가 찬란한 색과 여러 가지 보석을 여기저기 박은 혹은 스테인드글라스를 보는 것 같은 화려한 색채를 가지고 있는 것도 모두 이 예라 할 수 있을 것이다. 한층 두드러진 것을 말한다면 바그너의 오페라가 있다. 이것은 시도 음악도 회화도 건축 등 오늘날까지 발달한 모든 종류의 예술을 종합하고 집성함으로써 대규모의 새로운 예술을 일으키려고 한 것이다. 또 최근의 예를 들면 휘슬러James Abbott Mcneill Whistler의 풍경화도 또한 색채의 뉘앙스로써 음악의 느낌을 내려고 한 것으로, 세상에서 그를 색채음악인colour-musician이라 한 것은 곧 이 때문이다. 그의 화풍은 완전히 상징시인과 똑같다. 소위 눈으로 보는 음악visible music을 만들려고 한 것이다. 오스카 와일드가 일찍이 이렇게 말했다. "시가의 향락은 주로 그 관능적 방면 즉 우선 소리로부터 오므로 회화의 경우도 또한 같다. 내용인 제재나 사상은 어때도 좋다. 오히려 그런 것을 떠난 색채의 조화symphony나 배합에서 오는 것이므로 휘슬러의 그림은 이 점에서 훌륭한 것이다."(본서 326쪽 참조) 또 페이터Walter Pater의 『문예부흥론』에 조르지오네Giogione의 화파를 논한 글 속에서 모든 예술은 그 경계를 떠나 음악의 상태를 동경한다(All art constantly aspires towords the condition of music.)는 것을 설명한 저 유명한 구절을 독자는 참조했으면 한다. 또 근대 예술에 있어서 시, 그림, 음악 등의 장르의 혼란은 온전히 표현에만 무게를 둔 결과라는 유명한 주장을, 미국 하버드대학 프랑스문학 교수인 어빙 배빗Irving Babbitt은 명저 『신新라오콘론』에서 하고 있다.

이상 서술한 바에 의해 명확하게 상징주의는 온전히 암시를 근본으로 하고 생명으로 하는 예술이다. 먼저 베를렌에 의해 창조된 이 파의 시풍을 대성했다고 칭해지는 시인 스테판 말라르메Stéphane Mallarmé는 암시에 대해서 일찍이 다음과 같이 말했다. 이것은 상징시를 논할 때 항상 예로 드는 유명한 말인데 단지 축어역만으로는 혹 이해하기 어려울지 모른다 생각되기에 여기에서는 알기 쉽게 그것을 해석해 두겠다.

> La contenplation des objets, l'image s'envolant des rêveries suscitées par eux, sont le chant: les Parnassiens, eux, prennent la chose entièrement et la montrent; par là ils manquent de mystère; ils retirent aux esprits cette joie délicieuse de croire qu'ils créent. Nommer un objt, c'est supprimer les trois quarts de la jouissance du poème, qui est faite du bonheur de deviner peu à peu; le suggérer, voilà le rêve. C'est le parfait usage de ce mystère qui constitue le symbole: évoquer petit à petit un objet pour montrer un état d'âme, ou, inversement, choisir un objet et en dégager un état d'âme, par une série de déchiffrements.
>
> —*Enguête sur l'Evolution littéraire*, 1891

> 사물을 조용히 생각하고 명상하고 또 그에 의해 환기된 마음속의 환상이 비상할 때 그것이 곧 '노래'를 이룬다. 앞의 자연주의 시대 고답파 시인들은 모든 것을 섬세하게 서술하고 무엇이든 말해 버리므로 신비적인 것이 전혀 없다. 따라서 독자는 마치 스스로 창작할 때와 똑같은 유쾌함을 이런 시를 읽어서는 도저히 획득할 수 없다. 무언가를 가리켜 명확하게 이것이라고 말해 버리는 것은 시흥의 4분의 3을 줄이는 것이므로 조금씩 점차 추측해 가는 것이야말로 시의 흥미로운 맛은 나오는 것이다. 원래 암시라는 것이 곧 환상이고, 상징이란 필경 이 불가사의한 작용이 가장 완전하게 잘 이용된 것이다. 마음의 어떤 상태를 드러내기 위해 조금씩 사물을 환기하고 혹은 그것과는 반대로 하나의 사물을 취해 다양하게 그것을 해석한 후에 마음의 어떤 상태를 그것에서 유리시키는 것, 이것이 곧 상징이다.

암시란 열 가지 중 세 가지만을 말하고 나머지 일곱 가지를 독자가 느끼도록 하는 것이다. 독자가 그 작품으로부터 얻은 흥미는 곧 이 일곱 가지를 속이는 곳에서 생기는 것이다. 자신의 예민한 감수성을 발휘해 독자는 마치 거의 창작하는 것과 같은 태도로 이 부류의 작품을 대하지 않으면 안 된다. 만약 그러지 않고 오직 작품의 표면에 드러난 언어만을 보고 있으면 어떤 시흥도 얻지 못할 뿐 아니라 그 언어조차 해석하지 못하는 경우가 많다. 시가 이외의 예를 들면 희곡에서도 마테를링크의 초기작 〈아내〉, 〈알라딘과 팔로미드〉 등에서는 작중인물의 말수는 극히 적고 그 적은 말조차 매우 평범한 대화이거나 그렇지 않으면 의미가 몽롱한 것이 많으므로 곧 '침묵'이 주가 되어 독자는 그 속에서 어떤 암시를 얻을 수 있는 것이다. 그것을 더욱 감각적이고 구체적인 예로 말하면 우리가 비몽사몽한 상태에 있다든가 혹은 꿈을 꾸고 있다든가 할 때, 다시 말해 명료한 의식적, 물질적 생활을 떠나 있는 때에는 종종 암시가 작용하는 것이다. 예컨대 자면서 가슴 위에 손을 두고 있으면 그 감각이 일종의 암시가 되어, 무서운 적과 고투하여 가슴을 눌리고 있는 꿈을 꾼다. 소위 악몽, 환영이 보이는 것이다.

또 이것은 위병을 겪은 나의 경험처럼 매우 이상한 것인데, 배속에 소화되지 않은 것들이 정체되어 있을 때의 느낌이 곧 암시가 되어, 늪의 깊은 진흙 속에서 물고기를 잡는 불가사의한 꿈을 꿀 때가 있다. 이 모든 것은 신경감각에서 받은 일종의 자극이 암시가 되고, 그에 따라 우리 스스로가 만들어 낸 환상이다. 상징시도 완전히 이와 같은 방식이며 대부분 병적이라고 말할 수 있을 정도로 날카로워진 근대인의 신경 작용에 의해 강한 자극은 갑자기 암시가 되어 작용하고 이것이 다양한 정조가 되고 환상이 되어 나타나는 것이다.

이런 식으로 상징시에서 말하는 암시도 또한 신경에 부여되는 자극이므로 가능한 그것이 강하고 날카롭기를 요하므로 이를 위해서는 시인은 색이라든가 소리라고 하는 시의 감각적 방면에만 전력을 기울이는 것이다. 온갖 기교를 이용하고 아직 이것으로는 부족하다고 말하는 듯이 자극이 강한 어구를 늘어놓는 경우도 많다. 상징시는 기교에만 무게를 둔다는 비난은 순전히 이에서부터 온 것이다. 물론 이 기교라는 것은 구문예의 수사법과 같이 단순히 사상이나 감정에 관한 것과는 전혀 성질이 다르고, 직접 신경을 자극하려고 하는 새로운 기교라는 것은 앞서 베를렌의 시 속에도 드러난 대로이다.

만약 과거의 시를 내용과 형식으로 나누어 말하라면 상징시에는 외형뿐 내용은 전혀 없다. 단어만을 나열하고 있어 의미가 전혀 이해되지 않을 때도 많은 것은 위에서 말한 이유 때문이므로 도리어 이상하게 여길 것은 없다. 모든 근대인의 예민하고 또 청신한 감수성에 대해서는 언어라는 것이 모든 다른 사물에도 그렇지만 지금까지와 다른 일종의 특별한 작용을 하게 되었다. 구체적으로 말하면 재래는 그 의미에 의해 어떤 하나의 사상이라든가 감정을 전하는 데 불과했던 언어가 지금은 그것보다도 훨씬 미묘한 색채나 음률의 느낌까지 동반하게 된 것이 이러한 새 시풍을 일으킨 하나의 원인이라고 생각된다. 요컨대 상징시는 찰나의 인상 혹은 정조와 같은 형언할 수 없는ineffable 것을 드러내야 하고, 모든 기교를 이용하여 언어의 능력이 도달할 수 있는 극한을 다한 예술이라고 보아야 할 것이다.

상징시가 세간 일반으로부터 받은 비난은 그 난삽하고 난해한 점에 있다. 이러한 공격자 중 톨스토이는 가장 두드러진 사람이다. 원래 예술은 누구에게나 이해되고 완상될 수 없다면 헛된 것이라는 것이 그의 지론이었으므로 상징시와 같이 최고급의 예술 취미를 대표했던 것은 당연히 꾸지람을 받아야 하는 것이다(톨스토이, 『예술론』(영역 *What is Art*) 제10장 참조). 생각하면 이 난해함이라는 것은 상징시 본래의 성질상 어쩔 수 없는 것이므로 첫째 정조라든가 기분이라든가 하는 것이 이미 사상, 감정과 같이 분명히 포착할 수 있는 것이 아니라 막연하게 포착해야 하는 것이다. 또한 이 파의 시인은 언어 위에 앞 사람들이 아직 시도하지 않았던 새로운 섬세한 기교를 이용한, 음률의 오르내림에도 일언일구에도 도저히 신경이 둔한 범속에서는 이해할 수 없는 그윽한 정취를 나타내려고 한다. 따라서 시인과 동일한 정도의 예민한 감수성을 가지고 있지 않은 자에게는 모처럼의 암시가 아무 역할도 못하고 전혀 이해할 수 없는 일종의 수수께끼에 불과한 것이 되는 것이다.

말라르메는 스스로 "시에는 반드시 수수께끼가 있어야 한다(Il doit y avoir toujours énigme en poésie)."라고까지 말했을 정도로 상징시는 가장 난해한 것이다. 이 시인의 시작 순서에 대해서는 시몬즈의 『문예에서의 상징파 운동』 속에 다음과 같이 설명하고 있는데 이것은 일반 상징파가 난해한 이유를 잘 설명하고 있다고 여겨지므로 여기에 대강을 간추려 번역한다.

> 명확히 지향하는 것은 때려부수는 것, 암시하는 것이야말로 창작하는 것이다. 이것이 말라르메의 주의이다. 또 시 속에는 '나무가 무성한 숲 그 자체가 아니라 예를 들면 숲의 공포, 나뭇잎에 떠도는 적막의 울림'이야말로 노래해야 할 것으로, 이 이외의 것을 받아들이는 것은 좋지 않다고 그는 말한다. 거기에서 숲의 공포라는 하나의 느낌을 취하여 그는 우선 처음에 뇌리에서 그것을 리듬으로 만든다. 아직 조금도 언어로는 되지 않는다. 그

러면 거기에서부터 사상이 점점 그 느낌 위에 응집하기 시작한다. 은밀히 그리고 남몰래 조심, 또 조심스레 언어가 처음에는 침묵 속에 드러난다. 그러나 이 언어라는 것은 신성함을 깨뜨리는 것이므로 이것이 명료하게 되면 될수록 처음의 '느낌'은 점점 보이지 않게 되고 만다. 오직 중요한 리듬이라는 것이 있을 뿐이므로 이것을 의지하여 언어는 하나씩 하나씩 나와 사명을 전한다. 여기서 하나의 시가 생겼다고 한다. 그것이 아직 극히 불완전하므로 전체의 연결을 알면 구조도 이해가능하다. 대저 시인이라면 이것으로 만족하고 시는 이미 완성된 것이지만, 말라르메의 경우는 여기가 시창작의 제일보가 되는 것이다. 즉 거기에서부터 단어를 하나씩 세공하는데, 이 단어는 색깔이 나쁘다 하여 바꾸고, 저 단어는 소리가 재미없다 하여 바꾸는 식이다. 이전에 사용한 이미지보다 더 희귀하고 훌륭한 것이 마음에 떠오르면 그것을 사용한다. 이렇게 해서 마침내 시가 완성될 때에는 처음부터 여기까지의 경로는 완전히 지워져 버려 흔적은 없어 진다. 시인 본인만은 처음의 느낌으로부터 시가 완성될 때까지의 개개의 연결을 분명히 알고 있겠지만 독자는 마지막의 결과만을 보기 때문에 그 어떤 것도 없이, 수수께끼를 대하고 그것을 풀 열쇠를 집어 들고 있는 것과 다름없다. 따라서 독자가 오리무중에서 방황하는 것은 무리도 아니다.

–*The Symbolist Movement in Literature*, pp. 128~130

마지막으로 부언하고 싶은 것은 이러한 근대 서정시는 대개 모두 극히 짧은 시형을 이용하고 있다는 것이다. 물론 호머나 밀턴의 작품과 같이 긴 서정시의 영역은 완전히 소설에 빼앗겨 버리고 근대문예에서는 완전히 없어졌다. 따라서 근대시라고 하면 주로 서정시인데, 매우 짧은 것이 대부분이다. 그 이유는 앞서 단편소설의 갈래에서 서술했듯이 신경이나 정서의 흥분과 자극은 도저히 오랜 시간을 지속하는 것이 아닌 것은 시인 포우가 이미 말한 대로이다(본서 265쪽 참조). 특히 상징시 등은 순전히 하나의 암시에 불과하고, 또 예리한 순간의 자극을 중시하는 것이므로 짧은 것 중에도 짧은 것을 필요로 한다. 때문에 더욱 의미의 연결도 아무것도 아닌 것 같은 수수께끼가 된다. 어떤 것은 전보 문구 같은 것조차 있을 정도이지만, 이 특색은 모두 요컨대 근대시의 본질상 피할 수 없는 것이다.

여기서 상징시의 창작 예로서 유명한 시 두세 편을 인용하자. 앞서 말했듯이 상징 속에도 다양한 종류가 있는데, 예를 들면 본서 38쪽에 인용한 벨기에 현대 시인 베르하렌의 「어부」 등은 상징이라고 말하나 실은 풍유에 가까운 것이다. 또 아일랜드의 신비시인 예이츠의 아래 명작도 같은 부류에 속한다. 이것은 지난해 잡지 『묘조明星』[9]에 내가 번역한 것이 있어 참고로 그것을 원시와 함께 싣는다.

Had I the heavens' embroidered cloths,
Enwrought with golden and silver light,
The blue and the dim and dark cloths
Of night and light and the half light,
I would spread the cloths under your feet;
But I, being poor, have only my dreams;
I have spread my dreams under your feet;
Tread softly because you tread on my dreams.

밝은 빛의
금색과 은색으로 엮어진,
하늘의 수놓은 옷,
한낮과 황혼의,
푸른색과 엷은 회색빛, 그리고 검은빛으로,
물든 옷을 내가 가졌다면,

9) (역주) 일본의 문예잡지. 도쿄신시샤(東京新詩社)의 기관지로서 1900년 4월 창간되었다. 낭만주의를 고취하고 단카(短歌)의 혁신에 공헌하였다. 1908년 11월 100호로 폐간되었다가 후에 2번 복간되었다.

그 옷을 그대의 발 아래,
펴놓았을 것을.
그런데 나, 가난해서, 오로지 꿈밖에 가진 것 없네.
나 내 꿈을 그대의 발 아래 펴놓았네,
내 꿈 사뿐히 즈려 밟고 오소서,
그대 내 꿈을 밟고 오는 것이니.

한 행씩 걸러 마지막에 동일한 단어를 반복하고 있는 것은 성조를 매우 골똘히 궁리한 것이다. 해석은 독자가 취하는 대로 다양할 것이나, 시인이 연인에게 자신의 노래를 바치는 것을 황후가 걸어가는 길에 아름다운 비단을 까는 고대의 풍습을 빌려 노래한 것이라고 볼 수 있다. 해석은 차치하고 "당신의 발아래에 깔리는 것은 나의 꿈"이라는 구절을 나는 말할 수 없을 정도로 아름답다고 생각한다. 한편 조금 더 복잡하게 뒤얽힌 상징시의 예로서 독일의 데멜의 시를 인용하자. 이 작품은 한 평론가가 이 시인의 최대 걸작이라고까지 말한 시이다.

UEBER DEN SÜMPFEN

Wo wohnst du nur, du dunkler Laut,
du Laut der Gruft?
Wass rinnt und raunt durch Schilf und Duft
und glüht wie Augen durch die Luft,
durch Rohr und Kraut?
Es lehnt die Nacht am offnen Tor
und weint und winkt.
Zwei graue Hunde stehn davor
und lauschen mit geneigtem Ohr,
wie's klingt,

lockt, blinkt.

[대의] 연못 위에

지금 어디에 있는지, 그대의 어두운 목소리,
동굴에서 울려오는 그대의 목소리,
갈대와 안개를 둘러싸고 속삭이는 것은 무엇인가.
허공과 풀 사이를 지나,
두 눈처럼 빛나는 것은 무엇인가.
열린 문에 기대는 '밤'은,
탄식하고 그리고 반짝인다.
회색의 두 마리 개 그 앞에 서서,
귀기울이고 도청하네,
그 울림을,
그 유혹을.

평가는 말한다. 이 목소리는 곧 죄악이다. 이 강하고 무서운 유혹의 힘이 천지간에 가득 차 이르는 곳에 속삭이고 있다. 두 마리의 개는 곧 부끄러움과 의무를 상징한 것이라고. 어쨌든 언어라 하든 음조라 하든 무언가 기분 나쁘게 사람에게 다그치는 것 같은 시라고 나는 생각한다. 또 그것과 분위기가 같은 것으로 베르하렌의 「비유Parabole」가 있다.

PARABOLE.

Parmi l'étang d'or sombre
Et les nénuphars blancs,
Un vol passant de hérons lents

Laisse tomber des ombres.

Elles s'ouvrent et se ferment sur l'eau
Toutes grandes, comme des mantes;
Et le passage des oiseaux, là-haut,
S'indéfinise, ailes ramantes.
Un pêcheur grave et théorique
Tend vers elles son filet clair,
Ni voyant pas qu'elles battent dans l'air
Les larges ailes chimériques.

Ni que ce qu'il guette, le jour, la nuit,
Pour le serrer en des mailles d'ennui,
En bas, dans les vases, au fond d'un trou,
Passe dans sa lumière, insaisissable et fou.

비유

어둑어둑한 황금의 늪에,
수련이 하얗게 핀 곳,
하늘을 날아가는 해오라기는,
조용히 그림자를 떨구네.

물 위에 열렸다 또 닫히는 그 그림자,
넓은 그림자, 마치 상의(上衣)와 닮았네.
하늘 높이, 새가 다니는 길,
갈 길도 모른 채, 헤치고 나아가는 날개.
교활한 어부는, 그림자를 보고,

깨끗한 그물을 던지지만,
하늘에서 날개치는 소리 높고,
큰 날개를 본 적이 없네.

또 본 적이 없는, 낮에도 밤에도,
날개를 권태의 그물에 넣으려고,
도랑 속, 동굴 바닥, 들여다 보네,
먼 곳에서 날개, 빛 속을 지나가는 것을.

평가는 그것을 해석하여 말한다. 어부란 곧 우리들 범속인, 거짓 황금으로 꾸민 더러운 연못에 그물을 던지고 명리를 구하는 자를 말한다. 이상의 경이로움은 머리 위를 높게 날고 그림자를 늪 위에 떨어뜨리고 있으나 그것은 이미 포착하기 어렵다. 속인들은 어디까지나 현실에 집착하고 오직 헛된 이상의 그림자를 따르기에 불과하다는 것이 이 시의 해석이다. 또는 진리를 추구하는 사람이 결국 그것을 포착하지 못한 비탄을 노래했다고 보는 것도, 읽는 사람들이 해석한 대로이다. 또 상징시의 음악적 방면을 가장 잘 드러낸 작품은 베를렌의 시편 가운데 가장 널리 인구에 회자된 다음 두 편보다 더 나은 것은 없을 것이다. 특히 「가을의 노래」는 낭송하는 것을 들으면 프랑스어를 전혀 모르는 사람에게도 일종의 음악으로서, 늦가을의 왠지 모를 비애의 정취가 전해질 수 있을 것이다. '대의' 대신에 이번에는 영역英譯을 나란히 들어 보겠다. 앞부분 달 아래서의 음송은 독일 데멜의 매우 유명한 번역도 있다.

원시	영역
La lune blanche	The wood's aglow
Luit dans les bois;	With silver moon;
De chaque branche	From every bough

Part une voix	Soft voices croon
Sous la ramée.	In green alcoved,
Oh bien-aimée!······	O well-beloved!
L'étang réflète,	And deep is set,
Profond miroir,	In the pool's glass,
La silhouette	A silhouette,
Du saule noir	Dark willow's mass,
Où le vent pleure······	Where the winds weep;
Rêvous, c'est l'heure.	Tis time to sleep.
Un vaste et tendre	Tender and vast,
Apaisement	A quietness seems
Semble descendre	To fall, at last,
Du firmament	From heaven as streams
Que l'astre irise······	The rainbow star;
C'est l'heure exquise.	The hour is rare!

CHANSON D'AUTOMNE.	SONG OF AUTUMN.
Les sanglots longs	The wailing note
Des violons	That long doth float
De l'automne	From Autumn's bow,
Blessent mon cœur	Doth wound my heart
D'une langueur	With no quick smart,
Monotone.	But dull ans slow.

Tout suffocant
Et blême, quand
　Sonne l'heure,
Je me souviens
Des jours anciens,
　Et je pleure.

Et je m'en vais
Au vent mauvais
　Qui m'importe
Deçà, delà
Pareil à la
　Feuille morte.

In breathless pain,
I hear again
　The hour ring deep,
I call once more
The days of yore,
　And then I weep.

I drift afar
On winds which bear
　My soul in grief.
Their evil force
Deflects its course,
　Like a dead leaf.

베를렌의 병적 경향을 나쁘다 비난하는 사람도 이 두 편만은 극히 격찬하고 프랑스 서정시의 최상이라고까지 말하고 있다.

4. 탐미파와 근대의 시인

근대의 시세(時勢)와 시인 - 일반 속인들에 대한 시인의 태도 - 향락주의 - 탐미파 - 오스카 와일드 - 단눈치오 - 악마파 시인 보들레르 - 그의 시세계 - 시집 『악의 꽃』 - 미국의 시인 포의 영향 - 이와 같은 시풍의 계통 - 근대시의 변천(낭만파에서 고답파를 거쳐 상징주의로) - 자유시 - 미국의 휘트만 - 최근의 반동 - (참고)

마지막으로 한 절을 설정해 유럽 근대 시세계에서 가장 두드러진 현상인데 빠뜨리고 말한 두세 가지 사항을 보충하고자 한다.

근대와 같이 공리, 유물의 시세時勢에 문학 또한 따라서 산문적으로 된 것은 자연스런 것이지만 다만 시가, 특히 서정시만은 돌연 그렇게 되지 않았다. 순수한 시인적 성정을 가진 사람은 억지로라도 이러한 산문적인 시세에 반항하고 속인의 생활로부터 도피하여 별도로 '예술의 궁전'에 숨어 혹은 소위 '상아탑'에 홀로 쓸쓸히 시의 미美의 영역을 찾아내려고 하였다. 단 그 시의 미의 영역은 결코 구문예에서 볼 수 있는 것이 아니라 완전히 특수한 근대적인 의의를 가지는 것이며 그것이 곧 데카당시인의 생활인 것은 이미 앞 절에서 여러 차례 말한 대로이다(본서 124~125쪽 및 138~141쪽 '데카당'. 182쪽 '예술을 위한 예술' 등을 참조).

이들 근대 시인은 항상 속인을 눈 아래로 내려다보면서 함께 말하기에 부족하다고 여겨 이를 가리켜 천박한 대중vulgar herd이라고 하고 부르주아로 여기고, 또 속물philistine이라고 비방하고 전혀 상대하지 않았다. 그들의 일반사회에 대한 태도는 모두 이와 같은 점에 있어서 어디까지나 반항자의 그것이다. 그들은 순전히 '예술을 위한 예술'인이고 현실생활이라든가 사회라든가 하는 것으로부터는 가능한 한 멀리 떨어지려고 한다. 그렇지 않아도 천재는 사회와 양립할 수 없는 것이 보통이지만 그들의 경우 특히 그 정도가 심하다. 무엇이든지 극도로 자아를 주장하고 개성을 발휘하려고 하기 때문에 도저히 주위와 타협이나 조화의 길이 없는 것이다. 시몬즈가 시인 베를렌을 논한 글 중에 이런 구절이 있다. "사회의 법칙은 일반인에 의해 일반인을 위해 만들어진 것이다. 그러나 천재는 근본적으로 비상한 사람이다. 시인과 사회는 도저히 양립할 수 없는 반대의 것이며 때때로 쌍방 사이에 타협이 성립하는 때도 없지 않지만 베를렌의 성질에는 이것이 전혀 불가능하였다." 이것은 베를렌에게만 국한된 것이 아니라 모든 근대 시인에 대해서 동일하다.

근대의 시인이 사회를 멀리하고 속인의 생활로부터 도망하려 하는 것은 순전히 염세적인 의미에서가 아니고 또 물론 일본에서 말하는 탈속미라든가 풍류라고 하는 소극적이고 초자연적인 태도도 아니다.

오히려 이것들과는 정반대로 적극적인 것이고 인생에 대한 망집妄執으로 어디까지나 향락이나 환락volupté의 달콤함을 강하게 탐하고 온갖 새로운 느낌, 새로운 자극을 찾아다니려 하는 것이다. "매순간, 그 순간이 부여할 수 있는 모든 것을 빨아들이려 하는"(시몬즈의 말) 자이다. 인생의 모든 시적 향락의 기회를 놓치지 않으려 하고 그 참맛을 바닥의 바닥까지라도 다 맛보고, 그리고 그럼으로써 정신생활의 내용을 충실히 하고 풍부하게 하려고 하므로 이 점에 있어서는 향락주의Dilettantism의 태도가 확실히 그들의 일면이다. 그러나 부자연스럽고 인공적인 분위기 속에서 살아가려고 하고, 육감의 흥분과 자극을 탐하는 것도 모두 이러한 의미의 향락주의에서 나온 것이다. 깊이 인생을 알려고 하면 우선 깊게 그것을 사랑하지 않으면 안 된다. 즉 그들은 인생에 대한 열렬한 애모자인 점에 있어서 세상에서 말하는 염세가와 다르며 또 동양류의 세상 밖의 한인閑人이나 풍류인과도 전혀 다르다.

이상의 특색을 갖춘 파로 우선 탐미파aesthetes로 불리는 일파가 있다. 그들은 평범한 속인의 생활을 떠나 별도로 인공적인 시의 세계를 만들어 그 속에 살려고 하는 사람들이었다. 환언하면 미美를 인생의 중심으로 하는 이들이고 따라서 물질적인 시류를 떠난 것은 물론 그 생활은 상궤를 벗어나고 일반 사회의 도덕을 무시하는 것이었다. 이 탐미파의 운동은 지금으로부터 3~40년 전, 영국에서 무성하게 일어났는데, 영국 근세의 대시인인 스윈번이나 모리스Morris 등이 보통 그 시조라고 여겨지고 있다. 그러나 실생활에 있어서도 또 작품에 있어서도 이 파를 가장 잘 대표하고 있는 자는 물론 오스카 와일드였다. 그의 저서 『의향Intention』 중에서 "탐미는 논리보다도 높다. 그것은 한층 더 높은 영적인 세계에 속하는 것이다. 미의 감식이야말로 우리들이 도달할 수 있는 최상의 극미한 점으로서 색채의 감각과 같은 것조차 정사正邪의 생각보다는 훨씬 많이 개성발전상 중대한 의의를 가진다"라고 말한 것은 실로 근본적인 주장이었다. 이미 앞에서도 말한 것처럼 그는 순전히 '예술을 위한 예술'주의자이고 도덕이나 현대생활,

인생문제를 중심으로 한 작품은 사이비 예술에 불과하다고 부르짖었다(본서 183~184쪽 참조). 또 일찍이 프랑스 낭만파의 거장 고티에Gautier가 분홍색의 조끼gilet rouge를 입고 자작시를 낭송하면서 거리를 걸어 다닌 것과 마찬가지로 와일드도 탐미의상aesthetic costume이라는 기발한 것을 만들어 그것을 입고 대로를 천천히 행진한 것이다. 그는 무엇이든 세간의 속물이 입는 것 같은 옷은 안 된다고 말하고 색이 화려한 중세풍의 의상을 입고 해바라기와 백합을 꽂고 손에는 공작의 깃털을 가지고 런던의 중심지 펠멜Pall Mall 근방을 걸어 다니며 사람들의 이목을 끌었다. 그의 작품에 이르러서는 물론 이러한 데카당풍이 한층 잘 드러나 있는데, 우선 걸작이라 불리는 『도리안 그레이의 초상The Picture of Dorian Gray』은 온전히 소설의 형태를 빌려 탐미주의를 주장한 것이다. 그러나 그것보다 더욱 잘 와일드의 특색을 발휘한 것은 유명한 희곡 『살로메Salomé』이다. 이 작중 인물의 운명은 곧 작자 그 사람의 운명이라고 말해도 좋을 정도로 사회도덕을 무시하고 정열의 분방함에 따르다 결국 파멸의 구렁에 빠진 와일드야말로 『살로메』의 의도 그 자체를 실생활로 가져온 것일 것이다.

"그 시세계는 정열의 환희, 관능의 열락, 관조에 있어서의 도취이다. 또 체형과 정조와 사상에 취한 것이다(Leidenschaftliche Entzückung, Sinnenfreudigkeit, Trunkenheit im Anschauen, Berauschung im Formen, Stimmungen, Gedanken)."라는 말은 독일의 한 저명한 평가가 단눈치오를 평한 말인데 이것은 또 확실히 탐미파의 일면을 말한 것이라고 볼 수 있다. 생각하면 열정을 중요시하고 기교미를 중시하는 점에 있어서 이 남유럽의 문호와 같이 또 와일드 일파의 향락이나 탐미풍과 상통하는 바가 있는 것은 물론이나, 그들보다도 진정한 시인으로서 현저하게 이 특색을 발휘하고 또 '예술을 위한 예술'로써 일어선 자는 보들레르 이후의 프랑스 시단의 여러 별이 있다.

보들레르의 문예상의 지위는 마지막 낭만주의자임과 동시에 또한 근대의 신비상징시파의 시조이다. 우선 베를렌을 비롯해 프랑스는 말할 것도 없이 현대의 베르하렌 등에 이르기까지 유럽의 근대적 시인 중 직접적 혹은 간접적으로 그의 영향을 받지 않은 자는 거의 한 사람도 없다. 그 시세계로 말하면 우선 괴이함이라든가 험기險奇함이라든가 혹은 처참함이라든가 하는 문자로 형용해야할 깊은 암흑의 그림자에 싸여 있는 것으로 세상에서 말하는 병적, 인공적 예술의 극치를 다한 것이라는 견해가 있다. 실제로 이 일파의 시인에게 악마파Diabolists라는 이름이 있는 것은 온전히 이 병적 경향을 가리키는 것이다. 이 점에 대해서 미국의 평가 후네커Huneker가 쓴 책에 재미있는 설명이 있다. 즉 브라우닝이 소녀 피파Pippa로 하여금 노래하게 한 낙천적 신앙의 노래 결구 "신은 하늘에 있네, 세상은 모두 무사하네"를 풍자적으로 빗대어 정반대로 신을 악마로 고쳐 써,

The devil is in heaven
All's wrong with the world!

라고 한다면 그것이야말로 보들레르의 모토가 될 것이라고 말한 것은 흥미롭다. 또 일찍이 위고도 이 시인에 대해 이렇게 말했다. "당신은 우리들이 아직 알지 못하는 놀라운 빛으로 예술의 천리를 가리고, 당신은 새로운 전율을 창시한다(You invest the heaven of art with we know not what deadly rays: you create a new shudder)."라고. 시집 『악의 꽃Les Fleurs du Mal』에는 고의적으로 불건전하게 추예醜穢한 방면에서 시의 미를 구한 후에 이른 곳이 보인다. 여기에 '즐거운 죽음'이라 제목을 붙인 시를 인용하여 시풍을 살펴보자. 이 데카당한 천재가 대마초hashish나 아편에 취했을 때 항상 그의 싫증나고 지친 뇌신경을 괴롭힌 것이 무시무시한 '죽음'의 환영이었다는 사실을 생각한다면 이 한 편의 시정詩情이 잘 음미될 것이다.

LE MORT JOYEUX

Dans une terre grasse et pleine d'escargots
Je veux creuser moi-même une fosse profonde,
Où je puisse à loisir étaler mes vieux os
Et dormir dans l'oubli comme un requin dans l'onde.

Je hais les testaments et je hais les tombeaux;
Plutôt que d'implorer une larme du monde,
Vivant, j'aimerais mieux inviter les corbeaux
A saigner tous les bouts de ma carcasse immonde.

O vers! noirs compagnons sans oreille et sans yeux,
Voyez venir à vous un mort libre et joyeux!
Philosophes viveurs, fils de la pourriture,

A travers ma ruine allez done sans remords,
Et dites-moi s'il est encor quelque torture
Pour ce vieux corps sans âme et mort parmi les morts!

[대의] 즐거운 죽음

축축해진 땅 위, 달팽이들이 자는 가운데,
나 스스로 깊이 무덤 구덩이를 파고,
거기에 내 노구(老軀)를 묻고 망각 속에 잠들어야 하리.
마치 상어가 물 속에 가라앉는 것처럼.

나는 유언을 꺼리고, 무덤을 싫어한다.

죽어 사람들의 눈물을 구하기보다는
차라리 살아가면서 까마귀를 초대하여
나의 썩은 육신 여기저기 피를 빨게 하는 것이 상책.

아, 눈도 귀도 없는 암흑의 친구, 너 구더기,
퇴패의 아들, 방탕의 철학자,
자유롭고 즐거운 사자(死者)를 보러 모두 너에게 가리.

후회없이 나의 시체를 먹고,
구더기여, 나에게 말해라, 영혼없이,
죽음들 속에서 죽은, 썩은 육체에 어떤 고통있냐고.

같은 시집 속에 이런 종류의 구절은 매우 여러 곳에서 볼 수 있다.

'Une odeur de tombeau dans les ténèbres nages,
Et mon pied peureuw froisse, au bord de marécage
Des crapauds imprévus et de froids limaçons.'

―*Le Coucher du Soleil romantique.*

무덤 냄새 어둠 속에 떠다니고,
조심조심, 나의 발은 늪 근처에,
뜻밖에 무덤과 차가운 달팽이를 밟았노라.

또 보들레르가 자신을 깨진 종에 비유하여 노래한 다음과 같은 대단한 구절이 있다.

Moi, mon âme est fêlée, et lorsqu'en ses ennuis
Elle veut de ses chants peupler l'air froid des nuits,

Il arrive souvent que sa voix affaiblie

나의 영혼은 금이 갔다, 저 권태에,
내 영혼의 노래가 차가운 밤공기에 가득 채웠으면,
그런데 그 소리가 자주 약해지는구나.

Semble le râle épais d'un blessé qu'on oublie
Au bord d'un lac de sang, sous un grand tas de morts,
Et qui meurt, sans bouger, dans d'immenses efforts!

잊혀진 채 피 흘리고 죽은 자의 거친 신음 같구나,
피의 호숫가, 시체들 더미 아래에서 나는,
그리고 꼼짝없이, 엄청난 노력 속에, 죽어가는.

죽음과 퇴폐, 썩은 육체와 인광과 패혈敗血은 항상 그의 시세계였다. 그는 공포의 미beaudans l'horrible를 노래하는 시인이었다. 『악의 꽃』이라는 제목이 이미 내용을 말하고 있다. 사람들이 이것을 일러 지옥의 서書라고 부르고 죄악의 성서라고까지 하기에 이른 것은 결코 우연이 아니다. 한편 속류 생활을 경시하고 도피하려는 시인 기질이 다른 한편 근대의 데카당적인 정조와 서로 결합하여 결국 이런 기괴한bizarre 악마주의Satanism를 탄생시킨 것이다. 어떤 사람이 이러한 예술을 진주와 같이 아름다운, 그리고 병적인 산물이라고 말한 것은 재미있는 표현이다. 벨기에의 신인 시인 중 알버트 지로Albert Giraud라는, 역시 같은 부류의 사상을 이어받은 염세 시인은 보들레르 이후의 보들레르라고까지 불리는 사람인데, 한 평론가는 이 시인을 논하여 "그는 심령의 진흙탕 속 깊은 바닥을 뒤섞어 날카롭고 또 아주 세련된 환락의 병적인 시정詩情을 맛보기를 즐긴다(Il se plaît à remuer le fond vaseux des âmes, à goûter le charme morbide des voluptés rares et raffinéss)."라고 말한 것은 이 시파 전체의 특성을 잘 드러낸 것이라고 여겨진다.

그러나 거슬러 올라가 생각하면 이 악마적인démoniaque 시의 경지를 처음으로 개척한 사람은 으스스한 「까마귀The Raven」의 작가인 미국 시인 포였다. 그의 괴이하고 병적인 경향은 물론, 단시短詩의 형식을 주장하고 시의 음악적 측면에 중점을 둔 점 등은 영국, 독일, 프랑스의 여러 나라의 데카당시인들을 적잖이 감화하였다. 우선 영국의 로제티를 감동시켰으며 이어 스윈번이나 모리스를 포함하여 전前 라파엘파The Pre-Raphaelites(저자 주: P.R.B. 즉 Pre-Raphaelite Brotherhood)가 되고, 다시 변하여 탐미파가 된 것은 앞에서 서술한 대로이다. 프랑스에서는 방금 말한 보들레르가 먼저 포를 번역하여 맨 처음으로 감화되었고, 이어 바르베 도르빌리Barbey d'Aurevilly나 아당을 낳았고, 또 후에 고답파나 상징파의 근원을 이루었다. 이것이 독일로 옮겨가 오늘날 데멜에 이르기까지 모두 같은 계통을 이어가고 있는 것이다. 오늘날 유럽 근대시에 있어서의 변천의 발자취를 간략히 말하고 이 강의를 마치고자 하는데, 이 방면에 있어서도 항상 새로운 사조의 선봉이 되어 중심이 된 것은 요컨대 프랑스였다.

19세기 중반, 구낭만파의 시가는 알프레드 드 비니Alfred de Vigny나 알프레드 드 뮈세Alfred de Musset에서 이미 발달의 정점에 달하였는데, 그 폐단도 역시 생겼다. 이 일파의 후미라고 볼 수 있는 고티에에 이르러서는 이미 정열파에서 자연파로, 주관주의에서 객관주의로 변하려 하고 자유분방한 시풍은 변하여 정확함과 엄정함을 중시하는 징후를 드러내었으므로 고티에는 곧 옛것을 계승하여 새것을 일으키는 과도기에 있었다. 거기에 새롭게 출현한 반항자가 바로 르콩트 드릴Charles Marie Leconte de Lisle에 의해 만들어진 고답파(저자 주: 이것은 『현대의 파르나스le Parnasse contemporain』라는 일파의 시를 모은 작품집의 표제에서 온 이름)인데, 이는 소설의 자연파에 해당하는 것이었다. 즉 감정이나 상상을 멀리하고 사실寫實을 중시하며 자아를 억누르고 냉정한 객관미를 귀히 여기고 '무감동impassibilité'을 표방하였다. 동시에 시의 형식의 완벽함과 아름다움을 추구하는 점에 있어서는 실로 기교의 최고 극치를 이루었으므로 시가에 음악적 조소彫塑의 아름다움을 더한 것은 온전히 이 일파의 공이었다.

그러나 서정시에서 정서를 억누른다든가 혹은 적어도 주관적인 정서를 객관화하려 한다든가 하는 것은 상당히 무리하고 괴로운 주문이었으므로 물론 영속은 하지 못했다. 자연스럽게 여기서 하나의 전환기가 생기지 않으면 안 된다. 이 때 일어난 것이 곧 앞서 말한 베를렌 등의 상징파이다. 이 파는 앞의 고답파의 '무아(無我)'에 대하여 자아를 주장하고 만물의 이면에 더욱 깊은 영적인 의의를 찾아 객관의 세계로써 단순하게 상징하려는 시파인데, 직접적으로 베를렌에게 감화를 받은 자가 바로 보들레르였다.

상징파의 시가에 대해서 또 하나 대서특필해야 하는 것은 자유시에 대해서이다(본서 356쪽 참조). 예부터 시라고 하면 모두 평측平仄이라든가 압운 등을 중시한 것이었는데, 근대에는 일절 이러한 제약을 무시하고 유형의 율격에 의하지 않고 오히려 일종의 미묘한 언어의 음악에 의해 직접적으로 시인의 내부 생명의 맥박과 고동을 그대로 전하려 하는 산문시가 생겼다. 베를렌 사후, 상징파의 기두인 앙리 드 레니에Henri de Régnier도 '시의 리듬만 아름답다면 글자 수는 상관없다(Qu'importe le nombre du vers, si le rhythme est beau).'라고까지 단언했을 정도이다. 물론 자유시 그 자체는 멀리 옛날 17세기 이탈리아에서 프랑스로 수입되어 실제 당시 라신Racine의 비극 〈아탈리Athalie〉의 합창에도 적용된 예는 있는데, 이것과는 완전히 의미가 다른 것으로 근대시인이 느끼는 정조는 도저히 재래의 시 형식으로는 드러낼 수 없는 것이다. 운율은 내용 그 자체가 자연스럽게 흘러나오므로 이것은 완전히 시인의 내부 생명의 요구에 응하여 무형식으로 외치는 것이라고 주장하였던 것이다. 한편으로 말하면 이것도 과거의 형식을 일절 파괴하려는 근대예술의 일반적인 특색이 드러난 것이다. 이미 베를렌도 재래의 고답파의 압운 과중의 폐해를 비판하고, 부정형의 시를 주창했다. 물론 자유시는 미국의 휘트먼Whitman의 운도 어떤 것도 없는 시, 운율이 없고unrhymed, 느슨한

loose 리듬의rhythmic 산문체prose가 미친 영향이 매우 현저했기 때문에 단지 프랑스뿐만 아니라 독일의 홀츠Holz, 슐라프Schlaf 그리고 파울 에른스트Paul Ernst 등의 여러 시인도 그 감화를 받아 동일한 시도를 하고 있다. 단 최근에 이르러서는 또 반동이 나타나 오히려 고전풍의 시 형식이 사용되기에 이르렀다. 예컨대 벨기에의 베르하렌도 이전에는 물론 자유시를 썼던 사람이지만 최근의 시집 『최상의 운율Les Rythmes souverains』에서는 다시 정식의 알렉산드리아파alexandrine 즉 12자음시의 옛 격식에 가까운 시 형식을 사용하고 있다.

참고

○ 본서 352쪽에 서술한 상징의 의의에 관하여 다음을 참조하고자 한다. 짧으므로 원문도 인용하도록 하겠다.

"Le Symbole dégage des signes mystiques de la nature, c'est une âme cachée qui ressemble fort à la nôtre, c'est pourquoi le symbole est possible.
Il s'agit de forcer la nature à livrer son secret, les apparences des choses à révéler ce qui se dissimule sous la diversité de leurs aspects et la vie universelle à venir se confondre avec l'existence de celui qui l'interroge."

—E. Vigié-Lecocq: *La Poésie Contemporaime*, 1884~1896

상징은 신비의 표지를 자연으로부터 떼어놓은 것. 그것은 숨은 영혼으로 우리들의 영혼과 많이 닮아 있다. 이것이 상징이 가능한 이유가 된다.
자연으로 하여금 억지로 그 비밀을 드러내게 하고 사물의 현상으로 하여금 여러 가지 형체 아래 가려져 있는 곳을 드러내게 하며 보편적인 생명으로 하여금 그것을 찾는 자의 생명과 혼화(混和)되기에 이를 때, 이것이 상징이 된다.

○ 상징주의를 대단히 넓은 의미로 해석하고 산문에서의 자연파와 시의 고답파에 대한 반동으로서 일어난 최근 문학 일반의 총칭으로 간주하는 비평가도 있다. 일례로서 현재 프랑스의 문단에 일류 비평가로서 또 상징파의 시인으로서, 소설가로서 다방면의 기재奇才를 자유롭게 드러내고 있는 레미 드 구르몽Remy de Gourmont은 『가면에 관한 책Le Livre Des Masques』 제1권 서序에서 다음과 같이 말하고 있다(이 책은 말라르메, 베를렌 이하 상징파 시인 50여 명에 대한 비평인데, 발로통F. Vallotton이 솜씨를 발휘한 각 시인들의 초상을 한 장씩 삽입한 2권의 책이다).

낭만주의란 무엇이냐 하면 그것은 설명하는 것보다 느끼는 것이 용이하다. 상징주의란 무엇인가, 이것은 글자 그대로 구애되어 좁게 해석하면 거의 무의미한 것이 되지만 그것을 상관하지 않고 생각해 보면 다음과 같이 말할 수 있다. 즉 문학에서의 개인주의, 예술의 자유, 전습(傳習) 형식의 방기, 신기함, 불쾌한 괴이함으로까지 나아가려는 경향이다. 또 이렇게도 말할 수 있다. 상징주의는 이상주의이다, 사회적 전설의 멸시, 반자연주의라고. 인생에서는 특징적인 것 이외의 것을 취하지 않고, 갑과 을을 구별하기에 족한 행위만을 주의하고, 결과인 요점으로부터 밖으로는 실현하려고 하지 않는 이러한 경향을 일컫는 것이다. 곧 시인에게 상징주의는 자유시와 결합된 것, 말하자면 기저귀를 벗어버리고 어린 몸이 생각하는 대로 뛰어다니고 구속과 결박에서 벗어나 자유롭고 즐겁게 노는 것이다.

–*Le Livre Des Masques, Préface*, p. 8

따라서 구르몽에게 상징주의라는 이름은 곧 일개의 부호에 지나지 않으므로 요컨대 자연파 쇠망 이후 일어난 이상주의의 새로운 예술 정도의 의미가 되는 것이다.

똑같이 상징파 시인으로 이 새 문예의 개척자의 한 사람으로 자처하고 있는 귀스타브 칸Gustave Kahn은 다음과 같이 논하고 있다. 아래는 그의 논집 『상징파와 데카당』의 서두에 있는 「상징주의의 기원Les Origines du Symbolisme」에서 인용한 것이다.

상징주의라는 말이 그 의의와 넓이를 가지게 된 것은 그 이후이다. 원래 이 말이 매우 정확하지 않은 것은 아니지만 그렇다고 해서 여러 가지 다른 노력을 한 마디로 드러내는 것은 상당히 곤란한 이야기이다. 상징주의라는 이름은 곧 낭만주의에 해당하는 것이다. 파울 아당은 일찍이 상징의 교의(教義)를 쓰려고 말을 꺼낸 적이 있었지만 나처럼 파괴적이고 비평적인 성정의 사람에게는 이 교의라는 말이 이미 매우 싫었다. 주로 상징이라는 것을 설명한 사람은 말라르메인데 그가 이 상징이라는 말에 종합(synthesis)과 같은 의의 없이 또 어떤 비평적 설명도 없이 상징이란 생기 있게 꾸며진 종합이라고 생각한 것이다. 여러 상징파 사이에서 종합(union)이 어떻게 생겼는가 하면 예술에 대한 열애(熱愛)와 앞 시대에 인정받지 못한 사람들에 대한 공동의 애정이 기반이 된 것인데, 그 외에 과거의 관습을 부정하는 단체로서 특히 일치될 수 있었던 것이다. 시가와 소설 상의 전설을 배척하는 것, 독자의 무지의 소산이라는 구실 아래 다른 의향에 응하여 쓰지 않는 것, 고답파의 정체된 예술을 거부하는 것, 거의 물신숭배(fetishism)의 성에 이른 위고(V. Hugo) 숭배열에 반대하는 것, 소자연주의자의 무미하고 평범함에 항의하는 것, 시시한 잡담소설이나 평이한 기록소설을 철거하는 것, 종합을 시도하기 위해 작은 분해를 물리치는 것, 외래 사조에 만약 러시아인이나 스칸디나비아인과 같은 묵시자가 있으면 그에 깊은 의의를 두는 것, 우선 이것이 상징파가 공동으로 일치한 점들일 것이다. 이 상징파의 기원이라고도 말할 수 있는, 1886년부터 나온 구체적인 결과는 곧 자유시의 창설이었다.

–*Symbolistes et Décadents*, p. 51

○ 본서 358쪽 이하에 서술한 색과 음의 감각교착은 예로부터 그 예가 적지 않다. 18세기 전반 이미 '색채의 쳄발로clavecin des couleurs'라는 것을 만들어 소리를 눈으로 볼 수 있도록 하여 색채의 언어로 그것을

해석하려고 한 사람이 있다. 멀리 17세기 로크J. Locke의 책에도 나팔의 소리 가운데에서 진한 주홍색을 보았다는 맹인의 이야기가 나온다. 또 루소도 '음은 그것이 색채의 인상을 만들 때 사람을 가장 감동시킨다'라고 주장했다. 알프레드 드 뮈세는 파는 노랑, 솔은 빨강, '소프라노'의 소리는 금발의 색깔, '콘트랄토contralto'[10)]의 소리는 어두운 갈색이라고 논했다.

최근 독일의 문학잡지 『문학의 반향Das Literarische Echo』(14 Jahrgang: Heft 15. Mai 1912) 권두에 한스 투메레르Hans Thummerer라는 사람이 색채청각Audition colorer이라는 말을 거론하면서 이것은 이전부터 낭만파 문학에 있었던 특징의 하나라고 논하고 있다. 이 논문에 의하면 페트리치Petrich가 쓴 『낭만적 양식의 세 개의 장Drei Kapiteln von romantischen Stil』(1878)에서는 이것을 '관능영역의 합동Sinnesgütergemeinschaft이라 이름붙이고 있다. 두드러진 일례를 들면 독일 낭만파의 기두로 불리는 루트비히 티크Ludwig Tieck의 작품 『프란츠 슈테른발트의 여행Franz Sternbalds Wanderungen』의 주인공 슈테른발트는 화가인데 나흐티갈Nachtigal의 목소리를 그림으로 묘사하려고 했다. 그 안에 '잎도 꽃도 선율이 있는 곡처럼 또 연주되는 현악기의 줄처럼 드러났도다'라는 구절도 있다. 한편 다음 논자는 티크의 작품 『체르비노 왕자Prinz Zerbino』에 나오는 다음의 구절을 인용하고 있는데, 참고가 될 만하므로 여기에 전재轉載한다.

Die Farbe klingt, die Form ertönt, jedwede
Hat nach der Form und Farbe Zung' und Rede;
Was neidlich sonst der Götter Schluss getrennet,
Hat Göttin Phantasie allhier vereint.
So dass der Klang hier seine Farbe kennet,
Durch jedes Blatt die süsse Stimme schein,

10) (역주) 4성부 성악곡에서 여성성부의 2번째로 높은 소리, 알토.

Sich Farbe, Duft, Gesang Geschwister nennet:
Umschlungen alle nur ein Freund……

[대의]
색은 소리를 내고 형태는 울려 퍼진다. 소리와 울림은 형태와 색에 대해 제 작기 혀와 말을 가진다. 여신 '공상'은 일찍이 질투한 나머지. 신들이 결의를 거쳐 나누었던 모든 것을, 이제 하나로 합쳤구나. 이리하여 마침내 소리는 자기 스스로의 색을 알게 되고, 각각의 꽃잎으로부터 감미로운 소리가 나게 되었도다. 색도 향기도 소리도 모두 형제자매로 불리게 되었고 친구가 되어 버렸도다……

○ 본서 381쪽 이하에서 설명한 자유시에 대해서 상징시인으로서 유명한 아돌프 레떼Adolphe Retté가 말한 것을 인용하여 참고가 되도록 하고자 한다.

……합리적이고 유일한 통일은 행을 나누는 것이다. 시인에게 있어 유일한 지도자는 리듬이다. 이것은 결코 다른 사람이 발명한 많은 규칙에 구속된 전습이 아니며, 완전히 개인적인 리듬이다. 철학적인 편견을 없애고 여러 가지 시운함영(詩韻含英)이나 시작법이 만들어낸 장벽을 부수어 버린 후에 시인은 이 리듬을 자기 속에서 찾아내지 않으면 안 된다.

-Adolphe Retté, *Le Vers libre, juillet*, 1893

찾아보기

인명

(ㄱ)

(ㄴ)

(ㄷ)

(ㄹ)

(ㅇ)

(ㅈ)

(ㅊ)

(ㅋ)

(ㅌ)

(ㅍ)

작품명

(ㄷ)

(ㄹ)

(ㅁ)

(ㅂ)

(ㅅ)

(ㅇ)

색인

(A~Z)

(ㄱ)

(ㄴ)

역자 소개

임병권

서강대학교 영문학과 졸업 및 동대학원 국문과 석사, 박사과정 수료, 문학박사
인디애나대학 비교문학과 대학원과정 수료
현재 인하대학교에 출강 중

번역서에 『문학주제학이란 무엇인가』(이재선 외 편역, 민음사), 『이야기하기의 이론』(공역, 한나래), 『텍스트의 역학: 연행으로서의 서사』(한나래), 『문화와 메타문화』(한나래), 『서사문학의 본질』(예림기획) 등이 있고, 논문에 「1930년대 모더니즘 소설에 나타난 은유로서의 질병의 근대적 의미」, 「탈식민주의와 모더니즘: 이상을 통해 본 1930년대 모더니즘 문학에 나타난 주체의식」, 「서사이론의 쟁점과 그 역사적 전개」, 「고백을 통해 본 내면성의 정착과 주체의 형성」, 「'조선(문)학' 개념의 형성과 변모」, 「1930년대 후반기 전통 담론의 탈식민성 연구: 서인식 역사철학의 반성적 사유 주체」 등 다수.

윤미란

인하대학교 국어국문학과 졸업 및 동대학원 석사, 박사과정 수료, 문학박사
일본 와세다대학 외국인연구원 및 도쿄대학 객원외국인연구원
현재 인하대학교 대학원 한국학과 BK21 동아시아 한국학사업단 박사후연구원으로 재직 및 출강 중

편·역서에 『민주적 공공성』(공역, 이음, 2009), 『박치우전집: 사상과 현실』(공편, 인하대출판부, 2010)이 있고, 논문에 「신소설 속으로의 인천여행」, 「어느 피식민자의 자기 성찰」, 「장혁주 문학 연구」 등이 있다.

동아시아한국학 번역총서 3

근대문학 10강

1판 1쇄 인쇄: 2013년 02월 15일
1판 1쇄 발행: 2013년 02월 28일

지은이: 구리야가와 하쿠손(厨川白村)
옮긴이: 임병권·윤미란
기　획: 인하대학교 한국학연구소
펴낸이: 홍정표
펴낸곳: 글로벌콘텐츠
　　등　록_제25100-2008-24호

공급처: (주)글로벌콘텐츠출판그룹
　　이　사_양정섭
　　디자인_김미미
　　편　집_노경민
　　기획·마케팅_배소정 최민지
　　경영지원_안선영
　　주　소_서울특별시 강동구 길동 349-6 정일빌딩 401호
　　전　화_02-488-3280
　　팩　스_02-488-3281
　　홈페이지_http://www.gcbook.co.kr
　　이메일_edit@gcbook.co.kr

값 25,000원
ISBN 978-89-93908-66-4 93830